Lecture Notes in Mathematics

Edited by A. Dold and B. Eckmann

624

Yves Guivarc'h
Michael Keane
Bernard Roynette

Marches Aléatoires sur les Groupes de Lie

Springer-Verlag
Berlin Heidelberg New York 1977

Authors

Yves Guivarc'h
Michael Keane

U.E.R. de Mathématiques
et Informatique
Université de Rennes
B. P. 25A
35031 Rennes Cedex/France

Bernard Roynette
U.E.R. de Mathématiques
Université de Nancy I
54037 Nancy Cedex/France

AMS Subject Classifications (1970): 22E30, 60J15

ISBN 3-540-08526-2 Springer-Verlag Berlin Heidelberg New York
ISBN 0-387-08526-2 Springer-Verlag New York Heidelberg Berlin

Printed in Germany

Printing and binding: Beltz Offsetdruck, Hemsbach/Bergstr.
2141/3140-543210

Math

sep

TABLE DES MATIERES

INTRODUCTION

Soit G un groupe localement compact à base dénombrable, d'élément unité e. Désignons par $\underline{\underline{G}}$ aussi bien la tribu de ses boréliens que l'ensemble des fonctions réelles définies sur G et $\underline{\underline{G}}$ -mesurables. Notons $\mathcal{M}$ l'ensemble des mesures de Radon sur G et $\mathcal{P}$ celui des probabilités sur G. Une marche aléatoire droite sur G est un jeu donné par une probabilité μ appartenant à $\mathcal{P}$. La règle du jeu est la suivante : partant d'un point g_o de G au temps 0, nous choisissons un point aléatoire g_1 de G suivant la probabilité μ, et au temps 1, nous "marchons" de g_o à $g_o g_1$. Puis on choisit un point g_2 de G suivant la probabilité μ et nous marchons au temps 2 jusqu'en $g_o g_1 g_2$, etc... les choix successifs sont supposés indépendants.

Pour traduire mathématiquement ce jeu, nous disposons essentiellement de deux langages, l'un probabiliste et l'autre analytique. Dans ce travail, nous utiliserons alternativement l'un ou l'autre de ces points de vue. Par exemple, dans le langage analytique, si $A \in \underline{\underline{G}}$, la probabilité de se trouver au temps n dans A est donnée par : $\varepsilon_{g_o} * \mu * \cdots * \mu\ (A)$ (où la lettre μ est écrite n fois) et l'espérance du nombre de visites à A est donnée par le noyau potentiel.

$$\mathcal{U}(g_o, A) = \sum_{k \geq 0} \varepsilon_{g_o} * \mu^k\ (A)$$

De la même façon, l'opérateur de transition $P : \underline{\underline{G}}_+ \to \underline{\underline{G}}_+$ est donné par :

$$Pf(g_o) = \varepsilon_{g_o} * \mu\ (f)\quad \text{, si bien que}$$

$$\mathcal{U}(g_o, A) = \sum_{k=o}^{\infty} P^k 1_A (g_o)$$

Soit D_μ le support de la probabilité μ , et G_μ le sous-groupe fermé de G engendré par D_μ . Il est clair que G_μ est une partie absorbante de G, c'est-à-dire que la marche aléatoire partant au temps 0 d'un point de G_μ ne quitte jamais G_μ . Cela signifie que pour cette marche aléatoire, "tout se passe" sur G_μ . Aussi est-il bien naturel de considérer les marches aléatoires, dites adaptées, pour lesquelles $G_\mu = G$.

Les marches aléatoires sont divisées en deux classes. Une marche est dite récurrente si pour chaque voisinage V de e la probabilité, partant de e de visiter V au moins une fois est 1 . Cela équivaut à dire que la probabilité de visiter V un nombre infini de fois vaut 1 , ou encore au fait que $\mathcal{U}(e, V) = +\infty$ pour tout voisinage V de e . Une marche est dite transitoire si pour chaque compact K de G la probabilité, partant de g_0 au temps 0 , de visiter K un nombre infini de fois est nulle. Cela équivaut à dire que la suite g_0 , $g_0 g_1$, $g_0 g_1 g_2$, ... tend vers l'infini presque sûrement, ou bien que $\mathcal{U}(g_0, K) < +\infty$ pour tout compact K .

Un fait fondamental (voir p. 22) est que chaque marche aléatoire est ou bien récurrente, ou bien transitoire. Le groupe G est dit récurrent s'il existe une marche aléatoire adaptée récurrente sur G , et transitoire sinon. Intuitivement, il est bien clair que le fait d'être récurrent ou transitoire, mesure la "taille" du groupe G . Plus précisément, la récurrence ou la transience de G sont liées à sa croissance, et nous allons en particulier, dans ce travail, prouver partiellement une conjecture dûe à H. Kesten : un groupe est récurrent si et seulement si il est à croissance polynomiale de degré inférieur ou égal à 2 (cf [39],[26]).

Une autre façon de "mesurer la taille" de G est, dans le cas transitoire, d'étudier le comportement à l'infini des potentiels $\mathcal{U}(g, K)$ des parties compactes. C'est pourquoi, dans le développement qui suit, nous nous intéresserons à la propriété pour les potentiels de tendre vers 0 à l'infini et à la vitesse de convergence vers zéro de ces potentiels.

La méthode mise en oeuvre pour aboutir aux résultats annoncés (conjecture de H. Kesten, comportement des potentiels à l'infini) va consiter à avancer graduellement du plus simple vers le plus compliqué. C'est pourquoi, nous avons choisi comme plan d'examiner successivement le cas des groupes abéliens, puis celui des groupes de déplacements, des groupes nilpotents et des groupes résolubles pour arriver finalement aux groupes de Lie généraux.

Dans tout ce qui va suivre, le temps pour nous sera discret. Disons cependant que la théorie des marches aléatoires n'est pas sans avoir des rapports étroits avec celles des mouvements browniens qui sont des processus à trajectoires continues. Par exemple, si β_t $(t \in R_+)$ est un mouvement brownien droit sur G, β_n $(n \in \mathbb{N})$ est une marche aléatoire droite sur G, et ainsi beaucoup de résultats vrais pour les marches aléatoires le demeurent pour les mouvements browniens.

Enfin, signalons que les méthodes mises en oeuvre ici peuvent être développées dans un cadre un peu différent de celui des groupes, et nous illustrerons ce fait au dernier chapître.

Chapitre I - INTRODUCTION AUX MARCHES ALEATOIRES

Nous allons ici fixer rapidement les principales notions et notations dont nous allons avoir besoin.

A - CHAINES DE MARKOV

Définition 1 :

Soit E un ensemble et $\underline{\underline{E}}$ une σ-algèbre de parties de E. Une application : $P : E \times \underline{\underline{E}} \to [0\,,\,1]$

est dite un noyau markovien (ou noyau de transition) si :

1) Pour tout $x \in E$, l'application $P(x\,,\,.) : \underline{\underline{E}} \to [0\,,\,1]$ est une probabilité.

2) Pour tout $A \in \underline{\underline{E}}$, l'application $P(.\,,\,A) : E \to [0\,,\,1]$ est mesurable.

Si $f : E \to \mathbb{R}$ est positive ou bornée, on définit $Pf : E \to \mathbb{R}$ par la formule :

$$P\,f(x) = \int_E P(x\,,\,dy)\;f(y) \qquad (x \in E)$$

Si ν est une mesure de probabilité sur $(E\,,\,\underline{\underline{E}})$ la mesure de probabilité νP est définie par

$$\nu P\;(A) = \int_E \nu(dx)\;P(x\,,\,A) \qquad (A \in \underline{\underline{E}})$$

Définition 2 :

Soit $(\Omega, \underline{\underline{F}}, P)$ un espace de probabilité, et $\underline{\underline{F}}_n$ $(n \in \mathbb{N})$ une suite croissante de sous σ-algèbres de F. Soient X_n $(n \in \mathbb{N})$ une suite de fonctions définies sur Ω et à valeurs dans E. La famille $(\Omega, \underline{\underline{F}}, \underline{\underline{F}}_n\ (n \geq 0)\ , X_n\ (n \geq 0)\ , P)$ (ou plus simplement la suite X_n) est une chaîne de Markov de noyau de transition P si :

1) Les X_n sont $\underline{\underline{F}}_n$ mesurables,

2) Pour toute $f : E \to \mathbb{R}$ mesurable et positive ou bornée, on a pour tout n :

$$E^{\underline{\underline{F}}_n} f(X_{n+1}) = Pf(X_n) \qquad P \text{ ps (propriété de Markov)}$$

(où $E^{\underline{\underline{F}}_n}$ désigne le symbole d'espérance conditionnelle par rapport à la σ-algèbre F_n) Intuitivement, la propriété de Markov indique que le futur ne dépend du passé que par le présent.

Exemple 3 : (marche aléatoire) :

Cet exemple est fondamental pour tout ce qui suit. Les notations utilisées ici seront celles de la suite.

Soit G un groupe localement compact à base dénombrable, d'élément neutre e.

Soit $\underline{\underline{G}}$ la σ-algèbre des boréliens de G.

Soit $(\Omega, \underline{\underline{F}}, P)$ un espace de probabilité sur lequel est définie une suite de v.a Y_n à valeurs dans G, indépendantes et de même loi μ.

Définissons $X_o = e$, $X_n = Y_1 . Y_2 \dots Y_n$ $(n \geq 1)$ et notons $\underline{\underline{F}}_n$ la σ-algèbre engendrée par $Y_1, Y_2, \dots Y_n$ (ou encore $\underline{\underline{F}}_n = \sigma(Y_1, Y_2, \dots Y_n)$)

Définissons le noyau de transition $P : G \times \underline{\underline{G}} \to [0, 1]$ par :

$$P(x,A) = \varepsilon_x * \mu(A) = \int_G 1_A(x.g)\, d\mu(g)$$

(où 1_A est la fonction indicatrice de A)

Définition 4 :

$(\Omega, \underline{\underline{F}}, \underline{\underline{F}}_n, X_n, P)$ est une chaîne de Markov de noyau de transition P. Cette chaîne s'appelle la marche aléatoire droite de loi μ partant de e à l'instant 0.

Démonstration :

Il suffit de prouver que pour tout n et, toutes $g_1, \dots, g_n : G \to \mathbb{R}_+$

mesurables et $f : G \to \mathbb{R}_+$ mesurables on a ;

$$(1) \qquad E\left\{g_1(Y_1)\, g_2(Y_2) \dots g_n(Y_n) \cdot f(X_{n+1})\right\} = E\left\{g_1(Y_1) \dots g_n(Y_n) Pf(X_n)\right\}$$

où E est le symbole d'espérance par rapport à la probabilité P.

Or, le premier membre de (1) vaut :

$$\int_G \dots \int_G g_1(x_1)\, g_2(x_2) \dots g_n(x_n)\, f(x_1 \dots x_n\, x_{n+1})\, d\mu(x_1)\, d\mu(x_2) \dots d\mu(x_{n+1})$$

Intégrant d'abord par rapport à x_{n+1}, ce terme vaut :

$$\int_G \int_G g_1(x_1)\, g_2(x_2) \dots g_n(x_n)\, Pf(x_1 \dots x_n)\, d\mu(x_1)\, d\mu(x_2) \dots d\mu(x_n)$$

ce qui est égal au second membre de (1).

Bien sûr on a un résultat analogue pour la marche aléatoire gauche $X'_n = Y_n \cdot Y_{n-1} \dots Y_1$ dont le noyau P' est donné par :

$$P'(x,A) = \mu * \varepsilon_x(A) = \int_G 1_A(g.x)\, d\mu(x)$$

<u>Exemple 5</u> : (marches aléatoires sur un espace homogène)

Soit comme précédemment $X_n = Y_1 \cdot Y_n$ une marche aléatoire droite de loi μ sur G, et H un sous-groupe fermé de G. Soit $\pi : G \to {}_H\backslash^G = M$ l'application canonique dans le quotient gauche (ie $\pi(g.g') = \pi(g) \cdot g'$, G opère à droite sur ${}_H\backslash^G$) Soit $\underline{\underline{F}}_n = \sigma(Y_1, \dots Y_n)$. Alors $(\underline{\underline{F}}_n, \pi(X_n), P)$ est une chaîne de Markov dont le noyau de transition Q est donné par ·

$$Q(x,A) = \varepsilon_x * \mu(A) = \int_G 1_A(x \cdot g)\, d\mu(g) \qquad (x \in M\,,\ A \text{ borélien de } M)$$

Cette chaîne s'appelle la marche aléatoire droite de loi μ sur M (partant de $o = \pi(e)$ à l'instant 0)

Démonstration :

Il suffit de prouver que, pour tout A borélien de M, on a :

$$E^{\underline{F}n}\, 1_A\,(\pi(X_{n+1})) = Q\, 1_A\,(\pi(X_n)) \quad P \text{ ps} \quad (2)$$

Or si $\Gamma_n \in F_n$ on a, avec $\tilde{A}_0 = \{g\ ;\ 0.g \in A\}$

$$\int_{\Gamma_n} 1_A(\pi(X_{n+1}))\, d\,P = \int_{\Gamma_n} 1_A\,(0.X_{n+1})\, dP$$

$$\int_{\Gamma_n} 1_A(\pi\,(X_{n+1}))\, d\,P = \int_{\Gamma_n} 1_{\tilde{A}_0}\,(X_{n+1})\, dP$$

$$\int_{\Gamma_n} 1_A(\pi\,(X_{n+1}))\, d\,P = \int_{\Gamma_n} P1_{\tilde{A}_0}\,(X_n)\, dP$$

où P est le noyau de transition de la marche aléatoire droite X_n

Remarquant alors que :

$$P\, 1_{\tilde{A}_0}\,(X_n) = \int_G 1_{\tilde{A}_0}\,(X_n.g)\; d\,\mu\,(g) = \int_G 1_A\,(0.X_n.g)\; d\,\mu\,(g)$$

$$= \int_G 1_A\,(\pi(X_n).g)\; d\,\mu\,(g) = Q\, 1_A\,(\pi\,(X_n))$$

on a :

$$\int_{\Gamma_n} 1_A\,(\pi\,(X_{n+1}))\; d\,P = \int_{\Gamma_n} Q\, 1_A\,(\pi(X_n))\; d\,P$$

ce qui prouve (2)

Remarque 6 :

Si $X_n = Y_1 . Y_2 \dots Y_n$ est une marche aléatoire droite sur G et si $\pi' : G \to G/_H$ est l'application canonique dans le quotient droit, $\pi'(X_n)$ n'est pas en général une chaîne de Markov. En fait, on montre sans peine que la condition suivante est suffisante pour que $\pi'(X_n)$ soit une chaîne de Markov :

$\varepsilon_k * \pi'(\mu) = \pi'(\mu)$ pour tout $k \in H$, où $\pi'(\mu)$ est l'image de μ par π'.

Remarque 7 :

Il est clair que si H est distingué dans G , la m.a $\pi'(X_n)$ est la m.a droite de loi $\pi'(\mu)$ sur le groupe $G/_H$.

Définition 8 :

Soit X_n une chaîne de Markov. la Loi initiale ν de cette chaîne est la probabilité sur $(E,\underline{\underline{E}})$ définie par :

$$\nu(A) = P\{X_o \in A\} \qquad (A \in \underline{\underline{E}})$$

Si ν est la masse de Dirac ε_x d'un point x de E , on dit que la chaîne part de x au temps O .
Avec les notations de l'exemple 3 , si Z est une v.a indépendante des Y_i et de loi ν , les v.a $Z . Y_1 \dots Y_n$ forment une marche aléatoire de loi initiale ν.

Proposition 9 :

Si X_n est une chaîne de Markov de transition P et de loi initiale ν , la loi du (p+1) uplet $(X_o, X_1, \dots X_{p+1})$ est entièrement déterminée par P et ν . Plus précisement, on a pour toutes $f_o, \dots, f_p : E \to \mathbb{R}_+$ mesurables :

$$E\{f_o(X_o)\dots f_p(X_p)\} = \int_E \nu(dx_o)\, f_o(x_o) \int_E P(x_o, dx_1)\, f(x_1) \dots \int_E P(x_{p-1}, dx_p)\, f(x_p) \qquad (3)$$

Démonstration :

Opérons par récurrence sur p.

$$I = E\left\{f_o(X_o)\dots f_{p+1}(X_{p+1})\right\} = E\left\{f_o(X_o)\dots f_p(X_p)\, E^{\underline{\underline{F}}_p} f(X_{p+1})\right\}$$

puisque $f_o(X_o)\dots f_p(X_p)$ est $\underline{\underline{F}}_p$ - mesurable

$$I = E\left\{f_o(X_o)\dots f_p(X_p)\ Pf(X_p)\right\}$$

d'après la propriété de Markov

$$I = \int_E \nu(dx_o)\, f_o(x_o) \int_E \dots \int_E P(x_{p-2}, dx_{p-1})\, f_{p-1}(x_{p-1})\, P\left\{f_p . Pf_{p+1}(x_{p-1})\right\}$$

par récurrence.

$$\text{Or : } P\left\{f_p . Pf_{p+1}\right\}(x_{p-1}) = \int_E P(x_{p-1}, dx_p)\, f_p(x_p)\, Pf_{p+1}(x_p)$$

et cela prouve (3).

Remarque 10 :

Si P et Q sont deux noyaux de transition sur $E \times \underline{\underline{E}}$, on définit le noyau $P.Q$ par la formule :

$$P.Q\,(x,A) = \int_E P\,(x,dy)\;Q\,(y,A) \qquad \left(x \in E,\; A \in \underline{\underline{E}}\right)$$

Le noyau P^n est alors défini pour tout $n \geqslant 0$ par la formule

$$P^{\circ} = I,\quad P^1 = P,\quad P^{n+1} = P^n.P$$

On déduit alors immédiatement de la proposition 8 que, sous les mêmes hypothèses :

$$E\left\{ f\,(X_n)\right\} = \nu P^n\,(f)$$

$$E^{\underline{\underline{F}}_n}\left\{ f\,(X_{n+p})\right\} = P^p f\,(X_n) \qquad P \text{ ps}$$

Dans le cas d'une m.a droite de loi μ sur G, on a :

$$E\left\{ f\,(X_n)\right\} = \nu * \mu^n\,(f)$$

$$E^{\underline{\underline{F}}_n}\left\{ f(X_{n+p})\right\} = \varepsilon_{X_n} * \mu^p\,(f) \qquad P \text{ ps}$$

Puisque le probabilité ν et le noyau de transition P déterminent complètement la loi de la chaîne, on peut espérer, étant donnés ν et P, construire une chaîne "canonique" admettant ν comme loi initiale et P comme transition. C'est ce que nous allons faire.

Soit P un noyau de transition sur $(E \times \underline{\underline{E}})$. Soit $\Omega = E^{\mathbb{N}}$, et $X_n : \Omega \longrightarrow E$ la nième application coordonnée $(n=0, 1, 2, \dots)$. Soit $\underline{\underline{F}}_n$ la σ-algèbre contenant les parties de la forme $X_o^{-1}(A_o) \cap \dots \cap X_o^{-1}(A_n)$, $\left(A_i \in \underline{\underline{E}}\right)$. Nous notons $\underline{\underline{F}}_n = \bigotimes_{i=1}^{n} \underline{\underline{E}}_i$ ($\underline{\underline{E}}_i = \underline{\underline{E}}$ pour tout i).

Soit $\underline{\underline{F}} = \bigvee_n \underline{\underline{F}}_n$. Chaque $\underline{\underline{F}}_n$ est une sous σ-algèbre de $\underline{\underline{F}}$.

Théorème 11 :

Pour toute probabilité ν sur $(E,\underline{\underline{E}})$, il existe une probabilité unique P_ν sur $\underline{\underline{F}}$ telle que :

1) $P_\nu (X_o \in A) = \nu(A)$

2) $(X_n, \underline{\underline{F}}_n, P_\nu)$ est une chaîne de Markov de transition P.

Démonstration :

1) Si P est un noyau de transition sur $(E,\underline{\underline{E}})$ et γ une probabilité sur $(E,\underline{\underline{E}})$ il existe une probabilité Q unique sur $(E \times E, \underline{\underline{E}} \otimes \underline{\underline{E}})$ définie par :

$$Q(A) = \int_E \gamma(dx)\ P(x, A_x) \quad (A \in \underline{\underline{E}} \otimes \underline{\underline{E}},\ A_x \text{ section en } x \text{ de } A)$$

Cette probabilité Q est en fait déjà complètement définie par sa valeur sur les pavés mesurables :

$$Q(A_1 \times A_2) = \int_{A_1} \gamma(dx)\ P(x, A_2)$$

2) En itérant ce procédé, il existe une probabilité unique P^ν_{n+1} sur $(E^{n+1}, \underline{\underline{F}}_{n+1})$ telle que :

$$P_{n+1}^{\nu}(A_o \times A_1 \times \ldots \times A_n) = \int_{A_o} \nu(dx_o) \int_{A_1} P(x_o,dx_1) \int_{A_2} P(x_1,dx_2) \ldots \int_{A_{n-1}} P(x_{n-1},A_n)$$

En fait, si la probabilité P_ν que nous cherchons existe, elle est nécessairement égale à P_{n+1}^{ν} sur $\left(E^{n+1}, \underline{\underline{F}}_{n+1}\right)$ d'après la proposition 8. Cette probabilité P_{n+1}^{ν} satisfait pour $f : E^{n+1} \to \mathbb{R}_+$, $\underline{\underline{F}}_n$ mesurable.

$$E_{P_{n+1}^{\nu}}(f) = \int_E \nu(dx_o) \int_E P(x_o,dx_1) \ldots \int_E P(x_{n-1},dx_n)\, f(x_o, \ldots x_n)$$

3) Soit $\pi^n : E^{n+1} \to E^n$ la projection canonique. Il est clair que

$$\pi^n (P_{n+1}^{\nu}) = P_n^{\nu}$$

En effet :

$$P_{n+1}^{\nu} (A_o \times A_1 \times \ldots \times A_{n-1} \times E) = \int_{A_o} \nu(dx_o) \ldots \int_{A_{n-1}} P(x_{n-1}, E)$$

$$P_{n+1}^{\nu} (A_o \times A_1 \times \ldots \times A_{n-1} \times E) = \int_{A_o} \nu(dx_o) \ldots \int_{A_{n-2}} P(x_{n-2}, A_{n-1})$$

$$P_{n+1}^{\nu} (A_o \times A_1 \times \ldots \times A_{n-1} \times E) = P_n^{\nu} (A_o \times A_1 \times \ldots \times A_{n-1})$$

si bien qu'il existe P_ν sur $\underline{\underline{B}} = \bigcup_n \underline{\underline{F}}_n$ telle que $P_\nu |_{\underline{\underline{F}}_n} = P_n^{\nu}$

$\underline{\underline{B}}$ est une algèbre de Boole. Il reste donc à voir que P_ν possède un prolongement à la σ-algèbre engendrée par $\underline{\underline{B}}$, soit $\underline{\underline{F}}$. Pour cela, il suffit de prouver que :

si $B_n \in \underline{\underline{B}}$ $(n \geq 0)$, $B_n \underset{n\to\infty}{\downarrow} \emptyset$, alors $P_\nu (B_n) \underset{n\to\infty}{\longrightarrow} 0$

4) pour cela, on construit pour tout $p \leq n$ et tout $x_o, x_1, \ldots x_p (x_i \in E)$ une probabilité sur $\underline{\underline{F}}_{n+1}$ de la façon suivante ;

$$P_{x_o, x_1, \ldots x_n}(A) = 1_A(x_o, \ldots x_n) \qquad (A \in \underline{\underline{F}}_{n+1})$$

$$P_{x_o, \ldots, x_p}(A) = \int P(x_p, dx_{p+1}) P_{x_o, \ldots xp, x_{p+1}}(A)$$

par récurrence descendante.

Il est clair que, sur $\underline{\underline{B}}$, on a :

$$P_\nu(B) = \int_E \nu(dx_o) P_{x_o}(B)$$

Soit maintenant $B_n \in \underline{\underline{B}}$ $(n \geq 0)$, $B_n \underset{n\to\infty}{\downarrow} \emptyset$ et tels que $\lim\limits_{n\to\infty} P_\nu(B_n) > 0$.

Alors :

$$\lim_{n\to\infty} P_\nu(B_n) = \lim_{n\to\infty} \int_E \nu(dx_o) P_{x_o}(B_n)$$

$$\lim_{n\to\infty} P_\nu(B_n) = \int_E \nu(dx_o) \left(\lim_{n\to\infty} P_{x_o}(B_n)\right) > 0$$

Il existe donc $x_o \in E$ tel que : $\lim\limits_{n\to\infty} P_{x_o}(B_n) > 0$.

Or : $$P_{x_o}(B_n) = \int_E P(x_o, dx_1) P_{x_o, x_1}(B_n)$$

si bien qu'il existe x_o, x_1, tels que : $\lim\limits_{n\to\infty} P_{x_o, x_1}(B_n) > 0$.

Par récurrence, il existe une suite $x_o, x_1, x_2, \dots$ telle que pour tout p :

$$\lim_{n\to\infty} P_{x_o, \dots x_p}(B_n) > 0$$

Or, à n fixé, il existe un indice p_o tel que, pour $p > p_o$, on ait

$$P_{x_o, \dots x_p}(B_n) = 1_{B_n}(x_o, \dots x_p)$$

D'où $(x_o, x_1, x_2, \dots) \in B_n$, pour tout n et donc $\bigcap_n B_n \neq \emptyset$

ce qui prouve l'existence d'un prolongement de $P\nu$ à F.

Il est par ailleurs clair que $P\nu$ ainsi construite satisfait aux conclusions du théorème 11 et est unique.

Remarque 12 :

Cette chaîne ainsi construite est dite canonique, car elle possède en effet la propriété "universelle" suivante. Soit $(\Omega', \underline{\underline{F}}', \underline{\underline{F}}'_n, X'_n, P')$ une chaîne de Markov de loi initiale ν et de transition P. Soit $(\Omega, \underline{\underline{F}}, \underline{\underline{F}}_n, X_n, P\nu)$ la chaîne canonique associée à ν et P. Soit :

$$\Gamma : \Omega' \longrightarrow \Omega \quad \text{définie par}$$

$$X_n(\Gamma(\omega')) = X'_n(\omega')$$

Alors, l'image par Γ de la chaîne $(\Omega', \underline{\underline{F}}', \underline{\underline{F}}'_n, X'_n, P')$ est égale à la chaîne canonique.

Si $\nu = \varepsilon_x$, on notera P_x au lieu de P_{ε_x} et on parlera de chaîne de Markov partant de x à l'instant 0.

Définition 13 :

Soit $(\Omega, \underline{\underline{F}}, \underline{\underline{F}}_n, X_n, P_x\ ;\ x \in E)$ la chaîne canonique associée au noyau de transition P. On définit $\theta : \Omega \longrightarrow \Omega$ par :

$$\theta(x_o, x_1, x_2, \dots) = (x_1, x_2, x_3, \dots)$$

θ est appelé l'opérateur de translation.

On a bien sûr :

$$X_n \circ \theta = X_{n+1} \quad , \quad X_n \circ \theta^p = X_{n+p}$$

L'intérêt de cet opérateur est qu'il permet d'écrire la propriété de Markov sous une forme très commode.

Proposition 14 :

Avec les hypothèses du théorème 11, pour toute $Z : \Omega \to \mathbb{R}_+$ $\underline{\underline{F}}$ - mesurables

on a :

$$E^{\underline{\underline{F}}_n}(Z \circ \theta_n) = E_{X_n}(Z) \quad \text{p.s}$$

(où E_x désigne pour tout x l'espérance par rapport à la probabilité P_x)

Démonstration :

1) Soit $\underline{\underline{G}}_n = \sigma(X_n, X_{n+1}, \dots)$ la σ-algèbre des évènements postérieurs à n. Il est clair que $Z' : \Omega \to R_+$ est $\underline{\underline{G}}_n$ mesurable si et seulement si $Z' = Z \circ \theta_n$, où Z est $\underline{\underline{F}}$ mesurable. Cela résulte en effet de la formule évidente ;

$$\theta_n^{-1}(X_o \in A_o, \dots X_p \in A_p) = (X_n \in A_o, \dots X_{n+p} \in A_p) \qquad (A_i \in \underline{\underline{E}}_i)$$

2) Il suffit de prouver la formule annoncée pour :

$Z = f_o(X_o) \dots f_p(X_p)$ (où $f_o, \dots f_p : E \to R_+$, mesurables). Or :

$$E^{\underline{\underline{F}}_n}\{f_o(X_o) \dots f_p(X_p) \circ \theta_n\} = E^{\underline{\underline{F}}_n}\{f_o(X_n) \dots f_p(X_{n+p})\} = I$$

Raisonnant alors par récurrence sur p , on a :

$$I = E^{\underline{\underline{F}}_n}\left\{f_o(X_n) \dots f_{p-1}(X_{n+p-1}) E^{\underline{\underline{F}}_{n+p-1}} f_p(X_{n+p})\right\}$$

$$I = E^{\underline{\underline{F}}_n}\left\{f_o(X_n) \dots f_{p-1}(X_{n+p-1}) Pf_p(X_{n+p-1})\right\}$$

$$
\begin{aligned}
I &= E_{X_n}\left\{ f_o(X_o) \dots f_{p-1}(X_{p-1})\, Pf_p(X_{p-1}) \right\} \\
&= E_{X_n}\left\{ f_o(X_o) \dots f_{p-1}(X_{p-1})\, E^{F_{p-1}}(f_p(X_p)) \right\} \\
&= E_{X_n}\left\{ f_o(X_o) \dots f_p(X_p) \right\}
\end{aligned}
$$

Définition 15 :

Une application $T : \Omega \to \mathbb{N} \cup \{+\infty\}$ est dite un temps d'arrêt si, pour tout n, $\{T = n\} \in \underline{\underline{F}}_n$. La σ-algèbre $\underline{\underline{F}}_T$ (des évènements antérieurs à T) est définie par :

$$\underline{\underline{F}}_T = \{ A \in \underline{\underline{F}} \ ; \ A \cap (T = n) \in \underline{\underline{F}}_n \ \text{ pour tout } n \}$$

Exemple 16 :

Si $A \in \underline{\underline{E}}$, $T_A(\omega) = \inf\{ n \geq 0 \ ; \ X_n(\omega) \in A \}$

$= +\infty$ si $\{ n \geq 0 \ ; \ X_n(\omega) \in A \} = \emptyset$

est un temps d'arrêt, appelé le temps d'entrée dans A.

Si $A \in \underline{\underline{E}}$, $S_A(\omega) = \inf\{ n > 0 \ ; \ X_n(\omega) \in A \}$

$S_A(\omega) = +\infty$ si $\{ n > 0 \ ; \ X_n(\omega) \in A \} = \emptyset$

est un temps d'arrêt appelé le temps de retour dans A.

Si T est un temps d'arrêt, l'opérateur de translation θ_T est défini sur $\{T < \infty\}$ par $\theta_T(\omega) = \theta^n(\omega)$ si $T(\omega) = n$

Si T et S sont deux temps d'arrêt, $T + S \circ \theta_T$ est un temps d'arrêt (où $T + S \circ \theta_T = +\infty$ sur $\{T = \infty\}$).

Si $A \in \underline{\underline{E}}$, on définit la suite de temps d'arrêt S_A^n par :

$$S_A^1 = S_A \ , \quad S_A^{n+1} = S_A^n + S_A \circ \theta_{S_A^n}$$

S_A^n est le nième temps de retour dans A.

Propriété 17 : (propriété de Markov forte)

Avec les hypothèses du théorème 10, pour toute $Z : \Omega \to \mathbb{R}_+$ $\underline{\underline{F}}$-mesurable et tout T temps d'arrêt, on a :

$$E^{\underline{\underline{F}}_T}(Z \circ \theta_T) = E_{X_T}(Z) \quad P_\nu \text{ p.s pour tout } \nu \text{ sur } \{T < \infty\}$$

Démonstration :

Soit $B \in \underline{\underline{F}}_T$, $B \subset \{T > \infty\}$ On a :

$$\int_B Z \circ \theta_T \, dP_\nu = \sum_{n > o} \int_{B \cap \{T=n\}} Z \circ \theta_n \, dP_\nu$$

Or $B \cap \{T = n\} \in \underline{\underline{F}}_n$ pour tout n, si bien que d'après la proposition 13, on a :

$$\int_B Z \circ \theta_T \, dP_\nu = \sum_{n > o} \int_{B \cap \{T=n\}} E_{X_n}(Z) \, dP_\nu$$

$$\int_B Z \circ \theta_T \, dP_\nu = \int_B E_{X_T} \, dP_\nu$$

ce qui prouve la proposition.

B - GENERALITES SUR LES MARCHES ALEATOIRES

G sera dans tout ce qui suit un groupe localement compact à base dénombrable, e désigne son élément neutre et $\underline{\underline{G}}$ la σ-algèbre de ses boréliens. Pour toute mesure μ de probabilité sur $(G,\underline{\underline{G}})$ nous avons ainsi deux définitions d'une marche aléatoire droite sur G de loi μ partant de $x \in G$ à l'instant O.

1) Celle de l'exemple 3, $X_n^x = x \cdot Y_1 \dots Y_n$

2) Celle qui résulte du théorème 10 où le noyau P est donné par :

$$P(x, A) = \varepsilon_x * \mu(A)$$

Dans ces conditions, la proposition suivante est bien naturelle et prouve l'équivalence des deux définitions.

Proposition 18 :

Soit $\{\Omega, \underline{\underline{F}}, \underline{\underline{F}}_n, X_n, P_x\ (x \in E)\}$ la chaîne canonique associée au noyau de transition $P(x, A) = \varepsilon_x * \mu(A)$. Alors les v.a $X_n^{-1} \cdot X_{n+1}$ sont indépendantes et de même loi μ, pour toutes les probabilités $P_x\ (x \in G)$

Démonstration :

1) Pour tout $x \in G$, et tout $A \in \underline{\underline{G}}$

$$P_x(X_o^{-1} X_1 \in A) = P_x(x^{-1} \cdot X_1 \in A)$$

$$P_x(X_o^{-1} X_1 \in A) = P_x(X_1 \in xA) = \varepsilon_x * \mu(x.A) = \mu(A)$$

2) Soit $A_o, \dots A_n$ des éléments de $\underline{\underline{G}}$, et calculons :

$$P_x\{X_o^{-1} X_1 \in A_o,\ X_1^{-1} X_2 \in A_1,\ \dots X_n^{-1} X_{n+1} \in A_n\} = I$$

$$I = E_x\ \{1_{A_o}(X_o^{-1} X_1) \dots 1_{A_{n-1}}(X_{n-1}^{-1} \cdot X_n) \cdot E^{F_n}(1_{A_n}(X_n^{-1} \cdot X_{n+1}))\}$$

Or :

$$E^{\underline{\underline{F}}_n}\{1_{A_n}(X_n^{-1} \cdot X_{n+1})\} = E^{\underline{\underline{F}}_n}\{1_{A_n}(X_o^{-1} \cdot X_1) \circ \theta_n\}$$

$$E^{\underline{\underline{F}}_n}\{1_{A_n}(X_n^{-1} \cdot X_{n+1})\} = E_{X_n}\{1_{A_n}(X_o^{-1} X_1)\}$$ d'après la proposition 13

$$E^{\underline{\underline{F}}_n}\{1_{A_n}(X_n^{-1} \cdot X_{n+1})\} = \mu(A_n)$$ d'après 1).

D'où en raisonnant par récurrence sur n :

$$I = P_x \left\{ X_o^{-1} X_1 \in A_o , X_1^{-1} X_2 \in A_1, \dots X_n^{-1} X_{n+1} \in A_n \right\} = \prod_{i=o}^{n} \mu(A_i)$$

d'où on déduit immédiatement la proposition.

Dans ce qui suit nous utiliserons indifféremment l'une ou l'autre définition d'une marche aléatoire.

Soit $\underline{\underline{G}}^+$ l'ensemble des fonctions $G \to \mathbb{R}_+$ $\underline{\underline{G}}$-mesurables.

Pour toute $g \in G$ soit $T_g : \underline{\underline{G}}^+ \to \underline{\underline{G}}^+$ défini par :

$$T_g\, h(x) = h\ (g.x) \qquad (x \in G)$$

Proposition 19 : (invariance à gauche des marches droites)

Soit X_n une chaîne de Markov à valeur dans G de noyau de transition P.

1) Pour que X_n soit une marche aléatoire droite sur G, il faut et il suffit que

$$P\, T_g = T_g\, P \qquad \text{pour tout } g \in G$$

2) Soit pour tout $g \in G$, $\Gamma_g : \Omega = G^N \to \Omega$ définie par :

$$\Gamma_g\ (g_o, g_1, \dots) = (gg_o, gg_1, \dots)$$

Si X_n est une marche aléatoire droite sur G, alors pour toute $B \in \underline{\underline{F}}$, on a :

$$P_g\ (\Gamma_g(B)) = P_e\ (B)$$

Démonstration :

1) Si X_n est une m.a droite de loi μ, et si $f \in \underline{\underline{G}}^+$, on a :

$$P(T_g f)(x) = \varepsilon_x * \mu(T_g f) = \int_G T_g f(xg')\, d\mu(g') = \int_G f(gxg')\, d\mu(g') = \varepsilon_{gx} * \mu(f) = T_g(Pf)(x)$$

2) Réciproquement, si $PT_g = T_g P$, définissons une mesure μ sur $(G,\underline{\underline{G}})$ par :

$$\mu(A) = P(x, xA) \qquad (x \in G\ ,\ A \in \underline{\underline{G}})$$

la relation $PT_x 1_A(x') = T_x P 1_A(x')$ $(x' \in G)$ qui s'écrit encore

$$P(x', x^{-1}A) = P(x x', A)$$

prouve que cette définition de μ ne dépend pas du point x choisi

D'autre part, la relation précédente permet d'écrire :

$$\varepsilon_x * \mu(A) = \int_G 1_A(x.g)\, d\mu(g)$$

$$\varepsilon_x * \mu(A) = \int_G 1_A(x.g)\, P(e, dg)$$

$$\varepsilon_x * \mu(A) = \int_G 1_{x^{-1}A}(g)\, P(e, dg)$$

$$\varepsilon_x * \mu(A) = P(e, x^{-1}A) = P(x, A)$$

3) Il suffit de prouver $P_g(\Gamma_g(B)) = P_e(B)$ pour des B de la forme :

$$B = (X_o \in A_o, \ldots X_n \in A_n)$$

Comme $\Gamma_g(B) = (X_o \in gA_o, \ldots X_n \in g.A_n)$; on a, d'après la proposition 9 :

$$P_g[\Gamma_g(B)] = \int_{gA_1} P(g,dx_1) \int_{gA_2} P(x_1,dx_2) \ldots \int_{gA_n} P(x_{n-1},dx_{n-2})$$

et par la changement de variables $x_i = gy_i$

$$P_g[\Gamma_g(B)] = \int_{A_1} PT_{g^{-1}}(g,dy_1) \int_{A_2} PT_{g^{-1}}(gy_1,dy_2) \ldots \int_{A_n} PT_{g^{-1}}(gy_{n-1},dy_n)$$

et en tenant compte de $PT_{g^{-1}} = T_{g^{-1}}P$:

$$P_g[\Gamma_g(B)] = \int_{A_1} P(e,dy_1) \int_{A_2} P(y_1,dy_2) \ldots \int_{A_n} P(y_{n-1},dy_n)$$

Soit :

$$P_g[\Gamma_g(B)] = P_e\ (B)$$

Soit $\mathcal{P}(G)$ (ou simplement $\mathcal{P}$) l'ensemble des probabilités sur $(G,\underline{\underline{G}})$. Pour $\mu \in \mathcal{P}$, nous désignerons par :

D_μ, le support de μ

S_μ, le semi groupe fermé de G engendré par D_μ. Il est clair que S_μ est l'ensemble des $g \in G$ tels que, pour tout voisinage V de g on ait : $\sum_{n=1}^{\infty} \mu^n (V) > 0$

G_μ le groupe fermé engendré par D_μ.

Si X_n est une marche droite sur G, il est clair que pour tout $x \in G_\mu$

$$P_x\{X_n \in G_\mu \text{ pour tout } n\} = 1$$

d'après la proposition 8. Ainsi G_μ est un ensemble absorbant pour cette marche. C'est pourquoi nous ne considérons généralement que des marches pour lesquelles :

$$G_\mu = G$$

Définition 20 :

Une marche X_n de loi μ sur G est dite adaptée si $G_\mu = G$
Remarquons que notre définition diffère de la terminologie classique, qui utilise plutôt le terme apériodique. Il nous a semblé bon de ne pas nous plier à l'usage habituel (cf [72]), car le terme apériodique, utilisé pour les chaînes de Markov, possède une signification différente.

Définition 21 :

Un élément g de G est dit récurrent (pour la marche X_n) si pour tout voisinage V de g on a :

$$P_e \{\lim_{n\to\infty} (X_n \in V)\} = 1 \qquad \text{ou encore :}$$

$$P_e \{\sum_{n=o}^{\infty} 1_V (X_n) = +\infty\} = 1$$

Autrement dit, g est récurrent si la marche partant de e passe presque sûrement une infinité de fois dans tout voisinage de l'élément neutre.
Un élément g de G qui n'est pas récurrent est dit transitoire.

Théorème 22 :

Soit μ une mesure de probabilité adaptée sur G. Pour la marche droite X_n de loi μ, deux cas seulement sont possibles.

1) ou tout élément est récurrent,

2) ou tout élément est transitoire.

Démonstration :

1) Soit R_μ l'ensemble des éléments récurrents. R_μ est fermé. Il va nous suffire de prouver que $S_\mu^{-1} . R_\mu \subset R_\mu$. En effet, si cette relation est vraie, puisque bien sûr $R_\mu \subset S_\mu$, on a : $R_\mu^{-1} . R_\mu \subset R_\mu$ et donc, si $R_\mu \neq \emptyset$,

R_μ est un sous groupe fermé de G. Mais $R_\mu \supset S_\mu^{-1}$ entraine $R_\mu = G$, puisque μ est adaptée.

2) Soit donc $g \in R_\mu$ et $h \in S_\mu$. Nous allons prouver que $h^{-1} . g \in R_\mu$

Soit $\mathcal{U}$ un voisinage de $h^{-1}. g$; $h \mathcal{U} g^{-1}$ est un voisinage de e, et il existe donc V, voisinage de e, tel que $V^{-1} . V \subset h \mathcal{U} g^{-1}$. D'autre part, $V . h$ est un voisinage de h, et il existe donc $k \geqslant 0$ tel que :

$$P_e \{X_k \in Vh\} > 0 \qquad (\text{car } h \in S_\mu)$$

Soit $A = \{X_k \in V . h\}$. Si $\omega \in A$, la relation $X_{n+k}(\omega) \in V . g$

implique :

$$X_k^{-1}(\omega) . X_{n+k}(\omega) \in h^{-1} . V^{-1} Vg \subset \mathcal{U}$$

Comme g est récurrent, pour P_e presque tout $\omega \in A$, il existe une infinité d'entiers n tels que :

$$X_{n+k}(\omega) \in V . g$$

D'où :

$$P_e \{\overline{\lim_{n\to\infty}} (X_k^{-1} . X_{n+k} \in \mathcal{U} \cap A\} = P_e(A)$$

Or, d'après la proposition 15, $X_k^{-1} X_{n+k}$ a même loi que X_n et est indépendante de A. D'où :

$$P_e \{\overline{\lim_{n\to\infty}} (X_n \in \mathcal{U})\} = 1 \quad , \text{ et } h^{-1} g \in R_\mu$$

<u>Définition 23</u> :

Soit μ une mesure de probabilité (non nécessairement adaptée) sur G. La marche de loi μ est dite récurrente si la marche adaptée de loi μ sur G_μ satisfait à la première alternative du théorème 22, elle est dite transitoire sinon. Remarquons que si la marche de loi μ est récurrente, alors $S_\mu = G_\mu$.

Un groupe G qui porte une mesure de probabilité adaptée récurrente est dit récurrent. Il est transitoire sinon.

La partie la plus importante de ce travail va consister en un essai de classification des groupes récurrents et transitoires.
Voici un critère commode :

Théorème 24 :

La marche droite X_n de loi μ adaptée est récurrente si et seulement si pour tout voisinage V de e on a :

$$P_e\ \{S_V < +\infty\} = 1 \qquad \text{(où } S_V \text{ est le temps de retour dans } V)$$

Démonstration :

La nécessité est claire. Prouvons que la condition est suffisante.
Soit V un voisinage symétrique de e (ie : $V = V^{-1}$) et K un voisinage compact symétrique de e avec $K \subset V$. Il est clair qu'il existe un voisinage ouvert $\mathcal{U}$ de e tel que :

$$K \,.\, V^c = K^{-1} \,.\, V^c \subset \mathcal{U}^c$$ (où la lettre c désigne le passage au complémentaire). Ainsi :

$$\{X_{m+n} \notin V\} \cap \{X_m \in K\} \subset \{X_m^{-1} \,.\, X_{m+n} \notin \mathcal{U}\}$$

D'où :

$$P_e\ \{(X_m \in K) \cap (\bigcap_{n \geq 1} (X_{m+n} \notin V))\} \leq P_e\ \{X_m \in K) \cap (\bigcap_{n > 1} (X_m^{-1} \,.\, X_{m+n} \notin \mathcal{U}))\}$$

$$= P_e\ \{(X_m \in K)\}\ P_e\ \{S_{\mathcal{U}} = +\infty\}$$ d'après la proposition 15.

Ainsi, d'après l'hypothèse :

$$P_e\ \{(X_m \in K) \cap (\bigcap_{n \geq 1} (X_{m+n} \notin V))\} = 0$$

Soit alors une suite croissante K_p de compacts symétriques telle que :

$\lim_{p\to\infty} K_p = U$ comme : $\{X_m \in V\} = \lim_{n\to\infty} \{X_m \in K_p\}$, on a :

$$P_e \{(X_m \in V) \cap (\bigcap_{n\geq 1} (X_{m+n} \notin V))\} = 0$$

Soit alors $T = \sup \{ m ; X_m \in V \}$. On a donc :

$$P_e \{T < \infty\} = \sum_m P_e \{T = m\} = \sum_m P_e \{X_m \in V ; X_{m+n} \notin V \text{ pour tout } n \geq 1 \}$$

$$P_e \{T < \infty\} = 0$$

ce qui s'écrit encore :

$P_e \{\overline{\lim_{n\to\infty}} (X_n \in V)\} = 1$ et prouve que e est récurrent.

<u>Définition 25</u> :

Le noyau potentiel $U(x, A)$ $(x \in G , A \in \underline{\underline{G}})$ de la marche droite de pas μ est défini par :

$$U(x, A) = \sum_{n=0}^{\infty} \varepsilon_x * \mu^n (A) = E_x \{\sum_{n=0}^{\infty} 1_A (X_n)\}$$

(cette quantité peut être finie ou infinie). Le noyau potentiel opère sur les éléments de $\underline{\underline{G}}^+$ par la formule :

$$f(x) = \sum_{n=0}^{\infty} \varepsilon_x * \mu^n (f) = E_x \{\sum_{n=0}^{\infty} f(X_n)\}$$

Le potentiel en e d'une partie A de G est noté $U(A)$ au lieu de $U(e, A)$
Remarquons que le noyau potentiel commute aux opérateurs de translation T_g (d'après la proposition 19)

Théorème 26 :

La marche X_n de loi μ adaptée est transitoire si et seulement si $U(V) < +\infty$ pour tout ouvert relativement compact. Elle est récurrente si et seulement si $U(V) = +\infty$ pour tout ouvert non vide. En particulier, si la marche est transitoire, la mesure :

$$U = \sum_{n=o}^{\infty} \mu^n \text{ est de Radon.}$$

Démonstration :

Il suffit de prouver que si $U(V) = +\infty$ pour un ouvert V relativement compact, alors la marche est récurrente. Conservons les notations de la démonstration du précédent théorème.

1) On peut supposer que V est un voisinage de e. En effet, si $U_N = \sum_{n=0}^{N} \mu^n$

$$U_N(V) = E_e \{\sum_{n=o}^{N} 1_V(X_n)\}$$

$$U_N(V) = E_e \{\sum_{n=S_V}^{N} 1_V(X_n)\}$$

$$U_N(V) \leq E_e \{\sum_{n=o}^{N} 1_V(X_n) \circ \theta_{S_V}\} = E_e\{E_{X_{S_V}} \{\sum_{n=0}^{N} 1_V(X_n)\}\}$$

$$U_N(V) \leq E_e \{U_N(X_{S_V}^{-1} . V)\} \quad \text{(invariances à gauche des marches droites)}$$

$$U_N(V) \leq U_N(V^{-1} . V)$$

et $V^{-1} . V$ est un voisinage ouvert relativement compact de e.

2) Soit donc V voisinage ouvert relativement compact de e tel que $\bigcup(V) = +\infty$

On a :

$$1 \geq P_e\{T < \infty\} = \sum_{m=0}^{\infty} P_e\{(X_m \in V) \cap (\bigcap_{n>1} (X_{m+n} \notin V))\}$$

$$1 \geq \sum_{m=0}^{\infty} P_e\{(X_m \in V) \cap (\bigcap_{n>1} (X_m^{-1} \cdot X_{m+n} \notin V^2))\}$$

puisque $V^{-1} \cdot (V^2)^c = V \cdot (V^2)^c \subset V^c$.

D'où : $1 \geq \bigcup(V) \; P_e\{S_{V^2} = +\infty\}$ d'après la proposition 15.

Mais puisque $\bigcup(V) = +\infty$, cela implique :

$$P_e\{S_{V^2} = +\infty\} = 0$$

ou encore,

$$P_e\{S_{V^2} < +\infty\} = 1$$

ce qui prouve le résultat annoncé grâce au théorème 24

<u>Corollaire 27</u> :

Si la marche est transitoire, alors pour tout ouvert relativement compact V :

$$P_e\{\lim_{n\to\infty} (X_n \in V)\} = 0$$

(la m.a ne passe presque sûrement qu'un nombre fini de fois dans tout compact)

En effet, si on avait :

$$P_e\{\lim_{n\to\infty} (X_n \in V)\} > 0$$

On aurait : $\bigcup(V) = E_e\{\sum_{n=0}^{\infty} 1_V(X_n)\} = +\infty$

Remarquons que le critère de récurrence $\bigcup(V) = +\infty$ implique, dans la définition d'un groupe récurrent, qu'il n'y a pas lieu de distinguer entre marches aléatoires gauche et droite.

Exemple 28 :

Soit μ une mesure de probabilité sur $\mathbb{R}^n$ ayant un moment d'ordre 1 non nul :

$$\int_{\mathbb{R}^n} |x| \, d\mu(x) < +\infty \quad , \quad \int_{\mathbb{R}^n} x \, d\mu(x) \neq 0$$

Alors la marche X_n associée est transitoire. En effet, d'après la loi des grands nombres :

$$\lim_{n\to\infty} \frac{1}{n} X_n = \int_{\mathbb{R}^n} x d\mu(x) \quad \text{p.s}$$

$$\lim_{n\to\infty} |X_n| = +\infty \quad \text{p.s}$$

D'où pour tout ouvert relativement compact V, on a :

$$P_e \{\lim_{n\to\infty} (X_n \quad V)\} = 0$$

Exemple 29 :

Si G est compact, toute marche adaptée sur G est récurrente. En effet, G est un ouvert relativement compact et :

$$U(G) = E_e \{\sum_{n=0}^{\infty} 1_G (X_n)\} = +\infty$$

Exemple 30 :

a) Soit $Y_1, Y_2, \dots Y_n, \dots$ une suite de v.a indépendantes à valeurs dans $\mathbb{Z}$ et de même loi $\mu = \frac{1}{2} \varepsilon_{+1} + \frac{1}{2} \varepsilon_{-1}$. La marche $X_n = \sum_{i=1}^{n} Y_i$ est récurrente.

En effet :

$$U(\{0\}) = \sum_{n=0}^{\infty} P\{X_{2n} = 0\} = \sum_{n=0}^{\infty} \binom{2n}{n} \frac{1}{2^{2n}}$$

Or d'après la formule de Stirling, $n! \underset{n\to\infty}{\sim} \sqrt{2\pi}\, e^{-n}\, n^{n+1/2}$, on a :

$$P\{X_{2n} = 0\} \underset{n\to\infty}{\sim} \frac{1}{\sqrt{\pi n}} \quad \text{et} \quad U(\{0\}) = +\infty$$

En particulier, le groupe $\mathbb{Z}$ est un groupe récurrent.

b) Même situation dans $\mathbb{Z}^2$ avec :

$$\mu = \frac{1}{4}\varepsilon_{(o,\,1)} + \frac{1}{4}\varepsilon_{(o,\,-1)} + \frac{1}{4}\varepsilon_{(1,\,o)} + \frac{1}{4}\varepsilon_{(-1,\,o)}$$

Alors la marche X_n est récurrente (et $\mathbb{Z}^2$ est un groupe récurrent).

En effet :

$$U(\{(o,o)\}) = \sum_{n=o}^{\infty} P\{X_{2n} = (o,\,o)\} = \sum_{n=o}^{\infty} \sum_{i+j=n} \frac{2n!}{i!i!j!j!}\left(\frac{1}{4}\right)^{2n}$$

Soit $u_n = \sum_{i+j=n} \frac{2n!}{i!i!j!j!}\left(\frac{1}{4}\right)^{2n} = \left(\frac{1}{4}\right)^{2n}\binom{2n}{n}\sum_{i+j=n}\frac{n!}{i!j!}\,\frac{n!}{i!j!}$

$$u_n = \left(\frac{1}{4}\right)^{2n}\binom{2n}{n}\sum_{i+j=n}\binom{n}{i}\binom{n}{n-i}$$

$$u_n = \left(\frac{1}{4}\right)^{2n}\binom{2n}{n}^2 \underset{n\to\infty}{\sim} \frac{1}{\pi n}$$ d'après la formule de Stirling.

Ainsi $U(\{(o,\,o)\}) = +\infty$.

c) Même situation dans $\mathbb{Z}^3$ avec $\mu = \frac{1}{6}\,\varepsilon_{(0,0,1)} + \frac{1}{6}\,\varepsilon_{(0,0,-1)} + \dots$ etc

La marche X_n associée est transitoire. En effet :

$$U(\{(0,0,0)\}) = \sum_{n=0}^{\infty} P\{X_{2n} = (0,0,0)\}$$

$$\text{Or } u_n = P\{X_{2n} = (0,0,0)\} = \sum_{i+j \leq n} \frac{2n!}{i!i!j!j!\,(n-i-j)!\,(n-i-j)!}\left(\frac{1}{6}\right)^{2n}$$

Soit :

$$u_n = \left(\frac{1}{2}\right)^{2n}\binom{2n}{n}\sum_{i+j\leq n}\left(\frac{n!}{i!j!\,(n-i-j)!}\right)^2\left(\frac{1}{3}\right)^{2n}$$

$$u_n \leq C_n\left(\frac{1}{2}\right)^{2n}\binom{2n}{n}\frac{1}{3^n} \qquad \text{avec } C_n = \sup_{i+j\leq n}\frac{n!}{i!j!\,(n-i-j)!}$$

$$\left(\text{en utilisant la relation évidente : } \sum_{i+j\leq n}\frac{n!}{i!j!\,(n-i-j)!}\,\frac{1}{3^n} = 1\right)$$

D'autre part, il est facile de voir que, pour n grand, C_n est atteint pour $i = j \sim \frac{n}{3}$. Ainsi :

$$C_n \underset{n\to\infty}{\sim} \frac{n!}{\left(\left(\frac{n}{3}\right)!\right)^3}$$

D'où d'après la formule de Stirling :

$$C_n\left(\frac{1}{2}\right)^{2n}\binom{2n}{n}\frac{1}{3^n} \underset{n\to\infty}{\sim} \frac{3^{3/2}}{2(\pi n)^{3/2}}$$

Ce qui prouve que $\mathcal{U}(\{(o,o,o)\}) = \sum_{n=o}^{\infty} U_n < +\infty$, et la marche est transitoire.

On montre en fait [77] que toute marche aléatoire sur $\mathbb{Z}^3$ est transitoire ($\mathbb{Z}^3$ est un groupe transitoire).

Proposition 31: (principe du maximum)

Si μ est transitoire, alors pour toute partie B de G relativement compacte on a en posant : $U_N(x,.) = \sum_{n=o}^{N} P^n(x,.)$:

$$\sup_{g \in G} \mathcal{U}_N(g, B) \leq \sup_{g \in B} \mathcal{U}_N(g, B) \leq \mathcal{U}_N(e, B^{-1} B) \leq \mathcal{U}(e, B^{-1}B) < +\infty$$

En particulier, l'ensemble des mesures de Radon $\mathcal{U}(g, .)$ $(g \in G)$ est vaguement relativement compact.

Démonstration :

Elle est analogue à celle du théorème 26, partie 1.

Nous allons maintenant rassembler ici quelques résultats moins importants qui nous serons utiles par la suite.

Proposition 32 :

Tout sous-groupe ouvert d'un groupe récurrent est récurrent.

Démonstration :

Soit X_n une marche droite de loi μ adaptée, et H un sous-groupe ouvert de G .

Soit : $S_H = \inf \{n > o \ ; \ X_n \in H\}$ le temps de retour dans H

et $S_H^n = S_H^{n-1} + S_H \circ \theta_{S_H^{n-1}}$, $S_H^1 = S_H$ la suite des temps de retour successifs dans H . Puisque X_n est récurrente, il est clair que :

$$P_e\{S_H^n < +\infty\} = 1 \qquad \text{pour tout } n$$

La suite de v.a $Z_n = X_{S_H^n}$ est donc bien définie par $Z_n(\omega) = X_{S_H^n(\omega)}(\omega)$

C'est une chaîne de Markov relativement aux tribus $\underline{\underline{F}}_{S_H^n}$ puisque :

$$E^{\underline{\underline{F}}_{S_H^n}}\{f(X_{S_H^{n+1}})\} = P_{S_H} f(X_{S_H^n})$$

D'après la propriété de Markov forte, où le noyau P_{S_H} est défini par :

$$P_{S_H}(x, A) = P_x\{S_H \in A\} \qquad (x \in G \; , \; A \in G)$$

En fait, cette chaîne de Markov est une marche droite de loi ν avec :

$$\nu(A) = P_{S_H}(e, A)$$

car le noyau S_H satisfait (comme on le vérifie facilement) à :

$$P_{S_H} T_g = T_g P_{S_H} \qquad \text{pour tout } g \in G \quad \text{(proposition 16).}$$

Enfin, si O est un ouvert de H , on a :

$$\overline{\lim_{n\to\infty}}\{X_n \in O\} = \overline{\lim_{n\to\infty}}\{X_{S_H^n} \in O\}$$

Si bien que $P_e\{\overline{\lim_{n\to\infty}}(X_{S_H^n} \in O)\} = 1$

Il reste à voir que ν est adaptée (dans H) et cela prouvera la proposition.
Or la dernière relation prouve bien sûr que $S_\nu = H$

Ainsi, il est facile de voir que tout sous-groupe ouvert d'un groupe récurrent est récurrent ; par contre, la question de savoir si un sous-groupe fermé d'un groupe récurrent est récurrent est une question très difficile, et ouverte. Disons seulement que la réponse est oui dans le cas des groupes abéliens, et que nous donnerons quelques réponses à cette question dans les chapitres suivants.

Proposition 33 : (dualité entre μ et $\check{\mu}$)

Soit $\check{\mu}$ l'image de μ par l'application $g \to g^{-1}$ de G dans G. Soit $\check{P}$ le noyau de transition de la marche droite de loi $\check{\mu}$. Soit λ une mesure de Haar droite de G.

Alors :

1) pour toutes f et g de $\underline{\underline{G}}^{+}$ on a les formules :

$$< \check{P}f,g >_{\lambda} = <f,Pg >_{\lambda}$$

$$(f.\ \lambda)P = (\check{P}f).\ \lambda$$

2) μ est récurrente si et seulement si $\check{\mu}$ l'est.

Démonstration :

1) On a par définition :

$$\left[(f.\lambda)\ P\right]\ (g) = <f,Pg >_{\lambda}$$

et de plus :

$$\left[(f.\lambda)\ P\right]\ (g) = \left[(f.\lambda) * \mu\right]\ (g) = \int_G\int_G g(xy)\,f(x)\,d\lambda(x)\ d\mu(y)$$

$$\left[(f.\lambda)\ P\right]\ (g) = \int_G\int_G g(x')\,f(x'y^{-1})\ d\lambda(x')\,d\mu(y)$$

$$\left[(f.\lambda)\ P\right]\ (g) = < \check{P}f,g >_{\lambda}$$

2) Il résulte de 1) que si $\mathcal{U}_N = \sum_{n=0}^{N} P^n$

on a :

$$<\check{\mathcal{U}}_N f,g > = < f, \mathcal{U}_N g >_{\lambda}$$

et la conclusion en découle.

Proposition 34 : (passage au quotient)

Soit H un sous-groupe distingué fermé de G et π l'homomorphisme canonique de G sur G/H.

1) Si la marche X_n de loi μ adaptée sur G est récurrente, il en va de même de la marche $\pi(X_n)$ de loi $\pi(\mu)$ sur G/H

2) Si la marche $\pi(X_n)$ de loi $\pi(\mu)$ sur G/H est récurrente, si μ est adaptée et H compact, alors la m.a X_n est récurrente.

Démonstration :

Puisque π est un homomorphisme de groupe, il est clair, notant $\overline{U}$ le noyau potentiel de la marche de loi $\pi(\mu)$ que :

$$U(g, \pi^{-1}(A)) = \overline{U}(\pi(g), A) \qquad (g \in G, \quad A \in G/H) \qquad (4)$$

Cela prouve le point 1, puiqu'il est clair que $\pi(\mu)$ est adaptée dès que μ l'est. Le point 2 découle immédiatement lui aussi de cette dernière formule puique l'image réciproque par π d'une compact est compacte.

La question naturelle que pose la proposition 34 est bien sûr la suivante : une extension compacte de groupe récurrent est-elle récurrente ? Malheureusement, cette question semble difficile, et est ouverte. Pour la résoudre partiellement, nous devrons utiliser les structures explicites des groupes sur lesquels nous travaillons.

Définition 35 :

Soit U le noyau potentiel d'une marche transitoire. Nous dirons que tend vers 0 à l'infini si pour toute $f \in \underline{G}^+$ bornée à support compact on a :

$\lim_{g \to \infty} Uf(g) = 0$ (∞ étant le point de compactification d'Alexandrov de G).
C'est encore dire que l'ensemble faiblement relativement compact des mesures

$\mathcal{U}(g,.)$ $(g \in G)$ a seulement la mesure nulle comme valeur d'adhérence à l'infini. Un groupe G tel que pour toute marche adaptée le noyau potentiel tend vers 0 à l'infini est dit de type I. Il est dit de type II sinon.

Proposition 36 : (passage au quotient pour les potentiels)

Les notations sont les mêmes que pour la proposition 30. Si le potentiel de la marche $\pi(\mu)$ tend vers 0 à l'infini, il en va de même pour celui de la marche μ .

Démonstration :

Nous allons donner de cette proposition deux démonstrations , l'une analytique et l'autre probabiliste. La première repose sur un découpage temporel, et la seconde sur un découpage spatial.Bien sûr, la proposition est évidente si H est compact. Nous supposerons donc dans ce qui suit H non compact.

α) Soit V un compact de G et $\pi(V)$ son image dans G/H. La relation évidente :

$$\mathcal{U}(x, V) \leq \bar{\mathcal{U}}(\pi(x), \pi(V)) \quad \text{entraîne déjà que :}$$

$$\lim_{\pi(x)\to\infty} \mathcal{U}(x, V) = 0$$

Soit alors, x_n une suite tendant vers l'infini dans G et telle que $\pi(x_n)$ appartienne au compact $\pi(W)$ de G/H . Ecrivons :

$$\mathcal{U}(x_n, V) = \sum_{i=0}^{k} \varepsilon_{x_n} * \mu^i (V) + \sum_{i=k+1}^{\infty} \varepsilon_{x_n} * \mu^i (V)$$

Soit $\varepsilon > 0$ et k assez grand pour que :

$$\sum_{i=k+1}^{\infty} \varepsilon_{x_n} * \mu^i (V) \leq \sum_{i=k+1}^{\infty} \pi(\mu)^i (\pi(W) . \pi(V)) < \varepsilon/2$$

(ce choix est possible puisque $U(\pi(W) . \pi(V))$ est fini)

Soit alors K un compact assez grand pour que, si $x_n \notin K$, on ait :

$$\varepsilon_{x_n} * \sum_{i=0}^{k} \mu^i (V) < \varepsilon/2$$

(ceci est possible puisque la mesure $\sum_{i=0}^{k} \mu^i$ est de masse totale finie)

Rassemblant ces deux inégalités, on en déduit que :

$U(x_n, V) \leq \varepsilon$ pour n assez grand, ce qui prouve la proposition.

β) 1- Notons $X_n^g = g.Y_1 \dots Y_n$ l'état de la marche à l'instant n, partant de g à l'instant 0 .

Soit $f \in \underline{\underline{G}}^+$ bornée à support compact $K \subset G$, et soit $\varepsilon > 0$. Par hypothèse et d'après (4), il existe un compact $\overline{C}$ de G/H tel que :

$$U f(g) \leq \varepsilon \qquad \text{si } g \notin \pi^{-1}(\overline{C}) = C \qquad (5)$$

Soit, pour $g \in C$,

$$L^g(C) = \inf \{n \geq 0 ; X_n^g \notin C$$

le temps de sortie de C . Il est clair que $L^g(C)$ ne dépend en fait que de $\bar{g} = \pi(g)$

2- Nous allons prouver qu'il existe un compact $\overline{B}$ de G/H contenant $\overline{C}$ tel que :

$$\sup_{\pi(g) \in \overline{C}} L^g(C) \leq L^e(B) \qquad (6)$$

et

$$E(L^e(B)) < +\infty \qquad (7)$$

avec $B = \pi^{-1}(\overline{B})$

Posons : $\bar{B} = \bigcup_{\bar{g} \in \bar{C}} \bar{g}^{-1} . \bar{C} = \bar{C}^{-1} . \bar{C}$. La formule (6) résulte alors

immédiatement de l'invariance à gauche de la marche droite. Quant à (7), c'est une conséquence de :

$$+ \infty > \bar{U} 1_{\bar{B}} (e) = E \{ \sum_{n=o}^{\infty} 1_{\bar{B}} (\pi(X_n^e)) \} \geq E \{ \sum_{n=o}^{L^e(B)-1} 1_{\bar{B}} (\pi(X_n^e)) \}$$

$$\geq E (L^e(B) - 1)$$

puisque $\pi(X_n^e) \in \bar{B}$ tant que $n < L^e_B$

3- Soit alors $\eta > o$ tel que $(P(A) \leq \eta) \Rightarrow (E \{L^e(C) . 1_A\} < \varepsilon)$ (8)

Il est possible de trouver un tel η d'après (7).

Soit n_o assez grand pour que :

$$P \{ L^e(C) \geq n_o \} \leq \frac{1}{2} \eta \qquad (9)$$

(un tel n_o existe, toujours d'après (7)).

Il est par ailleurs clair d'après l'invariance à gauche des marches droites qu'il existe un compact K de G tel que, si $g \notin K$ et $\pi(g) \in \bar{C}$, on ait :

$$P \{ S_K^g \leq n_o \} < \frac{\eta}{2} \qquad (10)$$

où S_K^g est le temps de retour dans K , pour la marche partant de g .

Soit $D = C \cap K^c$. Ainsi pour $g \in D$, on a, d'après (9) et (10)

$$P \{ S_K^g < L^e(C) \} \leq \eta \qquad (11)$$

Appliquant la propriété de Markov forte au temps d'arrêt $L^g(C)$, on a :

$$f(g) = E\left\{\sum_{n=0}^{n<L^g(C)} f(X_n^g)\right\} + E\left\{U_f(X_C^g)\right\}$$

en posant pour $L^g(C) = k$, $X_k^g = X_C^g$

Or , $X_C^g \notin C$ et $f(X_n^g) = 0$ si $n < S_K^g$

D'où en posant $M = \sup f$ et d'après (5) :

$$f(g) \leq M\, E\left\{L^g(C) \cdot 1_{\left\{S_K^g \quad L^g(C)\right\}}\right\} + \varepsilon$$

$$f(g) \leq M\, E\left\{L^e(B) \cdot 1_{\left\{S_K^g \quad L^g(C)\right\}}\right\} + \varepsilon \qquad \text{d'après (6)}$$

$$f(g) \leq M\,(1+\varepsilon) \quad (12) \quad \text{d'après (11) et (8)}$$

Regroupant alors (5) et (12), la proposition est prouvée.

<u>Proposition 37</u> : (régularisation du support)

Si le groupe G porte une probabilité μ adaptée récurrente, il porte une probabilité ν adaptée récurrente telle que le support de ν , D_ν , égale G .

<u>Démonstration</u> :

Soit $\alpha > 0$ et $\nu = \sum_{k=0}^{\infty} e^{-\alpha} \frac{\alpha^k}{k!} \mu^k$ (où $\mu^0 = \varepsilon_e$)

Un calcul simple prouve que :

$$\nu^n = \sum_{k=0}^{\infty} e^{-n\alpha} \frac{(n\alpha)^k}{k!} \mu^k$$

Si bien que :

$$\sum_{n\geq 0} \nu^n = \sum_{k=0}^{\infty} \left(\sum_{n=0}^{\infty} e^{-n\alpha} \frac{(n\alpha)^k}{k!} \right) \mu^k$$

or :

$$u_k = \sum_{n\geq 0} e^{-n\alpha} \frac{(n\alpha)^k}{k!} = \frac{(-1)^k}{k!} \frac{d^k}{dt^k} \left(\sum_{n=0}^{\infty} e^{-n\alpha t} \right)_{t=1}$$

$$u_k = \frac{(-1)^k}{k!} \frac{d^k}{dt^k} \left(\frac{1}{1-e^{-\alpha t}} \right)_{t=1}$$

$$u_k = \frac{\alpha^k}{(1-e^{-\alpha})^k}$$

Soit $\lim_{k\to\infty} u_k = +\infty$

D'où avec des notations évidentes :

$$U_\mu (V) = \sum_{n=0}^{\infty} \mu^n (V) = +\infty$$

tandis que :

$$U_\nu (V) = \sum_{n=0}^{\infty} u_n \mu^n (V) = +\infty$$ puisque $u_n \geqslant 1$ à partir d'un certain rang.

Ainsi la marche de pas ν est récurrente. Mais comme μ est récurrente, le semi-groupe fermé S_μ engendré par le support D_μ de μ est égal à G. Ainsi, pour tout ouvert O non vide de G, il existe un $n > 0$ tel que $\mu^n(O) > 0$.

Donc :

$\nu(O) > 0$ pour tout ouvert O non vide, ce qui prouve que :

$$D_\nu = G .$$

Remarque 38 :

Soit μ adaptée transitoire et ν construite à partir de μ comme précédemment. Avec les notations précédentes, si le potentiel U_ν tend vers 0 à l'infini, il en va de même du potentiel U_μ .

Soit en effet, $f \geqslant 0$ bornée à support compact. Alors :

$$U_\mu f(g) = \varepsilon_g * \sum_{n=0}^{\infty} \mu^n (f)$$

$$U_\mu f(g) \leq \varepsilon_g * \sum_{n=0}^{\infty} u_n \mu^n(f) \qquad \text{puisque } u_n \geqslant 1$$

$$U_\mu f(g) \leq U_\nu f(g)$$, ce qui prouve la remarque.

La notion définie maintenant jouera un grand rôle dans la suite.

Définition 39 :

Soit λ une mesure de Haar droite de G . Une probabilité μ sur G est dite étalée si elle vérifie l'une des deux conditions équivalentes suivantes.

1) Il existe un entier n tel que μ^n ne soit pas singulière par rapport à la mesure de Haar .
2) Il existe un entier p tel que μ^p majore un multiple de la mesure de Haar sur un ouvert O non vide.

Définition 40 :

Une marche aléatoire est dite H-récurrente si $\lambda(A) > 0$ implique $P_x \{ \sum_{n=1}^{\infty} 1_A (X_n) = + \infty\} = 1$ pour tout x . Bien sûr, une marche H-récurrente est récurrente. Le théorème qui suit est important en soi.

Théorème 41 : (caractérisation de la H-récurrence)

Une marche adaptée récurrente est H-récurrente si et seulement si sa loi μ est étalée.

Démonstration :

1) Si la marche est H-récurrente et si $\lambda(A) > 0$, alors :

$$\sum_{n=0}^{\infty} 2^{-n} \mu^{n}(A) = \sum_{n=0}^{\infty} 2^{-n} P_e\{X_n \in A\} > 0$$

et donc, il existe un n tel que λ et μ^n ne soient pas étrangères.

2) Procédons en plusieurs étapes pour la réciproque.

. G possédant une base dénombrable d'ouverts, il existe un ensemble $N \subset \Omega$ tel que:

$$P_e(N) = 0 \qquad \textbf{(13)}$$

$$\sum_{n=1}^{\infty} 1_O(X_n(\omega)) = +\infty \quad \text{si} \quad \omega \notin N \quad \text{pour tout ouvert } O \text{ de } G \text{ non vide.}$$

. Soit $A \in G$ tel que $\lambda(A) > 0$ (et $\lambda(A) < \infty$). Si k est un entier,

définissons :

$$B(k,\omega) = \{ g \in G \ ; \sum_{n=1}^{\infty} 1_A(g^{-1} . X_n(\omega)) \leq k \}$$

et
$$B(\omega) = \bigcup_k B_k(\omega)$$

Pour tout compact $K \subset B(k,\omega)$, on a :

$$k. \lambda(K) \geq \int_G \sum_{n=1}^{\infty} 1_A(g^{-1} . X_n(\omega))\, 1_K(g)\, d\lambda(g)$$

$$k. \lambda(K) \geq \sum_{n=1}^{\infty} 1_K * 1_A(X_n(\omega)) \qquad (14)$$

Or K étant compact et A de mesure finie, $1_K * 1_A$ est continue.

Ainsi, si $\omega \notin N$, $1_K * 1_A = 0$ d'après (14) et donc $\lambda(K) = 0$, ce qui entraîne que $\lambda(B(\omega)) = 0$ pour $\omega \notin N$. D'où, d'après (13), pour P_e presque

presque tout ω , $B(\omega)$ est λ-négligeable.

. D'après le théorème de Fubini, on a donc :

pour presque tout g , ie pour $g \notin \Gamma$ avec $\lambda(\Gamma) = 0$,

$$P_e \{ \omega ; \sum_{n=1}^{\infty} 1_A(g^{-1} . X_n(\omega)) < + \infty \} = 0$$

ou encore pour $g \notin \Gamma$,

$$P_g \{ \sum_{n=1}^{\infty} 1_A (X_n(\omega)) = + \infty \} = 1 \quad (15) \quad \text{(par invariance à gauche)}$$

. Nous allons achever la démonstration en montrant que, si μ est étalée, $\Gamma = \emptyset$

Soit p tel que :

$$\mu^p = f . \lambda + \sigma_1 \quad (f \neq 0 ; ||\sigma_1|| < 1)$$

Alors par convolution $\mu^{np} = \beta_n + \sigma_n$ où $\beta_n << \lambda$

et $\sigma_n = \sigma_1^n$, si bien que :

$$\lim_{n\to\infty} ||\sigma_n|| = \lim_{n\to\infty} ||\sigma_1||^n = 0$$

Dans ces conditions, si $g \in \Gamma$, on a :

$$P_g \{ X_{np} \in \Gamma \} = P_e \{ X_{np} \in g^{-1} . \Gamma \} = \mu^{np} (g^{-1} . \Gamma)$$

$$P_g \{ X_{np} \in \Gamma \} = \beta_n (g^{-1} . \Gamma) + \sigma_n (g^{-1} . \Gamma)$$

$$P_g \{ X_{np} \in \Gamma \} = \sigma_n (g^{-1} . \Gamma) \quad (\text{car } \beta_n << \lambda \text{ et } \lambda(\Gamma) = 0)$$

$$P_g \{ X_{np} \in \Gamma \} \leq ||\sigma_n|| \leq ||\sigma_1||^n$$

Donc : $\lim_{n\to\infty} Pg \{X_{np} \notin F\} = 1$ (16)

Cela étant :

$$P_g \{ \sum_{k=1}^{\infty} 1_A (X_k) = +\infty \} = P_g \{ \sum_{k=np}^{\infty} 1_A (X_k) = +\infty \}$$

$$P_g \{ \sum_{k=1}^{\infty} 1_A (X_k) = +\infty \} = P_g \{ \sum_{k=o}^{\infty} 1_A (X_k) \circ \theta_{np} = +\infty \}$$

$$P_g \{ \sum_{k=1}^{\infty} 1_A (X_k) = +\infty \} = E_g \{ P_{X_{np}} \{ \sum_{k=o}^{\infty} 1_A (X_k) = +\infty \} \}$$

$$P_g \{ \sum_{k=1}^{\infty} 1_A (X_k) = +\infty \} \geqslant P_g \{ X_{np} \notin \Gamma \} \qquad \text{d'après (15)}$$

Ainsi :

$$P_g \{ \sum_{k=1}^{\infty} 1_A (X_k) = +\infty \} = 1 \qquad \text{d'après (16)}$$

et donc $\Gamma = \emptyset$, ce qui prouve le théorème.

Dans beaucoup de propriétés des v.a réelles, la notion de moment joue un rôle important. Quand on a à faire avec des v.a à valeurs dans un groupe, il s'agit de donner un sens à cette notion. C'est ce que nous allons faire maintenant.

Soit G un groupe localement compact engendré par le voisinage compact V de l'identité, μ une probabilité sur G et soit $\delta_V : G \longrightarrow \mathbb{N}$ définie par :

$$\delta_V (g) = \inf \{ n \geqslant o \; ; \; g \in V^n \}$$

<u>Définition 42</u> :

On dit que μ admet un moment d'ordre α ($\alpha > o$) si la fonction δ_V^{α} est μ-intégrable. Cette définition est justifiée, car si W est un autre voisinage compact de l'identité engendrant G , il existe des entiers p et q tels que :

$$V^n \subset W^{pn}$$
$$W^n \subset V^{qn}$$

pour tout n et l'intégrabilité de δ_V^{α} équivaut à celle de δ_W^{α}.

Exemple 43 :

Si l'on dispose d'une fonction borélienne δ sur G à valeurs dans $\mathbb{R}^+$, vérifiant :

$$\forall g \in G \qquad a\,\delta_V(g) + b \leq \delta(g) \leq a'\delta_V(g) + b'$$

avec certaines constantes a,a',b,b', (a>o , a'>o) , l'intégrabilité de δ^α par rapport à μ signifiera que μ a un moment d'ordre α. Il en est ainsi pour les groupes nilpotents et les groupes de déplacements des espaces euclidiens. Dans le deuxième cas, écrivant pour g dans G, $g = \tau\rho$ $(\tau \in R^n, \rho \in SO(n))$ et posant $\delta(g) = ||\tau||$ où $\tau \to ||\tau||$ est la norme euclidienne ordinaire, les inégalités voulues s'obtiennent en prenant pour V l'ensemble des éléments g tels que $\delta(g) \leq 1$

Si G est un groupe de Lie nilpotent connexe et simplement connexe identifié à son algèbre de Lie et si l'on considère sa suite centrale descendante :

$$G = G^1 \supset G^2 \supset \qquad \supset G^r \supset G^{r+1} = \{e\}$$

on peut écrire l'espace vectoriel G sous forme d'une somme directe de sous-espaces :

$$G = G^1/G^2 \oplus G^2/G^3 \oplus \dots \oplus G^r$$

Si chacun de ces sous-espaces est muni d'une norme euclidienne notée $||\ ||$ on peut poser: $\delta(x) = \sup_i ||x_i||^{1/i}$

où $x = x_1 + \dots + x_r$ avec $\left(x_i \in G^i/_{G^{i+1}}\right)$

Le fait que δ vérifie la double inégalité annoncée résulte de [25]

C - PROPRIETES DES GROUPES RECURRENTS

Définition 44 :

La fonction $f \in \underline{\underline{G}}$ positive ou bornée est dite :

1) harmonique si Pf = f

2) surharmonique si $Pf \leq f$

3) sous-harmonique si $Pf \geq f$

L'intérêt probabiliste de cette définition analytique résulte de la remarque suivante : si f est harmonique (resp. sur, sous-harmonique) alors la suite de variables aléatoires $f(X_n)$ est une martingale (resp. sur, sous-martingale). En effet :

$$E^{\underline{\underline{F}}_n}[f(X_{n+1})] = Pf(X_n) = f(X_n)$$

si f est harmonique.

Définition 44' :

Soit ρ une mesure de Radon positive. On dit que ρ est :

1) harmonique si $\rho P = \rho$

2) surharmonique si $\rho P \leq \rho$

3) sous-harmonique si $\rho P \geq \rho$

Les mesures de Radon absolument continues par rapport à une mesure de Haar à droite λ sur G qui sont harmoniques (resp. sur, sous-harmoniques) pour le noyau P correspondent bijectivement aux fonctions boréliennes λ-localement intégrables qui sont harmoniques (resp. sur, sous-harmoniques) pour le noyau $\check{P}$ associé à la mesure $\check{\mu}$, en raison de la relation déjà signalée.

$$(f.\lambda) P = (\check{P}f).\lambda$$

Proposition 45 :

Soit μ une mesure de probabilité adaptée. Alors sont équivalentes :

1) μ est récurrente,

2) toute fonction μ-surharmonique positive continue est constante

3) toute mesure de Radon positive μ-surharmonique est une mesure de Haar à droite

4) toute fonction μ-surharmonique positive est constante μ-presque partout

Démonstration :

$1 \Rightarrow 2$

Soit f une fonction continue bornée et surharmonique et montrons qu'elle est harmonique : sinon la fonction $f-Pf$ est positive continue et comme elle est non nulle on a :

$$+\infty = \sum_{n=0}^{\infty} P^n(f-Pf) = \lim_{n\to\infty} f-P^nf \leqslant f$$

ce qui est impossible.

Si maintenant la fonction harmonique continue f atteint son maximum M en X, elle est constante. Si l'on écrit :

$$f(x) = M = \int f(xy)\,d\mu(y)$$

on obtient, puisque $|f| \leqslant M$:

$$f(xy) = M = f(x)$$

pour μ-presque tout y

La continuité de f entraine que f est égale à M sur $xS\mu$. Puisque $S_\mu = G$ on a donc $f = M$ sur G.

Soit alors f une fonction continue positive et surharmonique et soit c un réel positif. La fonction $f \wedge c$ est encore surharmonique continue et est bornée par c ; si f prend la valeur c, la fonction $f \wedge c$ atteint son maximum c et donc d'après ce qui précède est identiquement égale à c. Ceci signifie que toute valeur prise par f est un minimum pour f et donc que f est constante.

$2 \Rightarrow 1$

Soit une fonction positive continue à support compact et supposons μ transitoire c'est-à-dire la mesure $\sum_{n=0}^{\infty} \mu^n$ de Radon. La fonction $U\varphi(x) = \varepsilon_x * \sum_{n=0}^{\infty} \mu^n(\varphi)$

est alors continue et vérifie :

$$PU\varphi = U\varphi + \varphi$$

donc aussi :

$$PU\varphi \leq \varphi$$

On en déduit que $U\varphi$ est constante donc que $\varphi = PU\varphi - U\varphi$ est nulle, ce qui est exclu.

$2 \Rightarrow 3$

Soit ρ une mesure de Radon positive et $\check{\mu}$-surharmonique, α une mesure de Radon à support compact. Alors la mesure $\alpha * \rho$ est encore μ-surharmonique. Si α est choisie de la forme $\varphi.\lambda$ avec φ continue à support compact, on a :

$$\alpha * \rho = f.\lambda$$

avec $$f(x) = \int \varphi(xy^{-1})\, d\rho(y) = \rho * \varepsilon_{x^{-1}}(\check{\varphi})$$

La fonction continue f est surharmonique pour la marche duale de loi μ. D'après l'hypothèse f est constante. En écrivant $f(x^{-1}) = f(e)$ on obtient :

$$\rho * \varepsilon_x(\check{\varphi}) = \rho(\check{\varphi})$$

Ceci signifie d'après l'arbitraire de x et φ que ρ est une mesure de Haar à droite de G.

$3 \Rightarrow 4$

Si f est une fonction borélienne μ-harmonique et c un réel arbitraire, la fonction $f \wedge c$ est encore surharmonique et la mesure de Radon $(f \wedge c).\lambda$ est $\check{\mu}$ surharmonique. Par hypothèse ces mesures sont des mesures de Haar à droite, ce qui signifie que pour tout c, $f \wedge c$ est constante λ-presque partout. Donc f est constante presque partout.

$4 \Rightarrow 2$

Cette implication est claire.

Définition 46 :

Le groupe G est moyennable si chaque action continue de G sur un espace compact possède une mesure de probabilité invariante, ou plus précisément chaque fois que X est un G espace compact gauche, il existe une probabilité ν sur X telle que :

$$g.\nu = \nu \text{ pour tout } g \in G ,$$

avec

$$g.\nu(A) = \int_X 1_A(gx)\,d\nu(x) = \varepsilon_g * \nu(A) \qquad (A \in \underline{X})$$

On sait [18] qu'un groupe de Lie connexe G est moyennable si et seulement si $G/_R$ est compact où R est le radical résoluble de G.

Théorème 47 :

Tout groupe récurrent est moyennable.

Démonstration :

Soit $G \times X \to X$ une action continue de G sur l'espace compact X, que nous noterons comme d'habitude avec un point, et soit μ une probabilité adaptée récurrente sur G .

Soit : $$\mu_n = \frac{1}{n} \sum_{k=0}^{n-1} \mu^k \qquad (\text{avec } \mu^0 = \varepsilon_e)$$

et soit ν une probabilité sur X . Puisque X est compact, l'ensemble des probabilités $\mu_n * \nu$ définies par :

$$\mu_n * \nu (A) = \int_G \int_X 1_A (g.x) \, d\mu_n (g) \, d\nu(x) \qquad (A \in X)$$

est faiblement relativement compact. Ainsi, si $\mathcal{U}$ désigne un ultrafiltre sur $\mathbb{N}$, la formule

$$\gamma(f) = \lim_{\mathcal{U}} \mu_n * \nu (f) \qquad (f \in C(X) \text{ , fonctions continues sur } X)$$

définit une probabilité γ sur X . Nous allons prouver que γ est invariante.

1) Prouvons que $\mu * \gamma = \gamma$

Soit $f \in C(X)$; alors

$$\mu * \gamma(f) = \int_G \int_X f(g.x) \, d\mu(g) \, d\gamma(x)$$

$$\mu * \gamma (f) = \gamma\{\mu * \varepsilon_x (f) \}$$

Or la fonction $\mu * \varepsilon_x(f)$ est continue sur X , et donc

$$\mu * \gamma (f) = \lim_{\mathcal{U}} \mu_n * \nu \{ \mu * \varepsilon_x(f) \}$$

$$\mu * \gamma (f) = \lim_{\mathcal{U}} \int_G \int_G \int_X f(k.g.x) \, d\mu(k) \, d\mu_n(g) \, d\nu(x)$$

$$\mu * \gamma (f) = \lim_{\mathcal{U}} \int_X f \, d(\mu * \mu_n * \nu)$$

$$\mu * \gamma (f) = \lim_{\mathcal{U}} \mu_n * \nu (f) = \gamma(f) \qquad \text{puisque } ||\mu * \mu_n - \mu_n|| \leq \frac{2}{n}$$

2) γ est invariante, ie $\varepsilon_g * \gamma = \gamma$ pour tout $g \in G$

Soit $f \in C_+(X)$ et définissons $\varphi \in C_+(G)$ par :

$$\varphi(g) = \varepsilon_g * \gamma\,(f) = \int_X f(gx)\, d\gamma(x)$$

est harmonique pour la marche droite de loi μ . En effet :

$$P\varphi(h) = \varepsilon_h * \mu\,(\varphi)$$

$$= \int_G \varphi(hg)\, d\mu(g) = \int_G \int_X f(hgx)\, d\gamma(x)\, d\mu(g)$$

$$P\,\varphi(h) = \int_X f(hx)\, d(\mu * \gamma)\,(x)$$

$$P\,\varphi(h) = \int_X f(hx)\, d\gamma(x) = \varphi(h)$$

d'après le point 1. Ainsi, d'après la proposition 38, φ est constante et

$$\varepsilon_g * \gamma = \varepsilon_e * \gamma = \gamma$$ ce qui prouve le théorème.

Corollaire 48 :

Tout groupe de Lie connexe récurrent est extension compacte de son radical résoluble.

Nous aurons l'occasion de préciser cette assertion (cf chap. V)

Corollaire 49 :

Tout groupe libre à plus de deux générateurs est transitoire. En effet, un tel groupe est non moyennable. (cf : 78)

Définition 50 :

G est dit unimodulaire si l'ensemble des mesures de Haar gauches coïncide avec l'ensemble des mesures de Haar droites [80]

Théorème 51 :

Tout groupe récurrent est unimodulaire.

Démonstration :

Soit μ adaptée et récurrente sur G . Soit $C_c^+(G)$ l'ensemble des fonctions continues à support compact, positives ou nulles sur G et h un élément fixe de $C_c^+(G)$ vérifiant $h(e) > 0$.

On va montrer que si μ est adaptée et récurrente la suite des mesures de Radon

$$q_N = \frac{\sum_{n=0}^{N} \mu^n}{\sum_{n=0}^{N} \mu^n(h)}$$

converge vaguement vers la mesure $\frac{1}{\lambda(h)}\lambda$ où λ est une mesure de Haar à droite.

Le résultat découlera alors de la symétrie de la définition de q_N .

1) Soit ψ un élément de $C_c^+(G)$. Alors il existe une constante C_ψ , ne dépendant que du support de ψ , telle que :

$$\sum_{n=0}^{N} \mu^n(\psi) \leq C_\psi \, ||\psi||_\infty \sum_{n=0}^{N} \mu^n(h)$$

Pour obtenir cette relation, il suffit de voir que :

$$\sum_{0}^{N} \mu^n(A) \leq C(A) \sum_{n=0}^{N} \mu^n(h)$$

pour un compact A à cause du fait que $\psi/_{||\psi||_\infty}$ est bornée par l'indicateur de A .

Comme le semi-groupe fermé engendré par le support de μ est égal à G , on peut trouver une constante α et un entier K tels que :

$$1_A \leq \alpha \sum_{k=0}^{K} P^k h$$

D'où :

$$\sum_{n=0}^{N} P^n 1_A \leq \alpha \sum_{n=0}^{N} \sum_{k=0}^{K} P^{n+k} h$$

$$\sum_{n=0}^{N} P^n 1_A \leq 2\alpha K ||h||_\infty + K\alpha \sum_{n=0}^{N} P^n h$$

On obtient la formule voulue en appliquant cette relation en e et en tenant compte de $h(e) > 0$.

2) Soit $C(A)$ une fonction définie sur les compacts de G , à valeurs dans R^+ et considérons l'ensemble des mesures positives q vérifiant la relation :

$$\forall \psi \in C_c^+(G) \qquad q(\psi) \leq C(\{\psi > 0\}) ||\psi||_\infty$$

Un tel ensemble est évidemment compact en topologie vague mais est aussi métrisable car $C_c^+(G)$ est séparable.

3) Soient q_n et α des mesures de Radon positives telles que $q_n * \alpha$ soit défini et que, au sens vague :

$$\lim_n q_n = q$$

$$\lim_n q_n * \alpha = r$$

Alors on a :

$$q * \alpha \leq r$$

En effet, α est la borne inférieure de ses restrictions à une suite croissante de compacts de réunion égale à G , et pour une telle mesure β on a, par définition de la convolution et de la topologie vague :

$$\lim_n (q_n * \beta) = q * \beta$$

Ici on a : $\quad r \geq \lim_n q_n * \beta$

et donc $\quad r \geq q * \beta$

La conclusion résulte donc de :

$$q * \alpha = \operatorname{Sup}_\beta q * \beta$$

ce qui découle du théorème de passage à la limite monotone de Beppo-Levi.

4) Notons maintenant que les q_N vérifient la relation :

$$q_N * \mu = \varepsilon_N + q_N$$

avec

$$\varepsilon_N = \frac{1}{\sum_{n=0}^{N} \mu^n(h)} \left[\delta_e - \mu^{N+1}\right]$$

comme on a $\lim_N \sum_{n=0}^{N} \mu^n(h) = +\infty$

on a en topologie vague, $\lim_{N\to\infty} \varepsilon_N = 0$

5) On peut maintenant achever la démonstration.

Les points 1 et 2 montrent que les q_N appartiennent à un compact métrisable.

D'après les points 3 et 4 une valeur d'adhérence q des q_N vérifiera :

$$q * \mu \leq q$$

D'après la proposition 45, q est une mesure de Haar à droite vérifiant :

$$\lambda(h) = 1$$

La suite q_N a donc une valeur d'adhérence unique et elle converge vers cette mesure dont l'expression est bien celle de l'énoncé. Une conséquence de ceci est que l'on avait en fait $q * \mu = \mu$. Une étude plus précise, utilisant le principe du maximum démontré précédemment montrerait que le passage à la limite précédent fournit en fait une égalité.

Corollaire 52 :

Soit la chaîne de Markov définie sur $\mathbb{Z}^2$ par la matrice de transition :

$$\frac{1}{4} = P\ ((x,\ y),(x,\ y+1)) = P\ ((x,\ y)\ (x,\ y-1)) = P\ ((x,\ y),(x+2^y,\ y)) = P((x,\ y)\ (x-2^y, y))$$

Alors cette chaîne est transitoire.

Démonstration :

Soit le groupe $G = \mathbb{Z} \times \mathbb{Z}$ muni de la multiplication :

$$(x.y)\ (x'.y') = (x+2^y x',\ y+y')$$

Ce groupe est isomorphe à un sous-groupe dense du groupe affine de R, lequel n'est pas unimodulaire. La chaîne que nous avons définie est une marche adaptée sur ce groupe, ce qui prouve le corollaire.

Définition 53 :

Un groupe G est dit à croissance polynomiale de degré c au plus si pour tout compact V , il existe une constante A positive telle que la mesure de Haar à droite de V^n soit majorée par An^c .

Définition 53' :

Un groupe G est dit à croissance exponentielle s'il existe un compact V de G tel que la mesure (de Haar à droite) de V^n est inférieure à k^n où k est une constante plus grande que un.

On peut montrer [27] que ces propriétés ne dépendent pas des mesures de Haar, droite ou gauche, choisies et que pour un compact V donné, la suite $[\lambda(V^n)]^{1/n}$ converge vers un réel supérieur ou égal à un. Si cette limite est un, le groupe G est dit à croissance non exponentielle et il est alors unimodulaire. Les groupes $\mathbb{R}^n$ et $\mathbb{Z}^n$ sont à croissance polynomiale de degré au plus égal à leur dimension.

D'après une conjecture due à H. KESTEN [41] un groupe dénombrable récurrent de type fini est à croissance non exponentielle. Une conjecture plus générale et plus précise serait la suivante : un groupe localement compact est récurrent si et seulement s'il est à croissance polynomiale de degré deux au plus
Les chapîtres ultérieurs sont orientés vers la démonstration de formes de cette conjecture et l'on obtiendra en fait des résultats plus précis.
Les corollaires suivants donnent un exemple d'une situation où la notion de croissance s'introduit d'un point de vue technique.

Définition 54 :

Soit G un groupe de Lie connexe d'algèbre de Lie $\mathfrak{g}$. On dit que G est de type R si les valeurs caractéristiques des automorphismes adjoints Adg $(g \in G)$ sont de module un.

Corollaire 55 :

Un groupe de Lie connexe et récurrent est de type R.

Démonstration :

En effet ce groupe G est moyennable et unimodulaire ainsi que ces quotients d'après les théorèmes 47 et 51. Mais cette condition implique que G est de type R [

Corollaire 56 :

Un groupe de Lie connexe et récurrent est à croissance polynomiale.

Démonstration :

En effet d'après [27] , les groupes de Lie connexes à croissance polynomiale ne sont autres que les groupes de type R .

D - MARCHES ALEATOIRES SUR LES GROUPES ABELIENS

L'étude des marches aléatoires a d'abord été envisagée dans ce cadre.

Définition 57 :

Pour un groupe localement compact abélien on appelle rang de G la borne supérieure r(G) des entiers r tels que G contienne $\mathbb{Z}^r$ comme sous-groupe discret.

Théorème 58 :

G est récurrent si et seulement si $r(G) \leqslant 2$.

Démonstration :

En raison de la structure des groupes abéliens [87] il existe un sous-groupe compact K de G tel que la composante connexe $(G/K)_o$ de G/K est un groupe de Lie. Par la proposition 30, nous pouvons supposer $K = \{e\}$. Cette théorie de structure implique aussi que $G_o \cong \mathbb{R}^a \oplus \mathbb{T}^b$, et nous pouvons supposer que b=o par le même raisonnement. Puisque G_o est divisible, il existe un sous-groupe discret G_1 de G tel que $G = G_o \oplus G_1$. Supposons maintenant que $r(G) \geqslant 3$. Soit H_o une copie de $\mathbb{Z}^3$ plongée discrètement dans G . Le groupe H engendré par H_o et G_o est un groupe sans torsion et à génération compacte et donc :

$$H \cong \mathbb{R}^{a'} + \mathbb{Z}^{b'}$$

avec

$$r(H) = a' + b' \geqslant 3$$

La théorie élémentaire des marches aléatoires (cf 19) nous dit que H est transitoire. Mais H est un sous-groupe ouvert de G, et la proposition 29 implique G transitoire.

Il reste à montrer la récurrence de G si $r(G) \leq 2$. Par les raisonnements ci-dessus, nous pouvons supposer que $G \cong \mathbb{R}^a \oplus G_1$, G_1 discret. Le groupe $\mathbb{Q}^a \oplus G_1$ est dense dans G , et si nous trouvons une marche aléatoire adaptée récurrente sur ce groupe discret, ceci donne la même chose pour G . Mais :

$r(\mathbb{Q}^a \oplus G_1) = r(\mathbb{R}^a \oplus G_1) \leq 2$; ceci entraîne que nous pouvons supposer G discret

Soit G un groupe abélien discret avec $r(G) \leq 2$. Choisissons une suite $g_1, g_2 \ldots$ telle que si G_n est le sous-groupe engendré par $g_1, \ldots g_n$, alors

$$G_n \supset G_{n-1} \qquad G_n \neq G_{n-1}$$

et

$$\bigcup_n G_n = G$$

Cette suite peut être finie ou dénombrable. Chaque groupe G_n est à génération finie et donc :

$$G_n \cong \mathbb{Z}^{d_n} \oplus F_n ,$$

F_n un groupe fini et $d_n \leq 2$. Soit μ_n une probabilité sur G_n telle que :

i) S_{μ_n} est fini

ii) $\mu_n(g) = \mu_n(-g) \quad \forall g \in G_n$.

La projection de μ_n sur $\mathbb{Z}^{d_n}$ possède alors les mêmes propriétés et par la théorie élémentaire des marches aléatoires et la proposition 30, μ_n est récurrente.

Maintenant nous construisons une suite de marches aléatoires μ_n sur G telle que $\lim_{n\to\infty} \mu_n = \mu$, μ étant adaptée et récurrente sur G . Posons :

$$\mu_1 = \frac{1}{2} (\varepsilon_{g_1} + \varepsilon_{-g_1}) \qquad \text{et pour } n > 1$$

$$\mu_{n+1} = (1-\delta_{n+1})\mu_n + \frac{\delta_{n+1}}{2}(\varepsilon_{g_{n+1}} + \varepsilon_{-g_{n+1}}) ,$$

où $0 < \delta_n < 1$ sera choisi dans la suite, avec $\delta_1 = 1$

Alors chaque μ_n sera récurrente. Définissons :

$$\mu(g) = \lim_{n\to\infty} \mu_n(g) = \begin{cases} 0 \text{ si } g \neq \pm g_n \text{ pour un } n \\ \frac{\delta_n}{2} \prod_{k=n+1}^{\infty} (1-\delta_k) \text{ si } g = \pm g_n \end{cases}$$

Il est clair que : $\sum_{k>1} \delta_k < \infty$ entraîne $\mu(\pm g_n) > 0$ pour chaque n

et

$$\mu(G) = \sum_{n=1}^{\infty} 2\mu(g_n) = \sum_{n=1}^{\infty} \delta_n \prod_{k=n+1}^{\infty} (1-\delta_k) = 1$$

Alors μ est une marche aléatoire adaptée sur G . Mais il est possible de choisir les δ_n tels que μ soit récurrente :

Supposons que nous avons choisi $\delta_1, \ldots, \delta_n$ et les entiers $M_1, \ldots M_{n-1}$ tels que pour chaque $1 \leqslant k \leqslant n-1$,

$$\sum_{j=0}^{M_k} \mu_k^j(\{0\}) > k$$

$$M_k > M_{k-1}$$

et

$$\prod_{k=1}^{n-1} (1 - \delta_{k+1})^{M_k} > \frac{1}{2}$$

Alors la mesure μ_n est uniquement déterminée par $\delta_1, \ldots, \delta_n$ et récurrente, et nous pouvons trouver un M_n tel que :

$$M_n > M_{n-1}$$

et

$$\sum_{j=o}^{M_n} \mu_n^j(\{o\}) > n \ ,$$

et puis un δ_{n+1} tel que :

$$\prod_{k=1}^{n} (1-\delta_{k+1})^{M_k} > \frac{1}{2}$$

Ceci entraîne pour chaque n que :

$$\mu \geq \prod_{k=n}^{\infty} (1-\delta_{k+1})\mu_n$$

et

$$\mu^j \geq \prod_{k=n}^{\infty} (1-\delta_{k+1})^j \mu_n^j > \frac{1}{2}\mu_n^j$$

pour chaque j avec $o \leq j \leq M_n$. Donc pour chaque n,

$$\sum_{j=o}^{M_n} \mu^j (\{o\}) \geq \frac{1}{2} \sum_{j=o}^{M_n} \mu_n^j (\{o\}) \geq \frac{n}{2}$$

et μ est récurrente.

Théorème 59 :

Soit G un groupe abélien localement compact. Alors G est de type II (cf : définition 35) si et seulement si $G \cong \mathbb{R} \oplus K$ ou $G \cong \mathbb{Z} \oplus K$, K étant un groupe compact.

Démonstration : (voir [69])

Ici, nous avons simplement cité les résultats dont nous aurons besoin. Il existe une large littérature sur le cas abélien ; Les références sont données en appendice.

Chapitre II - MARCHES ALEATOIRES SUR LE GROUPE DE DEPLACEMENTS DE R^d

A l'alinéa A, nous étudions, par une méthode simple, les marches aléatoires sur le groupe des isométries de $\mathbb{R}$. En B, nous prouvons un théorème de convergence faible pour les puissances de convolution d'une mesure de probabilité sur un groupe compact. Ce théorème nous permet d'établir le théorème limite central pour le groupe des déplacements de $\mathbb{R}^d$ $(d \geqslant 2)$ (§ C). Ensuite, nous caractérisons presque toutes les probabilités récurrentes sur le groupe des déplacements de $\mathbb{R}^2$ à l'aide d'une condition de moments (§ D). Enfin, nous donnons des conditions suffisantes pour qu'une marche soit transitoire sur le groupe des déplacements de $\mathbb{R}^d$ $(d \geqslant 3)$ et pour que son potentiel tende vers 0 à l'infini. Au dernier alinéa, nous généralisons les résultats précédents au cas d'extensions compactes de groupes vectoriels.

*

* *

A - MARCHES SUR LE GROUPE DES ISOMETRIES DE $\mathbb{R}$

G_1 est le groupe des isométries de $\mathbb{R}$. C'est le produit semi-direct de Γ et de $\mathbb{R}$, où $\Gamma = \{1,-1\}$ est le groupe à deux éléments de transformations de $\mathbb{R}$ formé de l'identité et de la symétrie par rapport à 0 ; $G_1 = \{(\varepsilon,\gamma) \; ; \; \varepsilon \in \Gamma, \; \gamma \in \mathbb{R}\}$ avec la multiplication $(\varepsilon,\gamma).(\varepsilon',\gamma') = (\varepsilon\varepsilon',\gamma+\varepsilon\gamma')$. Notons $H = \{(1,\gamma) \; ; \; \gamma \in R\}$ le sous-groupe distingué des translations. Si $g \in G_1$, l'élément g sera encore noté $(\varepsilon(g),\gamma(g))$.

Soit (U_1,Y_1), (U_2,Y_2),...(U_n,Y_n), une suite de variables aléatoires indépendantes, à valeurs dans G_1, et de même loi μ, et soit $X_n^g = g.(U_1,Y_1)\ldots$ $\ldots(U_nY_n) = (\varepsilon(g)U_1\ldots U_n,\gamma(g)+\varepsilon(g)Y_1+\varepsilon(g)U_1Y_2+\ldots+\varepsilon(g)U_1\ldots U_{n-1}Y_n)$ la marche aléatoire droite, partant de g au temps 0, associée. Voilà intuitivement ce qui se passe : "le phénomène de symétrie détruit le phénomène de translation", dès que le support de μ n'est pas inclus dans H, si bien que la marche X_n^g "se comporte comme une marche aléatoire centrée sur $\mathbb{R}$". D'où l'idée du théorème suivant :

<u>Théorème 1</u> : Soit μ une probabilité adaptée sur G_1 possédant un moment d'ordre 1, ie : $\int_{G_1} |\gamma(g)| d\mu(g) < +\infty$. Alors, la marche aléatoire de loi μ est récurrente.

Démonstration

1) Soit $S_H = \inf\{n \geq 1 \; ; \; X_n \in H\}$ le temps de retour à H pour la marche droite partant de $(1,0)$ à l'instant 0. Soit S_H^n défini par : $S_H^1 = S_H$, $S_H^n = S_H^{n-1} + S_H \circ \theta_{S_H^{n-1}}$ $(n \geq 2)$ les itérés de S_H. H étant un sous-groupe ouvert de G_1, et G_1/H étant fini, il suffit, pour prouver que X_n est récurrente, de voir que la marche $Z_n = X_{S_H^n}$ induite par X_n sur H est récurrente (cf chap.I).

2) Soit μ_H (resp. μ_{H^c}) la restriction de μ à H (resp. à H^c). Dans ces conditions, Z_n est une marche de loi ν, où $\nu(A) = P_e(X_{S_H} \in A)$ $(A \subset H)$. Mais bien sûr :

$$\nu(A) = \sum_{n \geq 1} P_e\{S_H = n \; ; \; X_n \in A\}$$

$$= P_e\{X_1 \in A\} + \sum_{n \geq 2} P_e\{X_1 \notin H, X_2 \notin H, \ldots X_{n-1} \notin H, X_n \in A\}$$

Mais :

$$P_e\{X_1 \notin H, \ldots X_{n-1} \notin H, X_n \in A\} = (\mu_{H^c} * \mu_H^{n-2} * \mu_{H^c})(A)$$

(cette formule découle aisément de la propriété de Markov et des relations $H.H^c = H^c.H = H^c$, $H^c.H^c = H$). D'où :

$$\nu(A) = \mu_H + \sum_{n=0}^{\infty} \mu_{H^c} * \mu_H^n * \mu_{H^c} \; (A)$$

Remarquons que ν est une probabilité, c'est à dire :

$$\nu(H) = \delta + \sum_{n=0}^{\infty} (1-\delta)^2 \delta^n = 1, \text{ où } \delta = \mu_H(H)$$

3) ν est une probabilité sur H que nous identifions, de façon évidente, avec une probabilité sur $\mathbb{R}$. H et H^c sont en bijection naturelle avec $\mathbb{R}$; notons ρ (resp. λ) la sous-probabilité correspondant à μ_H (resp. μ_{H^c}). Dans ces conditions, la probabilité ν s'identifie avec la probabilité : $q = \rho + \sum_{n=0}^{\infty} \lambda * \check{\rho}^n \times \check{\lambda}$ sur $\mathbb{R}$. Il nous suffit alors, d'après chap.I, de prouver que q a un moment d'ordre 1 et est centrée pour achever la preuve du théorème 1.

<u>q a un moment d'ordre 1</u> : Soit λ' (resp. ρ') la probabilité sur $\mathbb{R}$ définie par $\lambda = \alpha.\lambda'$ (resp. $\rho = (1-\alpha)\rho'$). On a :

$$\int_{\mathbb{R}} |x|(\lambda * \check{\rho}^{n} * \check{\lambda})(dx) = \alpha^2(1-\alpha)^n \int_{\mathbb{R}} |x|(\lambda' * \check{\rho}'^{n} * \check{\lambda}')dx$$

$$\leqslant \alpha^2(1-\alpha)^n \{ \int_{\mathbb{R}} |x|(\lambda' * \check{\lambda}')dx + n\int_{\mathbb{R}} |x|\check{\rho}'(dx)\}$$

ce qui implique que $\int_{\mathbb{R}} |x|q(dx) = \int_{\mathbb{R}} |x|\rho(dx) + \sum_{n=0}^{\infty} \int_{\mathbb{R}} |x|(\lambda * \check{\rho}^{n} * \check{\lambda})(dx)$ est fini, car $\int_{\mathbb{R}} |x|\rho(dx)$ et $\int_{\mathbb{R}} |x|(\lambda' * \check{\lambda}')dx$ sont finis (μ ayant un moment d'ordre 1) et la série qui définit $\int_{\mathbb{R}} |x|q(dx)$ est convergente si $\alpha > 0$, et ne possède qu'un seul terme si $\alpha = 0$.

<u>q est centrée</u> : l'hypothèse μ adaptée implique $\alpha > 0$, et donc :

$$\int_{\mathbb{R}} x(\lambda * \check{\rho}^{n} * \check{\lambda})(dx) = -\alpha^2(1-\alpha)^n \iiint_{\mathbb{R}^3} (x-y-z)\lambda'(dx)\rho'^{n}(dy)\lambda'(dz)$$

$$= -\alpha^2(1-\alpha)^n \, n\int_{\mathbb{R}} \frac{y\rho(dy)}{1-\alpha} \quad \text{si} \quad \alpha < 1.$$

Donc $\int_{\mathbb{R}} x \, dq(x) = \int_{\mathbb{R}} x \, \rho(dx) - \alpha^2 \sum_{n=0}^{\infty} n(1-\alpha)^{n-1} \int_{\mathbb{R}} x\rho(dx) = 0$ si $0 < \alpha < 1$.

Si maintenant $\alpha = 1$, alors $\rho = 0$ et $q = \lambda * \check{\lambda}$, si bien que

$$\int_{\mathbb{R}} x \, dq(x) = \int_{\mathbb{R}} x \, \lambda * \check{\lambda}(dx) = \int_{\mathbb{R}} x\lambda(dx) - \int_{\mathbb{R}} x\lambda(dx) = 0.$$

<u>Remarque 2</u> : On peut se demander s'il existe sur G_1 des probabilités adaptées transitoires. La réponse est oui, et on peut d'ailleurs trouver pour tout $\beta < 1$ des exemples simples de probabilités adaptées transitoires admettant un moment d'ordre β. Soit $m = \frac{1}{2}(\varepsilon_1 + \varepsilon_{-1})$ une probabilité sur Γ, considéré comme sous-groupe de G_1, et p une probabilité symétrique sur $H(\tilde{\mathbb{R}})$. Soit $\mu = m*p$ (cette convolution étant faite dans G_1). Il est clair que $m*p = p*m$, et que $m^n = m$ pour tout n, si bien que $\sum_{n=0}^{\infty} \mu^n = m * \sum_{n=0}^{\infty} p^n$.

Ainsi, tout revient à trouver une probabilité p symétrique transitoire sur $\mathbb{R}$. Nous savons qu'il en existe. Plus précisément :

Soit p une probabilité symétrique sur $\mathbb{R}$ de densité φ par rapport à la mesure de Lebesgue telle que pour un $\beta \in]0,1[$ on ait :
$\lim_{|x| \to \infty} |x|^{1+\beta}\varphi(x) = C$ (où $0 < C < +\infty$). Alors p est transitoire, et admet un moment d'ordre β. (cf[7])

*

* *

Ainsi nous avons presque complètement caractérisé les probabilités récurrentes sur le groupe G_1, à l'aide d'une méthode simple. Malheureusement, pour le groupe des déplacements G_d de $\mathbb{R}^d$ ($d \geqslant 2$), les choses sont plus compliquées. Aussi va-t-on devoir utiliser des outils plus puissants, et ce sont ces outils que nous présentons maintenant. Le théorème 4 qui suit est classique ; nous n'en avons donné une démonstration que pour la commodité de la lecture.

B - UN THEOREME DE CONVERGENCE POUR LES GROUPES COMPACTS

Soit K un groupe compact, à base dénombrable, et p une mesure de probabilité sur K. Nous allons étudier la convergence faible de la suite des $n^{\text{ième}}$ puissances de convolution de p, p^n. L'objet naturel associé à p pour faire cette étude est l'ensemble $S(p) = \overline{\{p, p^2, \dots p^n, \dots\}}$, où l'adhérence est prise au sens de la convergence faible. $S(p)$ est compact pour la topologie faible, et muni d'une multiplication associative (la convolution). C'est donc un demi-groupe compact, et c'est pourquoi nous allons déjà établir quelques propriétés de ces demi-groupes.

*

* *

1) Un demi-groupe compact S est un espace topologique compact muni d'une multiplication associative continue. S est dit monogène de générateur a si $\overline{\Gamma(a)} = \overline{\{a, a^2, \dots a^r, \dots\}}$ est égal à S ($a \in S$). Le demi-groupe $S(p)$ précédent est bien sûr monogène. Tout demi-groupe monogène est abélien. Une partie $\mathcal{J}$ d'un demi-groupe S abélien est dite un idéal de S si $\mathcal{J}.S = S.\mathcal{J} \subset \mathcal{J}$.

Proposition 3.- Soit S un demi-groupe compact monogène de générateur a.

Alors :

1) L'ensemble $G(a)$ des points d'adhérence de la suite $a, a^2, \dots a^n, \dots$ est un groupe compact, d'élément neutre λ.

2) $\lambda.S = S.\lambda = G(a)$

3) $G(a)$ est l'idéal minimal de S.

Démonstration

Soit pour $n \in \mathbb{N}$, $A_n = \overline{\{a^n, a^{n+1}, \dots\}}$. Il est clair que $G(a) = \bigcap_n A_n . G(a)$ n'est pas vide, puisque les A_n sont compacts et qu'une intersection finie de A_n n'est pas vide. D'autre part, $G(a)$ est un sous-demigroupe de S. Pour prouver que $G(a)$ est un groupe, il suffit de voir que $x.G(a) = G(a)$ pour tout x de $G(a)$. En effet, s'il en est ainsi, soit $x \in G(a)$ et $y_x \in G(a)$ tel que $x.y_x = x$; si $z \in G(a)$, il existe $y \in G(a)$ tel que $z = x.y$, et alors : $z.y_x = x.y.y_x = yxy_x = yx = z$; y_x est alors élément neutre, et tout élément possède un inverse, ce qui prouve que $G(a)$ est un groupe.

• Raisonnons par l'absurde, et supposons qu'il existe un $x \in G(a)$ tel que $x.G(a)$ soit inclus strictement dans $G(a)$. Il existe alors $z \in G(a)$ tel que $x.y_\alpha \neq z$, pour tout $y_\alpha \in G(a)$. Soient $V_\alpha(x)$, $V(y_\alpha)$ et $V_\alpha(z)$ des voisinages de x, y_α et z respectivement tels que : $V_\alpha(x).V(y_\alpha) \cap V_\alpha(z) = \{\emptyset\}$. $G(a)$ étant compact, il existe $\alpha_1, \dots \alpha_k$ tels que $\bigcup_{i=1}^{k} V(y_{\alpha_i}) = Q \supset G(a)$. Soient alors $V(x)$ et $V(z)$ tels que :

$$V(x) \subset \bigcap_{i=1}^{k} V_{\alpha_i}(x) \ , \quad V(z) \subset \bigcap_{i=1}^{k} V_{\alpha_i}(z). \text{ On a donc :}$$

$$V(z) \cap V(x).Q = \{\emptyset\} \qquad (1)$$

Puisque $x \in G(a)$ et $z \in G(a)$, il existe un entier n tel que $a^n \in V(x)$ et une suite $(m_1, \dots m_i, \dots)$ d'entiers strictement croissante, telle que pour tout i, $m_i > n$ et $a^{m_i} \in V(z)$. Soit $r_i = m_i - n$, et $B_\ell = \overline{\{a^{r_\ell}, a^{r_{\ell+1}}, \dots\}}$ Il est clair que $\bigcap_\ell B_\ell \neq \{\emptyset\}$, et $\bigcap_\ell B_\ell \subset G(a)$. Soit $u \in \bigcap_\ell B_\ell$, et $V(u)$ un voisinage de u tel que $V(u) \subset Q$. Dans ces conditions, il existe r_j tel que $a^{r_j} \in V(u)$ et $a^{m_j} = a^{r_j}.a^n \in V(u).V(x) \subset V(x).Q$ Or, $a^{m_j} \in V(z)$, ce qui contredit (1), et achève la démonstration du point 1) de la proposition.

• Soit λ l'élément neutre de $G(a)$. λ est un idempotent $(\lambda^2=\lambda)$. Prouvons maintenant que $\lambda.S = S.\lambda = G(a)$. Si $s \in G(a)$, il est clair que $\lambda.s \in G(a)$. Si $s \notin G(a)$, il existe un n tel que $s = a^n$; comme $\lambda \in G(a)$, il existe une suite $(n_1,n_2,\dots n_i,\dots)$ telle que $\lambda = \lim_{i\to\infty} a^{n_i}$. D'où :

$$\lambda.s = \lambda.a^n = \lim_{i\to\infty} a^{n_i}.a^n = \lim_{i\to\infty} a^{n_i+n}, \text{ et donc } \lambda.s \in G(a)$$

et cela prouve le point 2) de la proposition.

• Prouvons que $G(a)$ est l'idéal minimal de S. Soit $\mathcal{J}$ un idéal non vide de S et $i \in \mathcal{J}$; alors $S.i$ est un idéal compact, et donc contient un idempotent (d'après le point 1). Or tout idempotent appartient à $G(a)$, et donc :

$\mathcal{J} \cap G(a) \neq \{\emptyset\}$. $\mathcal{J}$ étant un idéal et $G(a)$ un groupe, on en tire $\mathcal{J} \supset G(a)$, et le point 3) est prouvé.

*

* *

2) Revenons au groupe compact K. Soit p une probabilité sur K, et $S(p) = \overline{\{p,p^2,\dots p^n,\dots\}}$ le demi-groupe compact associé. Soit $G(p)$ le groupe des points adhérents à la suite $(p,p^2,\dots p^n,\dots)$. Soit λ l'élément neutre de $G(p)$. On a donc $\lambda * S(p) = S(p) * \lambda = G(p)$ (la multiplication ici étant bien sûr la convolution des mesures). Nous notons σ la mesure de Haar normalisée de $K(\sigma(K) = 1)$.

Si E_n $(n \geq 1)$ est une suite de parties de K, nous dirons que $x \in \overline{\lim_{n\to\infty}}\, E_n$ (resp. $\underline{\lim_{n\to\infty}}\, E_n$) si pour tout voisinage V de x, $V \cap E_n$ n'est pas vide pour une infinité de n (resp. pour tous les n à partir d'un certain rang). $\overline{\lim}\, E_n$ et $\underline{\lim}\, E_n$ sont des compacts de K. Enfin, nous dirons que la suite de parties E_n est convergente si $\overline{\lim_{n\to\infty}}\, E_n = \underline{\lim_{n\to\infty}}\, E_n$. Le principal résultat de cet alinéa est le suivant :

Théorème 4 : Soit p une probabilité adaptée sur K, $S(p)$, $G(p)$ et λ comme précédemment. Alors, sont équivalentes :

1) la suite p^n est convergente (faiblement)

2) l'ensemble $\underline{\lim_{n\to\infty}}\, D_{p^n}$ n'est pas vide (D_{p^n} est le support de p^n)

3) la suite D_{p^n} est convergente

4) le sous-groupe fermé minimal contenant $\bigcup_n (D_{p^n}.D^{-1}_{p^n})$ est K.

5) D_p n'est pas contenu dans une partie de la forme g.M, où $g \in K$ et où M est un sous-groupe fermé distingué propre de K.

6) La mesure λ est la mesure de Haar normalisée de K. Quand une de ces conditions est réalisée, alors $p^n \underset{n\to\infty}{\longrightarrow} \lambda = \sigma$, la mesure de Haar normalisée de K.

*

* *

• Nous allons pour prouver le théorème 4, établir quelques lemmes.

Lemme 5 : Soit λ une mesure de probabilité sur K, et $H = D_\lambda$, le support de λ. Alors, si $\lambda^2 = \lambda$, H est un sous-groupe compact de K et λ est la mesure de Haar de H.

Démonstration

• Si μ et ν sont deux probabilités sur K, $D_{\mu\times\nu} = D_\mu.D_\nu$, si bien que $H^2 \subset H$, et H est donc un sous demi-groupe de K. Prouvons que H est un sous-groupe. Soit $x \in H$, et $H_x = \{x,x^2,\dots x^n,\dots\} \subset H$. D'après la proposition 3, H_x étant un demi-groupe monogène compact, H_x contient un groupe H'_x d'élément neutre é. Il est clair que é est égal à l'élément neutre e de K. Comme $H_x.e = H'_x$ (d'après le point 2 de la proposition 3), on en déduit que H_x est un sous groupe de K, et donc que tout élément de H a un inverse dans H.

• D'après le point précédent, on peut supposer λ adaptée ($H = K$). Soit V un voisinage de e dans K et $\varphi(y) = \lambda(V.y)$, φ est continue, et soit $k = \sup\varphi(y)$; il existe $y_o \in K$ tel que $\varphi(y_o) = k$, d'où :

$$k = \varphi(y_o) = \lambda(V.y_o) = \int_K\int_K 1_{V.y_o}(x.y)d\lambda(x)d\lambda(y)$$

$$= \int_K \varphi(y_o.y^{-1})d\lambda(y), \text{ ce qui implique}$$

$\varphi(y_oy^{-1}) = k$, λ p.s. Or φ étant continue, et $D_\lambda = K$, on a donc $\varphi(y_oy^{-1}) = k$ pour tout y, soit $\lambda(V.y) = \lambda(V)$ pour tout $y \in K$, et tout V, ce qui achève la démonstration du lemme 5.

*

* *

Si S' est une partie de $S(p)$, nous noterons $D_{S'} = \mathrm{supp}(S') = \overline{\bigcup_{\nu \in S'} D_\nu}$.

Si $\lambda \in S(p)$ et $g \in K$, $\lambda.g$ (resp. $g.\lambda$) désignera la translatée à droite (resp. à gauche) $\lambda * \varepsilon_g$ (resp. $\varepsilon_g * \lambda$) de λ par g. Cela étant :

Lemme 6 : Soit $S(p)$, $G(p)$, λ comme précèdemment, et soit $H = D_\lambda$, $G = D_{G(p)} = \mathrm{supp}(G(p))$. Alors :

1) G est un sous-groupe fermé de K, et H est distingué dans G.

2) Si $\nu \in G(p)$, pour tout g de D_ν, on a : $\nu = \lambda.g = g.\lambda$.

Démonstration :

• Soit $G' = \bigcup_{\nu \in G(p)} D_\nu$. Alors, G' est un groupe. En effet :

Soit $g_1 \in D_{\nu_1}$ et $g_2 \in D_{\nu_2}$ $(\nu_1, \nu_2 \in G(p))$. Alors $g_1.g_2 \in D_{\nu_1}.D_{\nu_2} = D_{\nu_1 * \nu_2}$.

Or $\nu_1 * \nu_2 \in G(p)$, et donc G' est stable par multiplication.

Soit $g \in D_\nu (\nu \in G(p))$, et $h \in D_{\nu^{-1}}$ (où ν^{-1} est l'inverse de ν dans le groupe $G(p)$). Alors $f = g.h \in D_\nu.D_{\nu^{-1}} = D_\lambda$ et $g^{-1} = h.f^{-1} \in D_{\nu^{-1}}.D_\lambda = D_{\nu^{-1}*\lambda} = D_{\nu^{-1}}$. Ainsi $g^{-1} \in G'$, et G' est un groupe. Il est alors évident que G est un sous-groupe fermé de K.

Notons que nous avons prouvé au passage que $(D_\nu)^{-1} \subset D_{\nu^{-1}}$, et donc que $(D_\nu)^{-1} = D_{\nu^{-1}}$.

• Prouvons que H est distingué dans G. Soit $g \in D_\nu$ $(\nu \in G(p))$. Alors :

$$g^{-1}Hg \in (D_\nu)^{-1}.D_\lambda.D_\nu = D_{\nu^{-1}}.D_\lambda.D_\nu = D_{\nu^{-1}*\lambda*\nu} = D_\lambda = H$$

et donc H est distingué dans G', et donc dans G.

• Soit $\nu \in G(p)$. La relation $\nu * \lambda = \nu$ implique $D_\nu.D_\lambda = D_\nu = D_\nu.H$, et D_ν est donc une réunion de translatés de H. Supposons que D_ν contiennent deux classes distinctes g_1H et g_2H (avec $g_1^{-1}g_2H \cap H = \{\emptyset\}$, $g_1, g_2 \in D_\nu$). Mais alors : $g_1^{-1}.g_2H \subset D_\nu^{-1}D_\nu D_\lambda = D_{\nu^{-1}}.D_\nu D_\lambda = D_\lambda = H$. Ainsi, D_ν ne saurait contenir deux classes distinctes ; et donc, si $g \in D_\nu$, les mesures $\nu.g^{-1}$ et $g^{-1}.\nu$ ont leur support égal à H. Soit $h \in H$. Alors : $h.\nu = h.(\lambda * \nu) = (h.\lambda)\nu = \lambda * \nu = \nu$ (la relation $h.\lambda = \lambda$ découle du lemme 5, puisque λ est la mesure de Haar de H), et ν est invariante par H ; d'où : $h(\nu.g^{-1}) = (h\nu).g^{-1} = \nu g^{-1}$, ce qui prouve que la mesure νg^{-1} est invariante par H

(à gauche) et son support étant égal à H, νg^{-1} est la mesure de Haar λ de H, soit :

$$\nu = \lambda . g \quad \text{(et de la même façon, } \nu = g.\lambda)$$

<u>Corollaire 7</u> : Si $\mu \in S(p)$, il existe $g \in G$ tel que $D_\mu \subset g.H = Hg$.

<u>Démonstration</u> : On sait (proposition 3) que $S(p)*\lambda = G(p)$. D'où : $\mu*\lambda = \alpha$, pour une mesure $\alpha \in G(p)$. D'après le lemme 6, pour tout g de D_α, $\mu*\lambda = g.\lambda$. Ainsi : $D_\mu \subset D_\mu . D_\lambda = g.H$.

*
* *

<u>Lemme 8</u> : On a :

1) $G = \overline{\lim\limits_{n\to\infty}} D_{p^n} = D_{S(p)} = K$.

2) Si $\underline{\lim\limits_{n\to\infty}} D_{p^n} \neq \{\emptyset\}$, alors $\underline{\lim\limits_{n\to\infty}} D_{p^n} = K$.

<u>Démonstration</u> :

D'après la remarque précédente, il suffit pour le point 1 de voir que $G \subset \overline{\lim\limits_{n\to\infty}} D_{p^n}$ et que $\overline{\lim\limits_{n\to\infty}} D_{p^n} \subset D_{S(p)}$.

• <u>$G \subset \overline{\lim\limits_{n\to\infty}} D_{p^n}$</u> ; soit $\nu \in G(p)$, et $x \in D_\nu$. Alors $\nu = \lim\limits_{i\to\infty} p^{n_i}$ pour une suite $(n_1, n_2, \ldots n_i, \ldots)$. Pour tout voisinage ouvert V de x, on a donc :

$0 < \nu(V) \leqslant \underline{\lim\limits_{i\to\infty}} p^{n_i}(V)$. Il existe donc une infinité d'indices n tels que $D_{p^n} \cap V \neq \{\emptyset\}$ et donc $x \in \overline{\lim\limits_{n\to\infty}} D_{p^n}$. Ainsi

$G' = \bigcup\limits_{\nu \in G(p)} D_\nu \subset \overline{\lim\limits_{n\to\infty}} D_{p^n}$. Cette dernière partie étant fermée, on a prouvé que $G = \overline{G'} \subset \overline{\lim\limits_{n\to\infty}} D_{p^n}$.

• <u>$\overline{\lim\limits_{n\to\infty}} D_{p^n} \subset D_{S(p)}$</u> ; soit $x \in \overline{\lim\limits_{n\to\infty}} D_{p^n}$, et V un voisinage de x. Il existe une infinité de n, $(n_1, n_2, \ldots n_i, \ldots)$ tels que $V \cap D_{p^{n_i}} \neq \{\emptyset\}$. Il existe donc dans V un point $D_{p^{n_i}}$, et donc $x \in \bigcup\limits_{\nu \in S(p)} D_\nu = D_{S(p)}$.

• Prouvons maintenant le point 2 du lemme ;

il suffit pour cela de voir que $D_{p^m}.(\lim_{n\to\infty} D_{p^n}) \subset \underline{\lim}_{n\to\infty} D_{p^n}$ pour tout m. En effet, si cette dernière relation est vraie, on a :

$(\overline{\lim}_{n\to\infty} D_{p^n}).(\underline{\lim}_{n\to\infty} D_{p^n}) \subset \underline{\lim}_{n\to\infty} D_{p^n}$, et donc, d'après le premier point du lemme :

$K.(\underline{\lim}_{n\to\infty} D_{p^n}) \subset \underline{\lim}_{n\to\infty} D_{p^n}$, d'où : $\underline{\lim}_{n\to\infty} D_{p^n} = K$, si cette limite inférieure n'est pas vide.

• <u>$D_{p^m}.(\underline{\lim}_{n\to\infty} D_{p^n}) \subset \underline{\lim}_{n\to\infty} D_{p^n}$ pour tout m.</u>

Soit $g_1 \in D_{p^m}$, $g_2 \in \underline{\lim}_{n\to\infty} D_{p^n}$; soit U un voisinage de $g_1.g_2$ et V un voisinage de g_2 tel que $g_1.V \subset U$. On a : $V \cap D_{p^n} \neq \{\emptyset\}$ pour tout n plus grand qu'un entier k, par définition de la limite inférieure.

Soit n tel que $n-m > k$, et $g_3 \in V \cap D_{p^{n-m}}$. Alors, $g_1.g_3 \in g_1.V \subset U$ et $g_1.g_3 \in D_{p^m}.D_{p^{n-m}} = D_{p^n}$. D'où : $U \cap D_{p^n} \neq \{\emptyset\}$ pour tout $n > k+m$, et donc $g_1.g_2 \in \underline{\lim}_{n\to\infty} D_{p^n}$, et ceci achève la preuve du lemme 8.

*

* *

<u>Démonstration du théorème 4</u> :

<u>1 ⇒ 2</u> Supposons que $p^n \xrightarrow[n\to\infty]{} \tilde{p}$. En fait nous allons établir que $D_{\tilde{p}} \subset \underline{\lim}_{n\to\infty} D_{p^n}$. Raisonnons par l'absurde, et supposons que cette dernière assertion soit fausse. Dans ces conditions, il existe $g \in D_{\tilde{p}}$, V un voisinage ouvert de g, et une suite $n_i \xrightarrow[i\to\infty]{} \infty$ telle que $V \cap D_{p^{n_i}} = \{\emptyset\}$. Or, si $T = \{p^{n_i} ; i = 1,2,\ldots\}$, on a :

$$g \in V \cap D_{\tilde{p}} \subset V \cap D_T.$$

Mais d'autre part, $D_T \subset G \setminus V$ (car $\tilde{p}(G\setminus V) \geq \overline{\lim}_{i\to\infty} p^{n_i}(G\setminus V) = 1$, $G\setminus V$ étant fermé) d'où la contradiction.

<u>2 ⇒ 3</u> résulte du lemme 8.

<u>3 ⇒ 4</u> D'après le lemme 8, il suffit d'établir que $\underline{\lim}_{n\to\infty} D_{p^n} \subset \overline{\bigcup_n D_{p^n}.D_{p^n}^{-1}}$.

Soit $g_1 \in \underline{\lim}_{n\to\infty} D_{p^n}$, U un voisinage de g_1. $\underline{\lim}_{n\to\infty} D_{p^n}$ étant un groupe (=K),

g_1 s'écrit $g_2.g_3$, avec $g_2, g_3 \in \varliminf_{n\to\infty} D_{p^n}$. Soit V et W des voisinages de g_2 et g_3 respectivement tels que $V.W \subset \mathring{V}$. Pour n assez grand, $V \cap D_{p^n} \neq \{\emptyset\}$ et $W^{-1} \cap D_{p^n} \neq \{\emptyset\}$, ou encore $W \cap D_{p^n}^{-1} \neq \{\emptyset\}$. Ainsi :

$$\{\emptyset\} \neq V.W \cap D_{p^n}.D_{p^n}^{-1} \subset U \cap D_{p^n}.D_{p^n}^{-1} \text{, d'où}$$

$$g_1 \in \overline{\bigcup_{n=1}^{\infty} D_{p^n}.D_{p^n}^{-1}}$$

<u>4 ⇒ 5</u> Supposons $D_p \subset g.M$, où $g \in K$ et où M est un sous-groupe fermé, distingué propre de K. Alors :

$$D_{p^n} \subset g^n.M \quad \text{et} \quad D_{p^n}^{-1} \subset M.g^{-n}, \text{ d'où } D_{p^n}.D_{p^n}^{-1} \quad g^n M^2 g^{-n} = M$$

ce qui contredit 4.

<u>5 ⇒ 6</u> D'après le corollaire 7, $D_p \subset g.H$. Or, H est un sous-groupe distingué fermé de $K(=G)$ d'après le lemme 6. On a donc $H=K$, et λ est la mesure de Haar de K d'après le lemme 5.

<u>6 ⇒ 1</u> Si λ est la mesure de Haar de K, $p*\lambda = \lambda$, $p^2*\lambda = \lambda, \ldots,$ et donc $G(p) = \lambda * S(p) = \lambda$ (d'après la proposition 3). La famille p^n n'a qu'un point adhérent, λ , et cela achève la preuve du théorème 4.

*
* *

Soit $SO(d)$ le groupe des rotations de $\mathbb{R}^d$ (ie : le groupe des transformations orthogonales de $\mathbb{R}^d$ de déterminant égal à 1). C'est en fait pour l'appliquer à ce groupe que nous avons prouvé le théorème 4.

<u>Corollaire 9</u> : Soit p une mesure de probabilité adaptée sur le groupe $SO(d)$, pour $d \geqslant 3$. Alors p^n converge faiblement vers la mesure de Haar normalisée σ de $SO(d)$ quand $n \to \infty$.

<u>Démonstration</u> : Nous allons utiliser le point 5 du théorème 4, et supposer que $D_p \subset g.M$, où $g \in SO(d)$, et où M est un sous-groupe fermé distingué propre de $SO(d)$. Soit $so(d)$ l'algèbre de Lie du groupe $SO(d)$, et $SO(d,\mathbb{C})$ sa complexifiée. Nous savons (voir par exemple (76), pages II, 6 et 7) que $so(d,\mathbb{C})$

est une algèbre de Lie simple pour $d \geqslant 3$, $d \neq 4$. En conséquence, pour tout $d \geqslant 3$, $d \neq 4$, l'algèbre de Lie $so(d)$ est simple. Nous allons distinguer deux cas :

1) $d \neq 4$. Supposons donc que $D_p \subset g.M$, et soit M_o la composante connexe de l'élément neutre de M. Puisque M est distingué, la sous-algèbre de Lie de $so(d)$ correspondant à M_o est un idéal, et puisque M_o est propre et $so(d)$ simple, cet idéal est nul. M est donc discret, et central. On a donc : $D_p \subset g.Z$, où Z est le centre de $SO(d)$. Dans ces conditions, puisque p est adaptée, $g.Z$ engendre topologiquement $SO(d)$, ce qui est absurde, puisque $SO(d)$ serait alors abélien.

2) $d = 4$. Soit $S_3 \times S_3 \xrightarrow{\pi} SO(4)$ le revêtement universel de $SO(4)$ (S_3 est le groupe des quaternions de norme 1 ; cf [5], chap. III, p 260, ex. 7)). Le noyau de π est formé de deux éléments. Il est clair qu'il existe une mesure unique $\tilde{p}$ sur $S_3 \times S_3$ telle que $\pi(\tilde{p}) = p$ et telle que $\tilde{p}(\tilde{O}) = \frac{1}{2}\,p(O)$ si $\tilde{O}$ est un ouvert de $S_3 \times S_3$ en homémorphisme par π avec O. Si on suppose p adaptée et $D_p \subset g.M$ avec M distingué, fermé, propre, on voit sans peine que $D_{\tilde{p}} \subset \tilde{g}.\tilde{M}$, avec $\tilde{M}$ distingué, fermé et propre, et $\pi(\tilde{g}) = g$. De plus, $\tilde{p}$ est adaptée. Il reste donc à prouver que cette assertion est absurde. La composante connexe $\tilde{M}_o$ de $\tilde{M}$ a une algèbre de Lie qui est un idéal. Cet idéal est donc $(so(3),0)$, $(0,so(3))$ ou $(0,0)$. Le groupe $\tilde{M}_o$ est donc $S_3 \times e$, $e \times S_3$ ou $e \times e$ (e est l'élément neutre de S_3). Examinons déjà le premier cas. Dans ces conditions, $\tilde{M}$ est de la forme $S_3 \times \Gamma$, où Γ est un sous-groupe distingué discret, et donc central de S_3. On en déduit que $D_{\tilde{p}} \subset S_3 \times g_1 Z$, où Z est le centre de S_3 ($g_1 \in S_3$) ce qui est absurde (S_3 serait abélien). Les autres cas de traitent de la même façon.

*

* *

Le corollaire 9 n'est plus vrai lorsque $d = 2$. Le groupe $SO(2)$ est isomorphe au groupe multiplicatif des nombres complexes de module 1, et il suffit de considérer une probabilité p de la forme ε_g, avec $g = e^{2i\pi\alpha}$ et α irrationnel pour s'en convaincre. La proposition suivante nous permettra de pallier cet inconvénient.

<u>Proposition 10</u> : Soit p une probabilité adaptée sur le groupe K. Alors $\mu_n = \frac{1}{n} \sum_{k=1}^{n} p^k$ converge faiblement vers la mesure de Haar σ de K.

Démonstration :

De la relation évidente, $\mu_n = p*\mu_n + \frac{1}{n}(\dot{p}-p^{n+1})$, on déduit que si μ est un point adhérent à la suite $(\mu_n \; ; \; n \geq 1)$, on a : $\mu = p*\mu$, et de même $\mu = \mu*p$. Si μ' est un second point adhérent à cette suite, on a : $\mu = \mu*p = \mu*p^n = \mu*\mu_n = \mu*\mu'$. De même $\mu = \mu'*\mu$ et $\mu' = \mu*\mu' = \mu'*\mu$. Ainsi, $\mu = \mu'$, et la suite μ_n est convergente. De la relation $\mu^2 = \mu$, on déduit (lemme 5) que μ est la mesure de Haar du sous-groupe compact D_μ. De la relation $\mu = \mu*p$, on tire : $D_\mu = D_\mu . D_p$, et donc $D_\mu \supset D_p$. p étant adaptée, $D_\mu = K$, et la proposition 10 est prouvée.

*

* *

Nous utiliserons cette proposition sous la forme :

Corollaire 11 : Soit p une probabilité adaptée sur $SO(2)$. Alors $\frac{1}{n}\sum_{k=1}^{n} p^k$ converge faiblement vers la mesure de Haar σ de $SO(2)$.

*

* *

C - LE THEOREME CENTRAL LIMITE

Soit G_d le groupe des déplacements de $\mathbb{R}^d$. G_d est égal au produit semi-direct de $SO(d) \times_\phi \mathbb{R}^d$, où l'homomorphisme ϕ est donné par l'action naturelle de $SO(d)$ sur $\mathbb{R}^d$: $\phi(v)(\gamma) = v.\gamma$ $(v \in SO(d), \gamma \in \mathbb{R}^d)$, si bien que la multiplication dans G_d est donnée par :

$$(v,\gamma)(v',\gamma') = (vv',\gamma+v\gamma') \quad (v,v' \in SO(d),\gamma,\gamma' \in \mathbb{R}^d).$$

L'élément $g = (v,\lambda)$ de G_d sera encore noté $(v(g),\gamma(g))$. $SO(d)$ sera considéré indifféremment comme un groupe de transformations de $\mathbb{R}^d$ ou comme un groupe de matrices, si bien que nous noterons I_d (la matrice identité de dimension d) son élément neutre.

Le sous-groupe $\{(v,0) \; ; \; v \in SO(d)\}$ est le sous-groupe des rotations.

Le sous-groupe $\{(I_d,\gamma) \; ; \; \gamma \in \mathbb{R}^d\}$ est le sous-groupe des translations. Il est distingué dans G_d. Remarquons que de tous les groupes G_d $(d \geq 2)$, seul G_2 est résoluble. Nous noterons σ la mesure de Haar de $SO(d)$ normalisée.

Soit $(\Omega,\mathcal{A},P)$ un espace de probabilité et $(U_1,Y_1),(U_2,Y_2),\ldots(U_n,Y_n)$ une suite de variables aléatoires définies sur Ω, à valeurs dans G_d, indépendantes et de même loi μ (avec U_i, de loi $\bar{\mu}$, à valeurs dans $SO(d)$, et Y_i à valeurs dans $\mathbb{R}^d$). Soit $X_n^g = X_n^{(v,\gamma)}$ la marche aléatoire droite associée, ie :

$$X_n^{(v,\gamma)} = (vU_1\ldots U_n, Z_n^{v,\gamma}) \text{ où } Z_n^{v,\gamma} = \gamma + vY_1 + vU_1Y_2 + \ldots vU_1U_2\ldots U_{n-1}Y_n .$$

Lorsque $g = e$ (élément neutre de G_d) nous noterons X_n au lieu de X_n^e et Z_n (au lieu de Z_n^e) sera la composante de X_n sur $\mathbb{R}^d$.

*

* *

Théorème 12 (central limite) : Supposons $d \geqslant 2$ et :

1) $\bar{\mu}$ est adaptée $(D_{\bar{\mu}} = SO(d))$

2) La mesure μ admet un moment d'ordre 2, ie :

$$\int_{G_d} |\gamma(g)|^2 d\mu(g) < +\infty$$

Alors, la v.a. $T_n = \frac{Z_n}{\sqrt{n}}$ converge en loi, quand $n \to \infty$, vers $\mathcal{N}(0,\theta I_d)$ la loi normale centrée de covariance θI_d (où $\theta \geqslant 0$).

*

* *

Ce théorème exprime intuitivement qu"au fur et à mesure que le temps augmente, la v.a. T_n devient invariante par rotation" et que la v.a. Z_n "se comporte asymptotiquement comme une marche aléatoire à valeurs dans $\mathbb{R}^d$ invariante par rotation". Ces deux faits expliquent les résultats que nous prouverons dans les alinéas suivants.

Démonstration : Commençons par deux remarques.

Remarque 13 : Soit $\gamma \in R^d$, et Y_i' la v.a à valeurs dans $\mathbb{R}^d$ définie par $Y_i' = \gamma + Y_i - U_i.\gamma$. Définissons Z_n' par :

$$Z_n' = Y_1' + U_1.Y_2' + U_1.U_2Y_3' + \ldots + U_1\ldots U_{n-1}Y_n'$$

Il est clair que l'on a :

$$Z'_n = Z_n + \gamma - U_1U_2\dots U_{n-1}.\gamma$$

Soit $\quad T'_n = \dfrac{Z'_n}{n^{1/2}} = \dfrac{Z_n}{n^{1/2}} + \dfrac{\gamma - U_1\dots U_{n-1}.\gamma}{n^{1/2}}$. Les v.a $\gamma - U_1.U_2\dots U_{n-1}\gamma$ étant uniformément bornées, il est évident que $T_n = \dfrac{Z_n}{n^{1/2}}$ converge en loi vers $\mathcal{N}(0,\theta I_d)$ si et seulement si T'_n converge en loi vers la même limite.

Remarque 14 : Il est possible de choisir γ tel que $E(Y'_i) = 0$ (pour tout i). En effet, puisque la relation $E(Y'_i) = 0$ s'écrit encore $(I_d - E(U_i))\gamma = -E(Y_i)$ l'assertion de cette remarque sera prouvée si on montre que $\text{dét}(I_d - E(U_i)) \neq 0$. Or, si cette quantité était nulle, 1 serait valeur propre de $E(U_i)$, et il existerait un $\rho \in \mathbb{R}^d$, de norme 1, tel que $E(U_i)\rho = E(U_i.\rho) = \rho$. Mais $U_i.\rho$ appartient à la sphère unité de $\mathbb{R}^d$, qui est strictement convexe, et donc $U_i.\rho = \rho$ presque sûrement. Cela implique que le support de $\bar{\mu}$, $D_{\bar{\mu}}$, est inclus dans le sous-groupe Γ de $SO(d)$ défini par : $\Gamma = \{v \in SO(d)\ ;\ v.\rho = \rho\}$. Or Γ est isomorphe à $SO(d-1)$, et cela est absurde, puisque $\bar{\mu}$ est adaptée.

*

* *

En vertu de ces deux remarques, nous supposerons jusqu'à la fin de cette démonstration que les Y_i sont centrées.

Introduisons quelques notations ; si X est une v.a à valeurs dans $\mathbb{R}^d$, nous noterons $(X)_i$ $(i = 1,\dots d)$ sa $i^{\text{ème}}$ composante. Sa matrice de covariance K, si X est centrée, est définie par $K(i,j) = E((X)_i.(X)_j)$ $(i,j = 1,\dots d)$.

Cela étant :

Lemme 15 : Soit $T_n^v = \dfrac{1}{\sqrt{n}} v.Z_n = \dfrac{1}{\sqrt{n}} \{v.Y_1 + v.U_1.Y_2 + \dots + vU_1\dots U_{n-1}.Y_n\}$. Alors la matrice de covariance $\bar{K}_n^v$ de T_n^v converge vers θI_d $(\theta \geq 0)$ quand $n \to \infty$. Cette convergence est uniforme en v.

Démonstration : Si a est une matrice dxd à coefficients réels, définissons $\|a\| = d \sup\limits_{1 \leq i,j \leq d} |a_{ij}|$. C'est au sens de cette norme que la convergence du lemme 15 est entendue.

• Les v.a T_n^v sont centrées ; soit $\underline{\underline{\mathcal{F}}}_n$ la σ-algèbre engendrée par (U_1,Y_1), $(U_2,Y_2),\dots$ (U_n,Y_n). Nous avons, pour tout n, $E(v.U_1\dots U_nY_{n+1})$ = $E(v.U_1\dots U_nE^{\underline{\underline{\mathcal{F}}}_n}Y_{n+1}) = 0$, car Y_{n+1} est indépendante de $\underline{\underline{\mathcal{F}}}_n$ et centrée. Ainsi, les T_n^v sont centrées.

• D'autre part, pour $p > 0$, et $1 \leq i,j \leq d$, on a :

$$E\{(v.U_1U_2\dots U_nY_{n+1})_i.(vU_1U_2\dots U_{n+p}Y_{n+p+1})_j\} =$$

$$E\{(vU_1U_2\dots U_nY_{n+1})_i.(v.U_1\dots U_{n+p}E^{\underline{\underline{\mathcal{F}}}_{n+p}}Y_{n+p+1})_j\} = 0 \qquad (2)$$

• Supposons un instant que $v = I_p$ l'élément neutre de $SO(d)$, et notons K_Y la matrice de covariance de Y_n, et K_n celle de $U_1U_2\dots U_nY_{n+1}$. Un calcul simple prouve alors que :

$$K_n = \int_{SO(d)} g.K\,g^t\,d\sigma_n(g), \text{ où } \sigma_n = \nu^n \text{ est la loi de } U_1\dots U_n$$

et $g^t = g^{-1}$ la transposée de g. Distinguons alors deux cas :

1) $d \geq 3$. D'après le corollaire 9, σ_n converge faiblement vers la mesure de Haar σ de $SO(d)$. Donc :

$$K_n \underset{n\to\infty}{\longrightarrow} \int_{SO(d)} g.K\,g^t\,d\sigma(g) = K \qquad (3)$$

Comme il est clair que $wKw^{-1} = K$ pour tout $w \in SO(d)$, K commute aux éléments de $SO(d)$, et est donc scalaire. Elle est donc de la forme θI_d, où $\theta \geq 0$, puisque K est limite de matrices de covariance.

Soit maintenant $\bar{K}_n$ la matrice de covariance de $T_n^{I_d}$. Des relations (2) et (3), on déduit :

$$\bar{K}_n = \frac{1}{n}\sum_{k=0}^{n-1} K_k \underset{n\to\infty}{\longrightarrow} \theta I_d.$$

Enfin, si $v \in SO(d)$ et si K_n^v est la matrice de covariance de la v.a $vU_1\dots U_nY_{n+1}$, on a $K_n^v = v\,K_nv^t$, d'où :

$$\|K_n^v - \theta I_d\| = \|vK_nv^t - \theta vI_dv^t\|$$

$$= \|v(K_n - \theta I_d)v^t\| \leq \|v\|^2\|K_n - \theta I_d\|$$

$$\leq d^2\|K_n - \theta I_d\| \underset{n\to\infty}{\longrightarrow} 0$$

uniformément en v. Désignant par $\bar{K}_n^v$ la matrice de covariance de T_n^v, on en déduit immédiatement que $\bar{K}_n^v = \frac{1}{n} \sum_{k=0}^{n-1} \bar{K}_k^v \xrightarrow[n\to\infty]{} \theta I_d$ uniformément en v, et le lemme 15 est prouvé lorsque $d \geqslant 3$.

2) $d = 2$. La démonstration est sensiblement la même que la précédente. Simplement, on utilise le corollaire 11 au lieu du corollaire 9.

*
* *

En fait, la convergence uniforme prouvée ici ne nous sera pas utile immédiatement. Nous ne l'utiliserons qu'à l'alinéa E. D'autre part, vu la forme de K, il est clair que θ est strictement positif si et seulement si $K_Y \neq 0$, c'est à dire si la loi de Y n'est pas ponctuelle. En particulier, $\theta > 0$ si μ est adaptée.

*
* *

Venons-en à la démonstration proprement dite, et fixons quelques notations ; si $t,s \in \mathbb{R}^d$, $<t,s>$ sera leur produit scalaire usuel. Si $k \in \mathbb{N}$, nous noterons ϕ_k la fonction caractéristique de T_k, soit $\phi_k(t) = E(\exp i <t, T_k>) = E(\exp i<t, \frac{Z_k}{\sqrt{k}}>)$. Notre but est donc maintenant de prouver :

$$\lim_{n\to\infty} \phi_n(t) = \exp(- \frac{1}{2} \theta |t|^2)$$

Procédons en plusieurs étapes :

1) D'après le lemme précédent, on a $\|\bar{K}_k - \theta I_d\| \leqslant \varepsilon_k$, où $\varepsilon_k \xrightarrow[k\to\infty]{} 0$. A partir de maintenant, nous fixons k.

2) Prouvons que, pour $|t|$ assez petit, $\sup_{v \in SO(d)} |\phi_k(t) - \phi_k(vt)| \leqslant C_1 \varepsilon_k |t|^2$. La v.a T_k étant centrée et de matrice de covariance $\bar{K}_k$, on a :

$$\phi_k(t) = 1 - \frac{1}{2} t^t \bar{K}_k t + O(|t|^2) \qquad (4)$$

De même

$$\phi_k(vt) = 1 - \frac{1}{2} t^t v^t \bar{K}_k vt + O(|t|^2). \text{ D'où}$$

$$|\phi_k(t) - \phi_k(vt)| = |\frac{1}{2}\, t^t v^t (\bar{K}_k - \theta I_d) vt - \frac{1}{2} t^t (\bar{K}_k - \theta I_d) t$$

$$+ \frac{1}{2}\, \theta t^t v^t I_d vt - \frac{1}{2}\, \theta t^t I_d\, t + O(|t|^2)|$$

$$\leq C_1 \varepsilon_k\, |t|^2 + O(|t|^2) \quad \text{puisque} \quad \|K_k - I_d\| \leq \varepsilon_k$$

$$\leq 2C_1 \varepsilon_k\, |t|^2, \text{ pour } |t| \text{ assez petit.}$$

(Remarquons que la constante C_1, ainsi que les constantes C_2 et C_3 qui vont suivre, ne dépendent pas de k).

3) Prouvons que, pour $|t|$ assez petit, et pour tout n :

$$|E(\exp i < t, \frac{Z_{nk}}{\sqrt{k}} >) - \{\phi_k(t)\}^n| \leq C_1\, n\, \varepsilon_k\, |t|^2$$

Tout d'abord, on a : $E(\exp i < t, \frac{1}{\sqrt{k}} Z_{(n+1)k} >) =$

$$E(\exp i < t, \frac{1}{\sqrt{k}} Z_{nk} > . \exp i < t, U_1 U_2 \ldots U_{nk} . \frac{1}{\sqrt{k}} (Y_{nk+1} + U_{nk+1} Y_{nk+2} + \ldots$$

$$+ U_{nk+1} \ldots U_{(n+1)k-1} . Y_{(n+1)k}) >)$$

$$= E(\exp i < t, \frac{1}{\sqrt{k}} Z_{nk} > . E^{\mathcal{F}_{nk}}(\exp i < t, U_1 U_2 \ldots U_{nk} . \frac{1}{\sqrt{k}} (Y_{nk+1} U_{nk+1} + Y_{nk+2}$$

$$+ \ldots + U_{nk+1} \ldots U_{(n+1)k-1} Y_{(n+1)k}) >).$$

La v.a $\frac{1}{\sqrt{k}} (Y_{nk+1} + U_{nk+1} Y_{nk+2} + \ldots + U_{nk+1} U_{nk+2} \ldots U_{(n+1)k-1} Y_{(n+1)k})$ étant indépendante de $\mathcal{F}_{nk}$ et de même loi que X_k, on a :

$$E(\exp i < t, \frac{1}{\sqrt{k}} Z_{(n+1)k} >) = E(\exp i < t, \frac{1}{\sqrt{k}} Z_{nk} > . \phi_k(U_1 U_2 \ldots U_{nk}^t . t))$$

D'où

$$|E(\exp i < t, \frac{1}{\sqrt{k}} Z_{(n+1)k} >) - E(\exp i < t, \frac{1}{\sqrt{k}} Z_{nk} > \phi_k(t)|$$

$$\leq E\{|\phi_k(U_1 U_2 \ldots U_{nk}^t . t) - \phi_k(t)|\} \leq C_1 \varepsilon_k |t|^2, \text{ d'après le point 2.}$$

La majoration du point 3 s'en déduit alors de manière immédiate par récurrence sur n.

4) <u>Prouvons que</u> $\overline{\lim_{n\to\infty}} |\phi_{nk}(t) - e^{-\frac{1}{2}\theta|t|^2}| \leqslant C_2\varepsilon_k|t|^2$, <u>pour tout t dans un compact</u>. En raison de (4), on a :

$$\lim_{n\to\infty} \{\phi_k(\frac{t}{\sqrt{n}})\}^n = e^{-\frac{1}{2} t^t\bar{K}_k t}$$

D'après le point 3, on a donc, pour t dans un compact :

$$\overline{\lim_{n\to\infty}} |E \exp i< \frac{t}{\sqrt{n}}, \frac{1}{\sqrt{k}} Z_{nk}> -\{\phi_k(\frac{t}{\sqrt{n}})\}^n| \leqslant C_1 \, n \, \varepsilon_k \frac{|t|^2}{n}$$

$$\leqslant C_1 \; \varepsilon_k \; |t|^2$$

D'où :

$$\overline{\lim_{n\to\infty}} \; |\phi_{nk}(t) - e^{-\frac{1}{2}t^t\bar{K}_k t}| = \overline{\lim_{n\to\infty}} |E\{\exp i<\frac{t}{\sqrt{n}}, \frac{1}{\sqrt{k}} Z_{nk}>\}- e^{-\frac{1}{2}t^t\bar{K}_k t}|$$

$$\leqslant C_1 \; \varepsilon_k |t|^2$$

Puisque $\|\bar{K}_k - \theta I_d\| \leqslant \varepsilon_k$, il est alors clair que :

$$\overline{\lim_{n\to\infty}} \; |\phi_{nk}(t) - e^{-\frac{1}{2}\theta|t|^2}| \leqslant C_2 \; \varepsilon_k|t|^2 \quad \text{pour } t \text{ dans un compact.}$$

5) <u>Prouvons que, pour t dans un compact,</u>

$$\overline{\lim_{n\to\infty}} \; \sup_{0\leqslant p\leqslant k} \; |\phi_{nk+p}(t) - \phi_{nk}(t)| \leqslant C_3 \; \varepsilon_k|t|^2$$

Soit p un entier plus petit que k. On a :

$$\phi_{nk+p}(t) - \phi_{nk}(t) = E\{\exp i<\frac{t}{\sqrt{n+\frac{p}{k}}}, \frac{1}{\sqrt{k}} Z_{nk+p}>\}-E\{\exp i<\frac{t}{\sqrt{n}},\frac{1}{\sqrt{k}} Z_{nk}\}$$

$$= E\{\exp i<\frac{t}{\sqrt{n+\frac{p}{n}}}, \frac{1}{\sqrt{k}}.Z_{nk}> \psi_p(U_1\ldots U_{nk}^t.\frac{t}{\sqrt{n+\frac{p}{k}}})\} - E\{\exp i<\frac{t}{\sqrt{n}},\frac{1}{\sqrt{k}} Z_{nk}\}$$

où ψ_p est la fonction caractéristique de la v.a. $\frac{1}{\sqrt{k}}(Y_1+U_1Y_2+\ldots+U_1\ldots U_{p-1}Y_p)$, d'après un calcul analogue à celui du point 3. D'où :

$$|\phi_{nk+p}(t) - \phi_{nk}(t)| \leq E|\psi_p(U_1 \ldots U_{nk}^t \cdot \frac{t}{\sqrt{n+\frac{p}{k}}} - 1|$$

$$+ |E\{\exp i<\frac{t}{\sqrt{n+\frac{p}{k}}}, \frac{1}{\sqrt{k}} Z_{nk}>\} - E\{\exp i<\frac{t}{\sqrt{n}}, \frac{1}{\sqrt{k}} Z_{nk}>\}|$$

Il est clair que :

$$\sup_{1 \leq p < k} E|\psi_p(U_1 \ldots U_{nk}^t . \frac{t}{\sqrt{n+\frac{p}{k}}}) - 1| \xrightarrow[n\to\infty]{} 0 \text{ (pour } t \text{ dans un compact)}$$

D'autre part :

$$|E\{\exp i<\frac{t}{\sqrt{n+\frac{p}{k}}}, \frac{1}{\sqrt{k}} Z_{nk}>\} - E \exp\{i< \frac{t}{\sqrt{n}}, \frac{1}{\sqrt{n}} Z_{nk}>\}|$$

$$\leq |\{\phi_k \left(\frac{t}{\sqrt{n+\frac{p}{k}}}\right)\}^n - \{\phi_k\left(\frac{t}{\sqrt{n}}\right)\}^n| + 2\, C_1\, \varepsilon_k |t|^2$$

d'après le point 3.

Or, $\lim_{n\to\infty} \{\phi_k\left(\frac{t}{\sqrt{n+\frac{p}{n}}}\right)\}^n = \lim_{n\to\infty} \{\phi_k\left(\frac{t}{\sqrt{n}}\right)\}^n = e^{-\frac{1}{2} t^t \bar{K}_k t}$

D'où $\overline{\lim_{n\to\infty}} \sup_{1\leq p\leq k} |\phi_{nk+p}(t) - \phi_{nk}(t)| \leq 2C_1\, \varepsilon_k |t|^2$ pour t dans un compact.

6) Des points 4 et 5, on déduit alors :

$$\overline{\lim_{n\to\infty}} |\phi_n(t) - e^{-\frac{1}{2}\theta|t|^2}| \leq (2C_1 + C_2)\varepsilon_k |t|^2$$

Le théorème 12 s'ensuit alors, en faisant tendre k vers l'infini.

D - RECURRENCE DU GROUPE DES DEPLACEMENTS DE $\mathbb{R}^2$

Les notations sont ici les mêmes qu'à l'alinéa précédent, avec $d = 2$.

Théorème 16 : Soit μ une probabilité adaptée sur G_2 admettant un moment d'ordre 2, ie : $\int_{G_2} |\gamma(g)|^2 d\mu(g) < +\infty$. Alors, la marche aléatoire de loi μ est récurrente.

Démonstration : Soit U le noyau potentiel de la marche X_n^g, $B'_{(\tau,M)}$ la boule fermée dans $\mathbb{R}^2$ de centre τ et de rayon M, $B(\tau,M) = SO(2) \times B'(\tau,M)$; $(B(\tau,M) \subset G_2)$. Soit encore $B'_M = B'(0,M)$ et $B_M = B(0,M)$. Avec ces notations, on a :

Lemme 17 : Pour tout M réel, $\sum_{k=0}^{n} \mu^k(B_M) \leqslant (2[M]+1)^2 U(e,B_2)$ (où $[M]$ est la partie entière de M).

Démonstration : Il est clair qu'on peut recouvrir B'_M par $(2[M]+1)^2$ boules de rayon 1. D'où :

$$B_M \subset \bigcup_{\tau \in I} B(\tau,1)$$ (où I est un ensemble de $(2[M]+1)^2$ points de $H \simeq \mathbb{R}^2$), ce qui implique :

$$\sum_{k=0}^{n} \mu^k(B_M) \leqslant \sum_{\tau \in I} \sum_{k=0}^{n} \mu^k(B_{(\tau,1)})$$

$$\leqslant \sum_{\tau \in I} \sum_{k=0}^{\infty} P^k_{-\tau}(B_1) = \sum_{\tau \in I} U(-\tau,B_1)$$

$$\leqslant (2[M]+1)^2 \sup_{\tau \in I} U(-\tau,B_1).$$

Or, d'après le principe du maximum (cf chap. I)

$$\sup_{\tau \in I} U(-\tau,B_1) \leqslant \sup_{\tau \in B_1} U(\tau,B_1) \leqslant U(e,B_2)$$

ce qui prouve le lemme 17.

*
* *

Nous allons prouver que $U(e,B_2) = +\infty$, et pour cela utiliser la minoration du lemme 17. Soit $\varepsilon > 0$, et $M = 2\varepsilon\sqrt{n}$. Alors, d'après le lemme 17 :

$$U(e,B_2) \geqslant \frac{1}{(2[2\varepsilon\sqrt{n}]+1)^2} \sum_{k=0}^{n} \mu^k(B_{2\varepsilon\sqrt{n}}) \qquad (5)$$

Soit μ_n^k la loi de $\frac{Z_k}{\sqrt{n}}$, et soit f_ε une fonction définie et continue sur $\mathbb{R}^2$ telle que : $1_{B'_{2\varepsilon}} \geqslant f_\varepsilon \geqslant 1_{B'_\varepsilon}$. On tire alors de (5) :

$$U(e,B_2) \geqslant \frac{1}{(2[2\varepsilon\sqrt{n}]+1)^2} \sum_{k=0}^{n} \mu_n^k(B'_{2\varepsilon}) \text{ (car } \mu^k(B_{2\varepsilon\sqrt{n}})$$

$$= P_e\{Z_k \in B'_{2\varepsilon\sqrt{n}}\} = P_e\{\frac{Z_k}{\sqrt{n}} \in B'_{2\varepsilon}\} \text{ et :}$$

$$U(e,B_2) \geqslant \varliminf_{n\to\infty} \frac{1}{(2[2\varepsilon\sqrt{n}]+1)^2} \sum_{k=0}^{n} \mu_n^k(f_\varepsilon) = \alpha(\varepsilon) \qquad (6)$$

Nous allons maintenant prouver que $\alpha(\varepsilon) \underset{\varepsilon\to 0}{\longrightarrow} \infty$, ce qui achèvera la démonstration du théorème 16. L'idée pour faire cela est qu'on peut, à cause du théorème central limite, remplacer dans (6) μ_n^k par une loi gaussienne.

Lemme 18 : Soit Γ_n^k la loi gaussienne sur $\mathbb{R}^2$ $\mathcal{N}(0, \frac{k}{n}\theta I_2)$. Alors, pour toute f positive, continue et à support compact définie sur $\mathbb{R}^2$, on a :

$$A_n = \frac{1}{n} \sum_{k=1}^{n} (\mu_n^k(f) - \Gamma_n^k(f) \underset{n\to\infty}{\longrightarrow} 0$$ (θ est ici celui dont le théorème 12 assure l'existence ; θ est strictement positif car μ est adaptée).

Démonstration : Nous noterons Γ la loi gaussienne $\Gamma_n^n = \mathcal{N}(0,\theta I_2)$. Si $t \in \mathbb{R}$, la fonction f_t est définie par $f_t(x) = f(tx)$ $(x \in \mathbb{R}^2)$. Soit $\eta > 0$. Alors :

$$A_n = \frac{1}{n} \sum_{k=1}^{n} (\mu_k^k - \Gamma)(f_{\sqrt{\frac{k}{n}}}) \text{ (car } \mu_n^k \text{ est la loi de } \frac{Z_k}{\sqrt{k}}\sqrt{\frac{k}{n}}\text{).}$$

Soit $n = mN$, où m est assez grand pour que $\frac{1}{m} < \eta$. Sommant alors l'expression de A_n en deux morceaux, on obtient :

$$|A_{mN}| \leqslant \frac{2\|f\|_\infty}{m} + \frac{1}{mN} \sum_{k=N+1}^{mN} |\mu_k^k(f_{\sqrt{\frac{k}{mN}}}) - \Gamma(f_{\sqrt{\frac{k}{mN}}})|$$

$$\leqslant 2\|f\|_\infty . \eta + \sup_{k>N} \sup_{\frac{1}{\sqrt{m}}\leqslant t\leqslant 1} |\mu_k^k(f_t) - \Gamma(f_t)|$$

car k étant compris entre $N+1$ et mN dans le second terme de l'inégalité, $\sqrt{\frac{k}{mN}}$ est compris entre $\frac{1}{\sqrt{m}}$ et 1. Le théorème 12 affirmant que $\mu_k^k - \Gamma$

converge faiblement vers 0 quand $k \to \infty$, le lemme 18 se déduit immédiatement du lemme 19 (appliqué à $\pi_k = \mu_k^k - \Gamma$ et $C = \frac{1}{\sqrt{m}}$).

Lemme 19 : Soit π_k $(k = 1,2,\ldots)$ une suite de mesures finies (non nécessairement positives) sur $\mathbb{R}^2$ telles que $\|\pi_k\| \leqslant 2$ pour tout k et $\pi_k \xrightarrow[k\to\infty]{} 0$ faiblement. Alors, pour tout C, $0 < C \leqslant 1$, et toute f positive continue à support compact définie sur $\mathbb{R}^2$:

$$a_k = \sup_{t \in [C,1]} |\pi_k(f_t)| \xrightarrow[k\to\infty]{} 0$$

Démonstration : L'application $t \longrightarrow |\pi_k(f_t)|$, pour k fixé, est continue sur $[C,1]$; elle atteint sa borne supérieure pour un $t_k \in [C,1]$, soit : $a_k = |\pi_k(f_{t_k})|$. Raisonnons par l'absurde et supposons que $\overline{\lim\limits_{k\to\infty}}\ a_k \neq 0$ quitte à extraire des sous-suites, on peut supposer que

$$|\pi_k(f_{t_k})| \xrightarrow[k\to\infty]{} a > 0 \quad \text{et} \quad t_k \xrightarrow[k\to\infty]{} t_o \in [C,1]. \text{ Alors}$$

$$|\pi_k(f_{t_o})| \geqslant \big|\,|\pi_k(f_{t_k})| - |\pi_k(f_{t_k} - f_{t_o})|\,\big|$$

Comme $|\pi_k(f_{t_k} - f_{t_o})| \leqslant 2\|f_{t_k} - f_{t_o}\|_\infty \xrightarrow[k\to\infty]{} 0$, on aurait

$\underline{\lim\limits_{k\to\infty}}\ |\pi_k(f_{t_o})| \geqslant a$, ce qui est contradictoire avec la convergence de π_k vers 0, et achève la démonstration des lemmes 18 et 19.

*

* *

Achevons la démonstration du théorème 16 en prouvant que $\alpha(\varepsilon) \xrightarrow[\varepsilon\to 0]{} \infty$. D'après le lemme 18, on a :

$$\alpha(\varepsilon) = \underline{\lim_{n\to\infty}}\ \frac{1}{(2[2\varepsilon\sqrt{n}]+1)^2} \sum_{k=0}^{n} \Gamma_n^k(f_\varepsilon)$$

$$\geqslant \underline{\lim_{n\to\infty}}\ \frac{1}{(2[2\varepsilon\sqrt{n}]+1)^2} \sum_{k=0}^{n} \Gamma_n^k(B'_\varepsilon)$$

Or, $\Gamma_n^k(B'_\varepsilon)$ se calcule facilement, et vaut

$$\frac{1}{2\pi\theta}\ \frac{n}{k}\iint_{\mathbb{R}^2} 1_{B'_\varepsilon}(x,y)\, e^{-\frac{1}{n}\frac{n}{k}\frac{x^2+y^2}{\theta}}\, dx\, dy$$

Passant en coordonnées polaires $(x^2+y^2=r^2)$ dans la dernière intégrale et sommant sur k, on obtient :

$$\alpha(\varepsilon) \geqslant \underline{\lim}_{n\to\infty} \frac{1}{16\varepsilon^2\theta} \sum_{k=1}^{n} \frac{1}{k}\int_0^{\varepsilon} r e^{-\frac{nr^2}{2k\theta}} dr$$

$$\geqslant \underline{\lim}_{n\to\infty} \frac{1}{16\varepsilon^2 n} \sum_{k=1}^{n} (1-e^{-\frac{n\varepsilon^2}{2k\theta}}) = \frac{1}{16\varepsilon^2}\int_0^1 (1 - e^{-\frac{\varepsilon^2}{2x\theta}})\, dx$$

Or : $\displaystyle\int_0^1 (1-e^{-\frac{\varepsilon^2}{2x\theta}})dx = \frac{\varepsilon^2}{2\theta}\int_0^{\frac{2\theta}{\varepsilon^2}} (1-e^{-\frac{1}{u}})du$ si bien que :

$$\alpha(\varepsilon) \geqslant \frac{1}{32.\theta}\int_0^{\frac{2\theta}{\varepsilon^2}} (1-e^{-\frac{1}{u}})du \xrightarrow[\varepsilon\to\infty]{} \infty,$$ puisque cette dernière intégrale est divergente.

*

* *

Remarque 20 : De la même façon que pour G_1, on peut construire sur G_2 des probabilités adaptées transitoires. Plus précisément : soit $\beta \in]0,2[$, et p une probabilité sur $H(\underset{\sim}{\sim}\mathbb{R}^2)$ invariante par rotation et de densité radiale φ telle que : $\lim_{r\to\infty} r^{\beta+2}\varphi(r) = C$ $(0 < C < +\infty)$. Si σ est la mesure de Haar de $SO(2)$ (considéré comme sous-groupe de G_2) la mesure $\mu = \sigma * p$ (cette convolution étant faite dans G_2) est transitoire et admet un moment d'ordre β. La démonstration de cette remarque est tout à fait analogue à celle de la remarque 2 et utilise un critère classique [cf par exemple (77)]

E - LE CAS $d \geqslant 3$

Les notations sont les mêmes que précédemment (§ C et D), avec $d \geqslant 3$.

Théorème 21 : Soit μ une mesure adaptée sur G_d $(d \geqslant 3)$ et supposons qu'il existe $\delta > 0$ tel que μ possède un moment d'ordre $2+\delta$ (ie : $\int_{G_d} |\gamma(g)|^{2+\delta} d\mu(g) < \infty$). Alors, il existe $\alpha > 0$ telle que pour toute fonction h définie sur G_d, bornée et à support compact, il existe une constante C telle que :

$$|Uh(v,\gamma)| \leqslant \frac{C}{|\gamma|^{2\alpha}}, \text{ pour } |\gamma| \text{ assez grand}$$

$(v \in SO(d), \gamma \in \mathbb{R}^d)$. α peut être choisie aussi proche que l'on veut de $\frac{1}{2}((d-2) \wedge \delta)$.

*

* *

Bien sûr, ce théorème implique la transience de ces marches.

Démonstration : Soit f la fonction définie dans $\mathbb{R}^d \setminus (0)$ par $f(x_1,\ldots x_d) = 1 - \frac{1}{(x_1^2+\ldots+x_d^2)^\alpha}$. Dans ce qui suit, pour tout $\rho \geqslant 0$, B_ρ (resp. S_ρ) désigne la boule (resp. la sphère) de centre 0 et de rayon ρ dans $\mathbb{R}^d$.

Lemme 22 : Soit X une variable aléatoire centrée, à valeurs dans $\mathbb{R}^d$, avec $d \geqslant 3$. Supposons qu'il existe $\delta > 0$ tel que $E\{|X|^{2+\delta}\} < +\infty$. Alors, il existe $\alpha < \frac{d-2}{2}$, $\varepsilon > 0$, ρ_1 et $\rho_o > 0$ tels que, si $\|K_X - I_d\| < \varepsilon$, et si $x \notin B_{\rho_1}$ on ait :

$$E(b(x+X)) \geqslant b(x)$$

où $b(x) = \sup\{f(x), \xi . 1_{B_{\rho_o}}(x)\}$ (ξ étant la valeur de f sur S_{ρ_o})

Démonstration : Nous allons procéder en plusieurs étapes.

1) Ici h désigne un élément de $\mathbb{R}^d$, de composantes $h_1,\ldots h_d$. Pour tout $\beta > 0$, le développement en série de Taylor suivant est convergent, si $|h| \leqslant \rho^{1-\beta}$, $x \in S_\rho$, et si ρ est assez grand :

$$f(x+h) = f(x) + \sum_{i=1}^{d} h_i \frac{\partial f}{\partial x_i}(x) + \frac{1}{2} \sum_{i,j=1}^{d} h_i h_j \frac{\partial^2 f}{\partial x_i \partial x_j}(x) + \ldots \qquad (\Lambda)$$

Il suffit pour prouver ceci, de montrer que le reste de Taylor à l'ordre n tend vers 0 quand $n \to \infty$. Sous les hypothèses indiquées, il n'est pas difficile de voir que ce reste est majoré par $C_1^n \frac{1}{\rho^{\beta n}}$, et tend donc vers 0 si ρ est assez grand.

2) Nous supposons ici que la loi de X est à support compact et que $K_X = I_d$. Dans ces conditions, il existe un ρ' tel que le support de la loi de X soit inclus dans $B_{(\rho')^{1-\beta}}$. Aussi, pour x en dehors d'un compact, pouvons-nous substituer X à h dans (Λ). On obtient :

$$f(x+X) = f(x) + \sum_{i=1}^{d} X_i \frac{\partial f}{\partial x_i}(x) + \frac{1}{2} \sum_{i,j=1}^{d} X_i X_j \frac{\partial^2 f}{\partial x_i \partial x_j}(x) + \ldots$$

où X_i est la $i^{\text{ème}}$ composante de X. Faisant la somme terme à terme des espérances de cette expression (ce qui se justifie sans peine, X étant bornée), on a :

$$E(f(x+X)) = f(x) + \sum_{i=1}^{d} E(X_i) \frac{\partial f}{\partial x_i}(x) + \frac{1}{2} \sum_{i,j=1}^{d} E(X_i . X_j) \frac{\partial^2 f}{\partial x_i \partial x_j}(x) + \ldots$$

Puisque X est centrée et de matrice de covariance égale à I_d, on a :

$$E(f(x+X)) = f(x) + \frac{1}{2} \Delta f(x) + \ldots \quad \text{(où } \Delta \text{ est le Laplacien de } \mathbb{R}^d\text{)}.$$

Le calcul des dérivées successives de f prouve alors que, pour $x \in S_\rho$:

$$\Delta f(x) = 2\alpha \frac{d-2(\alpha+1)}{(\rho^2)^{1+\alpha}} = \frac{2C_2}{(\rho^2)^{1+\alpha}}, \text{ avec } C_2 > 0 \text{ si } \alpha < \frac{d-2}{2}$$

D'autre part, les termes d'ordre supérieur à 2 dans le développement précédent sont de la forme $\frac{1}{(\rho^2)^{1+\alpha}} \varepsilon_1(\rho)$ où $\varepsilon_1(\rho) \xrightarrow[\rho \to \infty]{} 0$

On a donc finalement, si $x \in S_\rho$:

$$E(f(x+X)) \geqslant f(x) + \frac{C_3}{(\rho^2)^{1+\alpha}} \quad \text{pour } \rho \text{ assez grand.}$$

3) Nous supposons toujours que le support de la loi de X est compact, mais la matrice de covariance K_X n'est plus égale à I_d. Le calcul précédent reste juste, à condition de remplacer l'opérateur Δ par l'opérateur.

$$L = \sum_{i,j=1}^{n} E(X_i . X_j) \frac{\partial^2}{\partial x_i \partial x_j}$$. Puisque, pour $x \in S_\rho$, $\Delta f(x) = \frac{2C_2}{(\rho^2)^{1+\alpha}}$

avec $C_2 > 0$, il est clair qu'il existe $\varepsilon > 0$ tel que si $\|K_X - I_d\| < \varepsilon$, alors $Lf(x) \geqslant \frac{2C'_2}{(\rho^2)^{1+\alpha}}$ (avec $C'_2 > 0$ et $x \in S_\rho$). En conclusion, sous les hypothèses précédentes, il existe $\varepsilon > 0$ tel que si $\|K_X - I_d\| < \varepsilon$, alors il existe $C_4 > 0$ tel que, pour $x \in S_\rho$:

$$E(f(x+X)) \geqslant f(x) + \frac{C_4}{(\rho^2)^{1+\alpha}} \quad (\rho \text{ assez grand})$$

4) Nous ne supposons plus que le support de la loi de X est compact, mais nous supposons que $\|K_X - I_d\| < \varepsilon/2$, où ε a été choisi précédemment.

Soit ρ assez grand pour que la matrice de covariance K_{X_ρ} de la v.a $X_\rho = X.1_{\{|X| \leqslant \rho^{1-\beta}\}}$ satisfasse à $\|K_{X_\rho} - I_d\| < \varepsilon$. Remplaçant, comme dans l'alinéa 2, h par X dans (Λ) si $|X| \leqslant \rho^{1-\beta}$, et prenant l'espérance, on a, pour $x \in S_\rho$:

$$E(f(x+X) \; ; |X| \leqslant \rho^{1-\beta}) \geqslant f(x)\{P\, |X| \leqslant \rho^{1-\beta}\}$$
$$+ \sum_{i=1}^{d} E(X_i \; ; |X| \leqslant \rho^{1-\beta}) \frac{2\alpha\, x_i}{(\rho^2)^{1+\alpha}} + \frac{C_4}{(\rho^2)^{1+\alpha}}$$

Compte tenu du fait que X_i est centrée et que $E(|X|^{2+S}) < +\infty$, on a, pour $x \in S_\rho$:

$$\left|E(X_i \; ; |X| \leqslant \rho^{1-\beta}) \frac{2\alpha\, x_i}{(\rho^2)^{1+\alpha}}\right| \leqslant \frac{2\alpha}{\rho^{2\alpha+1}} |E(X_i \; ; |X| > \rho^{1-\beta})|$$

$$\leqslant \frac{2\alpha\, C_5^i}{\rho^{2\alpha+1}} P\{|X| > \rho^{1-\beta}\}^{1/2}$$ d'après l'inégalité de Schwarz

$$\leqslant \frac{2\alpha\, C_5^i}{\rho^{2\alpha+1}} \frac{1}{\rho^{1-\beta+\frac{S}{2}-\frac{\beta S}{2}}}$$

Si β a été choisi suffisamment petit pour que $\frac{S}{2} > \beta + \frac{\beta S}{2}$, on en déduit alors

$$\sum_{i=1}^{d} E(X_i\ ;\ |X| \leqslant \rho^{1-\beta}) \leqslant \frac{C_6}{(\rho^2)^{1+\alpha}}\ \varepsilon_2(\rho) \quad \text{où} \quad \varepsilon_2(\rho) \underset{\rho\to\infty}{\longrightarrow} 0$$

D'où, pour ρ assez grand :

$$E(f(x+X)\ ;\ |X| \leqslant \rho^{1-\beta}) \geqslant f(x) - f(x)\ P\{|X| > \rho^{1-\beta}\} + \frac{C_7}{(\rho^2)^{1+\alpha}}$$

Du fait que $f(x) \underset{\rho\to\infty}{\longrightarrow} 1$ et puisque :

$$P\{|X| > \rho^{1-\beta}\} < \frac{C_8}{\rho^{(2+S)(1-\beta)}}$$

on en déduit que, si α a été choisi assez petit pour que $2+S-2\beta-\beta S > 2+2\alpha$,

$E\{f(x+X)\ ;\ |X| < \rho^{1-\beta}\} \geqslant f(x)$ pour $x \in S_\rho$ et ρ assez grand. Le lemme 22 est alors démontré, puisque :

$$E\{b(x+X)\} \geqslant E\{f(x+X)\ ;\ |X| \leqslant \rho^{1-\beta}\} \geqslant f(x) = b(x)$$

si $x \in S_\rho$ et si $\rho \geqslant \rho_1$ (où le ρ_0 servant à définir la fonction b est choisi arbitrairement, et où ρ_1 dépend de ρ_0). Ceci achève la preuve du lemme 22.

*
* *

Remarquons que le choix de α dépend de S, mais il suffit que $S > d-2$ pour que α puisse être choisi aussi proche que l'on veut de $\frac{d-2}{2}$.

*
* *

Il va de soi qu'on peut remplacer la marche de pas (U_1,Y_1) par la marche de pas $\mathcal{B}(U_1,Y_1)$, où $\mathcal{B}$ est un automorphisme intérieur du groupe G_d, sans rien changer au résultat annoncé. En effet, un automorphisme intérieur ne change pas le comportement à l'infini de la norme de la composante sur $\mathbb{R}^d$, puisque : $(v,\gamma)(w,\rho)(v,\gamma)^{-1} = (vwv^{-1},\gamma+v\rho-vwv^{-1}\gamma)$ et que $|\gamma+v\rho-vwv^{-1}\gamma| \underset{|\rho|\to\infty}{\sim} |\rho|$. Cela étant, et grâce aux remarques 13 et 14, nous supposerons dans tout ce qui suit les Y_i centrées.

*
* *

Nous appellerons marche aléatoire de pas $(U_1,Y_1).(U_2,Y_2)\dots(U_k,Y_k)$ la marche aléatoire X^g_{nk} $(n \geq 0)$, avec, rappelons le, si $g = (v,\gamma)$:

$$X^g_{nk} = (v.U_1.U_2\dots U_{nk}),\ Z^g_{nk})\ \text{où}\ Z^g_{nk} = \gamma + vY_1 + vU_1Y_2 + \dots + vU_1\dots U_{nk-1}Y_{nk}.$$

Nous noterons U^k le potentiel de cette marche. Si h est positive on a donc :

$$U^k h(v,\lambda) = \sum_{n\geq 0} \varepsilon_{v,\lambda} * \mu^{nk}(h) = E(\sum_{n=0}^{\infty} h(Z^{v,\lambda}_{nk}))$$

<u>Lemme 23</u> : Il existe un k tel que la conclusion du théorème 21 soit vraie pour la marche de pas $(U_1,Y_1).(U_2,Y_2)\dots(U_k,Y_k)$, ie, pour toute h positive bornée à support compact :

$$|U^k h(v,\gamma)| \leq \frac{C_g}{|\gamma|^{2\alpha}} \quad \text{pour } \gamma \text{ en dehors d'un compact.}$$

<u>Démonstration</u> :

1) Soit $\varepsilon > 0$ choisi comme dans le lemme 8. Soit $\bar{\bar{K}}^v_k$ la matrice de covariance de la v.a $\frac{1}{\sqrt{\theta k}}\{v.Y_1+vU_1Y_2+\dots+vU_1\dots U_{k-1}Y_k\}$ (où θ est celui dont le lemme 15 affirme l'existence ; θ est strictement positif car μ est adaptée). D'après le lemme 15, il existe k tel que :

$$\sup_{v\in SO(d)} \|\bar{\bar{K}}^v_k - I_d\| < \varepsilon \quad (7). \text{ Fixons ce } k.$$

D'autre part, puisque pour tout $a \in \mathbb{R}^*_+$, l'application $B_a : G_d \longrightarrow G_d$ définie par $B_a(v,\gamma) = (v,a.\gamma)$ est un automorphisme de G_d, on ne change rien en remplaçant l'étude de la marche de pas $(U_1,Y_1).(U_2,Y_2)\dots(U_k,Y_k)$ $= (U_1\dots U_k,\ Y_1+U_1Y_2+\dots+U_1\dots U_{k-1}Y_k)$ par celle de pas $(U',Y') = (U_1\dots U_k,$ $\frac{1}{\sqrt{\theta k}}(Y_1+U_1Y_2+\dots+U_1\dots U_{k-1}Y_k))$. Aussi est-ce pour cette dernière marche que nous allons établir la conclusion du lemme 23. Remarquons que Y' est centrée et que $\|K_{Y'} - I_d\| < \varepsilon$.

2) Soit $(U'_1,Y'_1),(U'_2,Y'_2),\dots(U'_n,Y'_n),\dots$ une suite de v.a indépendantes et de même loi que (U',Y'). Soit, si $g = (v,\gamma)\in G_d$,

$$Z'^g_n = \gamma + vY'_1 + vU'_1Y'_2 + \dots + vU'_1\dots U'_{n-1}Y'_n.$$

Fixons n un instant, et supposons que les v.a (U'_i, Y'_i) soient définies sur un espace de probabilité produit $\Omega_1 \times \Omega_2$, les (U'_i, Y'_i) $(i \leqslant n)$ étant définies sur Ω_1 et (U'_{n+1}, Y'_{n+1}) sur Ω_2. On a :

$$Z'^{g}_{n+1}(\omega_1, \omega_2) = Z'^{g}_{n}(\omega_1) + v.U'_1 \dots U'_n(\omega_1) Y'_{n+1}(\omega_2)$$

$$(\omega_1 \in \Omega_1, \omega_2 \in \Omega_2)$$

D'après l'inégalité (7) et le choix de Y', la matrice de covariance de la v.a centrée $\omega_2 \longrightarrow vU'_1 \dots U'_n(\omega_1) Y'_{n+1}(\omega_2)$ est, pour tout v et tout ω_1, proche de I_d à moins de ε près. D'après le lemme 22, il existe donc un compact $K \in \mathbb{R}^d$ tel que, si $Z'^{g}_{n}(\omega_1) \notin K$, on ait :

$$E_{\omega_2}(b(Z'^{g}_{n+1}(\omega_1, \omega_2))) \geqslant b(Z'^{g}_{n}(\omega_1))$$

où le symbole espérance dans le terme de gauche de l'inégalité est pris par rapport à ω_2, à ω_1 fixé. Soit maintenant T^g_K le temps d'entrée dans K de la suite de v.a Z'^{g}_{n}, ie :

$$T^g_K = \inf\{n \geqslant 0 \; ; \; Z'^{g}_{n} \in K\} \; ; \; (g = (v, \gamma) \in G_d \; ; \; \gamma \notin K)$$

et soit $\underline{\underline{\mathcal{F}}}'_n$ la σ-algèbre engendrée par $(U'_1, Y'_1), (U'_2, Y'_2), \dots (U'_n, Y'_n)$.

Si $A \in \underline{\underline{\mathcal{F}}}'_n$, on a :

$$E_{\omega_1}\{1_A(\omega_1) E_{\omega_2}(b(Z'^{g}_{n+1}(\omega_1, \omega_2)) \; ; \; T^g_K(\omega_1) > n\}$$

$$\geqslant E_{\omega_1}\{1_A(\omega_1).b(Z'^{g}_{n}(\omega_1)) \; ; \; T^g_K(\omega_1) > n\}.$$ Soit :

$$E\{1_A.b(Z'^{g}_{n+1}) \; ; \; T^g_K > n\} \geqslant E\{1_A.b(Z'^{g}_{n}) \; ; \; T^g_K > n\}$$

Il en résulte alors immédiatement que la suite de v.a $b(Z'^{g}_{n \wedge T^g_K})$ est une sous-martingale par rapport à la famille de tribus $\underline{\underline{\mathcal{F}}}'_n$.

3) De cela, on déduit que, pour tout n, si $\gamma \notin K$ (avec $g = (v, \gamma)$)

$E(b(Z'^{g}_{n \wedge T^g_K})) \geqslant b(\gamma)$. D'où :

$$b(\gamma) \leqslant E\{b(Z'^{g}_{n}) \; ; \; n \leqslant T^{g}_{K}\} + E\{b(Z'^{g}_{T^{g}_{K}}) \; ; \; n > T^{g}_{K}\}$$

b étant majorée par 1, on a :

$$b(\gamma) \leqslant P\{n \leqslant T^{g}_{K}\} + \xi \, P\{n > T^{g}_{K}\}$$

où ξ est le sup des valeurs prises par b sur K, (et donc $\xi < 1$).

Faisant tendre vers n l'infini, on a :

$$b(\gamma) \leqslant 1 - P\{T^{g}_{K} < \infty\} + \xi \, P\{T^{g}_{K} < \infty\}$$

Supposons maintenant λ assez grand pour que $b(\lambda) = f(\lambda) = 1 - \frac{1}{|\lambda|^{2\alpha}}$, on a :

$$P\{T_{K}^{(v,\lambda)} < +\infty\} \leqslant \frac{(1-\xi)^{-1}}{|\lambda|^{2\alpha}}$$

Soit maintenant $K' = SO(d) \times K$ un compact de G_d. On a alors :

$$P\{T_{K'}^{(v,\lambda)} < +\infty\} \leqslant \frac{(1-\xi)^{-1}}{|\lambda|^{2}} \,,$$ où $T_{K'}^{(v,\lambda)}$ est le temps d'entrée

dans K' de la marche de pas (U',Y') partant de (v,λ) à l'instant 0.

La dernière assertion prouve que la marche de pas (U',Y') est transitoire, et la conclusion du lemme 23 résulte de :

$$|U^{k}h(v,\gamma)| \leqslant \sup_{(v,\gamma)\in K''} |U^{k}h(v,\lambda)| . P\{T_{K''}^{(v,\gamma)} < +\infty\}$$

où K'' est le support de h, et donc :

$$|U^{k}h(v,\gamma)| \leqslant \frac{C_g}{|\gamma|^{2\alpha}} \,.$$

*

* *

Nous pouvons maintenant achever la démonstration du théorème 21. Soit h une fonction bornée à support compact dans G_d. D'après le lemme 23, il existe k, C_g et α tels que :

$$|U^k h(v,\gamma)| \leqslant \frac{C_9}{|\gamma|^{2\alpha}}$$

Mais on a bien sûr :

$$Uh(v,\gamma) = (\varepsilon_{v,\gamma} + \varepsilon_{v,\gamma} * \mu + \ldots + \varepsilon_{v,\gamma} * \overset{*k-1}{\mu})(U^k h)$$

$$= \varepsilon_{v,\gamma} * \eta \; (U^k h)$$

où la mesure $\eta = \varepsilon_e + \mu + \overset{*2}{\mu} + \ldots + \overset{*k-1}{\mu}$ admet comme μ un moment d'ordre $2+S$. On a donc :

$$Uh(v,\gamma) = \int_{G_d} U^k h((v,\gamma).g) d\eta(g)$$

$$= \int_{|\gamma(g)| \geqslant |\frac{\gamma}{2}|} U^k h(v,\gamma).g) d\eta(g) + \int_{|\gamma(g)| < |\frac{\gamma}{2}|} U^k h(v,\gamma).g) d\eta(g)$$

Le second terme de cette expression est, pour $|\gamma|$ assez grand, d'après le lemme 23, plus petit que $\dfrac{C_9}{|\frac{\gamma}{2}|^{2\alpha}}$. Le premier terme, la fonction $U^k h$ étant bornée, est plus petit que $C_{10} \displaystyle\int_{|\gamma(g)| > \frac{\gamma}{2}} d\eta(g) \leqslant \frac{C_{11}}{|\gamma|^{2+S}}$

Finalement, si $2+S > 2\alpha$, on en déduit :

$$|Uh(v,\gamma)| \leqslant \frac{C_{12}}{|\gamma|^{2\alpha}}$$

En examinant alors les différentes contraintes imposées à α, on voit qu'on peut choisir α plus petit et aussi proche qu'on veut de $\frac{1}{2}\{(d-2) \wedge S\}$, et cela achève la démonstration du théorème 21.

*

* *

Sous les hypothèses de ce théorème, les fonctions bornées à support compact ont un potentiel fini. Le corollaire suivant affirme que la classe des fonctions ayant un potentiel fini est assez vaste.

Corollaire 24 : Les hypothèses sont celles du théorème 21, avec de plus $S \geqslant d-2$. Soit $f : G_d \longrightarrow \mathbb{R}$ telle que :

1) f est bornée sur les compacts.

2) il existe $\xi > 0$, $C \geqslant 0$ tels que $|f(v,\gamma)| \leqslant \frac{C}{|\gamma|^{2+\xi}}$. Alors :

1) le potentiel de f est localement intégrable pour la mesure de Haar m de G_d.

2) le potentiel de f est fini partout.

Démonstration :

1) Tout d'abord, G_d étant unimodulaire, m est une mesure de Haar à gauche et à droite. Soit $\check{\mu}$ l'image de μ par l'application $x \to x^{-1}$ et $\check{U}$ le noyau potentiel de la marche droite associée à $\check{\mu}$. Un calcul simple prouve alors que, pour toute h et h' positives, on a (cf chap. I)

$\langle Uh, h'\rangle_m = \langle h, \check{U}h'\rangle_m$. Appliquant cette relation à une f satisfaisant aux hypothèses 1 et 2 et à l'indicatrice 1_K d'un compact, on a :

$$|\langle Uf, 1_K\rangle_m| \leqslant \langle U(|f|), 1_K\rangle_m = \langle |f|, \check{U}1_K\rangle_m$$

D'après le théorème 21 appliquée à la marche $\check{\mu}$, on a alors :

$$\langle |Uf|, 1_K\rangle_m \leqslant C_1 + \langle 1_{G_d \setminus K'} . |f|, \frac{C}{|\gamma|^{2\alpha}} \rangle_m \quad (K' \text{ compact})$$

$$\leqslant C_1 + C \int_{\mathbb{R}^d \setminus K''} \frac{1}{|\gamma|^{2\alpha+2+\xi}} d\gamma < +\infty \quad (K'' \text{ compact})$$

si 2α a été choisi assez proche de $d-2$ pour que $2\alpha-d+3+\xi > 1$.

2) Soit f' une fonction positive majorant f, satisfaisant à l'hypothèse 1, et telle que $f'(v,\gamma) \underset{\gamma\to\infty}{\sim} \frac{C'}{|\gamma|^{2+\xi}}$. D'après le point 1, le potentiel de f' (qui majore celui de f) est localement intégrable. Supposons qu'il existe un $g_o \in G_d$ tel que $Uf'(g_o) = +\infty$. On aurait alors : $Uf'(gg_o) = Uf'_g(g_o)$ (où $f'_g(h) = f'(g.h)$ et $f'_g(v,\gamma) \underset{\gamma\to\infty}{\sim} f'(v,\gamma)$, si bien que $f'_g \geqslant C''f'$ en dehors d'un compact, et donc $Uf'(gg_o) = Uf'_g(g_o) = +\infty$. La fonction Uf' serait alors infinie sur un voisinage de g_o, ce qui contredit le fait qu'elle est

localement intégrable. Ainsi le potentiel de f', et celui de f, est fini.

*
* *

F - LE CAS $D \geqslant 3$. HYPOTHESE D'ETALEMENT

Les notations sont les mêmes qu'à l'alinéa **E**. Comme précédemment, μ est la loi de (U_i, Y_i) et $\bar{\mu}$ celle des U_i.

Théorème 25 : Si μ est adaptée et étalée; alors la marche de loi μ est transitoire et le potentiel de tout compact C, $U(g,C)$, tend vers 0 quand $g \to \infty$.

Lemme 26 : Soient $p_1, \dots p_n$, n probabilités sur $\mathbb{R}^d$ telles que :

$$p_i = s_i q_i + (1-s_i) r_i, \text{ où } s_i \text{ est réel } (0 \leqslant s_i \leqslant 1) \text{ et } q_i$$

et r_i sont des probabilités. Soit $\varphi : \mathbb{R}^d \to \mathbb{R}$, bornée, positive et à support compact. Soit :

$$\tilde{p}_i = \frac{s_i}{2} (q_i * \check{q}_i) + (1 - \frac{s_i}{2}) \varepsilon_0. \text{ Alors, pour tout } \gamma \in \mathbb{R}^d :$$

$$\varepsilon_\gamma * p_1 * \dots * p_n (\varphi * \check{\varphi}) \leqslant \tilde{p}_i * \dots * \tilde{p}_n (\varphi * \check{\varphi}).$$

Démonstration :

Des relations $|\hat{q}_i| \leqslant \frac{1}{2} \{|\hat{q}_i|^2 + 1\}$ et $|\hat{r}_i| \leqslant 1$, on déduit :

$$|\hat{p}_i| \leqslant s_i \; |\hat{q}_i| + (1-s_i)|\hat{r}_i|$$

$$\leqslant \frac{s_i}{2} \{|\hat{q}_i|^2 + 1\} + (1-s_i) \text{ et donc, puisque :}$$

$$\hat{\tilde{p}} = \frac{s_i}{2} |\hat{q}_i|^2 + (1 - \frac{s_i}{2}), \text{ on a :}$$

$$|\hat{q}_i| \leqslant \hat{\tilde{p}}_i \tag{8}$$

D'autre part, pour toute probabilité ξ sur $\mathbb{R}^d$, on a :

$$\xi(\varphi * \check{\varphi}) = \xi * (\varphi * \check{\varphi})\ (0) = \langle \xi * \varphi, \varphi \rangle_{\mathbb{R}^d}$$

$$= \langle \hat{\xi}.\hat{\varphi}, \hat{\varphi} \rangle_{\mathbb{R}^d} \quad \text{(d'après l'égalité de Plancherel)}$$

$$= \int |\hat{\varphi}(t)|^2 \hat{\xi}(t)dt$$

$$= \int |\hat{\varphi}(t)|^2 \mathrm{Re}\hat{\xi}(t)dt \qquad (9)$$

et le lemme se déduit alors immédiatement de (8) et (9).

*

* *

Nous n'utiliserons pas immédiatement le lemme 26 dans toute sa généralité.

Démonstration du théorème 25 :

1) Considérons la désintégration de μ suivante :

$$\mu(A) = \int_{SO(d)} p_v(A_v)\bar{\mu}(dv), \text{ où } A \text{ est un borélien de}$$

$SO(d) \times \mathbb{R}^d \approx G_d$, et $A_v = \{\gamma \in \mathbb{R}^d \ ; \ (v,\gamma) \in A\}$; p_v est une probabilité sur $\mathbb{R}^d$. Soit K un compact de $\mathbb{R}^d$, et pour tout v, écrivons :

$$p_v = s_v^K q_v^K + (1-s_v^K)r_v^K, \text{ où :}$$

$q_v^K = \dfrac{p_v|_K}{p_v(K)}$. Ainsi, q_v^K est à support compact, de même que :

$\tilde{p}_v^K = \dfrac{s_v^K}{2}(q_v^K * \check{q}_v^K) + (1 - \dfrac{s_v^K}{2})\varepsilon_o$. Soit alors $\tilde{\mu}_K$ la probabilité à support compact définie sur G_d par :

$$\tilde{\mu}_K(A) = \int_{SO(d)} \tilde{p}_v^K(A_v)\bar{\mu}(dv)$$

2) Soit $(w,\lambda) \in G_d$, et $\varphi_n(t) = E(e^{i\langle t,\lambda+wY_1+wU_1Y_2+\dots wU_1\dots U_{n-1}Y_n\rangle})$

$$= \int\dots\int_{SO(d)\times\mathbb{R}^d\times SO(d)\times\dots\times\mathbb{R}^d} e^{i\langle t,\lambda+w\gamma_1+wU_1\gamma_2+\dots+wU_1\dots U_{n-1}\gamma_n\rangle} dp_{U_1}(\gamma_1)\dots dp_{U_n}(\gamma_n)d\bar{\mu}(U_1)\dots d\bar{\mu}(U_n)$$

$$= \int\dots\int_{SO(d)\times\dots\times SO(d)} e^{i\langle t,\lambda\rangle}\hat{p}_{U_1}(w^*t)\hat{p}_{U_2}(wU_1^*t)\dots\hat{p}_{U_n}(wU_1\dots U_{n-1}^*t)d\bar{\mu}(U_1)\dots d\bar{\mu}(U_n)$$

Mais, d'après (8)

$$\operatorname{Re} \varphi_n(t) \leqslant \int\cdots\int_{SO(d)\times\cdots\times SO(d)} |\hat{p}_{U_1}(w^*t)|\,|\hat{p}_{U_2}(wU_1^*t)|\cdots|\hat{p}_{U_n}(wU_1\cdots U_{n-1}^*t)|\, d\bar{\mu}(U_1)\cdots d\bar{\mu}(U_n)$$

$$\leqslant \int\cdots\int_{SO(d)\times\cdots\times SO(d)} \hat{\tilde{p}}^K_{U_1}(w^*t)\cdot\hat{\tilde{p}}^K_{U_2}(wU_1^*t)\cdots\hat{\tilde{p}}^K_{U_n}(wU_1\cdots U_{n-1}^*t)\, d\bar{\mu}(U_1)\cdots d\bar{\mu}(U_n)$$

D'où :

$$\operatorname{Re}\varphi_n(t) \leqslant E(e^{i<t,w\tilde{Y}_1+w\tilde{U}_1\tilde{Y}_2+\cdots+w\tilde{U}_1\cdots\tilde{U}_{n-1}\tilde{Y}_n>}) = \tilde{\varphi}_n(t) \qquad (10)$$

($\tilde{\varphi}_n(t)$ est réel) où $(\tilde{U}_1,\tilde{Y}_1),\ldots(\tilde{U}_n,\tilde{Y}_n)\ldots$ sont indépendantes et de loi $\tilde{\mu}_K$.

3) Désignons par P (resp. $\tilde{P}$) le noyau markovien de la marche de loi μ (resp. $\tilde{\mu}_K$).

Soit $\varphi : \mathbb{R}^d \to \mathbb{R}$ continue positive et à support compact, et $\psi = 1_{SO(d)}\times(\varphi * \check{\varphi})$.

Alors, d'après (10) et (8), on a pour tout $(w,\lambda)\in G_d$:

$$P^n\psi(w,\lambda) = E(\varphi\times\check{\varphi})\{\lambda+wY_1+wU_1Y_2+\cdots+wU_1\cdots U_{n-1}Y_n\}$$

$$= \int_{\mathbb{R}^d}|\hat{\varphi}(t)|^2 \operatorname{Re}\,\varphi_n(t)dt$$

$$\leqslant \int_{\mathbb{R}^d}|\hat{\varphi}(t)|^2\tilde{\varphi}_n(t)dt = \tilde{P}^n\psi(w,0) \qquad (11)$$

Remarquons que (11) implique l'existence d'une fonction $\tilde{\psi}$, continue positive à support compact telle que :

$$P^n\psi(w,\lambda) \leqslant \tilde{P}^n\tilde{\psi}(e,0) \quad \text{pour tout } (w,\lambda)\in G_d \qquad (12)$$

4) Vu la forme de $\tilde{p}^K_v$, il est clair que $D_{\tilde{\mu}_K} \supset D_{\bar{\mu}}\times(0)$, et $\bar{\mu}$ étant adaptée, $G_{\tilde{\mu}_K} \supset SO(d)\times(0)$. Or, μ étant étalée, il n'est pas difficile de voir (quitte à remplacer μ par μ^p pour un p convenable) qu'il existe un compact K tel que $D_{\tilde{\mu}_K} \ni (v,\gamma)$ avec $\gamma \neq 0$. On en déduit alors, par multiplication successives que $G_{\tilde{\mu}_K} \supset G_d$, et donc que $\tilde{\mu}_K$ est adaptée pour un compact K de R^d.

5) Soit U (resp. $\tilde{U}$) le potentiel de la marche de loi μ (resp. $\tilde{\mu}_K$). D'après (11), on a donc :

$$U\psi\,(w,\lambda) \leqslant \tilde{U}\tilde{\psi}(e,0)$$

et cette dernière quantité est finie, car $\tilde{\mu}_K$ est adaptée et à support compact (th. 21). Ceci prouve le premier point du théorème 25.

6) Soit C un compact de G_d. D'après (11), il existe un compact $\tilde{C}$ de G_d tel que :

$$P^n 1_C(w,\lambda) \leqslant \tilde{P}^n 1_{\tilde{C}}(e,0) \tag{12}$$

pour tout $(w,\lambda) \in G_d$. Soit $\varepsilon > 0$. D'après (12) et le fait que :

$$\sum_{n\geqslant 0} \tilde{P}^n 1_{\tilde{C}}(e,0) = \tilde{U}((e,0),\tilde{C}) < +\infty, \text{ il existe } N_0 \text{ tel que,}$$

si $R_{N_0}((w,\lambda),C) = \sum\limits_{n\geqslant N_0} P^n 1_C(w,\lambda)$, alors :

$$R_{N_0}((w,\lambda),C) < \varepsilon/2 \quad \text{pour tout} \quad (w,\lambda) \in G_d.$$

D'autre part : $U_{N_0}((w,\lambda),C) = \sum\limits_{n=0}^{N_0-1} P^n 1_C(w,\lambda) \xrightarrow[\lambda\to\infty]{} 0$, car le noyau U_{N_0} est borné. Il existe donc λ_0 tel que si $|\lambda| \geqslant |\lambda_0|$, on ait :

$$U_{N_0}((w,\lambda),C) \leqslant \varepsilon/2. \text{ D'où :}$$

$$U((w,\lambda),C) = U_{N_0}((w,\lambda),C) + R_{N_0}((w,\ ),C) \leqslant \varepsilon \quad \text{pour} \quad |\lambda| \quad \text{assez}$$

grand, ce qui prouve le deuxième point du théorème 25.

*

* *

Indiquons maintenant quelques corollaires de la démonstration du théorème 25.

<u>Proposition 27</u> : Soit (U_i,Y_i) indépendantes de loi μ adaptée. Alors, pour presque tout choix des signes $\varepsilon_1 = \pm 1$, $\varepsilon_2 = \pm 1, \ldots \varepsilon_n = \pm 1, \ldots$, la v.a :

$$Z_n^{\varepsilon} = \varepsilon_1 Y_1 + \varepsilon_2 U_1 Y_2 + \dots + \varepsilon_n U_1 \dots U_{n-1} Y_n \quad \text{converge p.s. vers } +\infty$$

quand $n \to \infty$.

Démonstration : Soit $\varepsilon_1, \varepsilon_2, \dots \varepsilon_n, \dots,$ une suite de v.a indépendantes, indépendantes des (U_i, Y_i) et de même loi donnée par $P\{\varepsilon_i = +1\} = P\{\varepsilon_i = -1\} = 1/2$. La proposition sera prouvée si nous montrons que la marche aléatoire de pas $(U_i, \varepsilon_i Y_i)$ est transitoire. Soit μ' la loi de $(U_i, \varepsilon_i Y_i)$ et écrivons la désintégration $\mu'(A) = \int_{SO(d)} p_v'(A_v) d\bar{\mu}(v)$. Il est clair que $p_v' = \check{p}_v'$ $\bar{\mu}$ ps. Il suffit alors pour conclure de reprendre exactement la démonstration du théorème 25, en remarquant que la relation $p_v' = \check{p}_v'$ $\bar{\mu}$ p.s implique que la mesure $\tilde{\mu}_K'$ (construite à partir de μ' comme $\tilde{\mu}_K$ l'est à partir de μ) est adaptée.

Proposition 28 : Si μ est adaptée et charge un point du sous groupe des translations autre que l'élément neutre, la marche de loi μ est transitoire.

Démonstration : D'après le chap. I, nous pouvons supposer que $\mu^2 \ll \mu$ et que μ charge l'élément neutre de G_d. L'hypothèse d'étalement, dans la démonstration du théorème 25 nous a uniquement servi pour prouver que la mesure $\tilde{\mu}_K$ est adaptée, pour un K assez grand. Prouvons qu'il en va de même ici avec la nouvelle hypothèse de cette proposition. Il est facile de voir que $\tilde{\mu}_K$ n'est pas adaptée pour tout K si et seulement si il existe une section $\Gamma \subset G_d$ définie par une application $\tau : SO(d) \to \mathbb{R}^d$ telle que : $\Gamma = \{(v, \tau(v))\ ;\ v \in SO(d)\}$. Le fait que $\mu^2 \ll \mu$ implique $\mu^2(\Gamma) = 1$, soit :

$$\iint_{G_d \times G_d} 1_{\Gamma}(vu, \lambda + v\gamma) d\mu(v,\lambda) d\mu(v,\gamma) = 1, \text{ d'où :}$$

$$\tau(vu) = \tau(v) + v\tau(u) \quad \bar{\mu} \otimes \bar{\mu} \quad \text{ps} \qquad (13)$$

Mais la relation (13) entraîne, $\bar{\mu}$ charge ant l'élément neutre I_d de $SO(d)$ que

$$\tau(I_d) = 0$$

ce qui contredit le fait que μ charge un point du sous groupe des transla-

Proposition 29'. Soit μ adaptée sur G_d et supposons $\bar{\mu}$ étalée. Alors, la marche de loi μ est transitoire.

Démonstration.

1) Comme pour la proposition 28, il suffit de prouver que la relation :

$$\tau(v.u) = \tau(v) + v.\tau(u) \qquad \bar{\mu} \otimes \bar{\mu} \quad \text{ps} \qquad (13)$$

conduit, jointe à l'hypothèse de la proposition, à une absurdité. Notons déjà que, quitte à remplacer μ par μ^p, pour p assez grand, on peut supposer $\bar{\mu}$ non singulière par rapport à la mesure de Haar σ de $SO(d)$. Dans ces conditions, il existe r tel que, si :

$$A_r = \{u \in SO(d) \; ; \; |\tau(u)| \leq r\} \text{ , alors } \sigma(A_r) > 0.$$

2) De la relation (13), on déduit que la composante Z_n sur $\mathbb{R}^d$ de la marche de loi μ partant de e à l'instant 0 vaut :

$$Z_n = \tau(U_1 \ldots U_n) \qquad \text{p.s}$$

Si la marche de loi μ était récurrente, on aurait (ch. I, th. 41) : la marche $U_1 \ldots U_n$ visite p.s une infinité de fois A_r.

3) Soit $a_s = (A_{s+1} \setminus A_s)$ $(s \geq 0)$ et μ' la mesure de probabilité sur G_d définie par la désintégration :

$$\mu' = \sum_{s \geq -1} b_s \int_{A_{s+1} \setminus A_s} \varepsilon_{\tau(v)} \, d\bar{\mu}(v)$$

($\varepsilon_{\tau(v)}$: masse de Dirac au point $\tau(v)$)

où les b_s sont choisis tels que :

- $b_s > 0$ pour tout s
- $\sum_s b_s . a_s = 1$
- $\sum_{s \geq 0} (s+1)^{2+\delta} a_s . b_s < +\infty$ pour un $\delta > 0$.

Dans ces conditions la mesure μ' est adaptée et a un moment d'ordre $2+\delta$. Ainsi, la marche de loi μ' est transitoire (th. 21). Donc, la marche de loi $\overline{\mu'}$ sur $SO(d)$, $U'_1 \ldots U'_n$, visite p.s un nombre fini de fois chaque ensemble A_r. Mais cela est absurde, puisque $\overline{\mu'} \sim \bar{\mu}$, d'après le chap. I, exemple 29 et th. 41. Cela achève la démonstration de cette proposition.

G - EXTENSIONS COMPACTES D'UN GROUPE VECTORIEL

Les résultats exposés maintenant, plus techniques que les précédents, nous seront essentiellement utiles au chap. V.

Soit G un groupe de Lie connexe, extension compacte d'un espace vectoriel $\mathbb{R}^d$ ($d \geqslant 3$). D'après (33), G est en fait produit semi-direct du sous-groupe distingué $\mathbb{R}^d$ et du groupe compact $K = G/_{\mathbb{R}^d}$. Il est d'autre part possible d'équiper $\mathbb{R}^d$ d'une structure euclidienne telle que K opère par des rotations sur $\mathbb{R}^d$. Nous allons distinguer deux hypothèses :

a) L'action de K sur $\mathbb{R}^d$ est irréductible.

b) L'action de K sur $\mathbb{R}^d$ est abélienne.

Soit μ une probabilité adaptée sur G. Alors :

Théorème 30 :

1) Sous l'hypothèse a) et si μ admet un moment d'ordre $2+\delta$, la m.a de loi μ sur G est transitoire et son noyau potentiel U est tel que

$$|U1_C(v,\lambda)| \leqslant \frac{C_1}{|\lambda|^{2\alpha}} \quad (C \text{ compact}, \ \alpha > 0, \ v \in K, \ \lambda \in \mathbb{R}^d).$$

2) Sous l'hypothèse a) et si μ est étalée, la marche aléatoire de loi est transitoire et son potentiel tend vers zéro à l'infini.

3) Sous l'hypothèse b) et si μ admet un moment d'ordre $2+\delta (\delta > 0)$, ou si μ est étalée, la m.a de loi μ est transitoire et son noyau potentiel tend vers 0 à l'infini.

Démonstration :

1) Prouvons déjà le point 1. Soient $(U_1,Y_1),(U_2,Y_2),\dots(U_n,Y_n)$ une suite de v.a indépendantes de loi μ (U_i à valeurs dans K, de loi ν, et Y_i à valeurs dans $\mathbb{R}^d$. En fait, il suffit de montrer deux choses :

a) il est possible de supposer les Y_i centrées.

b) soit $\bar{K}_n$ la matrice de covariance de $\frac{1}{\sqrt{n}}\{Y_1+U_1Y_2+\dots+U_1\dots U_{n-1}Y_n\}$.
Alors $\bar{K}_n \xrightarrow[n\to\infty]{} \theta.I_d$. ($\theta > 0$).

En effet, si les points a et b sont établis, la démonstration du théorème 21 marchera sans modification pour prouver le point 1.

a) <u>Il est possible de supposer les</u> Y_i <u>centrées</u> : Soit $(v,\lambda) \in G$ et Y'_i l'image de Y_i par l'automorphisme intérieur induit par (v,λ). On a : $Y'_i = \lambda + vY_i - vU_i v^{-1}\lambda$. Prouvons qu'on peut choisir (v,λ) tel que $E(Y'_i) = 0$. Pour cela, il suffit de voir que $E(U_i) - I_d$ est inversible, soit $\text{dét}(E(U_i) - I_d) \neq 0$. Si on avait $\text{dét}(E(U_i) - I_d) = 0$, il existerait $\gamma \in R^d$ tel que $U_i \cdot \gamma = \gamma$ p.s, et donc le support de ν serait dans le stabilisateur de γ. ν étant adaptée, cela impliquerait que la droite engendrée par γ est invariante sous l'action de K, ce qui est absurde puisque K opère de façon irréductible sur $\mathbb{R}^d$, avec $d \geqslant 3$.

b) $\bar{K}_n \xrightarrow[n\to\infty]{} \theta I_d$. Exactement comme au lemme 15, on prouve que $\bar{K}_n \xrightarrow[n\to\infty]{} K'$ où K' commute à l'action de K sur $\mathbb{R}^d$. Cette action étant irréductible K' est scalaire, et de la forme $\theta . I_d$; θ est strictement positif car μ est adaptée.

2) Le point 2 se déduit du point 1 comme le théorème 25 se déduit du théorème 21.

3) <u>Supposons l'hypothèse b réalisée et que</u> μ <u>a un moment d'ordre</u> $2+\delta$.

Décomposons $\mathbb{R}^d$ en somme directe de K-modules irréductibles, soit $\mathbb{R}^d = \bigoplus_{i=1}^{p} V_i$. K opérant de façon abélienne sur $\mathbb{R}^d$, chaque V_i est de dimension 1 ou 2. Lorsque chaque V_i est de dimension 2, les arguments du point 1 sont justes dans ce cas, et le point 3 est alors prouvé. Lorsque tous les V_i sont de dimension 1, G est produit direct de K et de $\mathbb{R}^d$ $(d \geqslant 3)$ et le point 3 résulte du cas abélien classique. Ainsi, par passage au quotient (cf chap. I) peut-on se ramener finalement au cas où V_1 est de dimension 1, V_2 de dimension 2 et où $\mathbb{R}^d = \mathbb{R}^3 = V_1 \oplus V_2$. Ici, G est le produit direct de $V_1 \approx \mathbb{R}$ et du produit semi-direct $K \times V_2$. Notons Y_i^2 (resp. Y_i^1) la composante de Y_i sur V_2 (resp. V_1). Distinguons deux cas :

a) $E(Y_1^1) = 0$. Curieusement, c'est la situation la plus simple. En effet, dans ce cas, les arguments du point 1 permettent de conclure (et même de majorer la vitesse de convergence à l'infini des potentiels par $\frac{C}{|\lambda|^{2\alpha}}$, pour un $\alpha > 0$).

b) $E(Y_1^1) \neq 0$. Supposons par exemple $E(Y_1^1) > 0$. Bien sûr, la marche de loi μ est ici transitoire, à cause de la loi des grands nombres. Notons (x,y,z) les coordonnées d'un point de $\mathbb{R}^3$ sur une base de V_2 et sur V_1. Ici, il est impossible de centrer Y_1 à l'aide d'un automorphisme ; aussi la fonction du lemme 22, $f_\alpha(x,y,z) = 1 - \frac{1}{(x^2+y^2+z^2)^\alpha}$ n'a-t-elle plus les bonnes propriétés qui permettaient de prouver le théorème 21 (à cause du terme en $\frac{\partial f_\alpha}{\partial z}$). Par contre, l'usage de la fonction $g_\alpha(x,y,z) = 1 - \frac{1}{(x^2+y^2+bz)^\alpha}$ (pour $\alpha > 0$, et $b > 0$) permet de prouver : pour tout compact $C = K \times C'$ ($C' \subset \mathbb{R}^3$), pour tout $\varepsilon > 0$ il existe un paraboloïde P_ε d'équation $(x^2+y^2+bz) = d_\varepsilon$ $(b > 0)$ tel que le potentiel $U1_C(v,\lambda)$ soit plus petit qu'ε pour tout λ à l'extérieur P_ε^e de P_ε $(v \in K,\ \lambda \in \mathbb{R}^3)$.

Si $\lambda \in \mathbb{R}^3$, notons $z(\lambda)$ la composante de λ sur V_1 et $T_\varepsilon^{(v,\lambda)}$ (resp. $T_C^{v,\lambda}$) le temps d'entrée de la m.a $X_n^{(v,\lambda)}$ dans $K \times P_\varepsilon^e$ (resp. dans C). Il suffit de prouver que :

$$P\,\{T_C^{(v,\lambda)} \leqslant T_\varepsilon^{v,\lambda}\} \xrightarrow[z(\lambda)\to-\infty]{} 0 \tag{14}$$

En effet, si (14) est vraie

$$U1_C(v,\lambda) = E\,\{\sum_{n=0}^{\infty} 1_C(X_n^{v,\lambda}) = E\{\sum_{n=0}^{T_\varepsilon^{v,\lambda}-1} 1_C(X_n^{v,\lambda})\ ;\ T_C^{v,\lambda} \leqslant T_\varepsilon^{v,\lambda}\}$$

$$+\ U1_C(X^{v,\lambda}_{T_\varepsilon^{v,\lambda}})$$

d'après la propriété de Markov forte. Or, le second terme de cette expression est plus petit qu'ε (car $X^{v,\lambda}_{T_\varepsilon^{v,\lambda}}$ appartient à P_ε^e) et le premier tend vers 0 quand $z(\lambda) \to -\infty$ d'après (14) et le fait que le noyau potentiel est fini. Ainsi :

$$|U1_C(v,\lambda)| \leqslant 2\varepsilon \quad \text{pour } z(\lambda) \text{ assez proche de } -\infty \text{ ou pour}$$

$\lambda \in P_\varepsilon^e$, si bien que $U1_C(v,\lambda) \leqslant 2\varepsilon$ pour (v,λ) en dehors d'un compact assez grand. Il reste donc à prouver :

<u>Lemme 31</u> : $P\{T_C^{(v,\lambda)} \leqslant T_\varepsilon^{(v,\lambda)}\} \xrightarrow[z(\lambda)\to-\infty]{} 0$

Les hypothèses suivantes ne restreignent pas la généralité : $E(Y_1^i) = 1$, le compact C'est inclus dans la partie $z \geqslant 0$ de $\mathbb{R}^3$. Soit $S_u^{v,\lambda}$ le temps d'entrée de la marche $X_n^{v,\lambda}$ dans la partie $z \geqslant 0$. f, dans ce qui suit, est une constante qui pourra varier d'une ligne à l'autre :

1) D'après l'inégalité de Kolmogorov:

$$P\{\sup_{n\leqslant k}|\sum_{i=1}^{n} Y_i^1 - E(Y_i^1)| \geqslant \rho\} \leqslant \frac{f.k}{\rho^2}$$

On en déduit, pour $1/2 < \gamma < 1$:

$$P\{\sup_{n\leqslant[h-h^\gamma]} \sum_{i=1}^{n} Y_i^1 \geqslant h\} \leqslant \frac{[h-h^\gamma]}{h^{2\gamma}} \underset{n\to\infty}{\longrightarrow} 0 \quad \text{, et donc :}$$

$$P\{S_o^{v,\lambda} \geqslant [|z(\lambda)|-|z(\lambda)|^\gamma]\} \underset{z(\lambda)\to -\infty}{\longrightarrow} 1 \qquad (15)$$

D'autre part, d'après l'inégalité de Tchébyschev :

$$P\{|\sum_{i=1}^{[h+h^\gamma]} Y_i^1 - [h+h^\gamma]E(Y_1^1)| \geqslant h^\gamma\} < \frac{f.[h+h^\gamma]}{h^{2\gamma}} \underset{h\to\infty}{\longrightarrow} 0$$

et donc :

$$P\{S_o^{v,\lambda} \leqslant [|z(\lambda)|+|z(\lambda)|^\gamma]\} \underset{z(\lambda)\to -\infty}{\longrightarrow} 1 \qquad (16)$$

Rassemblant (15) et (16) :

$$P\{[z(\lambda)-|z(\lambda)|^\gamma] \leqslant S_o^{v,\lambda} \leqslant [|z(\lambda)|+|z(\lambda)|^\gamma]\} \underset{z(\lambda)\to -\infty}{\longrightarrow} 1 \qquad (17)$$

2) Soit C_o l'intersection (compacte) de $\{z = 0\}$ avec l'intérieur P_ε^i de P_ε (dans $\mathbb{R}^3$). Soit $(X_n^{v,\lambda})_2$ la projection de la m.a sur le plan des (x,y) $(= V_2)$.

D'après le théorème 12 (central limite, ici pour $d = 2$)

$P\{(X_n^{v,\lambda})_2 \in C_o\} = P\{\frac{(X_n^{v,\lambda})_2}{\sqrt{n}} \in \frac{C_o}{\sqrt{n}}\} \underset{n\to\infty}{\longrightarrow} 0$, et cette expression est de l'ordre de $\frac{1}{n}$. Soit $A_n^{v,\lambda} = \{(X_n^{v,\lambda})_2 \in C_o\}$ et $A^{v,\lambda} = \bigcup_{n=[|z(\lambda)|-|z(\lambda)|^\gamma]}^{n=[z(\lambda)+z(\lambda)^\gamma]} A_n^{v,\lambda}$

Alors :

$$P\{A^{v,\lambda}\} \leq \sum_{n=[|z(\lambda)|-|z(\lambda)|^{\gamma}]}^{n=[|z(\lambda)|+|z(\lambda)|^{\gamma}]} P\{A_n^{v,\lambda}\}$$

$$\leq f \sum_{n=[|z(\lambda)|-|z(\lambda)|]^{\gamma}}^{n=[|z(\lambda)|+|z(\lambda)|^{\gamma}]} \frac{1}{n} \leq f \operatorname{Log}\left\{\frac{|z(\lambda)|+|z(\lambda)|^{\gamma}}{|z(\lambda)|-|z(\lambda)|^{\gamma}}\right\} \xrightarrow[z(\lambda)\to -\infty]{} 0 \qquad (18)$$

Le lemme 31 résulte alors aussitôt de (17) et (18), car sur l'ensemble :

$\{A^{v,\lambda}\}^c \cap \{|z(\lambda)|-|z(\lambda)|^{\gamma} \leq S_0^{v,\lambda} \leq |z(\lambda)|+|z(\lambda)|^{\gamma}\}$, on a :

$T_{\varepsilon}^{v,\lambda} \leq T_C^{v,\lambda}$.

Enfin, il reste à prouver le point 3 dans le cas où μ est étalée. Mais cette démonstration est la même que celle du théorème 25.

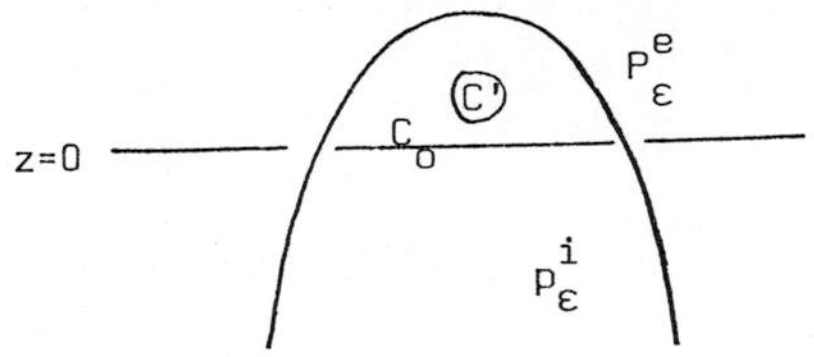

Chapitre III - MARCHES ALEATOIRES SUR LES GROUPES NILPOTENTS

A - TRANSIENCE DU GROUPE $H_1(\mathbb{Z})$

Pour comprendre la démonstration les marches aléatoires sur les groupes nilpotents, il est utile de commencer par le cas le plus simple. Soit alors $G = H_1(\mathbb{Z})$ le groupe des matrices de la forme :

$$[x, y, z] = \begin{bmatrix} 1 & x & z \\ 0 & 1 & y \\ 0 & 0 & 1 \end{bmatrix},$$

avec $x, y, z \in \mathbb{Z}$. Considérons la marche aléatoire élémentaire μ sur G.

$$\mu([0, 0, \pm 1]) = \mu([0, \pm 1, 0]) = \mu([\pm 1, 0, 0]) = \frac{1}{6}$$

Théorème 1 :

La marche aléatoire élémentaire sur $H_1(\mathbb{Z})$ est transitoire.

Démonstration :

Le produit dans G s'exprime comme suit :

$$[x, y, z] \cdot [x', y', z'] = [x+x', y+y', z+z'+xy']$$

Soit ν la marche aléatoire élémentaire sur $\mathbb{Z}^3$:

$$\nu((0, 0, \pm 1)) = \nu((0, \pm 1, 0)) = \nu((\pm 1, 0, 0)) = \frac{1}{6}$$

Nous allons comparer les marches ν et μ.

1) Calcul de $\nu^n((x, y, z))$ et $\mu^n([x, y, z])$.

Soit $n \geq 1$. Soit $(\alpha_i, \beta_i, \gamma_i) \in S_\nu$, $i=1, \ldots, n$. Alors dans $\mathbb{Z}^3$ on a :

$$\sum_{i=1}^{n} (\alpha_i, \beta_i, \gamma_i) = \left(\sum_{i=1}^{n} \alpha_i, \sum_{i=1}^{n} \beta_i, \sum_{i=1}^{n} \gamma_i\right)$$

alors que dans G on a :

$$\prod_{i=1}^{n} [\alpha_i, \beta_i, \gamma_i] = \left[\sum_{i=1}^{n} \alpha_i, \sum_{i=1}^{n} \beta_i, \sum_{i=1}^{n} \gamma_i + \sum_{i=1}^{n} \beta_i \sum_{j=1}^{i-1} \alpha_j\right]$$

Posons :

$N^{(n)}_{(x,y,z)}$ = le nombre de choix de $(\alpha_i, \beta_i, \gamma_i) \in S_\nu$, $i=1, \dots, n$

tels que : $\sum_{i=1}^{n} (\alpha_i, \beta_i, \gamma_i) = (x, y, z)$

$N^{(n)}_{[x,y,z]}$ = le nombre de choix de $[\alpha_i, \beta_i, \gamma_i] \in S_\mu$, $i=1, \dots, n$

tel que $\prod_{i=1}^{n} [\alpha_i, \beta_i, \gamma_i] = [x, y, z]$

Alors :

$$\nu^n((x, y, z)) = 6^{-n} \cdot N^{(n)}_{(x,y,z)}$$

et

$$\mu^n([x, y, z]) = 6^{-n} \cdot N^{(n)}_{[x,y,z]}$$

2) Comparaison de ν^n et μ^n .

Soit $n \geqslant 1$. Soit $I_1 + I_2 + I_3 = \{1, 2, \dots, n\}$ une partition telle que $|I_1|$ et $|I_2|$ soient pairs, et supposons que la suite $(\alpha_i, \beta_i, \gamma_i)$ $i \in I_1 + I_2$, est choisie tel que :

$$\sum_{i \in I_1} \alpha_i = 0 \quad ; \quad \beta_i = \gamma_i = 0 \quad \text{pour} \quad i \in I_1$$

$$\sum_{i \in I_2} \beta_i = 0 \quad ; \quad \alpha_i = \gamma_i = 0 \quad \text{pour} \quad i \in I_2$$

Posons : $\alpha_i = \beta_i = 0$ pour $i \in I_3$ et définissons :

$$z(\alpha, \beta) = \sum_{i=1}^{n} \beta_i \sum_{j=1}^{i-1} \alpha_j$$

Alors le nombre de choix de $\gamma_i = \pm 1$ pour $i \in I_3$ tel que

$$\prod_{i=1}^{n} [\alpha_i, \beta_i, \gamma_i] = [0, 0, 0]$$

étant donné le choix de I_1, I_2, I_3, α et β ci-dessus, est :

$$n(I_1, I_2, I_3, \alpha, \beta) = \begin{cases} 0, \text{ si } (-1)^{|I_3|} \neq (-1)^{z(\alpha,\beta)} \\ \begin{pmatrix} |I_3| \\ \frac{|I_3| + z(\alpha,\beta)}{2} \end{pmatrix}, \text{ autrement.} \end{cases}$$

Le nombre de choix de $\gamma_i = \pm 1$, $i \in I_3$, tel que

$$\sum_{i=1}^{n} (\alpha_i, \beta_i, \gamma_i) = (0, 0, 0) ,$$

étant donné le choix de I_1, I_2, I_3, α, β ci-dessus, est

$$n_0 (I_1, I_2, I_3, \alpha, \beta) = \begin{cases} 0, \text{ si } (-1)^{|I_3|} = -1 \\ \begin{pmatrix} |I_3| \\ |I_3|/2 \end{pmatrix}, \text{ si } (-1)^{|I_3|} = +1 \end{cases}$$

et le nombre de choix tel que :

$$\sum_{i=1}^{n} (\alpha_i, \beta_i, \gamma_i) = (0, 0, 1)$$

est :

$$n_1 (I_1, I_2, I_3, \alpha, \beta) = \begin{cases} 0 \quad \text{si } (-1)^{|I_3|} = +1 \\ \begin{pmatrix} |I_3| \\ \frac{|I_3| + 1}{2} \end{pmatrix} \text{ si } (-1)^{|I_3|} = -1 \end{cases}$$

Enfin il est clair que $n \leqslant n_o + n_1$, car le coefficient binomial $\binom{m}{k}$ atteint son maximum pour $k = n/2$ (n pair) ou $k = \frac{n+1}{2}$ (n impair)

3) Majoration de μ^n ([0, 0, 0,])

Nous savons que :

$$N^{(n)}_{[0,\,0,\,0]} = \sum{}' n\,(I_1, I_2, I_3, \alpha, \beta)$$

$$N^{(n)}_{(0,\,0,\,0)} = \sum{}' n_o(I_1, I_2, I_3, \alpha, \beta)$$

$$N^{(n)}_{(0,\,0,\,1)} = \sum{}' n_1(I_1, I_2, I_3, \alpha, \beta)$$

où $\sum{}'$ désigne la somme sur toutes les possibilités de choix de I_1, I_2, I_3, α et β . D'après 1 et 2, on conclut que :

$$\mu^n\,([0,\,0,\,0]) \leqslant \gamma^n\,((0,\,0,\,0)) + \gamma^n\,((0,\,0,\,1))$$

4) μ est transitoire.

Ceci découle de 3, en sommant sur n, car la marche aléatoire γ est transitoire.

B - LA STRUCTURE DES GROUPES NILPOTENTS.

Dans ce paragraphe, nous réduisons l'étude des groupes nilpotents à génération compacte au cas de classe 2 en ce qui concerne la transience et récurrence des marches aléatoires sur ces groupes. Notre premier théorème est plus ou moins connu, maix nous n'avons pas trouvé de référence dans la littérature.

Théorème 2 :

Soit G un groupe nilpotent à génération compacte. Alors G possède un sous-groupe compact maximum K avec ,

$$K = \{g \in G : \{g^n\}_{n \in Z} \text{ relativement compact}\}$$

Ce sous-groupe est distingué et le quotient G/K est un groupe de Lie sans torsion. Ce théorème résultera de deux lemmes:

Lemme 3

Si un groupe nilpotent est à génération compacte, il en est de même des termes de sa suite centrale descendante fermée.

Démonstration :

Nous redonnons, pour être complets, la démonstration de [26]. On raisonne par récurrence sur la longueur de la suite centrale descendante fermée de G :

$$G = G^1 \supset G^2 \supset \cdots \supset G^r \supset G^{r+1} = \{e\}$$

puisque G^r $(r > 1)$ est engendré (topologiquement) par les commutateurs d'ordre r en les éléments d'un système de générateurs de G et leurs conjugués et que G^r est central, il est clair que G^r est engendré (topologiquement) par un compact. Il en résulte que G^r est à génération compacte car il possède un sous-groupe ouvert H de ce type et dans le quotient G^r/H , qui est discret, les deux notions de générateurs envisagées coïncident. Le fait que G^s $(1 < s \leq r)$ soit aussi à génération compacte résulte de ce qui précède et de l'hypothèse de récurrence appliquée à G/G^r .

Lemme 4 :

Soit G un groupe nilpotent engendré (topologiquement) par un ensemble fini d'éléments. Si chacun de ces éléments engendre un sous-groupe compact, G est compact.

Démonstration :

On raisonne par récurrence sur la classe de G en reprenant les notations de la démonstration du lemme 3 .

Si G est abélien, le produit des sous-groupes engendrés par chacun des éléments considérés, est lui-même un groupe qui est donc dense dans G d'après l'hypothèse. Ce sous-groupe, étant compact comme, produit d'ensembles compacts, est fermé et donc égal à G .

Dans le cas général, le sous-groupe G^r , qui est central dans G , est engendré par les commutateurs d'ordre r en les éléments considérés. Le fait qu'un tel commutateur engendre un sous-groupe compact résulte de la remarque suivante : si x et y sont deux éléments dont le commutateur $\langle x, y\rangle = xyx^{-1}y^{-1}$ est central, ou a la relation :

$$\langle x^n, y\rangle = \langle x, y^n\rangle = \langle x, y\rangle^n \qquad (n \in Z)$$

On en déduit que G^r est compact et l'hypothèse de récurrence appliquée à G/G^r entraîne que G est compact.

Démonstration du théorème 2 :

On raisonne encore par récurrence sur la classe de G en reprenant les notations précédentes. Si G est abélien, le résultat découle du théorème de structure des groupes abéliens à génération compacte.

Dans le cas général, le lemme 3 permet d'appliquer l'hypothèse de récurrence à G^2 ; comme le sous-groupe compact maximum de G^2 est caractéristique on peut, en passant au quotient, le supposer réduit à l'identité. Montrons alors que l'ensemble K des éléments g de G tels que $\{g^n ; n \in Z\}$ soit relativement compact est un sous-groupe compact de G . D'après le lemme 4, K est un sous-groupe qui est nécessairement distingué et l'hypothèse faite sur G^2 montre que G^2 est rencontré par lui suivant l'identité seulement. Il en résulte que K est central dans G et par suite que le groupe $K . G^2$ est de classe r-1 : il suffit pour cela de voir que $K . G^2$ commute avec G^{r-1} , propriété qui résulte immédiatement de ce que K et G^2 commutent avec G^{r-1} . Alors, l'adhérence H de $K . G^2$ est aussi de classe r-1 et à génération compacte comme G^2 et

H/G^2. L'hypothèse de récurrence appliquée à H permet alors de conclure que K est égal au sous-groupe compact maximum de H et donc que G possède un sous-groupe compact maximum, ici égal à K. Pour montrer que G/K est un groupe de Lie, considérons le sous-groupe H' image réciproque dans G du sous-groupe compact maximum de G/G^2 et observons que H' est de classe $r-1$: si h est dans H' et g dans G^{r-1}, l'élément $\langle h,g\rangle$ est central et la relation $\langle h,g\rangle^n = \langle h^n, g\rangle$ montre, grâce à l'hypothèse faite sur h, que l'ensemble de ces puissances est un sous-groupe relativement compact de G^2, d'où il résulte que $\langle h, g\rangle = e$. D'après l'hypothèse de récurrence H'/K est alors un groupe de Lie et il est de même de G/K qui est extension du groupe de Lie G/H' par le groupe de Lie H'/K.

Maintenant nous examinerons les marches aléatoires adaptées sur le groupe nilpotent à génération compacte G. D'après la proposition 34, nous pouvons supposer que G soit un groupe de Lie sans torsion. Soit :

$$G = G^1 \supset G^2 \supset \dots \quad G^r \supset G^{r+1} = \{e\}$$

la suite descendante fermée de G, où $r > 1$ est la classe de G.
Si $r = 1$, le groupe G est abélien et les résultats du chapître I s'appliquent. Nous supposons donc que $r \geq 2$. Le rang de G est défini comme la somme des rangs (abéliens) des groupes $G^{(r)}$, $G^{(r-1)}/G^{(r)}$, ..., $G^{(1)}/G^{(2)}$

Soit s le rang de G, et s_k le rang de $G^{(k)}/G^{(k+1)}$. Alors :

$$s = s_1 + \dots + s_r$$

Théorème 5 :

Si G est non abélien $(r > 1)$, on a $s_2 \geq 1$ et $s_1 \geq 2$. De plus G possède un quotient de classe 2 et de rang 3 au moins.

Démonstration :

On sait que G, étant sans torsion, s'identifie à un sous-groupe fermé d'un groupe de Lie nilpotent L qui est connexe et simplement connexe et tel que les quotients L^k/G^k $(1 \leq k \leq r + 1)$ soient compacts [47].

En particulier G et L ont même rang et même classe. Si l'on avait $s_1 < 2$ ou $s_2 = 0$, L serait abélien et donc G aussi. Le quotient de G par $G^{(3)}$ est de rang $s_1 + s_2 \geq 3$.

C - LE THEOREME PRINCIPAL POUR LES GROUPES NILPOTENTS

Théorème 6 :

Soit G un groupe nilpotent à génération compacte de rang trois au moins, μ une mesure de probabilité adaptée sur G . Alors le noyau potentiel de μ est fini sur les compacts et tend vers zéro à l'infini.

D'après les résultats du paragraphe précédent, il suffit de montrer ce théorème dans le cas où G est homéomorphe à $\mathbb{R}^m \times \mathbb{Z}^n$ de classe deux (i.e. $G^{(3)} = \{e\}$) et $G^{(2)}$ sans torsion ; on supposera également dans la suite, ce qui est justifié d'après le chapitre I, que μ^2 est absolument continue par rapport à μ .

Posons pour abréger : $C = G^{(2)}$ et $\overline{G} = G/_C$.

Alors $\overline{G}$ est isomorphe à un groupe de la forme $\mathbb{R}^m \oplus \mathbb{Z}^n$. Notons $\pi : G \to \overline{G}$ la projection canonique de G sur $\overline{G}$, et $\overline{\mu}$ l'image de μ par π .

Lemme 7 :

Il existe une application $\overline{g} \to \mu_{\overline{g}}$ de $\overline{G}$ dans les probabilités sur G telle que :

1) Pour chaque $\overline{g} \in \overline{G}$, $\mu_{\overline{g}}$ est portée par la classe $\pi^{-1}(\overline{g})$ de $\overline{g}$.

2) Pour chaque $f \in \underline{\underline{G}}^+$, la fonction : $g \to f\, d\mu_{\overline{g}}$ est mesurable

3) Pour chaque $f \in \underline{\underline{G}}^+$: $\int_G f\, d\mu = \int_{\overline{G}} \left(\int_G f\, d\mu_{\overline{g}} \right) d\overline{\mu}(\overline{g})$

Démonstration :

L'existence d'une telle désintégration de μ est démontrée dans [36]
Pour exprimer le contenu de ce lemme, nous écrivons :

$$\mu = \int_{\bar{G}} \mu_{\bar{g}} \, d\bar{\mu}(\bar{g}) \quad ;$$

l'interprétation de cette formule est donnée dans le 3) du lemme.

Maintenant, nous voulons calculer μ^n en termes de cette désintégration .
Soit $\sigma : \bar{G} \to G$ une section de π : σ est une application mesurable telle que : $\pi \circ \sigma = id_{\bar{G}}$, mais σ n'est pas un homomorphisme de groupes. L'existence d'une section est démontrée dans [36] pour le cas général, mais dans notre cas il est facile de voir directement qu'une telle application existe. Nous ne donnons pas cette démonstration.

Pour $\bar{g} \in \bar{G}$, nous posons :

$$\eta_{\bar{g}} = \varepsilon_{(\sigma(\bar{g}))^{-1}} * \mu_{\bar{g}}$$

Alors $\eta_{\bar{g}}$ est portée par C , car $\mu_{\bar{g}}$ est portée par la classe $\pi^{-1}(\bar{g}) = \sigma(\bar{g}).C$.
En plus,

$$\mu_{\bar{g}} = \varepsilon_{\sigma(\bar{g})} * \eta_{\bar{g}}$$

et,

$$\mu = \int_{\bar{G}} \varepsilon_{\sigma(\bar{g})} * \eta_{\bar{g}} \; d\bar{\mu}(\bar{g})$$

Pour $f \in \underline{G}^+$, nous avons (Fubini)

$$\int_G f \, d\mu^n = \int_G \cdots \int_G f(g_1 \ldots g_n) \, d\mu(g_1) \ldots d\mu(g_n)$$

$$= \int_{\bar G} \cdots \int_{\bar G} \left(\int_G \cdots \int_G f(g_1 \ldots g_n)\, d\mu_{\bar g_1}(g_1) \ldots d\mu_{\bar g_n}(g_n) \right) d\bar\mu(\bar g_1) \ldots d\bar\mu(\bar g_n)$$

$$= \int_{\bar G} \cdots \int_{\bar G} \int f\,(\mu_{\bar g_1} * \cdots * \mu_{\bar g_n})\ d\bar\mu(\bar g_1) \ldots d\bar\mu(\bar g_n)$$

Mais :

$$\mu_{\bar g_1} * \cdots * \mu_{\bar g_n} = \varepsilon_{\sigma(\bar g_1)} * \eta_{\bar g_1} * \cdots * \varepsilon_{\sigma(\bar g_n)} * \eta_{\bar g_n}$$

$$\mu_{\bar g_1} * \cdots * \mu_{\bar g_n} = \varepsilon_{\sigma(\bar g_1) \ldots \sigma(\bar g_n)} * \eta_{\bar g_1} * \cdots * \eta_{\bar g_n} ,$$

car chaque $\eta_{\bar g_i}$ est portée par le sous-groupe central C . Le produit : $\sigma(\bar g_1) \ldots \sigma(\bar g_n)$ n'est pas nécessairement égal à $\sigma(\bar g_1 \ldots \bar g_n)$, puisque σ n'est pas un homomorphisme. Néanmoins, ces deux éléments appartiennent à la même classe suivant C . Il existe donc un élément $c(\bar g_1, \ldots \bar g_n)$ de $C \subset G$, tel que :

$$\varepsilon_{\sigma(\bar g_1) \ldots \sigma(\bar g_n)} = \varepsilon_{\sigma(\bar g_1 \ldots \bar g_n)}\ \varepsilon_{c(\bar g_1 \ldots \bar g_n)} .$$

Nous obtenons donc le lemme ..

<u>Lemme 8 :</u>

Pour chaque $n > 1$

$$\mu^n = \int_G \cdots \int_G \varepsilon_{c(\bar g_1, \ldots, \bar g_n)} * \varepsilon_{\sigma(\bar g_1, \ldots, \bar g_n)} * \eta_{\bar g_1} \ldots * \eta_{g_n}\ d\mu(g_1) \ldots d\mu(g_n)$$

Soit $H = \bar G \oplus \bar C$. Alors H est un groupe abélien et nous l'appelons le <u>groupe abélien associé à G</u> .

Pour $\bar{g} \in \bar{G}$, posons :

$$\lambda_{\bar{g}} = \frac{\check{\eta}_{\bar{g}} * \eta_{\bar{g}} + \varepsilon_e}{2}$$

Alors $\lambda_{\bar{g}}$ est une probabilité sur G portée par G . Nous considérons $\lambda_{\bar{g}}$ comme une probabilité sur H portée par C , sans changer la notation, et nous définissons la probabilité ν sur H par la formule :

$$\nu = \int_{\bar{G}} \varepsilon_{\tau(\bar{g})} \circledast \lambda_{\bar{g}} \; d\bar{\mu}(\bar{g}) \quad ,$$

où $\tau : \bar{G} \to H$ désigne l'injection canonique de $\bar{G}$ dans $H = \bar{G} \oplus C$, et $\circledast$ la convolution sur H . Le même raisonnement donne alors le lemme .

Lemme 9 :

Pour chaque $n > 1$,

$$\nu^n = \int_{\bar{G}} \cdots \int_{\bar{G}} \varepsilon_{\tau(\bar{g}_1 \ldots \bar{g}_n)} \circledast \lambda_{\bar{g}_1} \circledast \cdots \circledast \lambda_{\bar{g}_n} \; d\bar{\mu}(\bar{g}_1) \ldots d\bar{\mu}(\bar{g}_n)$$

Remarquons qu'ici , $\tau(\bar{g}_1 \ldots \bar{g}_n) = \tau(\bar{g}_1) \ldots \tau(\bar{g}_n)$, car est un homomorphisme. Pour comparer les probabilités μ sur G et ν sur H , nous aurons besoin d'un lemme technique.

Lemme 10 :

Soient $\eta_1, \ldots, \eta_n$ des probabilités sur C . Pour chaque $1 \leq k \leq n$, posons :

$$\lambda_k = \frac{\check{\eta}_k * \eta_k + \varepsilon_e}{2}$$

Soit $\varphi : C \to \mathbb{R}^+$ mesurable, bornée et à support compact. Alors pour chaque $c \in C$:

$$\int_C \check{\varphi} * \varphi \, d(\varepsilon_c * \eta_1 * \cdots * \eta_n) \leq \int_C \check{\varphi} * \varphi \, d(\lambda_1 * \cdots * \lambda_n)$$

Démonstration :

L'intégrale à gauche peut être écrite comme :

$$\langle \varepsilon_c * \eta_1 * \cdots \eta_n * \varphi , \varphi \rangle_{\mathbb{L}^2(C)}$$

et celle à droite comme :

$$\langle \lambda_1 * \cdots * \lambda_n * \varphi , \varphi \rangle_{\mathbb{L}^2(C)}$$

Par la formule de Plancherel, nous avons respectivement :

$$\int_{\hat{C}} \hat{\varepsilon}_c \cdot \eta_1 \cdots \eta_n |\hat{\varphi}|^2 \, d\hat{x}$$

et $$\int_{\hat{C}} \hat{\lambda}_1 \cdots \hat{\lambda}_n |\hat{\varphi}|^2 \, d\hat{x} ,$$

où $(\hat{C}, d\hat{x})$ est le groupe dual de (C, dx) . Il suffit alors de montrer que pour chaque k ,

$$|\eta_k| \leq \hat{\lambda}_k$$

car : $|\varepsilon_c| = 1$

Mais :

$$\lambda_k = \frac{|\eta_k|^2 + 1}{2} > |\eta_k|$$

puisque $\dfrac{x^2 + 1}{2} \geq x$ pour chaque $x \in R^+$.

Nous pouvons maintenant comparer μ et ν . Soit $\varphi : C \to \mathbb{R}^+$ une fonction mesurable bornée à support compact, et soit $\bar{K} \subseteq \bar{G}$ un voisinage compact de l'unité $\bar{e}$ de $\bar{G}$. Posons pour $\bar{g} \in \bar{G}$ et $c \in C$:

$$\Phi(\sigma(\bar g)\ .\ c) = 1_K(\bar g)\ .\ \check\varphi * \varphi(c)$$

et

$$F\ (\tau(\bar g)\ .\ c) = 1_K(\bar g)\ .\ \check\varphi * \varphi(c)\ .$$

Ici, Φ est une fonction définie sur G et F une fonction définie sur H .

Lemme 11 :

Pour chaque $n > 0$

$$\int_G \Phi\, d\mu^n \leqslant \int_H F\, d\nu^n .$$

Démonstration :

En effet :

$$\int_G \Phi\, d\mu^n = \int_{\bar G} \cdots \int_{\bar G} (\check\varphi * \varphi\, d(\varepsilon_{c(\bar g_1,\ldots,\bar g_n)} * \eta_{\bar g_1} \cdots * \eta_{\bar g_n}))\ .\ 1_K(\bar g_1 \ldots \bar g_n)\ d\bar\mu(\bar g_1) \ldots d\bar\mu(\bar g_n)$$

et

$$\int_H F d\nu^n = \int_{\bar G} \cdots \int_{\bar G} (\check\varphi * \varphi\, d(\lambda_{g_1} * \cdots * \lambda_{g_n})\ .\ 1_K(\bar g_1 \ldots \bar g_n)\ d\bar\mu(\bar g_1) \ldots d\bar\mu(\bar g_n)$$

Le lemme technique précédent implique alors l'inégalité souhaitée.

Démonstration du théorème 6 (première partie)

Soient U et V les potentiels respectifs de μ et ν . En sommant l'inégalité du dernier lemme sur n , nous obtenons :

$$\int_G \Phi\, dU \leqslant \int_H F\, dV.$$

Comme $\bar{\mu}$ est adaptée sur $\bar{G}$, la construction de ν montre que le sous-groupe fermé H_ν engendré par le support de ν contient $\bar{G}$, et donc que $H_\nu = \bar{G} \times C_1$ où C_1 est un sous-groupe fermé de C. Il suffit donc, puisque C est sans torsion, et $s_1 \geqslant 2$, $s_2 \geqslant 1$ de voir que $C_1 \neq \{0\}$, c'est-à-dire $H_\nu \neq \bar{G}$. Dans le cas contraire on aurait ν portée par $\bar{G}$ donc $\lambda_g = \varepsilon_e$ pour $\bar{\mu}$ presque tout $\bar{g} \in \bar{G}$ ce qui entraine $\mu_{\bar{g}} = \varepsilon_{\rho(\bar{g})}$.

Ecrivons $\mu^2 = \int_{\bar{G} \times \bar{G}} \varepsilon_{\rho(\bar{g}_1)} * \varepsilon_{\rho(\bar{g}_2)} \, d\bar{\mu}(\bar{g}_1) \, d\bar{\mu}(\bar{g}_2)$

et tenons compte de l'absolue continuité de μ^2 par rapport à μ : il en découle

$$\varepsilon_{\rho(\bar{g}_1)} * \varepsilon_{\rho(\bar{g}_2)} = \varepsilon_{\rho(\bar{g}_1\bar{g}_2)} \qquad \bar{\mu} \times \bar{\mu} \quad \text{presque partout}$$

et ceci implique d'après la commutativité de $\bar{G}$:

$$\rho(\bar{g}_1)\, \rho(\bar{g}_2) = \rho(\bar{g}_2)\, \rho(\bar{g}_1) \qquad \bar{\mu} \times \bar{\mu} \quad \text{presque partout}$$

c'est-à-dire $\qquad g_1 g_2 = g_2 g_1 \qquad \mu \times \mu$ presque partout

Or g_1 étant fixé l'ensemble des g_2 vérifiant la condition précédente est un sous-groupe fermé ; d'après ce qui précède pour μ presque tout g_1, ce sous-groupe porte μ et est donc égal à G d'après l'adaptation de μ. Donc le centre de G porte μ et l'adaptation de μ entraîne que G est abélien, ce qui a été exclu.

Démonstration du théorème (deuxième partie)

Nous pouvons utiliser les mêmes notations ici que nous avons utilisé précédemment. En particulier, nous pouvons supposer que μ^2 est absolument continue par rapport à μ. Nous aurons besoin d'une légère modification du lemme 11.

Soit ψ une fonction mesurable bornée positive à support compact sur C, et supposons $|\hat{\psi}| \leq |\hat{\varphi}|^2$. Alors pour chaque $c' \in C$, nous posons $\psi_{c'}(c) = \psi(cc')$ le calcul du lemme 10 montre que :

$$\int_C \psi_{c'} \, d(\varepsilon_c * \eta_1 * \cdots * \eta_n) \leq \int_C \check{\varphi} * \varphi \, d(\lambda_1 * \cdots * \lambda_n)$$

Définissons maintenant :

$$\Phi_{c'} \; (\sigma(\bar{g}) \, . \, c) = 1_K(\bar{g}) \, . \, \psi_{c'}(c) \; .$$

On obtient alors de la même façon le lemme 12

Lemme 12 :

Pour chaque $n > 0$, et pour chaque $c' \in C$,

$$\int_G \Phi_{c'} \, d\mu^n \leq \int_H F \, d \, \nu^n \, .$$

Ce lemme et le théorème de renouvellement pour le groupe H impliquent les énoncés suivants :

Soit $K \subseteq G$, un compact. Alors :

i) $U(g,K)$ tend vers zéro quand $\bar{g} = \pi(g)$ tend vers l'infini dans $\bar{G}$, et,

ii) Il existe un compact L de H tel que pour chaque c C et chaque $n > 0$

$$\mu^n(c.K) \leq \text{const.} \; \nu^n(L) \; ,$$

où la constante est indépendante de c et de n .

Pour voir ceci, il suffit de choisir φ et ψ convenablement, étant donné K .

Supposons maintenant que $\lim_{g\to\infty} U(g,K) \neq 0$. Alors, il existe un K et une suite $g_n \to \infty$ tels que :

$$\lim_{n\to\infty} U(g_n, K) = \varepsilon > 0 .$$

D'après i), on peut supposer que $\bar{g}_n \to \bar{g} \in \bar{G}$, et par une modification de K même que $\bar{g}_n = \bar{g}$ pour chaque n . Donc il existe une suite $c_n \to \infty$ $c_n \in C$, et un compact K tels que :

$$\lim_{n\to\infty} U(c_n, K) = \varepsilon > 0 . \qquad (*)$$

Soit L le compact dans ii). Alors, pour chaque n et k ,

$$U^k(c_n^{-1} K) \leq \text{const. } \nu^k(L).$$

Il existe donc k_o tel que pour chaque n ,

$$\sum_{k>k_o} \mu^k(c_n^{-1} K) \leq \text{const.} \sum_{k>k_o} \nu^k(L) < \frac{\varepsilon}{2} .$$

Alors :

$$\lim_{n\to\infty} \sup U(c_n, K) \leq \lim_{n\to\infty} \sup \sum_{k=0}^{k_o-1} \mu^k(c_n^{-1} K) + \frac{\varepsilon}{2} \lneq \frac{\varepsilon}{2} ,$$

et ceci est en contradiction avec $(*)$.

Corollaire 13 :

Soit G un groupe nilpotent à génération compacte. Soit K le sous-groupe compact maximum de G . S'il existe une marche aléatoire récurrente et adaptée sur G, alors G/K est isomorphe à un des six groupes abéliens suivants : $\mathbb{R}^2$, $\mathbb{R} \oplus \mathbb{Z}$, $\mathbb{Z}^2$, $\mathbb{R}$, $\mathbb{Z}$, ou $\{0\}$.

Ce corollaire dit que si un groupe nilpotent est récurrent, alors il est essentiellement abélien. La démonstration est immédiate et découle du théorème précédent ainsi que des résultats concernant les groupes abéliens.

Remarque 14 :

Le raisonnement précédent fournit aussi une estimation du noyau potentiel à l'infini, par comparaison au cas abélien mais seulement dans des directions non contenues dans $G^{(2)}$. Le paragraphe suivant fournit des estimations valables pour toutes les directions.

D - VITESSE DE CONVERGENCE VERS ZERO DES POTENTIELS A L'INFINI

Nous venons de voir qu'un groupe de Lie nilpotent simplement connexe est transitoire dès que sa dimension est supérieure ou égale à 3 . De plus , le potentiel des fonctions bornées à support compact d'une marche adaptée tend vers zéro à l'infini. Nous reprenons ici une technique analogue à celle du chapitre IV, pour donner une majoration de la vitesse de convergence vers zéro à l'infini des potentiels dans le cas du premier groupe d'Heisenberg H_1 . L'un des intérêts de la connaissance d'une telle majoration réside dans le fait suivant : si, pour toute f positive bornée à support compact, $\mathcal{U}f(g) \leq c_f \cdot \omega(g)$ $(g \in H_1)$, alors le potentiel $\mathcal{U}\varphi$ des fonctions φ bornées appartenant à $L^1_{\omega.m}$ (où m est la mesure de Lebesgue de $H_1 \sim R^3$) est fini et localement intégrable (cf. chapitre IV, corollaire 24) ; c'est-à-dire que, en plus des fonctions bornées à support compact, il existe toute une classe de fonctions dont le potentiel est fini. Ensuite, nous montrerons que ces résultats s'étendent sans difficultés à tous les groupes d'Heisenberg ainsi qu'à certains groupes résolubles, comme le groupe diamant Δ . Ces généralisations nous seront utiles au chapitre V pour prouver un des thèmes essentiels de ce travail

I. Le premier groupe d'Heisenberg H_1

Soit (e_1,e_2,e_3) la base canonique de R^3 . Munissons R^3 de la structure d'algèbre de Lie nilpotente suivante :

$$[e_1,e_2] = e_3 \ , \ [e_i,e_j] = 0 \quad \text{si } i \text{ ou } j = 3$$

Définissons sur R^3 une structure de groupe nilpotent par la formule de Campbell-Hausdorff :

$$g\cdot g' = g + g' + \frac{1}{2}[g, g'] \qquad (g, g' \in R^3) \qquad (1)$$

On obtient ainsi le seul groupe de Lie nilpotent simplement connexe non abélien de dimension 3 . C'est le premier groupe d'Heisenberg H_1 . Soit $C = (e_3)$ son centre ; il est clair que $(H_1, H_1) = C$, où (H_1, H_1) est le premier sous-groupe dérivé de H_1 . Soit, comme précédemment, $Y_1, Y_2, \ldots Y_n, \ldots$, une suite de v.a. indépendantes et à valeurs dans H_1 de loi μ adaptée. Soit $X_n^g = g.Y_1 \ldots Y_n$ $(g \in H_1)$ la m.a. droite associée. Soit P le noyau de transition de cette m.a. On a donc :

$$Pf(g) = E\{f(g.Y)\} \qquad (g \in H_1,\ f \geq 0) \qquad (2)$$

où Y est une v.a. de loi μ , ou encore d'après (1) :

$$Pf(x,y,z) = E\{f(x+Y^1, y+Y^2, z+Y^3+\frac{1}{2}(xY^2-yY^1))\} \qquad (3)$$

où $= (x,y,z)$, $Y = (Y^1, Y^2, Y^3)$.

Ecartons tout de suite un cas peu intéressant. Si l'un des nombres $E(Y^1)$ ou $E(Y^2)$ est différent de zéro, on sait (cf.), R^2 étant un groupe de type I , que la marche de pas Y est transitoire et que son potentiel tend vers 0 à l'infini. C'est pourquoi nous supposerons, dans tout ce qui suit, que $E(Y^1) = E(Y^2) = 0$

Pour la majoration annoncée des potentiels, le lemme suivant sera notre principal outil. Ce lemme est inspiré de la technique des fonctions barrières, familière aux spécialistes de la théorie des diffusions.

<u>Lemme 15</u>. Soit G un groupe topologique localement compact, et X_n^g $(g \in G)$ une m.a. droite adaptée sur G et de noyau de transition P . Supposons que pour tout compact K de G , il existe une fonction $v : G \to R$ telle que :

$0 \leq v \leq 1$, $\lim_{g \to \infty} v(g) = 1$, $\sup_{g \in K} v(g) = \beta < 1$, $Pv(g) \geq v(g)$ pour $g \notin K$ (4)

Soit $T_K^g = \inf \{n ; X_n^g \in K\}$ le temps d'entrée dans K de la m.a. X_n^g . Alors :

1) il existe une constante $\gamma_1 > 0$ telle que, si $g \notin K$:

$$P\{ T_K^g < +\infty \} \leq \gamma_1 [1-v(g)] \tag{5}$$

2) Si f est bornée et à support dans K , il existe $\gamma_2 > 0$ telle que :

$$U f(g) \leq \gamma_2 [1-v(g)] \text{ pour tout } g \in G \tag{6}$$

(où U , comme d'habitude, désigne le noyau potentiel de la marche).

<u>Démonstration</u>.

1) Si $g \notin K$, v étant sous-harmonique en dehors de K d'après (4), on a, pour tout n :

$$E\{ v(X_{T_K^g \wedge n}) \} \geq v(g) .$$

Soit :

$$E\{ v(X^g_{T_K^g}) ; T_K \leq n\} + E\{v(X_n^g) ; T_K > n\} \geq v( ) .$$

Compte-tenu de (4) et du fait que $X^g_{T_K^g} \in K$, on a

$$\beta P\{T_K^g \leq n\} + P\{T_K^g > n \} \geq v(g)$$

Faisant tendre n vers l'infini, on obtient :

$$\beta P\{T_K^g < +\infty\} + \{1 - P\{T_K^g < +\infty \} \geq v(g) ,$$

et donc :

$$P\{ T_K^g < +\infty\} \leq \frac{1-v(g)}{1-\beta} ,$$

ce qui prouve (5) .

2) La relation (5) prouve déjà que la marche est transitoire, d'après[ ] . Il existe de ce fait une constante $\gamma_2 > 0$ telle que :

$$U f(g) \leq \gamma_2 [1-v(g)] \text{ si } g \in K .$$

Mais la fonction $1-v(g)$ est surharmonique en dehors de K , et l'inégalité précédente est vraie partout, d'après le principe du maximum. Cela prouve (6) .

1) Notre but est maintenant de trouver explicitement une fonction satisfaisant pour le groupe H_1 aux hypothèses (4) du lemme 15. Nous allons, dans cette partie, nous placer dans la situation à priori la plus difficile, celle où la marche est "la plus plate", ie où $Y^3 = 0$. Nous ferons l'hypothèse suivante :

(H) il existe $\delta > 0$ tel que $E(|Y^1|^{4+\delta}) < +\infty$ et $E(|Y^2|^{4+\delta}) < +\infty$. Dans ces conditions :

Théorème 16.

Sous les hypothèses précédentes, pour toute f bornée à support compact, il existe des constantes C_f , $\alpha > 0$ et $\eta > 0$ telles que :

$$U f(g) \leq \frac{C_f}{(x^4+y^4+(8+\eta)z^2)}$$

($g = (x,y,z)$) pour $|g|$ assez grand .

Démonstration. Remarquons déjà que si σ est un automorphisme de H_1 , il va de soi qu'on peut remplacer Y par $\sigma(Y)$. Or l'application linéaire σ dont la matrice dans (e_1,e_2,e_3) est égale à :

$$\begin{pmatrix} U & & 0 \\ & & 0 \\ 0 & 0 & \det U \end{pmatrix} \quad \text{où } U \in GL(R^2)$$

est un automorphisme de H_1 . Prenant U sous la forme :

$$\begin{pmatrix} a_1 \cos\theta & a_1 \sin\theta \\ -a_2 \sin\theta & a_2 \cos\theta \end{pmatrix}$$

il n'est pas difficile de voir que, quitte à remplacer Y^1 et Y^2 par

$$Y'^1 = a_1(Y^1 \cos\theta + Y^2 \sin\theta) \quad \text{et} \quad Y'^2 = a_2(-Y^1 \sin\theta + Y^2 \cos\theta)$$

avec :

$$\operatorname{tg} 2\theta = \frac{E(Y^1 . Y^2)}{2\left[E\{(Y^1)^2\} - E\{(Y^2)^2\}\right]}$$

on peut supposer que $E(Y^1.Y^2) = 0$ et $E\{(Y^1)^2\} = E\{(Y^2)^2\} = 1$. C'est ce que nous ferons jusqu'à la fin de cette démonstration. Le lemme suivant est technique.

Lemme 17. Soit L l'opérateur elliptique d'ordre 2 sur R^3 :

$$L = \frac{\partial^2}{\partial x^2} + \frac{\partial^2}{\partial y^2} + x\frac{\partial^2}{\partial y \partial z} - y\frac{\partial^2}{\partial x \partial z} + \frac{1}{4}(x^2+y^2)\frac{\partial^2}{\partial z^2}$$

Soit $\theta^2 = x^2+y^2$ et $\rho^2 = x^4+y^4+(8+\eta)z^2$. Alors, il existe des constantes $c_0 > 0$, $\alpha > 0$ et $\eta > 0$ telles que si :

$$u(x,y,z) = 1 - \frac{1}{x^4+y^4+(8+\eta)z^2} \tag{7}$$

alors :

$$L\,u \geq \frac{\alpha c_0 \theta^2}{(\rho^2)^{1+\alpha}} \tag{8}$$

De plus, la constante c_0 peut être choisie aussi voisine de $8-\frac{\eta}{2}$ que l'on veut, pour z assez grand et θ^2 bornée.

Remarquons que l'opérateur L est elliptique dégénéré, mais cependant hypoelliptique, et que c'est le générateur différentiel d'un mouvement brownien droit sur H_1 . Cet opérateur L s'introduit très naturellement dans cette étude, comme on le voit au début de la démonstration du lemme ci-dessous.

Démonstration. Il s'agit d'une simple vérification par

le calcul. On a :

$$\frac{1}{\alpha}(\rho^2)^{2+\alpha} \; Lu = (8+\eta)(x^2+y^2)\left\{8-\frac{\eta}{2}-\alpha(8+\eta)\right\} z^2 - 8(8+\eta)xyz(x^2-y^2)(\alpha+1)^{\eta}$$

$$+\left\{(16+\frac{\eta}{2})(x^4+y^4)(x^2+y^2)-16(1+\alpha)(x^6+y^6)\right\}.$$

Ce trinôme du second degré en z a pour discriminant Δ' :

$$\Delta' = 16(8+\eta)^2 \; x^2y^2(x^2-y^2)^2(\alpha+1)^2$$

$$- (8+\eta).\left\{8-\frac{\eta}{2}-\alpha(8+\eta)\right\}.(x^2+y^2) \left\{(16+\frac{\eta}{2})(x^4+y^4)(x^2+y^2)-16(1+\alpha)(x^6+y^6)\right\}$$

Cette expression est continue en α. Il suffit donc de montrer qu'elle est strictement négative pour $\alpha = 0$ pour qu'elle le soit pour un α assez petit. Faisant donc $\alpha = 0$, et posant $x = \Theta \cos \xi$, $y = \Theta \sin \xi$ et $u = \cos^2 \xi$, on obtient :

$$\frac{\Delta'}{16(8+\eta)^2 \Theta^8} = u(1-u)(2u-1)^2 - (\frac{12}{8+\eta}-\frac{1}{2})\left\{\frac{\eta}{32}(u^2+(1-u)^2)+u(1-u)\right\}.$$

Le signe de cette expression est facile à étudier quand on a remarqué que l'on peut poser $t = (u-\frac{1}{2})^2$, car alors on a :

$$\frac{\Delta'}{16(8+\eta)^2 \Theta^8} = -4t^2+t\left\{1+(\frac{12}{8+\eta}-\frac{1}{2})(1-\frac{\eta}{16})\right. \quad -\frac{16+\eta}{64}\left\{\frac{12}{8+}-\frac{1}{2}\right\}$$

qui est négatif dès que η est strictement positif $(0 \leq t \leq \frac{1}{4})$.

Ainsi, $Lu \geq 0$ si $\left\{8-\frac{\eta}{2}-\alpha(8+\eta)\right\}$ et η sont strictement positifs et α assez petit. Enfin, la minoration annoncée s'obtient en écrivant le trinôme sous forme canonique.

Remarque 18. u invariant dans un compact, le résultat du lemme demeure vrai lorsqu'on remplace L par L^{ε}, où L^{ε} est un opérateur dont les coefficients diffèrent de ceux de L à moins de ε près, et où ε est assez petit.

Lemme 19. Soit dans R^3 la surface Γ_{ρ} d'équation :

$$x^4+y^4+(8+\eta)z^2 = \rho^2$$

et $(x,y,z) \in \Gamma_\rho$. Pour tout $\varepsilon > 0$, il existe une constante C_1 telle que si $\sup(|h|,|k|) \leq C_1 \rho^{1/2-\varepsilon}$, alors le développement en série suivant est, pour ρ assez grand, convergent :

$$u(x+h,y+k,z+\tfrac{1}{2}(xk-yk) = u(x,y,z)+h\frac{\partial u}{\partial x}(x,y,z)+k\frac{\partial u}{\partial y}(x,y,z)$$
$$+ \frac{1}{2}(xk-yh)\frac{\partial u}{\partial z}(x,y,z) + \frac{1}{2} h^2 \frac{\partial^2 u}{\partial x^2}+2hk\frac{\partial^2 u}{\partial x\partial y}+h(xk-yh)\frac{\partial^2 u}{\partial x\partial y}$$
$$+ k(xk-yh)\frac{\partial^2 u}{\partial x\partial y} + \frac{1}{4}(x^2k^2-2xyhk+y^2h^2)\frac{\partial^2 u}{\partial z^2} + \ldots \qquad (9)$$

où $u(x,y,z) = 1 - \dfrac{1}{(x^4+y^4+(8+\eta)z^2)}$ est la fonction du lemme 17 .

Démonstration. Paramétrant la surface Γ_ρ par $|x| = \sqrt{\rho|\cos\varphi\cos\psi|}$, $|y| = \sqrt{\rho|\cos\varphi\sin\psi|}$, $z = \dfrac{\rho}{\sqrt{8+\eta}}\sin\varphi$, nous écrirons le développement de Taylor à l'ordre n de u . Remarquant que, pour $0 \leq \gamma \leq 1$, on a :

$$(x+\gamma h)^4+(y+\gamma k)^4+(8+\eta)(z+\tfrac{1}{2}\gamma(xk-yh))^2 \geq C_2(x^4+y^4+(8+\eta)z^2)$$

le calcul effectif des dérivées de u prouve alors que ce reste est majoré par $C_3^n \dfrac{1}{(\rho^\varepsilon)^n}$, ce qui prouve que le développement (9) est convergent pour ρ assez grand.

Le théorème 16 va maintenant résulter immédiatement du lemme 20 suivant et du lemme 15

Lemme 20. Soit $u(x,y,z) = 1 - \dfrac{1}{x^4+y^4+(8+\eta)z^2}$, avec η et α choisis comme précédemment. Pour $\rho > 0$, désignons par K_ρ le compact

$$K_\rho = \{x^4 + y^4 + (8+\eta)\ z^2 \leq \rho^2\}.$$

Alors il existe $\rho_0 > 0$ tel que pour tout $\rho \geq 0$, la fonction

$$v(x,y,z) = (u(x,y,z) \wedge 1_{K_\rho^c}) \vee 0$$

satisfait aux hypothèses du lemme 15 pour tout compact $K \subset K_\rho$.

(ici, $1_{K_\rho^c}$ désigne la fonction indicatrice du complémentaire de K_ρ).

Démonstration. En fait, il suffit de prouver que $Pv(g) \geq v(g)$ en dehors de K. Nous reprenons les notations des lemmes précédents, et allons procéder en plusieurs étapes.

1) Supposons déjà μ à support compact. Il existe un ρ_0 tel que, pour $g = (x,y,z) \in \Gamma_\rho$, en dehors du compact

$$K_{\rho_0} = \{x^4 + y^4 + (8+\gamma)^2 z^2 \leq \rho_0^2\}$$

le diamètre du support de μ est plus petit que le rayon de convergence du développement en série (9). On peut, alors dans (9) remplacer h et k par Y^1 et Y^2 respectivement. On obtient ainsi une égalité p.s.. Prenant alors l'espérance des deux membres de (9), on obtient, en tenant compte des termes d'ordre plus grands que 2 dans le développement :

$$\begin{aligned} E(u(g.Y)) &= Pu(g) = u(g) + \frac{1}{2} Lu(g) \\ &+ 4\alpha \frac{x\, E((Y^1)^3) + \varepsilon_1(\rho) + y\, E((Y^2)^3) + \varepsilon_2(\rho)}{(\rho^2)^{1+\alpha}} \\ &+ \alpha \frac{E((Y^1)^4) + E((Y^2)^4) + \varepsilon_3(\rho)}{(\rho^2)^{1+\alpha}} + \frac{\theta^2\, \varepsilon_4(\rho)}{(\rho^2)^{1+\alpha}} \end{aligned} \tag{10}$$

où ε_1, ε_2, ε_3 et ε_4 sont quatre fonctions qui tendent vers 0 quand $\rho \to \infty$.

Compte-tenu du fait que $Lu \geq \frac{\alpha c_0 \theta^2}{(\rho^2)^{1+\alpha}} = \frac{\alpha c_0 (x^2+y^2)}{(\rho^2)^{1+\alpha}}$, on déduit de (10) que : $Pu(g) - u(g) \geq \frac{c_4}{(\rho^2)^{1+\alpha}}$ pour g en dehors d'un cylindre d'axe ℓ_3 et de base compacte C.

D'autre part, quand θ^2 est petit, ce raisonnement n'est plus valable. Mais $Pu(g) - u(g)$ est minoré d'après (10) par :

$$\frac{\frac{1}{2}\alpha c_0 (x^2+y^2) + 4\alpha (xE(y^1)^3 + yE(y^2)^3) + \alpha[E(y^1)^4 + E(y^2)^4]}{(\rho^2)^{1+\alpha}}$$

à $\frac{\mathcal{E}_i(\rho)}{(\rho^2)^{1+\alpha}}$ près. Mais :

$$\frac{1}{2}c_0 x^2+4xE(Y^1)^3+E(Y^1)^4 \quad \text{et} \quad \frac{1}{2}c_0 y^2+4yE(Y^2)^3+E(Y^2)^4$$

sont strictement positifs pour tout x et tout y dès que :

$$4\left[E(Y^1)^3\right]^2 < \frac{1}{2}c_0 E(Y^1)^4 \quad \text{et} \quad 4\left[E(Y^2)^3\right]^2 < \frac{1}{2}c_0 E(Y^2)^4 .$$

Or, puisque $E(Y^1)^2 = E(Y^2)^2 = 1$, $\left[E(Y^1)^3\right]^2 < E(Y^1)^4$ et $\left[E(Y^2)^3\right]^2 < E(Y^2)^4$ et que c_0 peut être choisi très proche de $8 - \frac{\eta}{2}$ quand θ^2 est petit et $|z|$ est grand, il est possible de choisir η de manière à ce que $4\left[E(Y^1)^3\right]^2 < \frac{1}{2}(8-\frac{\eta}{2})\ E(Y^1)^4$ (et de même pour Y^2). Dans ces conditions, $Pu(q) \geq u(q)+\frac{c_4}{(\rho^2)^{1+\alpha}}$ pour $(x,y) \in C$ et $|z|$ assez grand.

En conclusion, si μ est à support compact, $Pu(q) \geq u(q)+\frac{c_5}{(\rho^2)^{1+\alpha}}$ pour q en dehors du compact.

2) On ne suppose plus μ à support compact. Soit ρ assez grand pour que les coefficients $A_1 = E\left\{(Y^1)^2 ; |Y| \leq c_1 \rho^{1/2-\varepsilon}\right\}$ et $A_2 = E\left\{(Y^2)^2 ; |Y| \leq c_1 \rho^{1/2-\varepsilon}\right\}$ soient plus grands que $1-\varepsilon$, et $A_3 = E\left\{Y^1.Y^2 ; |Y| \leq c_1 \rho^{1/2-\varepsilon}\right\}$ plus petit que ε. Alors, l'opérateur L^ε :

$$L^\varepsilon = A_1 \frac{\partial^2}{\partial x^2} - y\frac{\partial^2}{\partial x\partial z} + \frac{y^2}{4}\frac{\partial^2}{\partial z^2} + A_2\frac{\partial^2}{\partial y^2} + x\frac{\partial^2}{\partial y\partial z} + \frac{x^2}{4}\frac{\partial^2}{\partial z^2}$$
$$+ A_3\left[2\frac{\partial^2}{\partial x\partial y} + x\frac{\partial^2}{\partial x\partial z} - y\frac{\partial^2}{\partial y\partial z} - \frac{1}{2}xy\frac{\partial^2}{\partial z^2}\right]$$

satisfait aux hypothèses de la remarque 1 qui suit le lemme 19. Remplaçant dans (9) comme dans l'alinéa précédent, h et k par Y^1 et Y^2 si ceux-ci sont plus petits que $c_1 \rho^{1/2-\varepsilon}$, et prenant l'espérance des deux membres, on obtient :

$$E\{u(g.Y)\,;\ Y \leq c_1 \rho^{1/2-\varepsilon}\} \geq u(g).P\{|Y| \leq c_1 \rho^{1/2-\varepsilon}\} + \frac{c_5}{(\rho^2)^{1+\alpha}}$$

$$+ \frac{4\alpha x^3}{(\rho^2)^{1+\alpha}} E\{Y^1;|Y| \leq c_1 \rho^{1/2-\varepsilon}\} + \frac{4\alpha y^3}{(\rho^2)^{1+\alpha}} E\{Y^2;|Y| \leq c_1 \rho^{1/2-\varepsilon}\}$$

$$+ \frac{2(8+\eta)\alpha z}{(\rho^2)^{1+\alpha}} E\{x\,Y^2 - y\,Y^1;|Y| \leq c_1 \rho^{1/2-\varepsilon}\}$$

Utilisant alors le fait que $E(Y^1) = E(Y^2) = 0$, et l'inégalité de Hölder, on a :

$$x^3\, E\{Y^1;|Y| \leq c_1 \rho^{1/2-\varepsilon}\} \leq c_6 . P\{|Y| \geq c_1 \rho^{1/2-\varepsilon}\}^{3/4} . \rho^{3/2}$$

Ceci, en utilisant l'existence de $E|Y|^{4+\delta}$, est majoré par :

$$c_6'\, \rho^{3/2} (\rho^{2 + \frac{\delta}{2} - 4\varepsilon - \varepsilon\delta})^{3/4}$$

qui tend vers 0 pour ρ infini si ε a été choisi assez petit (en fonction de δ).

Il est clair qu'une inégalité du même type est vraie pour le terme en $4\alpha y^3$. D'autre part :

$$\lim_{\rho\to\infty} |xzE\{Y^1;|Y|<c_1\rho^{1/2-\varepsilon}\}| \leq \lim_{\rho\to\infty} \frac{c_7^{\;3/2}}{(\rho^{(2+\frac{\delta}{2}-4\varepsilon-\varepsilon\delta)})^{3/4}} = 0$$

dans les mêmes conditions (et on a une inégalité du même type pour le terme en $zy\ E\{Y^1;|Y| \leq c_1\, \rho^{1/2-\varepsilon}\}$. D'autre part :

$$P\{|Y| \geq c_1 \rho^{1/2-}\} \leq \frac{c_8}{\rho^{2+\frac{\delta}{2}-4\varepsilon-\varepsilon\delta}} = \frac{\varepsilon_5(\rho)}{(\rho^2)^{1+}}$$

si α a été choisi assez petit.

Regroupant alors toutes ces inégalités, on en déduit :

$$E\{u(g.Y);|Y| \leq c_1 \rho^{1/2-\varepsilon}\} \geq u(g) - u(g)\ P\{|Y| \geq c_1 \rho^{1/2-\varepsilon}\} + \frac{c_9}{(\rho^2)^{1+\alpha}}$$

pour ρ assez grand, et : $E\{u(g.y);|Y| \leq c_1 \rho^{1/2-\varepsilon}\} \geq u(g)$ pour g en dehors d'un compact. Il existe alors un compact $K'_{\rho_0} = \{x^4+y^4+(8+\varepsilon)z^2 \leq \rho_0'^2\}$ tel que si $v = (u \wedge 1_{K^c_{\rho'_0}}) \vee 0$, alors, en dehors de K'_{ρ_0} on a :

$$E(v(g.Y)) = Pv(g) \geq E\{u(g.Y); |Y| \leq K_1 \rho^{1/2-\varepsilon}\} \geq u(g) = v(g)$$

ce qui achève la preuve du lemme , et donne, lorsque la marche est "plate", une majoration de la vitesse de convergence vers 0 des potentiels à l'infini.

Ceci achève la démonstration du théorème 16.

2) Dans cet alinéa, nous ne supposerons plus que $Y^3 = 0$, mais que $E(Y^3) = 0$. Nous supposons encore que l'hypothèse (H) est réalisée :

$$E(|Y|^{4+\delta}) < +\infty \text{ pour un } \delta > 0 \qquad \text{(H)}$$

Théorème 21.

Sous les hypothèses précédentes, pour toute f bornée à support compact, il existe des constantes C_f, $\alpha > 0$, $\eta > 0$, $\gamma > 0$, $A > 0$, $a > 0$ telles que :

$$|Uf(g)| \leq C_f \left\{ \frac{1}{[x^4+y^4+(8+\eta)z^2]^\alpha} \wedge \frac{1}{\gamma[Ax^2+Ay^2+az^2]^\alpha} \right\}$$

$(g = (x,y,z))$ pour $|g|$ assez grand.

Démonstration.

Lemme 22. Il existe un automorphisme σ de H_1 tel que si $\sigma(Y) = (Y'^1, Y'^2, Y'^3)$ alors $E(Y'^1.Y'^2) = E(Y'^2.Y'^3) = E(Y'^1.Y'^3) = 0$

Démonstration du lemme. On peut, en opérant une rotation d'axe e_3 et d'angle θ (avec $\operatorname{tg} 2\theta = \dfrac{E(Y^1-Y^2)}{2\{E(Y^1)^2 - E(Y^2)^2\}}$) supposer que $E(Y^1.Y^2) = 0$.

Si $g' = (y_1, y_2, y_3) \in H_1$, l'automorphisme intérieur $\sigma_{g'}$ induit par g' vérifie : $\sigma_{g'}(g) = g + [g', g]$. $(g \in H_1)$. D'où :

$$\sigma_{g'}(Y) = Y + [g', Y] = (Y'^1, Y'^2, Y'^3) \quad \text{avec :}$$

$$Y'^1 = Y^1, \; Y'^2 = Y^2, \; Y'^3 = Y^3 + (y_1 Y^2 - y_2 Y^1) .$$

Il suffit alors, pour prouver le lemme, de remarquer que les équations linéaires en y_1 et y_2 :

$$E(Y'^1.Y'^3) = 0 = E(Y^1.Y^3) + y_1 E(Y^1.Y^2) - y_2 E\,(Y^1)^2$$

$$E(Y'^2.Y'^3) = 0 = E(Y^2.Y^3) + y_1 E\,(Y^2)^2 - y_2 E(Y^1.Y^2)$$

ont un déterminant égal à :

$$\left\{E(Y^1.Y^2)\right\}^2 - E\left\{(Y^1)^2\right\} E\left\{(Y^2)^2\right\} ,$$

qui n'est pas nul (car sinon la marche de pas Y ne serait pas adaptée).

Grâce au lemme **22**, nous supposerons donc

$$E(Y^1.Y^2) = E(Y^1.Y^3) = E(Y^2.Y^3) = E(Y^1) = E(Y^2) = 0 .$$

Par ailleurs, comme à l'alinéa précédent, on peut supposer que

$$E\,(Y^1)^2 = E\,(Y^2)^2 = 1 .$$

C'est ce que nous ferons.

Le théorème 21 va maintenant résulter immédiatement du lemme suivant et du lemme 15 .

<u>Lemme 23</u>. Soit $A = E\left\{(Y^3)^2\right\}$. Soit

$$u_1(x,y,z) = 1 - \frac{1}{\gamma(Ax^2+Ay^2+az^2)^\alpha}$$

et

$$u_2(x,y,z) = 1 - \frac{1}{(x^4+y^4+(8+\eta)z^2)^\alpha} .$$

Soit $u = u_1 \vee u_2$. Il existe γ, a, α et $\eta > 0$ et un compact K tels que, si $v = (u \wedge 1_{K^c}) \vee 0$, alors v satisfait aux hypothèses du lemme 15 pour ce compact.

<u>Démonstration du lemme 23.</u> La démonstration est calquée sur celle du lemme 17 . Cependant, puisque Y^3 n'est pas nul, l'opérateur L du lemme 17 est remplacée, compte-tenu du lemme 19, par l'opérateur L', où :

$$L' = \frac{\partial^2}{\partial x^2} + \frac{\partial^2}{\partial y^2} + x\frac{\partial^2}{\partial y\partial z} - y\frac{\partial^2}{\partial x\partial z} + \left\{A + \frac{1}{4}(x^2+y^2)\right\}\frac{\partial^2}{\partial z^2}$$

cette forme indiquant, intuitivement que, si x^2+y^2 est petit par rapport à A (ie, à l'intérieur d'un cylindre d'axe e_3 et de base compacte), la marche se comporte comme une marche sur $\mathbb{R}^3$ abélien, tandis que si x^2+y^2 est grand par rapport à A (ie, à l'extérieur d'un cylindre d'axe e_3 et de base compacte), la m.a. se comporte comme une marche aléatoire "plate" (décrite par le théorème 16).

Des calculs faits à l'alinéa précédent, et du fait que L' ne diffère de L que par le terme $A\frac{\partial^2}{\partial z^2}$, on déduit qu'il existe $\eta > 0$ et $\alpha > 0$ et un compact K_2 tels que, si $v_2 = (u_2 \wedge 1_{K_2^c}) \vee 0$, alors :

$$E\{v_2(g.Y)\} = P\, v_2(g) \geq v_2(g)$$

pour g n'appartenant pas à un cylindre $\mathcal{C}_1$ d'axe e_3 et de base compacte.

D'autre part, si $g = (x,y,z)$ et si on définit $\chi^2 = A(x^2+y^2)+az^2$, alors

$$\frac{\gamma(\chi^2)^{2+\alpha}}{2\,\alpha\,A} L'\, u_1(g) = \left[(a-2\alpha)(Ax^2+Ay^2) + (1-2\alpha a-a)z^2\right] + \frac{a}{4A}(x^2+y^2)(Ax^2+Ay^2-(1-2\alpha)\,a\,z^2) .$$

Un calcul analogue à celui du lemme 17 prouve alors qu'il existe un compact K_1 tel que, si $v_1 = (u_1 \wedge 1_{K_1^c}) \vee 0$, alors :

$$E\{v_1(g.Y)\} = P\, v_1(g) \geq v_1(g)$$

pour g en dehors de K_1 et appartenant à un cylindre $\mathcal{C}_2$ d'axe e_3 et de base compacte (avec α assez petit, et ce cylindre $\mathcal{C}_2$ grandissant lorsque a diminue). Il est alors possible de choisir a tel que le cylindre $\mathcal{C}_2$ contienne $\mathcal{C}_1$ et de choisir γ tel que :

$$u(g) = v_1(g) \quad \text{lorsque } g \text{ appartient à } \mathcal{C}_1$$

et

$$u(g) = v_2(g) \quad \text{lorsque } g \text{ est extérieur à } \mathcal{C}_2$$

Alors, si $g \notin K_1 \cup K_2$:

$$\text{si } g \in \mathcal{C}_2 : E\{u(g.Y)\} \geqslant E\{v_2(g.Y)\} \geqslant v_2(g) = u(g)$$

$$\text{si } g \in \mathcal{C}_1 : E\{u(g.Y)\} \geqslant E\{v_1(g.Y)\} \geqslant v_1(g) = u(g)$$

$$\text{si } g \in \mathcal{C}_1^c \cap \mathcal{C}_2 : E\{u(g.Y)\} \geqslant E\{v_2(g.Y)\} \geqslant v_2(g)$$

$$E\{u(g.Y)\} \geqslant E\{v_1(g.Y)\} \geqslant v_1(g)$$

$$\text{donc } : E\{u(g.Y)\} \geqslant v_1 \vee v_2(g) = u(g) .$$

Ce qui achève la preuve du lemme 23 et du théorème 21 .

3) Cette fois, on ne suppose plus $E(Y^3) = 0$. On suppose toujours que l'hypothèse (H) est vérifiée. On peut toujours, comme précédemment, se ramener à :

$$E(Y^1.Y^2) = E(Y^1.Y^2) = E(Y^2.Y^3) = E(Y^1) = E(Y^2) = 0$$

et

$$E\{(Y^1)^2\} = E\{(Y^2)^2\} = 1$$

<u>Théorème 24</u>.

Sous les hypothèses précédents, pour toute f bornée à support compact, il existe des constantes C_f , α, η, γ, A, a, b, telles que

$$Uf.(g) \leqslant C_f \left\{ \frac{1}{(x^4+y^4+(8+\eta)z^2)^\alpha} \wedge \frac{1}{\gamma[Ax^2+Ay^2+az^2]^\alpha} \wedge \frac{1}{(x^2+y^2+bz)^\alpha} \right\}$$

avec $g = (x,y,z)$ pour $|g|$ assez grand.

(ici la fonction $\frac{1}{(x^2+y^2+bz)^\alpha}$ n'est définie que pour $x^2+y^2+bz > 0$)

La démonstration de ce théorème est analogue aux deux précédentes. Nous l'omettrons.

Corollaire 25. Soit $\varphi : H_1 \to \mathbb{R}$ une fonction bornée à décroissance rapide. Soit U le noyau potentiel d'une marche aléatoire sur H_1 adaptée ayant un moment d'ordre $4+\delta$ $(\delta > 0)$. Alors le potentiel $U\varphi$ est fini et localement intégrable pour la mesure de Lebesgue de H_1.

La démonstration de ce corollaire est identique à celle du corollaire 24 du chapitre II.

II. Marches sur les groupes d'Heisenberg H_d

Les résultats de l'alinéa précédent s'étendent à tous les groupes d'Heisenberg H_d. C'est ce que nous allons voir ici. Les démonstrations étant essentiellement les mêmes que pour H_1, nous ne prouverons en détail que les points qui diffèrent.

Soit B une forme bilinéaire antisymétrique non dégénérée sur l'espace $\mathbb{R}^{2d}$ $(d \geq 1)$. Soit $H_d = \mathbb{R}^{2d} \oplus \mathbb{R}$, e l'élément de H_d de composantes $(0,\dots 0,1)$ dans la base canonique de H_d et $\pi : H_d \to \mathbb{R}^{2d}$ la projection parallèle à e. La formule $[g,h] = B(\pi g, \pi h).\, e$ définit sur H_d une structure d'algèbre de

Lie nilpotente d'ordre 2 telle que la droite (e) engendrée par e soit le centre de cette algèbre et telle que $[H_d, H_d] = (e)$. La formule de Campbell-Hausdorff permet alors de définir sur H_d une structure de groupe nilpotent. Plus précisément la multiplication de ce groupe est donnée par : $g.h = g+h+\frac{1}{2}[g,h]$. Ce groupe est le groupe d'Heisenberg (réel) de dimension 2d+1 .

Prouvons déjà un lemme

Lemme 26. Soit B une forme bilinéaire antisymétrique non dégénérée sur R^{2d} et K une forme bilinéaire symétrique définie positive sur R^{2d} . Alors il existe une base $\ell_1, \ell_2, \dots, \ell_{2d}$ de R^{2d} telle que la matrice de K dans cette base soit l'identité et telle que celle de B soit de la forme :

$$\begin{pmatrix} 0 & \lambda_1 & & & & & & \\ -\lambda_1 & 0 & & & & 0 & & \\ & & 0 & \lambda_2 & & & & \\ & & -\lambda_2 & 0 & & & & \\ & 0 & & & \ddots & & & \\ & & & & & & 0 & \lambda_d \\ & & & & & & -\lambda_d & 0 \end{pmatrix} \qquad (11)$$

où les λ_i (i=1,2,...,d) sont strictement positifs (et peuvent ne pas être distincts).

Démonstration. Ce lemme est sans doute classique. Donnons en une preuve élémentaire. Il existe une base $e_1, e_2, \dots e_{2d}$ de R^{2d} telle que la matrice de K dans cette base soit l'identité. Soit B_1 la matrice de B dans cette base B_1 étant antisymétrique non dégénérée, $-B_1^2$ est symétrique définie positive. Il existe donc une matrice orthogonale σ_1 telle que $-\sigma_1^* B_1^2 \sigma_1 = D$ soit diagonale. La matrice B_2 de B dans la base $e_1' = \sigma e_1$, $e_2' = \sigma e_2, \ldots, e_{2d}' = \sigma e_{2d}$ (où σ est l'application linéaire de matrice σ_1 dans $e_1, \ldots, e_{2d}$) est égale à $\sigma_1^* B \sigma_1$ et satisfait donc à la relation :

$$- B_2^2 = D \qquad (12)$$

Remarquons que les éléments α_i de la diagonale de D sont strictement positifs et apparaissent chacun un nombre pair de fois (puisque : $\text{dét}(-B_2^2-\lambda^2 I) = \det(B_2-i\lambda I).\text{dét}(B_2+i\lambda I) = \text{dét}(B_2+i\lambda I)^2$, B_2 étant antisymétrique). Soit $\bar{B}$ l'application linéaire dont la matrice dans $e_1', \ldots e_{2d}'$ est B_2. Il est clair que

$$B(u,v) = K(u,\bar{B}v) \quad \text{pour tout} \quad u,v \in \mathbb{R}^{2d} \qquad (13)$$

Soit $V_i = \{v \mid -B^2 v = \alpha_i v\}$. Les V_i sont de dimension paire, orthogonaux deux à deux pour K et tels que $\bigoplus_i V_i = \mathbb{R}^{2d}$ d'après (12).

D'autre part, les V_i sont invariants par $\bar{B}$, et la relation (3) implique alors qu'ils sont orthogonaux deux à deux pour B. Soit maintenant $v \in V_i$, de norme 1 pour K. Le plan P engendré par v et B a même orthogonal dans V_i pour K et B. On en déduit (récurrence sur la dimension) que $V_i = \bigoplus_j V_i^j$, où les V_i^j sont de dimension 2, orthogonaux deux à deux pour B et K. Finalement, soient $v_1, v_3, \ldots v_{2d-1}$ des éléments de norme 1 pour K pris dans les V_i^j. La base

$$\frac{1}{\alpha_{s_1}^{1/2}} \bar{B} v_1, v_1, \frac{1}{\alpha_{s_3}^{1/2}} \bar{B} v_3, v_3, \ldots \frac{1}{\alpha_{s_{2d-1}}^{1/2}} \bar{B} v_{2d-1}, v_{2d-1}$$

où $v_k \in V_{s_k}$, convient.

Soit maintenant $Y_1, Y_2, \ldots, Y_n, \ldots$ une suite de v.a. indépendantes à valeurs dans H_d, de même loi μ adaptée. Nous ferons les hypothèses suivantes :

H_1) pour un $\delta > 0$, les Y_i possèdent un moment d'ordre $4+\delta$, soit :

$$E(|Y_i|^{4+\delta}) < +\infty$$

H_2) les Y_i sont centrées

H_3) la dernière composante des Y_i est nulle (les Y_i sont donc à valeurs dans $\mathbb{R}^{2d}$).

Pour ce que nous allons faire, ces hypothèses sont trop fortes (en particulier H_2 et H_3). Nous les avons ajoutées uniquement dans un but de simplification. Les Y_i étant adaptées, la matrice de covariance K des Y_i est symétrique définie positive (K est une matrice $2d \times 2d$). D'après le lemme précédent, il existe donc une base $e_1, \dots e_{2d}$ de $\mathbb{R}^{2d}$ telle que :

a. Si $Y_i = \sum Y_i^j e_j$, alors $E(Y_i^k Y_i^j) = \delta_{kj}$, où δ est le symbole de Kronecker

b. la matrice de B dans cette base est de la forme (11) .

Dans tout ce qui suit $x = (x_1, x_2, \dots x_{2d}, z)$ désignera l'élément $\sum_{i=1}^{2d} x_i e_i + ze$ de H_d , et si Y est une v.a. à valeurs dans H_d , Y^i $(i=1,2,\dots 2d)$ sera sa composante sur e_i .

Nous pouvons maintenant énoncer le principal théorème de cet alinéa.

Théorème 27.

Soit U le noyau potentiel de la m.a. droite associée aux Y_i . Sous les hypothèses et avec les notations précédentes, il existe des constantes $\alpha > 0$ et $\gamma > 0$ telles que, pour toute f bornée à support compact, on ait une constante C_f avec :

$$|Uf(x)| \leq C_f \frac{1}{\sum_{i=1}^{d} \lambda_i^2 (x_{2i-1}^4 + x_{2i}^4) + (8+\eta) z^2}$$

($x=(x_1,\ldots x_{2d},z)$ et $|x|$ assez grand).

Démonstration. En vertu du lemme 1, ce théorème sera une conséquence immédiate du lemme suivant

Lemme 28. Sous les hypothèses précédentes, soit

$$u(x_1,x_2,\ldots,x_{2d},z) = 1 - \sum_{i=1}^{d} \lambda_i^2 (x_{2i-1}^4 + x_{2i}^4) + (8+\eta) z^2 .$$

Alors, il existe $\eta > 0$, $\alpha > 0$ et un compact K de H_d de la forme :

$$K = \left\{ \sum_{i=1}^{d} \lambda_i^2 (x_{2i-1}^4 + x_{2i}^4) + (8+\eta) z^2 \leq \rho_0^2 \right\}$$

tels que la fonction $v(x_1,\ldots,x_{2d},z) = u(x_1,\ldots,x_{2d},z) \wedge 1_{K^c}) \vee 0$ satisfasse aux hypothèses du lemme 1 pour K.

Démonstration. Nous allons procéder en plusieurs étapes :

1.- D'après le point b. précédent, la forme bilinéaire B a une expression simple dans la base choisie. Si $x = (x_1,\ldots,x_{2d},z)$ et $h = (h_1,\ldots,h_{2d},0)$ alors :

$$B(x,h) = \sum_{i=1}^{d} \lambda_i (x_{2i-1} h_{2i} - x_{2i} h_{2i-1}) ,$$

et par conséquent, dans cette même base :

$$x.h = (x_1 + h_1,\ldots,x_{2d}+h_{2d},z + \frac{1}{2} \sum_{i=1}^{d} \lambda_i (x_{2i-1} h_{2i} - x_{2i} h_{2i-1})) .$$

Suivant la méthode déjà utilisée dans (I), effectuons un développement en série de $u(x,h)$. On a :

$$u(x.h) = u(x+h+\frac{1}{2}B(x,h)) = u(x) + \sum_{i=1}^{2d} h_i \frac{\partial u}{\partial x_i}(x)$$

$$+ \frac{1}{2}\sum_{i=1}^{d} \lambda_i (x_{2i-1}\, h_{2i} - x_{2i}\, h_{2i-1}) \frac{\partial u}{\partial z}(x)$$

$$+ \frac{1}{2}\Big\{\frac{1}{4}(\sum_{i=1}^{d} \lambda_i (x_{2i-1}\, h_{2i} - x_{2i}\, h_{2i-1})^2) \frac{\partial^2 u}{\partial z^2}(x)$$

$$(14) \qquad + \sum_{i,j=1}^{2d} h_i h_j \frac{\partial^2 u}{\partial x_i \partial x_j}(x)$$

$$+ \sum_{i=1}^{2d} h_i (\sum_{j=1}^{d} \lambda_j (x_{2j-1}\, h_{2j} - x_{2j}\, h_{2j-1}) \frac{\partial^2 u}{\partial x_i \partial z}(x)$$

$$+ \ldots$$

Soit $\rho^2 = \sum_{i=1}^{d} \lambda_i^2 \, (x_{2i-1}^4 + x_{2i}^4) + (8+\eta) z^2$; le développement en série (14) est convergent, pour ρ assez grand, dans le domaine $D_{\rho,\varepsilon} = \{h;\ \sup_{i=1,\ldots,d} |h_i| \leq \rho^{1/2-\varepsilon}\}$ pour un ε strictement positif. (en effet, on remarque déjà que pour θ compris entre 0 et 1 et $h \in D_{\rho,\varepsilon}$, on a :

$$\sum_{i=1}^{2d} \lambda_i^2 (x_i + h_i)^4 + (8+\eta)(z + \frac{\theta}{2}\sum_{i=1}^{d} \lambda_i (x_{2i-1}\, h_{2i} - x_{2i}\, h_{2i-1}))^2 \geq c_1^{\,2} \rho^2$$

ensuite, on majore le reste de Taylor à l'ordre n de (14) par $c_2^n \cdot \rho^{-n\varepsilon}$).

2.- Supposons pour l'instant que le support de la loi de la v.a. Y (*) est compact. Il existe alors un ρ à partir duquel ce support est contenu dans $D_{\rho,\varepsilon}$. On peut donc, pour ρ assez grand, substituer Y à h dans (14). Prenant l'espérance des deux membres de la relation ainsi obtenue, on obtient, compte-tenu de ce que Y est centrée et de a) :

$$E(u(x.X)) = u(x) + \frac{1}{2} L\, u(x) + \ldots$$

où

(*) Y est une v.a. de même loi μ que les Y_i

$$L = \sum_{i=1}^{2d} \frac{\partial^2}{\partial x_i^2} + \sum_{i=1}^{d} \lambda_i \left(x_{2i-1}\frac{\partial^2}{\partial x_{2i}\partial z} - x_{2i}\frac{\partial^2}{\partial x_{2i-1}\partial z}\right)$$
$$+ \frac{1}{4}\left\{\sum_{i=1}^{2d} \lambda_i^2 \,(x_{2i-1}^2+x_{2i}^2)\right\}\frac{\partial^2}{\partial z^2}$$

Le calcul explicite de $Lu(x)$ donne :

$$\alpha^{-1}(\rho^2)^{2+\alpha}\, Lu(x) = S + \sum_{i=1}^{d} \lambda_i\, D_{\alpha,z}(\lambda_i^{1/2}\, x_{2i-1}, \lambda_i^{1/2}.x_{2i}) \qquad (15)$$

où

$$S = (16+\tfrac{\eta}{2}) \sum_{\substack{i,j=1\\ i\neq j}}^{d} \lambda_i^2 (x_{2i-1}^2 + x_{2i}^2)\, \lambda_j^2\, (x_{2j-1}^4+x_{2j}^4)$$

et

$$D_{\alpha,z}(u,v) = \left\{8-\tfrac{\eta}{2}-\alpha(8+\eta)\right\}(8+\eta)(u^2+v^2).z^2 - 8(1+\alpha)(8+\eta)\, uvz(u^2-v^2)$$
$$+ (16+\tfrac{\eta}{2})(u^4+v^4)(u^2+v^2) - 16.(1+\alpha)(u^6+v^6)$$

Ce dernier terme est un trinôme du second degré en z , dont le discriminant vaut, pour $\alpha = 0$:

$$\Delta_0' = 16(8+\eta)^2\, \theta^8\left\{-4t^2+t\left[1+(\tfrac{12}{8+\eta}-\tfrac{1}{2})(1-\tfrac{\eta}{16})\right]-\tfrac{16+\eta}{64}\,(\tfrac{12}{8+\eta}-\tfrac{1}{2})\right\}$$

où on a posé :

$$u = \theta\cos\varphi,\ v = \theta\sin\varphi \quad\text{et}\quad t = (\cos^2\varphi - \tfrac{1}{2})^2 .$$

De cette expression, on déduit que $\Delta_0' < 0$ dès que $\eta > 0$. Δ_α' étant une fonction continue de α , et t variant dans le compact $[0,1/4]$. D'où : $D_{\alpha,z}(u,v) > 0$ pour tout u et v . On peut même obtenir un peu mieux, en mettant le trinôme $D_{\alpha,z}$ sous forme canonique : $D_{\alpha,z}(u,v) \geq C_3\, \theta^2\left\{u^4+v^4+(8+\eta)z^2\right\}$, où la constante C_3 peut être choisie arbitrairement proche de $8-\frac{\eta}{2}$ pour z assez grand et θ^2 borné. Reportant cette minoration dans (15) et compte-tenu de la valeur de S , on a :

$$\alpha^{-1}(\rho^2)^{2+\alpha}Lu(x) \geq C_3\Big(\sum_{i=1}^{d} \lambda_i^2\, \theta_i^2\Big).\Big(\sum_{j=1}^{d} \lambda_j^2 (x_{2j-1}^4+x_{2j}^4)+(8+\eta)z^2\Big)$$

$$(\text{avec } \theta_i^2 = x_{2i-1}^2 + x_{2i}^2)$$

Soit, après simplification par ρ^2 :

$$Lu(x) \geqslant \frac{c_3 \sum_{i=1}^{d} \lambda_i^2 \theta_i^2}{(\rho^2)^{1+\alpha}} \tag{16}$$

Remarque 29. La minoration (16) repose essentiellement sur le fait que $\frac{\Delta\alpha}{\theta 8}(t)$ est majoré par un nombre strictement négatif et, t variant dans un compact, il est clair que la minoration (16) est encore vraie pour un opérateur L^{o} dont les coefficients sont suffisamment proches de ceux de L .

3. Nous supposons toujours la loi de Y à support compact, et nous nous proposons d'établir que :

$$E(u(x.X)) \geqslant u(x) + \frac{c_4}{(\rho^2)^{1+\alpha}}, \quad \text{pour } x \text{ en dehors d'un compact} \tag{17}$$

Dans l'alinéa précédent, dans le développement :

$$E(u(x.Y)) = u(x) + \frac{1}{2} Lu(x) + \dots$$

nous avons seulement étudié les termes d'ordre 2 . Or la somme des termes d'ordre supérieur est égale à : $\sum_{i=1}^{d} A_i$, avec

$$A_i = 4\alpha\lambda_i^2 \frac{x_{2i-1} E\{(Y^{2i-1})^3\} + \varepsilon_{2i-1}(\rho)) + x_{2i} E\{(Y^{2i})^3\} + \varepsilon_{2i}(\rho))}{({}^{2})^{1+}}$$

$$+\alpha\lambda_i^2 \frac{E\{(Y^{2i-1})^4\} + E\{(Y^{2i})^4\} + \varepsilon_i'(\rho)}{(\rho^2)^{1+\alpha}} + \frac{\theta_i^2 \varepsilon_i''(\rho)}{(\rho^2)^{1+\alpha}} \tag{18}$$

où les fonctions ε_i , ε_i' et ε_i'' tendent vers zéro quand $\rho \to \infty$.

Comparons $\frac{1}{2}$ Lu(x) et la somme des A_i :

. Si $\sum_{i=1}^{d} \lambda_i^2 \theta_i^2$ est assez grand, alors

$$\frac{1}{2} Lu(x) + \sum_{i=1}^{d} A_i \geqslant \frac{c_4'}{(\rho^2)^{1+\alpha}} \tag{19}$$

d'après (16) et (18).

Supposons $\sum_{i=1}^{d} \lambda_i^2\, \theta_i^2$ borné ; de l'inégalité :

$$\left\{E(Y^j)^3\right\}^2 < E\left\{(Y^j)^4\right\}$$

on déduit l'existence de $\eta > 0$ tel que

$$4\left\{E(Y^j)^3\right\}^2 - \frac{1}{2}\left(8-\frac{\eta}{2}\right) E\left\{(Y^j)^4\right\} < 0 \tag{20}$$

Puisque, pour θ_i^2 borné et $|z|$ assez grand, C_3 peut être choisie aussi proche qu'on veut de $8 - \frac{\eta}{2}$, on tire de (4), (6) et (8) :

$$\frac{1}{2}\, Lu(x) + \sum_{i=1}^{d} A_i \geq \frac{C_4''}{(\rho^2)^{1+\alpha}} \tag{21}$$

pour $\sum \lambda_i^2\, \theta_i^2$ bornés et $|z|$ assez grand.

Rassemblant alors (19) et (21), l'inégalité (17) est prouvée.

4. Dans le cas où la loi de Y est à support compact, la relation (17) prouve que la fonction u satisfait aux hypothèses du lemme 15. Ici, nous ne supposons plus la loi de Y à support compact, et nous allons opérer par troncature. On peut toujours, comme au point 2, substituer Y à h dans (14), mais à condition que Y appartienne à $D_{h,\varepsilon}$. On obtient :

$$E\left\{u(x,Y);\ Y \leq \rho^{1/2-\varepsilon}\right\} = u(x).P\left\{|Y| \leq \rho^{1/2-\varepsilon}\right\} + \sum_{i=1}^{2d} E(Y^i;\ Y \quad {}^{1/2-}\ )\frac{u}{x_i}(x)$$

$$+ \frac{1}{2}\sum_{i=1}^{d} \lambda_i E\left\{x_{2i-1}\, Y^{2i} - x_{2i}\, Y^{2i-1};\ |Y| \leq \rho^{1/2-\varepsilon}\right\}\frac{\partial u}{\partial z}(x) + \frac{1}{2} L^{\varepsilon_0}\, u(x)$$

$$+ \ldots \tag{22}$$

où l'opérateur L^{ε_0} satisfait aux conclusions de la remarque 18 si ρ est assez grand. Dans (22), on a donc :

$$\frac{1}{2}\, L^{\varepsilon_0}\, u(x) + \ldots \geq \frac{C}{(\rho^2)^{1+\alpha}} \quad (x \text{ en dehors d'un compact}) \tag{23}$$

Nous allons maintenant comparer les premiers termes de (22) à $\dfrac{C_5}{(\rho^2)^{1+\alpha}}$.

$. \ u(x)\ P\left\{|Y| \leq \rho^{1/2-\varepsilon}\right\} = u(x) - u(x)\ P\left\{|Y| > \rho^{1/2-\varepsilon}\right\}.$

Or d'après l'existence de $E(|Y|^{4+\delta})$, on a :

$$P\left\{|Y| > \rho^{1/2-\varepsilon}\right\} \leq \frac{C_6}{\rho^{2+\frac{\delta}{2}-4\varepsilon-\varepsilon\delta}} = O\left(\frac{1}{\rho}\right) \frac{1}{(\rho^2)^{1+\alpha}} \qquad (24)$$

si α et ε ont été choisis assez petits (en fonction de δ).

$$. \ E(Y^i; |Y| \leq \rho^{1/2-\varepsilon}) \frac{\partial u}{\partial x_i}(x) = \frac{4\alpha \lambda_{r(i)}^2 \ x_i^3 \ E(Y^i; |Y| \leq \rho^{1/2-\varepsilon})}{(\rho^2)^{1+\alpha}}$$

(avec $r(i) = \frac{i}{2}$ si i est pair, $\frac{i+1}{2}$ sinon).

Utilisant le fait que Y est centrée et l'inégalité de Hölder :

$$\left| x_i^3 \ E(Y^i; |Y| \leq \rho^{1/2-\varepsilon}) \frac{\partial u}{\partial x_i}(x) \right| \leq \frac{C_7^i \ \rho^{3/2}}{\left(\rho^{2+\frac{\delta}{2}-4\varepsilon-\varepsilon\delta}\right)^{3/4}} = O\left(\frac{1}{\rho}\right) \qquad (25)$$

si ε a été choisi assez petit.

$$. \ E\left\{x_{2i-1} \ Y^{2i} - x_{2i} \ Y^{2i-1}; |Y| \leq \rho^{1/2-\varepsilon}\right\} \frac{\partial u}{\partial z}(x) =$$

$$\frac{\alpha(8+\eta)\lambda_i \ z \ E\left\{x_{2i-1} \ Y^{2i} - x_{2i} \ Y^{2i-1}; |Y| \leq \rho^{1/2-\varepsilon}\right\}}{(\rho^2)^{1+\alpha}}$$

Et :

$$\left| z \ E\left\{x_{2i-1} \ Y^{2i} - x_{2i} \ Y^{2i-1}; |Y| \leq \rho^{1/2-\varepsilon}\right\} \right| \leq \frac{C_8^i \ \rho^{3/2}}{\left(\rho^{2+\frac{\delta}{2}-4\varepsilon-\varepsilon\delta}\right)^{3/4}} = O\left(\frac{1}{\rho}\right) \qquad (26)$$

si ε a été choisi assez petit.

Rassemblant alors : (22), (23), (24), (25) et (26) on obtient :

$$E\left\{u(x.Y); |Y| \leq \rho^{1/2-\varepsilon}\right\} \geq u(x) \qquad (x \text{ en dehors d'un compact } K).$$

Le lemme 28 s'en déduit alors sans peine.

III. Le groupe diamant Δ

Nous allons maintenant appliquer les méthodes précédentes à un groupe résoluble, le groupe Δ. Soit $T = \mathbb{R}/\mathbb{Z}$ le tore de dimension 1.

. Soit $\rho : T \longrightarrow \mathrm{Aut}(H_1)$ l'homomorphisme de T dans le groupe des automorphismes du groupe d'Heisenberg H_1 défini par :

$$\rho(t)(h,z) = (e^{2i\pi t}.h,z) \qquad (h \in \mathbb{C},\ z \in \mathbb{R}) \ .$$

Le groupe diamant Δ est le produit semi-direct de T et de H_1 induit par l'homomorphisme ρ. Plus précisément, la loi de multiplication de Δ est donnée par :

$$(t,h,z).(t',h',z') = (t+t',h+e^{2i\pi t}h',z+z'+\tfrac{1}{2}(\mathrm{Re}\ h.\mathrm{Im}\ e^{2i\pi t}h'-\mathrm{Im}\ h.\mathrm{Re}\ e^{2i\pi t}h'$$

$$(t,t' \in T,\ h,h' \in \mathbb{C},\ z,z' \in \mathbb{R}) \qquad (27)$$

est un groupe résoluble de dimension 4 (sur $\mathbb{R}$) et de type R.

Soit $Y_n = (U_n,\ Y_n^1,\ Y_n^2,\ Y_n^3)$ une suite de v.a. à valeurs dans Δ, indépendantes et de même loi adaptée μ (U_n est à valeurs dans T, (Y_n^1,Y_n^2) à valeurs dans $\mathbb{C} \simeq R^2$ et Y_n^3 à valeurs dans $\mathbb{R}$). Soit

$$X_n = Y_1 \ldots Y_n \ ,$$

ou encore :

$$X_n = (U_1+U_2\ldots+U_n, Y_1^1+iY_1^2+e^{2i\pi U_1}(Y_2^1+iY_2^2)+\ldots+e^{2i\pi(U_1+\ldots+U_{n-1})}(Y_n^1+iY_n^2), Z_n)$$

$$= (U_1+\ldots+U_n,\ X_n',\ Y_n',\ Z_n) \quad \text{avec :}$$

$$Z_n = Z_{n-1}+Y_n^3+\frac{1}{2}\Big\{X'_{n-1}\Big[(\sin 2\pi(U_1+\ldots+U_{n-1})Y_n^1+\cos 2\pi(U_1+\ldots+U_{n-1})Y_n^2\Big]$$

$$-Y'_{n-1}\Big[(\cos 2\pi(U_1+\ldots+U_{n-1})Y_n^1-\sin 2\pi(U_1+\ldots+U_{n-1})Y_n^2\Big]\Big\}$$

Nous allons maintenant prouver la transience et le renouvellement pour les marches aléatoires sur Δ sous deux types d'hypothèses : existence de moments et étalement.

Existence de moments. Si $g \in \Delta$ nous noterons $g = (t,x,y,z)$ ses composantes sur $\mathbb{T}$, $\mathbb{C} \simeq \mathbb{R}^2$ et $\mathbb{R}$ respectivement. Nous ferons les hypothèses suivantes :

- μ est adaptée et $E(Y_n^3) = 0$
- les v.a. (Y_n^1, Y_n^2) possèdent un moment d'ordre $4+\delta$ $(\delta > 0)$

Théorème 30.

Sous ces hypothèses, la m.a. de pas Y_n est transitoire et son potentiel tend vers zéro à l'infini.

Démonstration. Notons déjà qu'on peut supposer $E(Y_n^1) = E(Y_n^2) = 0$, quitte à remplacer, comme pour le théorème 2, Y_n^1 et Y_n^2 par leurs images par un automorphisme intérieur de Δ bien choisi. C'est ce que nous ferons désormais.

Lemme 31. La matrice de covariance K_n de la v.a. $\left(\frac{X'n}{\sqrt{n}}, \frac{Y'n}{\sqrt{n}}, \frac{Zn}{n}\right)$ converge quand $n \to \infty$ vers une matrice K de la forme :

$$\begin{pmatrix} b & 0 & 0 \\ 0 & b & 0 \\ 0 & 0 & a \end{pmatrix} \qquad (a,b > 0)$$

Démonstration du lemme 31.

1) D'après le chapitre II, B et C , les v.a. $\left(U_1+\ldots+U_n, \frac{X'n}{\sqrt{n}}, \frac{Y'n}{\sqrt{n}}\right)$ convergent en loi quand $n \to \infty$ vers le produit

de la mesure de Haar σ de T et d'une loi gaussienne $\mathcal{N}$ invariante par rotation. Soit $\begin{pmatrix} b & 0 \\ 0 & b \end{pmatrix}$ la matrice de covariance de $\mathcal{N}$.

2) Soit

$$H_n = Y_n^3 + \left\{ X'_{n-1} \left[\sin 2\pi(U_1+\ldots+U_{n-1}) Y_n^1 + \cos 2\pi(U_1+\ldots+U_{n-1}) Y_n^2 \right] \right.$$

$$\left. - Y'_{n-1} \left[\cos 2\pi(U_1+\ldots+U_{n-1}) Y_n^1 - \sin 2\ (U_1+\ldots+U_{n-1}) Y_n^2 \right] . \right\}$$

Nous allons prouver que $\frac{1}{n} E(H_n^2)$ tend vers une limite quand $n \to \infty$. Pour cela, nous allons examiner successivement le comportement de chaque terme intervenant dans le développement de H_n^2 :

$$\lim_{n\to\infty} \frac{1}{n} E\left\{(Y_n^3)^2\right\} = 0$$

$$\lim_{n\to\infty} \frac{1}{n} E\left\{Y_n^3 . X'_{n-1}(\sin 2\pi(U_1+\ldots+U_{n-1}))Y_n^1\right\} =$$

$$\lim_{n\to\infty} \frac{1}{\sqrt{n}} E\left\{\frac{X'_{n-1}}{\sqrt{n}} (\sin 2\pi(U_1+\ldots+U_{n-1}))\right\} E(Y_n^3\ Y_n^1) = 0$$

d'après le point 1), et la même chose pour les autres termes du même type.

$$\lim_{n\to\infty} . E\left\{\frac{1}{4}\left\{\frac{X'_{n-1}}{\sqrt{n}} \left[\sin 2\pi\ (U_1+\ldots+U_{n-1}) Y_n^1 + \cos 2\pi(U_1+\ldots+U_{n-1}) Y_n^2\right]\right\}^2\right\}$$

$$= \frac{b}{4}\left\{\int_T \sin^2 2\pi t\, d\sigma(t) . E\left\{(Y_n^1)^2\right\} + \int_T \cos^2 2\pi t\, d\sigma(t) . E\left\{(Y_n^2)^2\right\}\right.$$

$$\left. + 2 \int_T \sin 2\pi t . \cos 2\pi t\, d\sigma(t)\ E(Y_n^1 . Y_n^2) \right\}$$

$$= \frac{b}{8}\left[E\left\{(Y_n^1)^2\right\} + E\left\{(Y_n^2)^2\right\}\right] \text{ d'après le point 1) .}$$

et la même chose pour le terme :

$$E\left\{\frac{1}{4}\left\{\frac{Y'_{n-1}}{\sqrt{n}}\left[\cos 2\pi(U_1+\ldots+U_{n-1}) . Y_n^1 - \sin 2\ (U_1+\ldots+U_{n-1}) Y_n^2\right]\right\}^2\right\}$$

Enfin :

$$\lim_{n\to\infty} E\left\{\frac{X'_{n-1}}{\sqrt{n}} \sin 2\pi(U_1+\ldots+U_{n-1}) Y_n^1 . \frac{Y'_{n-1}}{\sqrt{n}} \sin 2\pi(U_1+\ldots+U_{n-1}) Y_n^2\right\} = 0$$

et la même chose pour les trois autres termes du même type.

Finalement : $\frac{1}{n} E(H_n^2) \underset{n\to\infty}{\longrightarrow} \frac{b}{4}\left[E\left\{(Y_n^1)^2\right\} + E\left\{(Y_n^2)^2\right\}\right]$

3) Prouvons alors que : $\frac{1}{n^2} E(Z_n^2)$ a une limite quand $n \to \infty$.

On a $Z_n = \sum_{i=1}^{n} H_i$, et on voit facilement que $E(H_i.H_j) = 0$ si $i \neq j$.

D'où $E(Z_n^2) = \sum_{i=1}^{n} E(H_i^2)$. En appliquant le point 2 , on a alors :

$$\lim_{n\to\infty} \frac{1}{n^2} E(Z_n^2) = \frac{b}{8}\left[E\left\{(Y_n^1)^2\right\} + E\left\{(Y_n^2)^2\right\}\right] = a$$

4) Il reste à voir, pour prouver le lemme 16 que :

$$\lim_{n\to\infty} \frac{1}{n^{3/2}} E(X'_n.Z_n) = \lim_{n\to\infty} E(Y'_n.Z_n) = 0 .$$

Mais cela résulte de calculs tout à fait analogues à ceux que nous venons d'effectuer, et nous ne les ferons pas.

Remarque 32. Appelons marche aléatoire de pas $Y_1 \ldots Y_k$ la m.a. $V_n = X_{nk}$. Si la conclusion du théorème 30 est vraie pour la m.a. de pas $Y_1 \ldots Y_k$, elle est vraie pour la marche aléatoire initiale (de pas Y_i). En effet, appelant U^k le potentiel de la m.a. V_n , cela résulte de la relation évidente :

$$Uf(g) = (\varepsilon_g + \varepsilon_g * \mu + \ldots + \varepsilon_g * \mu^{k-1})\ (U^k f) \quad \text{(cf. chapit. II, E)}$$

Le lemme suivant n'est qu'une version des lemmes 20 et 23.

Lemme 33. Soit $Y = (Y^1, Y^2, Y^3)$ une v.a. à valeurs dans $\mathbb{R}^3$, centrée et ayant un moment d'ordre $4+\delta$ $(\delta>0)$, de matrice de covariance K_Y . Soit f : $\mathbb{R}^3 \to \mathbb{R}$ et g : $\mathbb{R}^3 \to \mathbb{R}$ définies par :

$$f(x,y,z) = 1 - \frac{1}{(x^4+y^4+(8+\eta)z^2)^\alpha} , \qquad g(x,y,z) = 1 - \frac{1}{\gamma(ax^2+ay^2+z^2)^\alpha}$$

Soit I_a la matrice $\begin{pmatrix} 1 & 0 & 0 \\ 0 & 1 & 0 \\ 0 & 0 & a \end{pmatrix}$. Alors, il existe $\varepsilon > 0$, α, β et γ tels que si $\|K_Y - I_a\| \leq \varepsilon$ on ait :

$$E\left\{v(x+Y^1, y+Y^2, z+Y^3) + \tfrac{1}{2}(xY^2 - yY^1)\right\} \geq v(x,y,z)$$

pour (x,y,z) en dehors d'un compact, et où $v = (g \vee f \quad) \vee 0$.

Nous sommes maintenant en mesure d'achever la preuve du théorème 30. Pour tout $p > 0$, l'application Γ_p :

$$\Gamma_p(t,x,y,z) = \left(t, \frac{x}{\sqrt{p}}, \frac{y}{\sqrt{p}}, \frac{z}{\sqrt{p}}\right)$$

est un isomorphisme du groupe Δ. Quitte à remplacer les v.a. Y_i par leurs images par Γ_p (pour un p bien choisi), et d'après le lemme 31 et la remarque 32, on peut supposer que les v.a. $Y_i = (U_i, Y_i^1, Y_i^2, Y_i^3)$ satisfont à $\|K_Y - I_a\| \leq \varepsilon$ pour un a bien choisi; (où K_Y est la matrice de covariance des Y_i et où ε est celui dont le lemme 33 affirme l'existence). Remarquant alors que si :

$$Y(t) = (Y^1(t), Y^2(t), Y_1^3)$$

$$\text{avec } Y^1(t) = (\cos 2\pi t)Y_1^1 - (\sin 2\pi t)Y_1^2$$

$$\text{et } \quad Y^2(t) = (\sin 2\pi t)Y_1^1 + (\cos 2\pi t)Y_1^2,$$

on a $\|K_{Y(t)} - I_a\| \leq \varepsilon$ pour tout t, nous en déduisons, appliquant le

Lemme 33.

$$E\left\{(1_T \cdot V)\left[(t,x,y,z).(U_1, Y^1, Y^2, Y^3)\right]\right\} =$$

$$= E\left\{v(x+Y^1(t), y+Y^2(t), z+Y^3 + \tfrac{1}{2}(xY^2(t) - yY^1(t))\right\}$$

$$\geq v(x,y,z) = (1_T \cdot V)(t,x,y,z)$$

pour (x,y,z) en dehors d'un compact. Le théorème 30 est alors une conséquence immédiate du lemme 15.

Lorsque les Y^i ont des moments d'ordre $4+\delta$ mais que $E(Y_i^3) \neq 0$, les conclusions du théorème 30 demeurent vraies. La démonstration de ce fait est essentiellement la même que la précédente, mais en plus des fonctions f et g interviennent des fonctions du type $1 - \frac{1}{(x^2+y^2+\beta z^2)}$.

Hypothèse d'étalement.

Théorème 34.

Si la mesure μ est étalée sur Δ, la m.a. associée est transitoire et le potentiel des fonctions bornées à support compact tend vers 0 à l'infini.

Démonstration. Cette démonstration va essentiellement ressembler à celle du théorème II 25.

1) tout d'abord, d'après la remarque 32 et quitte à remplacer μ par μ^k pour un k bien choisi, on peut supposer que μ a une partie non singulière par rapport à la mesure de Haar de Δ. Dans ce qui suit, nous supposerons cette transformation effectuée.

2) l'ensemble C des éléments de Δ de la forme $(0,0,z)$ $(z \in \mathbb{R})$ est un sous-groupe distingué central. Le quotient $\Delta/_C$ est isomorphe au groupe G_2 des déplacements de R^2. Notons $\pi : \Delta \to \Delta/_C \simeq G_2$ l'application canonique.

Désintégrons μ suivant π, soit :

$$\mu = \int_{\Delta/_C} \mu_{\bar{g}} \, d\tilde{\mu}(\bar{g})$$

($\tilde{\mu}$ est l'image de μ par π, $\mu_{\bar{g}}$ est une mesure sur Δ portée par $\pi^{-1}(\bar{g})$)

3) Calcul de μ^n. Soit $\sigma : \Delta/_C \simeq G_2 \to \Delta$ définie par

$$\sigma(t,h) = (t,h,0) \quad (t \in \mathbb{T},\ h \in \mathbb{C}) .$$

Il est clair que $\pi \circ \sigma$ est l'identité de G_2, mais σ n'est pas un homomorphisme. Pour $\bar{g} \in G_2$, posons :

$$\nu_{\bar{g}} = \varepsilon_{\sigma(\bar{g})^{-1}} * \mu_{\bar{g}}$$

$\nu_{\bar{g}}$ est une mesure de probabilité portée par C. De plus :

$$\mu_{\bar{g}} = \varepsilon_{\sigma(\bar{g})} * \nu_{\bar{g}}$$

et $$\mu = \int_{G_2} \varepsilon_{\sigma(\bar{g})} * \nu_{\bar{g}}\, d\bar{\mu}(\bar{g})$$

Pour $f : \Delta \to \mathbb{R}^+$, on a donc :

$$\int_\Delta f\, d\mu^n = \int_\Delta \cdots \int_\Delta f(g_1 \dots g_n)\, d\mu(g_1) \dots d\mu(g_n)$$
$$= \int_{G_2} \cdots \int_{G_2} \left(\int \cdots \int f(g_1 \dots g_n)\, d\mu_{\bar{g}_1}(g_1) \dots d\mu_{\bar{g}_n}(g_n) \right) d\bar{\mu}(\bar{g}_1) \dots d\bar{\mu}(\bar{g}_n)$$

Ce qu'on peut écrire formellement :

$$\mu^n = \int_{G_2} \cdots \int_{G_2} \mu_{\bar{g}_1} * \dots * \mu_{\bar{g}_n}\, d\bar{\mu}(\bar{g}_1) \dots d\bar{\mu}(\bar{g}_n)$$

Mais :

$$\mu_{\bar{g}_1} * \dots * \mu_{\bar{g}_n} = \varepsilon_{\sigma(\bar{g}_1)} * \nu_{g_1} \dots * \varepsilon_{\sigma(\bar{g}_n)} * \nu_{\bar{g}_n} = \varepsilon_{\sigma(\bar{g}_1) \dots \sigma(\bar{g}_n)} * \nu_{\bar{g}_1} \dots * \nu_{\bar{g}_n}$$

car chaque $\nu_{\bar{g}_i}$ est portée par le sous groupe central C.

Le produit $\sigma(\bar{g}_1) \dots \sigma(\bar{g}_n)$ n'est pas égal à $\sigma(\bar{g}_1 \dots \bar{g}_n)$ car σ n'est pas un homomorphisme. Cependant, ces deux éléments appartiennent à la même classe modulo C. Il existe donc un élément $c(\bar{g}_1, \dots \bar{g}_n)$ de C tel que :

$$\varepsilon_{\sigma(\bar{g}_1) \dots \sigma(\bar{g}_n)} = \varepsilon_{\sigma(\bar{g}_1 \dots \bar{g}_n)} * \varepsilon_{c(\bar{g}_1, \dots, \bar{g}_n)} .$$

D'où finalement :

$$\mu^n = \int_{G_2} \cdots \int_{G_2} \varepsilon_{\sigma(\bar{g}_1 \dots \bar{g}_n)} * \varepsilon_{c(\bar{g}_1, \dots, \bar{g}_n)} * \nu_{\bar{g}_1} * \dots * \nu_{\bar{g}_n}\, d\bar{\mu}(\bar{g}_1) \dots d\bar{\mu}(\bar{g}_n)$$

4) Définition d'une probabilité m sur $G_2 \oplus C$

Pour $\bar{g} \in G_2$, posons :

$$\lambda_{\bar{g}} = \frac{\check{\nu}_{\bar{g}} * \nu_{\bar{g}} + \varepsilon_{(0,0,0)}}{2}$$

$\lambda_{\bar{g}}$ est ainsi une probabilité sur Δ portée par C . Nous la considérons ci-dessous comme on fait une probabilité sur C .

Définissons la probabilité m sur le groupe $G = G_2 \oplus C$ par la formule

$$m = \int_{G_2} \varepsilon_{(\bar{g},0)} * \lambda_{\bar{g}} \, d\bar{\mu}(g)$$

où $(\bar{g},0) = \bar{g} \oplus 0 \in G_2 \oplus C$.

Il est clair que :

$$m^n = \int_{G_2} \cdots \int_{G_2} \varepsilon_{(\bar{g}_1,0)} * \lambda_{\bar{g}_1} * \cdots * \varepsilon_{(\bar{g}_n,0)} * \lambda_{\bar{g}_n} \, d\bar{\mu}(\bar{g}_1) \cdots d\bar{\mu}(\bar{g}_n)$$

$$= \int_{G_2} \cdots \int_{G_2} \varepsilon_{(\bar{g}_1 \cdots \bar{g}_n,0)} * \lambda_{\bar{g}_1} \cdots * \lambda_{\bar{g}_n} \, d\bar{\mu}(\bar{g}_1) \cdots d\bar{\mu}(\bar{g}_n)$$

5) Comparaison de μ^n et m^n

Nous allons voir maintenant, qu'en quelque sorte, " Δ est plus transitoire que G" . Or G est un groupe que nous avons déjà étudié au chapitre II (th30) ce qui va nous permettre de conclure :

Soit $\varphi : C \to \mathbb{R}^+$ une fonction mesurable bornée à support compact, et soit $\bar{K} \subset G_2$ un voisinage compact de $e \in G_2$. Posons

$$f(g,z) = 1_{\bar{K}}(g) \cdot \check{\varphi} * \varphi \; (z) \qquad (g \in G_2, \; z \in C)$$

et

$$\Phi(g,z) = 1_{\bar{K}}(g) \cdot \check{\varphi} * \varphi \; (z) \qquad ((g,z) \in \Delta)$$

(f est une fonction définie sur G et Φ sur Δ). Nous allons prouver que pour chaque n :

$$\int_\Delta \Phi \, d\mu^n \leq \int_G f \, d\, m^n \tag{28}$$

En effet :

$$\int_\Delta \phi \, d\mu^n = \int_{G_2} \cdots \int_{G_2} \left(\int \tilde{\varphi} * \varphi \, d(\varepsilon_{c(\bar{g}_1, \ldots \bar{g}_n)} * \nu_{\bar{g}_1} * \cdots * \nu_{\bar{g}_n}\right) 1_K(\bar{g}_1 \cdots \bar{g}_n) \, d\bar{\mu}(\bar{g}_1) \cdots d\bar{\mu}(\bar{g}_n$$

et

$$\int_G f \, dm^n = \int_{G_2} \cdots \int_{G_2} \left(\int \tilde{\varphi} * \varphi \, d(\lambda_{\bar{g}_1} * \cdots * \lambda_{\bar{g}_n}\right) 1_{\bar{K}}(\bar{g}_1 \cdots \bar{g}_n) \, d\bar{\mu}(\bar{g}_1) \cdots d\bar{\mu}(\bar{g}_n)$$

ce qui, grâce au lemme 10, prouve (28) .

6) La mesure μ possède une partie non singulière par rapport à la mesure de Haar de Δ. On en déduit sans peine qu'il en va de même pour la mesure m par rapport à la mesure de Haar de G et donc m est étalée sur G . Mais le groupe G est une extension compacte abélienne de $\mathbb{R}^3$. Ainsi, la m.a. de loi m sur G est transitoire et a un potentiel nul à l'infini d'après le théorème 30, 3) du chapitre II . La relation (28) jointe à ce fait permet, par des arguments standards, d'achever la preuve du théorème 34 .

IV Un théorème central limite pour le groupe d'Heisenberg.

Nous connaissons le théorème limite central pour les groupes R^d et le groupe des déplacements de R^d (cf. chap. IV). Nous allons ici prouver une forme de ce théorème pour le premier groupe d'Heisenberg. Des résultats dans cette direction ont déjà été établis par Tutubalin [81] et plus récemment par Crepel et Raugi [13] Notre méthode est ici différente de celles de ces auteurs (elle s'inspire de celle du chapitre II) et permet l'identification de la limite

Pour le groupe d'Heisenberg H_1 , les notations sont celles de l'alinéa . Soit alors (X_1,Y_1,Z_1), (X_2,Y_2,Z_2),...(X_n,Y_n,Z_n) une suite de v.a. indépendantes à valeurs dans H_1 . (X_i est la composante sur e_1 , Y_i sur e_2 et Z_i sur e_3). Bien sûr, c'est la composante de la m.a. droite de pas (X_i,Y_i,Z_i) sur e_3 la plus intéressante à étudier, et c'est cette étude que nous allons faire. Notons T_n cette composante, soit :

$$T_n = Z_1+\dots+Z_n+\frac{1}{2}\left\{X_1Y_2+(X_1+X_2)Y_3+\dots+(X_1+\dots+X_{n-1})Y_n-Y_1X_2\dots-(Y_1+\dots+Y_{n-1})X_n\right\}$$

Théorème 35.

Supposons les v.a. (X_i, Y_i, Z_i) centrées et ayant un moment d'ordre 2 , avec de plus :

$$E(X_i^2) = E(Y_i^2) = 1 \quad \text{et} \quad E(X_i . Y_i) = 0 \tag{29}$$

Alors, pour tout a et b réels :

$$\lim_{n \to \infty} P\left\{ a \leq \frac{T_n}{n} \leq b \right\} = \int_a^b \frac{dx}{\text{ch}\, \pi x}$$

Remarque 36. La condition (29) n'est pas essentielle puisque, par un automorphisme du groupe H_1 on peut se ramener à cette situation

Démonstration du théorème. Tout d'abord, puisque d'après la loi des grands nombres, $\frac{1}{n}(Z_1 + \ldots + Z_n)$ converge p.s. vers 0 quand n tend vers l'infini, on peut négliger ce terme dans l'expression de T_n . C'est pourquoi, dans ce qui suit, T_n sera égal à :

$$T_n = \frac{1}{2}\left\{ X_1Y_2 + (X_1+X_2)Y_3 + \ldots + (X_1 + \ldots + X_{n-1})Y_n - Y_1X_2 \ldots - (Y_1 + \ldots Y_{n-1})X_n \right\} \tag{30}$$

Lemme 37. Soient β^1 et β^2 deux mouvements browniens linéaires indépendants et soit $M_s = \frac{1}{2}\left\{ \int_0^s (\beta^1\, d\beta^2 - \beta^2\, d\beta^1) \right.$. Alors la densité p.s. de la v.a. M_s est donnée par :

$$p_s(x) = \frac{1}{s\, \text{ch}\, \frac{\pi x}{s}} \qquad (s > 0) \quad .$$

Démonstration du lemme 37.

1) Découpant l'intervalle $[0,1]$ en morceaux égaux de longueur $\frac{1}{n}$, on a, par définition de l'intégrale stochastique :

$$\int_0^1 \beta^1 d\beta^2 = L_1 = \lim_{n \to \infty} \beta^1_{\frac{1}{n}} (\beta^2_{\frac{2}{n}} - \beta^2_{\frac{1}{n}}) + \beta^1_{\frac{2}{n}} (\beta^2_{\frac{3}{n}} - \beta^2_{\frac{2}{n}}) + \ldots + \beta^1_{\frac{n-1}{n}} (\beta^2_{\frac{n}{n}} - \beta^2_{\frac{n-1}{n}})$$

cette limite étant p.s. et dans L^2 . D'où :

$$\varphi(t) = E(e^{itL_1}) = \lim_{n\to\infty} \int\cdots\int f_t^n(x,y)\, dx_1\ldots dx_n,\ dy_1\ldots dy_n$$

où $f_t^n(x,y) = \dfrac{n^n}{(2\pi)^n}\, e^{it[x+y_1+(x_1+x_2)y_2+\ldots+(x_1+\ldots+x_n)y_n] - \frac{n}{2}(x_1^2+\ldots+x_n^2+y_1^2+\ldots+y_n^2)}$

Intégrant déjà en y , on obtient :

$$\varphi(t) = \lim_{n\to\infty} \int g_t^n(x)\, dx_1\, dx_n$$

où $g_t^n(x) = \dfrac{n^{n/2}}{(2\pi)^{n/2}}\, e^{-\frac{t^2}{2n}[x_1^2+(x_1+x_2)^2+\ldots+(x_1+\ldots+x_n)^2] - \frac{n}{2}(x_1^2+\ldots+x_n^2)}$

Faisant le changement de variables : $x_1=y_1$, $x_1+x_2=y_2, \ldots, x_1+\ldots+x_n=y_n$, on a

$$\varphi(t) = \lim_{n\to\infty} \int\cdots\int e^{-\frac{t^2}{2n}\{y_1^2+\ldots+y_n^2\}}\, e^{-\frac{n}{2}\{y_1^2+(y_2-y_1)^2+\ldots+(y_n-y_{n-1})^2\}}\, \frac{n^{n/2}}{(2\pi)^{n/2}}\, dy_1\ldots dy_n$$

$$= \lim_{n\to\infty} \frac{n^{n/2}}{(2\pi)^{n/2}} \int\cdots\int e^{-\frac{t^2+2n}{2n}(y_1^2+\ldots+y_{n-1}^2+by_n^2-c(y_1y_2+\ldots+y_{n-1}y_n))}\, dy_1\ldots dy_n$$

avec $b = \dfrac{t^2+n^2}{t^2+2n^2}$ et $c = \dfrac{2n^2}{t^2+2n^2}$.

Faisant le nouveau changement de variables :

$$\left(\frac{t^2+2n^2}{n}\right)^{1/2} y_i = y_i'$$

on obtient :

$$\varphi(t) = \lim_{n\to\infty} \frac{n^n}{(t^2+2n^2)^{n/2}}\, \frac{1}{(2\pi)^{n/2}} \int\cdots\int e^{\left\{-\frac{1}{2}\, y_1^2+\ldots+y_{n-1}^2+by_n^2-c(y_2y_3+\ldots+y_{n-1}y_n)\right.}\, dy_1\ldots dy_n$$

Remarquant que : $\dfrac{2^{n/2}\, n^n}{(t^2+2n^2)^{n/2}} = \left(\dfrac{2\, n^2}{t^2+2n^2}\right)^{n/2} \xrightarrow[n\to\infty]{} 1$ et que l'intégrale

dans la précédente limite vaut $\dfrac{1}{\ \ 1/2}$, avec :
n

$$\Delta_n = \text{dét} \begin{pmatrix} 1 & -\frac{c}{2} & & 0 \\ -\frac{c}{2} & 1 & & \\ & & 1 & -\frac{c}{2} \\ 0 & & -\frac{c}{2} & b \end{pmatrix}$$

(Δ_n est le déterminant de la forme quadratique exposant de l'exponentielle dans la précédente intégrale), on en déduit :

$$\varphi(t) = \lim_{n \to \infty} \frac{1}{2^{n/2} \Delta_n^{1/2}} .$$

Il nous reste à calculer la limite quand $n \to \infty$ de $2^n . \Delta_n$. Or, il est évident que $\Delta_n = \Delta_{n-1} - \frac{c^2}{4} \Delta_{n-2}$, avec $\Delta_0 = 1$, $\Delta_1 = b$, si bien que :

$$\Delta_n = \left\{ \left(\frac{1}{2} + \frac{t^2}{2(t^2+2n^2)\sqrt{1-c^2}}\right) \left(\frac{1+\sqrt{1-c^2}}{2}\right)^n + \left(\frac{1}{2} - \frac{t^2}{2(t^2+2n^2)\sqrt{1-c^2}}\right) \left(\frac{1-\sqrt{1-c^2}}{2}\right)^n . \right\}$$

D'où :

$$2^n \Delta_n = \left\{ \left(\frac{1}{2} + \frac{t^2}{2(t^2+2n^2)\sqrt{1-c^2}}\right) \left(1+\sqrt{1-c^2}\right)^n + \left(\frac{1}{2} - \frac{t^2}{2(t^2+2n^2)\sqrt{1-c^2}}\right) \left(1-\sqrt{1-c^2}\right)^n \right.$$

Remarquant alors que :

$$(1-c^2)^{1/2} = \left(\frac{t^4+4t^2n^2}{t^4+4t^2n^2+4n^4}\right)^{1/2} \underset{n \to \infty}{\sim} \frac{t}{n}$$

on en déduit

$$\lim_{n \to \infty} \left(1 \pm \sqrt{1-c^2}\right)^n = e^{t} \quad \text{et} \quad 2(t^2+2n^2)\sqrt{1-c^2} \underset{n \to \infty}{\longrightarrow} + \infty$$

d'où

$$\lim_{n \to \infty} 2^n \Delta_n = \text{ch } t \quad \text{et} \quad \varphi(t) = \frac{1}{(\text{ch } t)^{1/2}}$$

2) Calcul de la transformée de Fourier de $\int_0^s \beta^1 \, d\beta^2$

Un calcul analogue au précédent (consistant à faire jouer à s le rôle que jouait 1) prouve que :

$$\varphi_s(t) = E(e^{it\int_0^s \beta^1 d\beta^2}) = \frac{1}{(\text{ch } st)^{1/2}}$$

3) Densité de M_s

Les deux martingales $\int_0^s \beta^1 d\beta^2$ et $\int_0^s \beta^2 d\beta^1$ sont indépendantes (puisque leur produit scalaire est nul (cf 64), et donc :

$$E(e^{it M_s}) = E\left(e^{i\frac{t}{2}(\int_0^s \beta^1 d\beta^2 - \beta^2 d\beta^1)}\right) = \varphi_s(\tfrac{t}{2})\,\overline{\varphi_s(\tfrac{t}{2})} = \frac{1}{\text{ch } \frac{t}{2}\, s}$$

Il suffit alors, pour calculer p_s , d'inverser la transformée de Fourier $\frac{1}{\text{ch } \frac{ts}{2}}$. Or il est bien connu que :

$$\frac{1}{\text{ch } t} = \int_{-\infty}^{+\infty} e^{tx} \frac{1}{2\text{ch } \frac{x}{2}} dx ,$$

si bien que $p_s(x) = \frac{1}{s \text{ ch } \frac{x}{s}}$ ce qui achève la preuve du lemme

Démonstration du théorème. Il suffit bien sûr de voir que $E(e^{it\frac{T_n}{n}}) \underset{n\to\infty}{\longrightarrow} \frac{1}{\text{ch } t/2}$. Nous allons procéder en plusieurs étapes :

1) Prouvons déjà que les 4n- uplets de v.a. centrées :

$$\frac{X_1+\ldots+X_k}{\sqrt{k}} , \frac{X_1+\ldots X_{2k}}{\sqrt{k}} , \ldots , \frac{X_1+\ldots X_{nk}}{\sqrt{k}} , \frac{Y_1+\ldots+Y_k}{\sqrt{k}} ,\ldots \frac{Y_{(n-1)k+1}+\ldots+Y_{nk}}{\sqrt{k}} ;$$

$$\frac{Y_1+\ldots+Y_k}{\sqrt{k}} , \frac{Y_1+\ldots Y_{2k}}{\sqrt{k}} , \ldots , \frac{Y_1+\ldots+Y_{nk}}{\sqrt{k}} , \frac{X_1+\ldots+X_k}{\sqrt{k}} ,\ldots \frac{X_{(n-1)k+1}+\ldots+X_{nk}}{\sqrt{k}} ;$$

convergent en loi, quand k tend vers l'infini (à n fixé) vers une loi gaussienne centrée de matrice de covariance M_n égale à :

$$
M_n = \left|\begin{array}{c|c|c|c}
\begin{matrix} 1 & 1 & \cdots & 1 \\ 1 & 2 & \cdots & 2 \\ \vdots & 2 & 3 \cdots & 3 \\ 1 & 2 & 3 & n \end{matrix} & O & O & \begin{matrix} 1 & & & O \\ 1 & 1 & & \\ \vdots & & \ddots & \\ 1 & \cdots & \cdots & 1 \end{matrix} \\
\hline
O & \begin{matrix} 1 & & O \\ & \ddots & \\ O & & 1 \end{matrix} & \begin{matrix} 1 & \cdots & 1 \\ & \ddots & \vdots \\ O & & 1 \end{matrix} & O \\
\hline
O & \begin{matrix} 1 & & & O \\ 1 & 1 & & \\ \vdots & & \ddots & \\ 1 & 1 & \cdots & 1 \end{matrix} & \begin{matrix} 1 & 1 & \cdots & 1 \\ 1 & 2 & \cdots & 2 \\ \vdots & \vdots & 3 \cdots & 3 \\ 1 & 2 & 3 & n \end{matrix} & O \\
\hline
\begin{matrix} 1 & 1 & \cdots & 1 \\ & 1 & 1 & 1 \\ & & \ddots & \vdots \\ O & & & 1 \end{matrix} & O & O & \begin{matrix} 1 & & O \\ & \ddots & \\ O & & 1 \end{matrix}
\end{array}\right|
$$

Il suffit pour voir cela de calculer la transformée de Fourier de ce 4n-uplet. Le résultat est évident.

2) Ecrivons T_{nk} sous la forme :

$$
\begin{aligned}
T_{nk} = \frac{1}{2}\Big\{ & X_1Y_2 + \ldots + (X_1+\ldots+X_{k-1})Y_k \\
& + (X_1+\ldots+X_k)(Y_{k+1}+\ldots+Y_{2k}) + X_{k+1}Y_{k+2} + (X_{k+1}+X_{k+2})Y_{k+3} + \ldots (X_{k+1}+\ldots X_{2k-1})Y_{2k} \\
& + (X_1+\ldots+X_{2k})(Y_{2k+1}+\ldots+Y_{3k}) + X_{2k+1}Y_{2k+2} + (X_{2k+1}+X_{2k+2})Y_{2k+3} + \ldots (X_{2k+1}+\ldots+X_{3k-1})Y_{3k} \\
& + \ldots + (X_1+\ldots+X_{(n-1)k})(Y_{(n-1)k+1}+\ldots+Y_{nk}) + X_{(n-1)k+1}Y_{(n-1)k+2} + \ldots \\
& + (X_{n-1)k+1}+\ldots+X_{nk-1})Y_{nk} - \text{des termes symétriques} \Big\}
\end{aligned}
$$

Posant alors :

$$N_p = X_{pk+1}Y_{pk+2} + (X_{pk+1}+X_{pk+2})Y_{pk+3} + \ldots + (X_{pk+1}+\ldots X_{(p+1)k-1})Y_{(p+1)k}$$

$$M_p = X_{pk+1} + X_{pk+2} + \ldots + X_{(p+1)k}$$

$$Q_p = Y_{pk+1} + Y_{pk+2} + \ldots + Y_{(p+1)k} \; .$$

On a alors :

$$T_{nk} = \frac{1}{2}\left\{N_o+N_1+\ldots+N_{n-1}+M_oQ_1+(M_o+M_1)Q_2+\ldots+(M_o+\ldots M_{n-2})Q_{n-1} - \text{des termes symétriques}\right\}.$$

Intéressons nous aux termes en N . Un calcul simple prouvant que :

$$E\left\{(N_o+N_1+\ldots+N_n)^2\right\} = O(nk^2) ,$$

on a :

$$P\left\{\frac{1}{nk}\left|\frac{1}{2}\left\{N_o+N_1+\ldots+N_{n-1} - \text{des termes symétriques}\right\}\right| \geq \varepsilon'\right\}$$

$$\leq P\left\{\frac{1}{nk}\left|N_o+\ldots N_{n-1}\right| \geq \varepsilon'\right\} + P\left\{\frac{1}{nk}\left|\text{des termes symétriques}\right| \geq \varepsilon'\right\}$$

$$\leq \frac{1}{\varepsilon'^2 n^2 k^2}\, O(nk^2) \quad \text{et donc :}$$

$$\lim_{n\to\infty} P\left\{\frac{1}{nk}\left|\frac{1}{2}\left\{N_o+N_1+\ldots+N_{n-1} - \text{des termes symétriques}\right\}\right| \geq \varepsilon'\right\} = 0$$

uniformément en k . D'où

$$E\left\{\left|e^{\frac{it}{nk}\left(\frac{1}{2}\left\{N_o+N_1+\ldots+N_{n-1}-\text{des termes symétriques}\right\}\right)} - 1\right|\right.$$

$$\left.\leq \varepsilon' + 2P\left\{\frac{1}{nk}\left|\frac{1}{2}\left\{N_o+\ldots N_{n-1}-\text{termes symétriques}\right\}\right| \geq \varepsilon'\right\}\right\}$$

uniformément en k (d'après l'inégalité classique : $|e^{it\lambda}-1| \leq t\lambda \wedge 2$)

et donc :

$$E\left\{\left|e^{\frac{it}{nk}\left(\frac{1}{2}\left\{N_o+\ldots+N_{n-1}-\text{des termes sym.}\right\}\right)} - 1\right|\right\} \xrightarrow[n\to\infty]{} 0$$

uniformément en k et uniformément sur tout compact (en t).

3) Remarquant alors que :

$$\left|E\left\{e^{it\frac{T_{nk}}{nk}}\right\} - E\left\{e^{\frac{it}{2nk}\left\{M_oQ_1+(M_o+M_1)Q_2+\ldots+(M_o+\ldots+M_{n-2})Q_{n-1}-\text{termes symétriques}\right\}}\right\}\right|$$

$$= \left|E\left\{e^{\frac{it}{2nk}\left\{M_oQ_1+(M_o+M_1)Q_2+\ldots+(M_o+\ldots+M_{n-2})Q_{n-1}-\text{term. sym.}\right\}}\cdot\left(e^{\frac{it}{2nk}(N_o+\ldots+N_{n-1}-\text{t. sym.})}-1\right)\right\}\right|$$

$$\leq E\left\{\left|e^{\frac{it}{2nk}\left\{N_o+N_1+\ldots+N_{n-1}-\text{des termes sym.}\right\}} - 1\right|\right\} \xrightarrow[n\to\infty]{} 0 \qquad (31)$$

uniformément en k . Cela étant, soit $\varepsilon > 0$. Choisissons n_o assez grand pour que :

$$\left| E\left\{e^{\frac{it\,T_{n_o k}}{n_o k}}\right\} - E\left\{e^{\frac{it}{2n_o k}\left\{M_oQ_1+(M_o+M_1)Q_2+\dots+(M_o+\dots+M_{n_o-2})Q_{n_o-1}-\text{termes sym.}\right\}}\right\}\right| < \varepsilon \quad (32)$$

Ceci est possible d'après (31).

Imposons également à n_o d'être assez grand pour que :

$$\left|\frac{1}{\operatorname{ch} t/2} - \int\dots\int \frac{n_o^{n_o}}{(2\pi)^{n_o}}\, e^{h_t^{n_o}(x,y)}\, dx_1\dots dx_{n_o}\, dy_1\dots dy_{n_o}\right| \leq \varepsilon$$

où $h_t^{n_o}(x,y) = i\frac{t}{2}\Big[x_1y_2+(x_1+x_2)y_3+\dots+x_1+\dots+x_{n_o-1})y_{n_o}$

$$- y_1x_2-(y_1+y_2)x_2\dots-(y_1+\dots+y_{n_o-1})x_{n_o}\Big]+\frac{n_o}{2}(x_1^2+\dots+x_{n_o}^2+y_1^2+\dots+y_{n_o}^2)$$

uniformément pour t dans un compact. Ceci est possible d'après les calculs du lemme 15.

Ecrivons alors :

$$\frac{t}{2n_o k}\left\{M_oQ_1+\dots+(M_o+\dots M_{n_o-2})Q_{n_o-1} - \text{des termes symétriques}\right\}$$

$$= \frac{t}{2n_o}\left\{\frac{M_o}{\sqrt{k}}\,\frac{Q_1}{\sqrt{k}}+\dots+\left(\frac{M_o}{\sqrt{k}}+\dots\frac{M_{n_o-2}}{\sqrt{k}}\right)\frac{Q_{n_o-1}}{\sqrt{k}} - \text{termes symétriques}\right\}.$$

On déduit de cette écriture et du point 1 de cette démonstration que :

$$\lim_{n\to\infty} E\left\{e^{i\frac{t}{2n_o k}\left\{(M_oQ_1+\dots+(M_o+\dots M_{n_o-2})Q_{n_o-1} - \text{des termes symétriques}\right\}}\right\} = I$$

$$I = \int\dots\int \frac{1}{(2\pi)^{n_o}}\, e^{\frac{1}{n_o} h_t^{n_o}(x,y)}\, dx_1\ dx_{n_o}\ dy_1\ dy_{n_o} \quad (34)$$

(cette convergence ayant lieu à n_o fixé). Dans ces conditions, à n_o fixé, on peut trouver k_o tel que, pour $k \geq k_o$, on ait d'après (32), (33), et (34) :

$$\left|\frac{1}{\operatorname{ch} t/2} - E\left(e^{i\frac{tT_{n_o k}}{n_o k}}\right)\right| \leq 3\varepsilon \quad (35)$$

uniformément pour t dans un compact. (Remarquons que les intégrales qui figurent dans (33) et (34) sont les mêmes, ce qui se voit immédiatement après le changement de variables $x'_i = n_o x_i$, $y'_i = n_o y_i$).

4) Ceci étant, soit $p \geq n_o k_o$ et écrivons $p = n_o k+q$ $(0 \leq q < n_o,\ k \geq k_o)$. On a :

$$E\left\{e^{it\frac{T_p}{p}}\right\} = E\left\{e^{it\left(\frac{T_{n_o k}}{n_o k+q} + \frac{V}{n_o k+q}\right)}\right\}$$

où

$$V = \frac{1}{2}\left\{(X_1+\ldots+X_{n_o k})Y_{n_o k+1}+\ldots+(X_1+\ldots X_{n_o k+q-1})Y_{n_o k+q}\text{-termes sym.}\right\}.$$

On en déduit : $P\{|\frac{V}{n_o k}| > \varepsilon\} =$

$$P\{|(X_1+\ldots+X_{n_o k})Y_{n_o k+1}+\ldots+(X_1+\ldots+X_{n_o k+qs})Y_{n_o k+q}\text{-term sym}| \geq 2\, n_o k\, \varepsilon'\}$$

Or :

$$E\left\{(X_1+\ldots+X_{n_o k})Y_{n_o k+1}+\ldots+(X_1+\ldots+X_{n_o k+q-1})Y_{n_o k+q}\text{-term sym.}|^2\right\} = O(n_o^2 k)$$

Si bien que :

$$\lim_{n\to\infty} P\left\{\left|\frac{V}{n_o k}\right| \geq \varepsilon'\right\} = 0 \tag{36}$$

D'où :

$$\left|E\left(e^{it\frac{T_p}{p}} - e^{it\frac{T_{n_o k}}{n_o k}}\right)\right| = \left|E\left\{e^{it\left(\frac{n_o k}{n_o k+q}\frac{T_{n_o k}}{n_o k} + \frac{V}{n_o k+q}\right)} - e^{it\frac{T_{n_o k}}{n_o k}}\right\}\right|$$

$$= \left|E\left\{e^{it\left(\frac{n_o k}{n_o k+q}\frac{T_{n_o k}}{n_o k} + \frac{V}{n_o k+q}\right)} - e^{it\left(\frac{T_{n_o k}}{n_o k}+\frac{V}{n_o k+q}\right)} + e^{it\left(\frac{T_{n_o k}}{n_o k}+\frac{V}{n_o k+q}\right)} - e^{it\frac{T_{n_o k}}{n_o k}}\right\}\right|$$

$$\leq E\left\{\left|e^{it\frac{q}{n_o k+q}\frac{T_{n_o k}}{n_o k}}-1\right|\right\} + E\left\{\left|e^{it\frac{V}{n_o k+q}}-1\right|\right\} \tag{37}$$

Or, on a :

$$E\left\{\left|e^{it\frac{V}{n_o k+q}}-1\right|\right\}\leqslant \varepsilon'+2P\left\{\left|\frac{t\,V}{n_o k+q}\right|\geqslant \varepsilon'\right\}\leqslant \varepsilon \tag{38}$$

pour k assez grand (d'après (36)) et t dans un compact. D'autre part :

$$E\left\{\left|e^{it\frac{q}{n_o k+q}\frac{T_{n_o k}}{n_o k}}-1\right|\right\}\leqslant 4\varepsilon \quad (39) \text{ d'après } (35)$$

pour k assez grand et t dans un compact. Finalement :

$$\left|E\left(e^{it\frac{T_p}{p}}\right)-\frac{1}{\operatorname{ch} t/2}\right|\leqslant\left|E\left(e^{it\frac{T_p}{p}}\right)-E\left(e^{it\frac{T_{n_o k}}{n_o k}}\right)\right|+\left|E\left(e^{it\frac{T_{n_o k}}{n_o k}}\right)-\frac{1}{\operatorname{ch} t/2}\right|$$

pour p assez grand, d'après (35), (37), (38) et (39), ce qui prouve le théorème 20 .

Remarque. On peut prouver pour les v.a. T_n un théorème analogue à la loi du logarithme itéré classique. On obtient :

$$\overline{\lim_{n\to\infty}}\ \frac{\pi T_n}{n\log\log n} = 1 \quad \text{p.s.}$$

Chapitre IV - MARCHES ALEATOIRES SUR LES GROUPES RESOLUBLES

Le but de ce chapitre est d'établir les deux résultats suivants, utiles pour la suite et ne comportant pas d'hypothèses sur la mesure de probabilité μ

Théorème.

Soit G un groupe résoluble à génération compacte dont le dérivé G' est abélien et tel que tout compact de G' soit contenu dans un compact G-invariant par automorphismes intérieurs. Soit μ une probabilité adaptée sur G et supposons $\text{rang}\, G' + \text{rang}\, G/G' \geq 3$. Alors le potentiel de μ est fini et tend vers zéro à l'infini.

Théorème.

Soit G un groupe résoluble connexe, simplement connexe et distinct de $\{0\}$, R, R^2, μ une probabilité adaptée sur G . Alors le potentiel de μ est fini et si G est de type R , il tend vers zéro à l'infini.

La méthode suivie pour démontrer ces théorèmes est une extension de celle introduite au chapitre précédent. En fait elle permet d'obtenir des résultats plus généraux que les deux précédents qui apparaîtront donc comme des corollaires.

A - UNE MAJORATION

Soit C un sous-groupe fermé distingué abélien du groupe localement compact G , μ une probabilité sur G que l'on décompose suivant les classes de C :

$$\mu = \int_{G/C} \mu_{\bar{x}} \, d\bar{\mu}(\bar{x}) \quad ,$$

où $\mu_{\bar{x}}$ est une probabilité sur G portée par la classe modulo C de x et $\bar{\mu}$ l'image de μ sur G/C. Nous définissons alors la probabilité μ_C sur C par :

$$\mu_C = \int_{G/C} \check{\mu}_{\bar{x}} * \mu_{\bar{x}} \, d\bar{\mu}(\bar{x}) \quad ,$$

$\check{\mu}_{\bar{x}}$ désignant l'image de $\mu_{\bar{x}}$ par l'application $g \to g^{-1}$. La probabilité μ est dite C-strictement adaptée si μ_C n'est pas portée par une classe d'un sous-groupe fermé propre de C. La situation typique où μ n'est pas C-strictement adaptée est celle où $\mu_{\bar{x}}$ est une masse de Dirac pour $\bar{\mu}$-presque tout $\bar{x}$.

Ecrivant $\mu_{\bar{x}}$ sous la forme

$$\mu_{\bar{x}} = \varepsilon_x * \eta_x \quad ,$$

où η_x est une probabilité sur C, on notera par

$$|\hat{\mu}_{\bar{x}}(\xi)|$$

le module de la transformée de Fourier $\hat{\eta}_x(\xi)$ de η_x. Il est clair que ce module ne dépend pas du choix de x.

Soit $F(G,C)$ l'espace des fonctions continues bornées f sur G dont les restrictions aux classes de C sont des transformées de Fourier de mesures bornées sur C :

$$f_x(c) = f(xc) = \int_{\hat{C}} \xi(c) \, d\alpha_x(\xi) \ .$$

Si l'on pose

$$\dot{f}_x(c) = \int_{\hat{C}} \xi(c) \, d|\alpha_x|(\xi) \quad ,$$

on définit une fonction $\dot{f}$ continue bornée sur $C \times G/C$ associée à f par :

$$\dot{f}(c,x) = \dot{f}_x(c) \ .$$

On dit que G opère de manière bornée sur C si tout compact de C est contenu dans un compact G-invariant (sous l'action de G sur C par automorphismes intérieurs). L'image d'une mesure η sur C par un tel automorphisme, défini par un élément g de G, sera notée η^g.

La proposition suivante jouera un rôle essentiel :

Proposition 1.-

Soit C un sous-groupe distingué fermé abélien à génération compacte, tel que G opère sur C de manière bornée, et soit μ une probabilité C-strictement adaptée sur G. Alors il existe une probabilité ν sur $C \times G/_C$ et un voisinage V de l'élément neutre dans $\hat{C}$, tels que :

i) ν soit C-strictement adaptée

ii) ν ait la même projection que μ sur $G/_C$

iii) pour tout f de $F(G,C)$ dont les transformées de Fourier des restrictions aux classes de C soient portées par V on ait

$$|\mu^n(f)| \leq \nu^n(\dot{f}) \qquad (n \in \mathbb{N})$$

Cette proposition découle de plusieurs lemmes.

Lemme 2.-

Soient $\eta_1,\dots,\eta_n$, $\lambda_1,\dots,\lambda_n$ des mesures bornées sur C, α une mesure bornée sur $\hat{C}$, φ et $\dot{\varphi}$ les fonctions sur C définies par

$$\varphi(c) = \int_{\hat{C}} \xi(c)\, d\,\alpha(\xi)$$

$$\dot{\varphi}(c) = \int_{\hat{C}} \xi(c)\, d\,|\alpha|(\xi)\,.$$

Alors, si pour $1 \leq i \leq n$ on a $|\hat{\eta}_i| \leq \hat{\lambda}_i$ sur le support de α, on a aussi

$$|\eta_1 * \dots * \eta_n(\varphi)| \leq \lambda_1 * \dots * \lambda_n(\dot{\varphi}).$$

Démonstration. D'après le théorème de Fubini, on a

$$\eta_1 * \cdots * \eta_n(\varphi) = \int \varphi(c_1 \ldots c_n)\, d\eta_1(c_1) \ldots d\eta_n(c_n)$$
$$= \int_{\hat{C}} \hat{\eta}_1(\xi) \ldots \hat{\eta}_n(\xi)\, d\alpha(\xi) .$$

La conclusion résulte alors de la formule analogue pour les λ_i et de l'inégalité de l'hypothèse.

Lemme 3.

Soient μ et ν deux probabilités sur G, $C \times G/_C$ respectivement que l'on décompose sous la forme

$$\mu = \int_{G/_C} \mu_{\bar{x}}\, d\bar{\mu}(\bar{x})$$
$$\nu = \int_{G/_C} \nu_{\bar{x}}\, d\bar{\nu}(\bar{x}) ,$$

où

$$\bar{\mu} = \bar{\nu}$$
$$\mu_{\bar{x}} = \varepsilon_x * \eta_{\bar{x}}$$
$$\nu_{\bar{x}} = \varepsilon_x * \lambda_{\bar{x}} ,$$

les $\lambda_{\bar{x}}$ étant G-invariants. Soit f un élément de $F(G,C)$ tel que $\bar{\mu}$-presque partout on ait $|\hat{\eta}^y_{\bar{x}}| \leq \hat{\lambda}_{\bar{x}}$ sur l'orbite suivant G et sur le support de la transformée de Fourier de f_x. Alors

$$|\mu^n(f)| \leq \nu^n(\dot{f}) \qquad (n \in \mathbb{N}).$$

Démonstration. Comme on a

$$\mu^n(f) = \int \mu_{\bar{x}_1} * \cdots * \mu_{\bar{x}_n}(f)\, d\bar{\mu}(\bar{x}_1) \ldots d\bar{\mu}(\bar{x}_n)$$

et

$$\nu^n(\dot{f}) = \int \nu_{\bar{x}_1} * \cdots * \nu_{\bar{x}_n}(\dot{f})\, d\bar{\nu}(\bar{x}_1) \ldots d\bar{\nu}(\bar{x}_n) ,$$

il suffit de voir que

$$|\mu_{\bar{x}_1} * \cdots * \mu_{\bar{x}_n}(f)| \leq \nu_{\bar{x}_1} * \cdots * \nu_{\bar{x}_n}(\dot{f}) .$$

Or, si l'on pose $y_i = x_i\, x_{i+1} \ldots x_n$, on a

$$\mu_{\bar{x}_1} * \cdots * \mu_{\bar{x}_n} = \varepsilon_{x_1 \ldots x_n} * \eta^{y_2}_{\bar{x}_1} * \eta^{y_3}_{\bar{x}_2} * \cdots * \eta_{\bar{x}_n}$$

et donc

$$\mu_{\bar{x}_1} * \cdots * \mu_{\bar{x}_n}(f) = \eta_{\bar{x}_1}^{y_2} * \cdots * \eta_{\bar{x}_n}(f_{y_1})$$

$$\nu_{\bar{x}_1} * \cdots * \nu_{\bar{x}_n}(\mathring{f}) = \lambda_{\bar{x}_1} * \cdots * \lambda_{\bar{x}_n}(\mathring{f}_{y_1}) .$$

Le résultat découle donc du lemme 2 .

Lemme 4 .

Soient η une probabilité sur C , V un voisinage compact de e dans $\hat{C}$ tel que $1-|\hat{\eta}|$ est strictement positif sur $V \setminus \{e\}$. Alors il existe une probabilité r sur C adaptée et invariante sous l'action de G telle que si l'on pose

$$\alpha = \frac{1}{2} (\varepsilon_e + r' * r) ,$$

on ait

$$|\hat{\eta}| \leq \hat{\alpha} \quad \text{sur } V .$$

Démonstration.

Considérons le quotient $\bar{C}$ de C par son sous-groupe compact maximal et observons que l'action de G sur C étant bornée et $\bar{C}$ étant de la forme $\mathbb{R}^m \times \mathbb{Z}^n$, G opère sur $\bar{C}$ comme un sous-groupe du groupe orthogonal à $m+n$ variables. Soit alors ρ une probabilité adaptée sur $\bar{C}$ invariante par G , et soit r la probabilité sur C définie par

$$r = \int_{\bar{C}} \alpha_{\bar{x}} \, d\rho(\bar{x}) ,$$

où $\alpha_{\bar{x}}$ est la mesure de Haar normalisée sur la classe $\bar{x}$ du sous-groupe maximal compact de C . Si on pose

$$\alpha = \frac{1}{2} (\varepsilon_e + r' * r) ,$$

alors on a

$$\hat{\alpha} = \frac{1}{2} (1 + |\hat{r}|^2) \geq |\hat{r}| .$$

Mais l'hypothèse sur η implique une minoration de la forme

$$1 - |\hat{\eta}| \geq \text{const.} \, |\xi|^2 \quad \text{sur } V ,$$

et il est facile de trouver une mesure ρ sur $\mathbb{R}^m \times \mathbb{Z}^n$ telle que $|\hat{r}| \geq |\hat{\eta}|$.

Remarque 5   Un tel V existe si et seulement si le sous-groupe fermé D, engendré par le support de $\check{\eta} * \eta$ est tel que $C/_D$ soit compact.

Remarque 6   Si l'action de G sur C est triviale, l'argument montre que la conclusion du lemme est vraie avec $r = \eta$: c'est le lemme de [28].

Définition 7   On dira que le sous-groupe fermé H du groupe localement compact G est uniforme dans G si le quotient $G/_H$ est compact.

Lemme 8. Soit μ une probabilité C-strictement adaptée sur G telle que μ^2 soit absolument continue par rapport à μ. Alors, si C est à génération compacte, il existe un borélien E de $G/_C$ avec $\bar{\mu}(E) > 0$ tel que pour tout $\bar{x}$ de E le sous-groupe fermé engendré par le support de $\check{\mu}_{\bar{x}} * \mu_{\bar{x}}$ soit uniforme dans C.

Démonstration. Ecrivons μ sous la forme

$$\mu = \int \mu_{\bar{x}} \, d\bar{\mu}(\bar{x})$$

et notons par $C_{\bar{x}}$ le sous-groupe fermé engendré par le support de $\check{\mu}_{\bar{x}} * \mu_{\bar{x}}$. Alors $\mu_{\bar{x}}$ est portée par une classe $x\,C_{\bar{x}}$ de $C_{\bar{x}}$, et μ par le borélien

$$B = \bigcup_{\bar{x} \in G/_C} x\, C_x \quad .$$

Or, si l'on écrit (selon la projection $(\bar{g},\bar{h}) \to \bar{g}\bar{h}$)

$$\bar{\mu} \times \bar{\mu} = \int_{G/_C} \rho_{\bar{z}} \, d\bar{\mu}^2(\bar{z}) \quad ,$$

on a

$$\mu^2 = \int d\bar{\mu}^2(\bar{z}) \int \mu_{\bar{x}} * \mu_{\bar{y}} \, d\rho_{\bar{z}}(\bar{x},\bar{y})$$

et

$$\mu^2(B) = \int d\bar{\mu}^2(\bar{z}) \int \mu_{\bar{x}} * \mu_{\bar{y}}(B)\, d\rho_{\bar{z}}(\bar{x},\bar{y}) .$$

Puisque μ^2 est absolument continue par rapport à μ, l'hypothèse $\mu(B) = 1$ entraîne $\mu^2(B) = 1$, d'où

$$\mu_{\bar{x}} * \mu_{\bar{y}}(xy\, C_{\bar{x}\bar{y}}) = \mu_{\bar{x}} * \mu_{\bar{y}}(B) = 1$$

$\bar{\mu} \times \bar{\mu}$ -presque partout. Donc

$$(\mu_{\bar{x}} * \mu_{\bar{y}})^{\vee} * (\mu_{\bar{x}} * \mu_{\bar{y}})(C_{xy}) = 1$$

$$(\check{\mu}_{\bar{x}} * \mu_{\bar{x}})^{y} * (\check{\mu}_{\bar{y}} * \mu_{\bar{y}})(C_{xy}) = 1$$

et

$$\bar{y}(C_{\bar{x}}) + C_{\bar{y}} \subset C_{\bar{x}\bar{y}} \quad \bar{\mu} \times \bar{\mu} \text{ presque partout.}$$

Considérons alors l'ensemble $E \subset G/_C$ où le rang de $C_{\bar{y}}$ est maximum, et supposons ce rang différent de celui de C . On déduit de la relation précédente que, pour presque tout $\bar{x}$ de $G/_C$ et presque tout $\bar{y}$ de E , le rang de

$$\bar{y}(C_{\bar{x}}) + C_{\bar{y}}$$

est égal à celui de $C_{\bar{y}}$. Donc pour $\bar{\mu}$-presque tout $\bar{y}$ de E ,

$$\bar{y}(C_{\bar{x}}) \subset C''_{\bar{y}}$$

pour $\bar{\mu}$-presque tout $\bar{x}$, où $C''_{\bar{y}}$ désigne le sous-groupe fermé maximal contenant $C_{\bar{y}}$ et de même rang que $C_{\bar{y}}$. Donc

$$C_{\bar{x}} \subset \bar{y}^{-1}(C''_{\bar{y}})$$

pour $\bar{\mu}$ -presque tout x , et ceci contredit la stricte adaptation de μ .

Démonstration de la proposition __ . Soient E une partie de $G/_C$ définie par le lemme 8 , V_n une base de voisinages de l'identité dans C , E_n l'ensemble des x de E tels que $1-|\hat{\eta}_{\bar{x}}|$ ne s'annule pas sur $V_n \setminus \{e\}$. Comme pour $\bar{x} \in E$ le sous-groupe engendré par $\check{\mu}_{\bar{x}} * \mu_{\bar{x}}$ est uniforme, on a $E = \bigcup_{n \geq 1} E_n$ et donc

$\bar{\mu}(E_n) > 0$ pour un n . On pose alors, pour $\bar{x} \in E_n$, $\lambda_{\bar{x}} = \varepsilon_e$, et pour $\bar{x} \notin E_n$, on définit $\lambda_{\bar{x}}$ par le lemme 4 en prenant $V = V_n$. Soit

$$\nu = \int \varepsilon_{\bar{x}} * \lambda_{\bar{x}} \, d\bar{\mu}(\bar{x}) \ .$$

Alors ν et V vérifient la proposition 1 en vertu du lemme 3 .

B - UN THEOREME GENERAL ET QUELQUES APPLICATIONS

On peut maintenant énoncer et démontrer le théorème suivant.

Théorème 9.-

On suppose que G possède une suite croissante de sous-groupes fermés distingués C_i :

$$\{e\} = C_0 \subseteq C_1 \subseteq \dots \subseteq C_n \subseteq C_{n+1} = G$$

telle que C_{2i+1}/C_{2i} soit abélien à génération compacte et que G/C_{2i} opère de manière bornée sur lui $(0 \leq 2i \leq n)$. Alors si μ est une probabilité récurrente sur G dont les projections sur les G/C_{2i} soient C_{2i+1}/C_{2i}-strictement apériodiques, la somme des rangs des C_{2i+1}/C_{2i} est deux au plus.

Démonstration.

Considérons une fonction φ continue et positive sur C_1 qui est la transformée de Fourier d'une fonction continue positive sur $\hat{C}_1$ à support compact et G-invariant, une section S de G au-dessus de G/C_1, et désignons par $F(\varphi,G,S)$ l'ensemble des fonctions continues positives sur G dont les restrictions aux classes de C sont proportionnelles à une translatée de φ par un élément de S. On obtient une telle fonction φ en considérant une fonction u continue à support compact, positive sur $\hat{C}_1$, et en posant

$$\varphi(c) = \int_{\hat{C}_1} \xi(c)\, u * \check{u}(\xi)\, d\xi ,$$

car

$$\varphi(c) = \int_{\hat{C}_1}\int_{\hat{C}_1} \xi(c)\, \eta(c)\, u(\xi)\, \check{u}(\eta)\, d\xi\, d\eta$$

$$= \left| \int_{\hat{C}_1} \xi(c)\, u(\xi)\, d\xi \right|^2 .$$

On va montrer par récurrence sur n que si μ est une probabilité C_1-strictement apériodique dont le potentiel est infini sur $F(\varphi,G,S)$ pour certaines φ et S du type précédent alors la somme des rangs des groupes abéliens C_{2i+1}/C_{2i} est deux au plus. L'énoncé du théorème en résulte.

Si $n = 0$, $G = C_1$ est abélien et si le rang de C_1 était au moins égal à 3, la fonction

$$\frac{1}{1-\hat{\mu}(\xi)}$$

serait localement intégrable, ce qui entraînerait par convergence dominée

$$\sum_{n\geq 0} \mu^n(\varphi) = \int_{\hat{C}_1} \frac{\hat{\varphi}(\xi)}{1-\hat{\mu}(\xi)}\, d\xi < +\infty$$

Donc μ est transitoire.

Dans le cas $n>0$, la proposition 1 fournit une probabilité γ C_1-strictement adaptée sur $\dot{G} = C_1 \times G/_{C_1}$ dont le potentiel est infini sur les fonctions $\dot{f}$ associées aux fonctions f de $F(\varphi,G,S)$, donc sur $F(\varphi,\dot{G},G/C_1)$. L'image α de γ sur le quotient H de $\dot{G}$ par C_2/C_1 est encore C_1-strictement adaptée et de potentiel infini sur $F(\varphi,H,G/C_2)$. Considérons le sous-groupe abélien distingué $C = C_1 \times C_3/C_2$ de H. Comme G/C_2 opère de manière bornée sur C_3/C_2, H va opérer de manière bornée sur C et possède donc une suite de sous-groupes analogue à celle de G, mais de longueur inférieure. Soit alors ψ une fonction sur C_3/C_2 analogue à φ et considérons la fonction $\varphi.\psi$ sur C. Elle est encore du même type et l'on a

$$F(\varphi.\psi,H,T) \subseteq F(\varphi,H,G/C_2)$$

pour n'importe quelle section T de H au-dessus de G/C_3.

Enfin, montrons que

$$\alpha = \int_{H/_C} \alpha_{\tilde{x}}\, d\tilde{\alpha}(\tilde{x}) = \int_{H/C_1} \alpha_{\bar{x}}\, d\bar{\alpha}(\bar{x})$$

est C-strictement adaptée. Nous avons

$$\bar{\alpha} = \int_{H/_C} \bar{\alpha}_{\tilde{x}}\, d\tilde{\alpha}(\tilde{x})$$

$$\alpha_{\tilde{x}} = \int_{H/_{C_1}} \alpha_{\bar{x}}\, d\bar{\alpha}_{\tilde{x}}(\bar{x}) .$$

Si la mesure

$$\int_{H/C} \check{\alpha}_{\tilde{x}} * \alpha_{\tilde{x}} \, d\overline{\alpha}(\tilde{x})$$

st portée par un sous-groupe propre D distingué de C , alors α-presque partout $\alpha_{\tilde{x}}$ est portée par une classe de D et $\alpha_{\overline{x}}$ par une classe de $D \cap C_1$. Ceci entraîne que D contient C_1 . En projetant sur H/C_1 on obtient alors que $\overline{\alpha}_{\tilde{x}}$ est portée par une classe du sous-groupe propre D/C_1 de $C/C_1 = C_3/C_2$, ce qui contredit la C_3/C_2-stricte adaptation de $\overline{\alpha}$ (qui n'est autre que la projection de μ sur G/C_2). L'hypothèse de récurrence s'applique alors à α et à $F(\varphi.\psi, H, T)$, et donne que la somme des rangs de $C = C_3/C_2 \oplus C_1$ et des C_{2i+1}/C_{2i} $(2i>2)$ est inférieure à 3 .

Remarque : La condition de stricte adaptation du théorème est vérifiée si μ est récurrente, étalée et adaptée . comme le montre le raisonnement suivant :

La probabilité

$$\gamma = \sum_{n \geq 1} \frac{1}{2^n} \mu^n$$

possède les mêmes propriétés que μ et, de plus, $\check{\gamma}^2$ est absolument continue par rapport à γ. Il en résulte que la mesure de Haar de G est absolument continue par rapport à γ. La conclusion résulte alors du fait que si u est une fonction intégrable positive presque partout sur C_{2i+1}/C_{2i} , il en est de même de la fonction $\check{u} * u$.

De cette remarque et du théorème 9 découle le théorème suivant :

<u>Théorème 10.</u>-

Un groupe de Lie connexe est H-récurrent si et seulement si le quotient par son sous-groupe compact distingué maximum est isomorphe à $\{0\}, \mathbb{R}, \mathbb{R}^2$ ou le groupe des déplacements du plan euclidien.

Démonstration. Puisque G est connexe et récurrent, il est de type R, d'après le chapitre I. Mais alors G possède une suite de sous-groupes comme dans l'hypothèse du théorème 9. La condition de stricte adaptation étant satisfaite, ce théorème entraîne que le rang du radical de G est deux au plus. Considérons le quotient $\bar{G}$ de G par le sous-groupe compact distingué maximum et le radical nilpotent N de G. Si N est réduit à 0, G est compact. Si $N = \mathbb{R}$, N est central dans G ; donc le radical R de G est nilpotent et $N = R$; G est alors produit semi-direct de $\mathbb{R}$ et d'un groupe compact, ce qui entraîne $G = \mathbb{R}$. Si $N = \mathbb{R}^2$, G est produit semi-direct de $\mathbb{R}^2$ et d'un groupe compact. Ce sous-groupe compact opère de manière fidèle sur $\mathbb{R}^2$ puisque G ne possède pas de sous-groupe compact distingué et est donc, soit nul, soit isomorphe au groupe de rotations de $\mathbb{R}^2$.

Le théorème suivant permet d'étudier le cas des probabilités quelconques :

Théorème 11

Soit G un groupe résoluble à génération compacte dont le dérivé G' est abélien et tel que l'action de G sur G' par automorphismes intérieurs soit bornée. Alors si la somme des rangs de G' et G/G' est trois au moins, G est transitoire.

Démonstration. Soit μ une probabilité adaptée sur G. On peut supposer μ^2 absolument continue par rapport à μ. Soit H le sous-groupe engendré par le support de $\mu_{G'}$:

$$(\mu)_{G'} = \int_{G/G'} \check{\mu}_{\bar{x}} * \mu_{\bar{x}} \, d\bar{\mu}(\bar{x})$$

et montrons que $H = G'$. Par hypothèse, pour presque tout $\bar{x}$, $\mu_{\bar{x}}$ est portée par une classe à gauche de H et μ est donc portée par un borélien B coupant chaque classe modulo G' suivant une classe à gauche modulo H . Comme on a

$$\mu^2(B) = \int \mu_{\bar{x}} * \varepsilon_y(B) \, d\bar{\mu}(\bar{x}) \, d\mu(y)$$

et que $\mu^2(B) = 1$, on a $\bar{\mu} \times \mu$ -presque partout $\mu_{\bar{x}} * \varepsilon_y(B) = 1$,

$$\varepsilon_{y^{-1}} * \check{\mu}_{\bar{x}} * \mu_{\bar{x}} * \varepsilon_y(H) = 1$$

ce qui entraîne $y^{-1} H y \subset H$.

En passant au quotient par le sous-groupe compact maximum de G', qui est un groupe abélien à génération compacte, on peut supposer G' de la forme $R^m \times Z^{n'}$. On peut alors affirmer que les automorphismes de $R^m \times Z^n$ définis par les éléments de G appartiennent à un groupe compact d'automorphismes dans la topologie naturelle. En particulier, le semi-groupe fermé engendré par l'automorphisme associé à y^{-1} est un groupe compact et de la relation $y^{-1} H y \subset H$ découle la relation $y H y^{-1} = H$. Ceci entraîne que H est distingué puisque μ est adaptée.

Un raisonnement fait plus haut montre alors que, puisque μ^2 est absolument continue par rapport à μ et que l'on a $xy \equiv yx \pmod{G'}$ on a aussi $(yx)^{-1} xy \in H$ $\mu \times \mu$ presque partout. Or, y étant fixé, l'ensemble des x vérifiant la relation précédente est un sous-groupe fermé car H est distingué. On en déduit puisque μ est adaptée, que pour tout x et presque partout en y on a $xy \equiv yx \pmod{H}$. Finalement $H = G'$ et l'on peut appliquer le théorème 9 qui donne

$$\text{rang } G' + \text{rang } G/_{G'} \leq 2$$

si l'on suppose μ récurrente.

Théorème 12

Un groupe résoluble simplement connexe est récurrent si et seulement s'il est isomorphe à 0 , $\mathbb{R}$ ou $\mathbb{R}^2$.

Démonstration. On a déjà vu au chapitre I que G étant récurrent est de type R . S'il n'est pas nilpotent, il admet donc comme quotient le groupe des déplacements du plan [1] et par conséquent son revêtement universel qui est un groupe résoluble de rang trois. Ce groupe admet un groupe dérivé isomorphe à $\mathbb{R}^2$ et opère de manière bornée sur lui. Il n'est donc par récurrent d'après le théorème 11 . Ceci signifie que G est nilpotent et le théorème découle donc du théorème principal du chapitre précédent.

Le théorème 11 . admet le complément suivant :

Théorème 13

Soit G un groupe à génération compacte dont le dérivé est abélien et dont l'action par automorphisme intérieurs sur ce dérivé est bornée. Soit μ une probabilité adaptée sur G . Alors si la somme des rangs de G' et de $G/_{G'}$ est trois au moins, le noyau potentiel de μ est fini sur les compacts et tend vers zéro à l'infini.

Démonstration. Considérons la probabilité

$$\mu' = \sum_{n \geq 0} \frac{1}{2^{n+1}} \mu^n$$

et observons que l'on a

$$(\varepsilon_e - \mu) * \mu' = (\varepsilon_e - \mu')$$

si bien que, les mesures potentielles associées à μ et μ' étant notées π et π' , on a

$$\pi = \pi' * \mu' = \pi' - \varepsilon_e \leq \pi' .$$

Il suffit donc de montrer que π' tend vers zéro à l'infini pour obtenir la même propriété pour π, si bien que, d'après l'étude de μ' faite au début de la démonstration du théorème 11., on peut supposer que μ est G'-strictement adaptée. Considérons alors la probabilité ν et le voisinage V de e dans G' définis par la proposition 1 et soit f une fonction du type envisagé dans cette proposition telle que l'on ait $\dot{f} = \varphi . \psi$ où φ et ψ désignent deux fonctions positives sur G' et $G/_{G'}$, dont les transformées de Fourier sont portées par des voisinages V et W de l'identité dans G' et $G/_{G'}$. On a alors, en désignant par η la mesure potentiel de ν :

$$\mu^n(\varepsilon_x * f) \leq \nu^n(\varepsilon_{\bar{x}} * \dot{f})$$

$$\eta_n(\varepsilon_{\bar{x}} * \dot{f}) = \sum_{0}^{n} \nu^k(\varepsilon_{\bar{x}} * \dot{f}) = \int_{\hat{G}' \times \widehat{G/_{G'}}} \hat{\varphi} . \hat{\psi}(\xi) \frac{1-\hat{\nu}^{n+1}(\xi)}{1-\hat{\nu}(\xi)} \xi(x)\, d\xi$$

$$\eta(\varepsilon_{\bar{x}} * \dot{f}) = \int_{\hat{G}' \times \widehat{G/_{G'}}} \hat{\varphi} . \hat{\psi}(\xi) \frac{\xi(\bar{x})}{1-\hat{\nu}(\xi)}\, d\xi$$

puisque la transformée de Fourier de $\dot{f}$ qui est $\hat{\varphi} . \hat{\psi}$ est à support compact et que le rang de $G' \times G/_{G'}$ étant trois au moins la fonction $\frac{1}{1-\hat{\nu}(\xi)}$ est localement intégrable en raison de l'adaptation de ν

On voit aussi sur ces formules que la convergence de $\eta_n(\varepsilon_{\bar{x}} * \dot{f})$ vers $\eta(\varepsilon_{\bar{x}} * \dot{f})$ est uniforme en $\bar{x}$. La majoration

$$\mu^n(\varepsilon_x * f) \leq \nu^n(\varepsilon_{\bar{x}} * \dot{f})$$

entraîne que π_n et π possèdent la même propriété que η_n et η et de ceci découle le résultat voulu.

Ecrivant :

$$\pi(\varepsilon_x * f) = \pi_n(\varepsilon_x * f) + r_n(\varepsilon_x * f)$$

et tenant compte de l'uniformité précédente, il suffit de choisir successivement n assez grand et x assez voisin de l'infini pour rendre $\pi(\varepsilon_x * f)$ assez petit.

Comme la fonction f est positive et que toute fonction continue est majorée par une combinaison linéaire de translatées de f, la mesure π tend bien vers zéro à l'infini.

Complétons de manière analogue le théorème 12 :

Théorème 14 .

Soit G un groupe de Lie résoluble connexe et simplement connexe de dimension 3 au moins, μ une probabilité adaptée sur G . Alors le potentiel de μ est fini et si G est de type R il tend vers zéro à l'infini.

Démonstration. Pour obtenir la deuxième partie de ce théorème, il suffit de remarquer [1] que si G n'est pas nilpotent, il admet un quotient isomorphe au revêtement universel du groupe des déplacements du plan et donc, d'après la proposition 36 du chapitre I , il suffit d'examiner ce cas. Le résultat découle alors du théorème 13.

Chapitre V - CARACTERISATION DE CERTAINES CLASSES DE GROUPES DE LIE RECURRENTS

On va d'abord envisager le cas des groupes de Lie connexes, puis celui des groupes localement compacts qui sont des sous-groupes de Lie d'un groupe de Lie connexe.

A - Cas des groupes de Lie connexes

Le but de ce paragraphe est d'établir le théorème:

Théorème 1 : Soit G un groupe de Lie connexe dont le quotient par le sous-groupe compact maximum distingué est distinct de $\{0\}$, $\mathbb{R}$, $\mathbb{R}^2$, G_2 et μ une probabilité sur G qui est étalée ou bien admet un moment d'ordre $4+\delta$ $(\delta > 0)$. Alors la marche aléatoire définie par μ est transitoire. De plus, si G est de type R, le noyau potentiel de μ tend vers zéro à l'infini.

*

* *

Ce théorème découlera de l'étude de cas déjà traités et des deux propositions suivantes.

Proposition 2 : Soit G un groupe de Lie connexe de type R qui n'est pas localement produit direct de son radical et de sa partie semi-simple. Alors G possède un quotient qui est produit semi-direct de $\mathbb{R}^n$ $(n \geq 3)$ et d'un groupe de rotations opérant de manière irréductible sur $\mathbb{R}^n$.

Démonstration :

Soit R le radical de G et considérons le groupe $N = [G,R]$ engendré topologiquement par les commutateurs des éléments de G et de R : N est un sous-groupe fermé distingué connexe qui est nilpotent et non nul par hypothèse.

Soit K un sous-groupe compact semi-simple maximal de G, F la composante neutre du sous-groupe formé des éléments de N invariants par l'action adjointe de K.

Alors F est distinct de N par hypothèse et contient le sous-groupe compact maximum de N qui est contenu dans le centre de G ; on peut donc supposer que ce sous-groupe compact est nul. De plus, en désignant par N' le groupe dérivé de N on sait d'après [65] que $FN' = N$ implique $F = N$; l'hypothèse ici faite entraîne donc $FN' \neq N$ et, en passant au quotient par FN', on peut donc supposer que $F = N' = 0$, c'est-à-dire que N est un espace vectoriel non nul sans points fixes sous l'action de K. On peut enfin supposer, par un nouveau passage au quotient, que $G/_N$ opère de manière irréductible sur l'espace vectoriel N.

Soit alors A le sous-groupe formé des éléments de R fixés par l'action de K, sous-groupe qui vérifie $A \cap N = \{0\}$ d'après ce qui précède et aussi $NA = R$ car K est compact et opère trivialement sur $R/_N$. De plus, puisque les automorphismes associés aux éléments de A commutent avec l'action irréductible de $G/_N$ sur N, leurs combinaisons linéaires forment un corps commutatif isomorphe à $\mathbb{R}$ ou $\mathbb{C}$. Dans le deuxième cas N se trouve alors muni d'une structure d'espace vectoriel complexe sur laquelle $G/_N$ opère encore par automorphismes et l'action de A se réduit à des homothéties. Soit alors B le sous-groupe de A formé des éléments de A opérant trivialement sur N ; puisque G est de type R, $A/_B$ est isomorphe au groupe T des nombres complexes de module un.

Enfin B est central et N est uniforme dans $G/_B$; comme N est simplement connexe, $G/_B$ est le produit semi-direct de N et d'un groupe compact d'automorphismes de N. Dans le cas où A agit sur N par des homothéties réelles, le fait que G est de type R entraîne que A agit trivialement sur N, donc est central dans G. Le groupe $G/_A$ est alors produit semi-direct de N et d'un groupe compact d'automorphismes de N.

*

* *

Notons Δ le produit semi-direct du premier groupe de Heisenberg H_1 et du groupe T des nombres complexes de module un, l'automorphisme associé à $e^{i\theta} \in T$ étant donné par $e^{i\theta}(z,t) = (e^{i\theta}z,t)$ et le produit dans H_1 étant défini par :

$$(z,t)(z',t') = (z+z',t+t'+2\mathrm{Im}\, z\bar{z}').$$

Notons aussi $\tilde{G}_2$ le revêtement universel du groupe G_2 des déplacements du plan. Avec ces notations on a la :

Proposition 3 : Soit G un groupe de Lie résoluble connexe de type R dont le quotient par le sous-groupe compact distingué maximum est distinct de $\mathbb{R}$, $\mathbb{R}^2$, G_2. Alors si G est nilpotent il admet H_1 ou $\mathbb{R}^3$ comme quotient. Si G n'est pas nilpotent, il admet comme quotient Δ, $\tilde{G}_2$ ou le produit semi-direct de $\mathbb{R}^n$ $(n \geq 3)$ et d'un groupe compact commutatif d'automorphismes de $\mathbb{R}^n$.

Démonstration : Si G est nilpotent, on peut le supposer simplement connexe et alors $G/_{G'}$ est un espace vectoriel réel. Si la dimension de $G/_{G'}$ est trois au moins, l'assertion est prouvée ; cette dimension est différente de un car alors l'algèbre de Lie de G serait engendrée par un élement, ce qui entraînerait $G = \mathbb{R}$, cas qui est exclu. Si la dimension de $G/_{G'}$ est deux on peut supposer G de classe deux et alors, l'algèbre de Lie de G étant engendrée par deux éléments, celle de G' est de dimension un, ce qui prouve que G est isomorphe à H_1.

Si G n'est pas nilpotent deux cas se présentent suivant que le groupe G' dérivé de G est uniforme dans G ou non.

Dans le deuxième cas on peut supposer, par deux passages au quotient, que G' est un espace vectoriel réel, puisque G' est isomorphe à $\mathbb{R}^2$ et que G opère sur $G' = \mathbb{R}^2$ par rotations car G est non nilpotent.

Alors le nilradical N de G opère trivialement sur G' et $G/_N$ est de dimension un. Soit alors $\mathcal{N}$ l'algèbre de Lie de N et a un élément de l'algèbre de Lie $\mathcal{G}$ de G tel que $\exp a$ opère sur $\mathcal{G}' = \mathbb{R}^2$ de manière non triviale : $\mathcal{N}$ est somme directe de $\mathcal{G}'$ et du noyau $\mathcal{F}$ de $\exp a - I$ qui est une sous-algèbre de $\mathcal{G}$. Il résulte de ceci que $\mathcal{N}$ est abélienne et donc l'on peut supposer que N est un espace vectoriel réel. Si $G/_N = \mathbb{R}$, le quotient de G par le sous-groupe fermé central $F = \exp \mathcal{F}$ est isomorphe à $\tilde{G}_2$. Si $G/_N$ est compact, G est produit semi-direct de N et de T opérant par rotations sur G' et trivialement sur F.

Si $G/_{G'}$ est compact on se ramène d'abord au cas où G' est simplement connexe et alors deux cas se présentent suivant que la dimension du quotient de G' par son dérivé G'' est supérieure à deux ou non. Dans le premier cas le quotient $G/_{G''}$ est produit semi-direct du groupe compact $G/_{G'}$ et de l'espace vectoriel $G'/_{G''}$ dont la dimension est trois au moins et ce quotient répond donc aux conditions voulues. La dimension de $G'/_{G''}$ ne peut être un cas alors G' serait égal à $\mathbb{R}$ et G serait abélien, ce qui est impossible.

Si enfin la dimension de $G'/_{G''}$ est deux, G'' est non nul par hypothèse et le même raisonnement que celui du début de la démonstration montre que l'on peut supposer $G' = H_1$. G est alors produit semi-direct de H_1 et d'un groupe compact K opérant par automorphismes sur H_1 donc trivialement sur $H_1' = G''$ et par rotations sur $G'/_{G''} = \mathbb{R}^2$. L'action de K sur l'algèbre de Lie de G' se réduit donc à une action de T par rotations autour de l'axe G'' et le sous-groupe K_1 formé des éléments de K opérant trivialement est central et tel que $K/_{K_1} = T$. D'où $G/_{K_1} = \Delta$.

On peut maintenant démontrer le théorème 1. D'abord observons que si une probabilité μ sur G est adaptée et récurrente, il en est de même de son image dans n'importe quel quotient de G et donc d'après le chapitre I G est moyennable et unimodulaire ainsi que ses quotients, ce qui entraîne d'après le chapitre I que le groupe de Lie connexe G est de type R. Pour montrer que μ est transitoire on peut donc se restreindre à cette dernière situation. Mais alors les propositions 2 et 3 fournissent une liste de quotients de G sur lesquels, d'après les chapitres II, III, IV pour les probabilités étalées ou ayant un moment d'ordre $4+\delta$, le noyau potentiel est fini et tend vers zéro à l'infini. La même propriété est vraie de G d'après le chapitre I.

Remarque 4:

Le résultat sur le comportement à l'infini du noyau potentiel contenu dans le théorème 1 est également obtenu en [9] par une méthode directe pour des probabilités étalées dont le noyau potentiel est fini. Cette méthode s'applique également à des classes de groupes non connexes, en particulier aux groupes à croissance polynomiale admettant un homomorphisme injectif dans un groupe de Lie connexe puisqu'ils sont de type R généralisé au sens de [27]

B - UNE CLASSE DE GROUPE RECURRENTS

On note $\mathcal{R}$ la classe des groupes localement compacts G qui possèdent la propriété suivante : G possède deux sous-groupes distingués fermés H et K, tels que H contienne K et $H/_K$ soit isomorphe à un sous-groupe fermé de $\mathbb{R}^2$ et que de plus $G/_H$ et K soient compacts. On précise ci-dessou la structure de ces groupes et on donne une propriété de stabilité de leur classe. On aura besoin de propositions auxiliaires précisant la structure des sous-groupes fermés du groupe G_2^* des isométries de $\mathbb{R}^2$. Le lecteur pourra omettre leurs démonstrations.

Proposition 5 :

a) Soit G un sous-groupe fermé du groupe des isométries de $\mathbb{R}^2$. Alors G coupe le sous-groupe des translations suivant un sous-groupe uniforme dans G.

b) Soit G un groupe localement compact contenant $H = \mathbb{R}^p \times \mathbb{Z}^q$ comme sous-groupe distingué fermé uniforme. Alors G possède un sous-groupe compact maximum et le quotient de G par celui-ci est isomorphe où un sous-groupe fermé du groupe G_n^* des isométries de $\mathbb{R}^n$ où $n = p+q$ et les éléments de H sont représentés par des translations.

Démonstration :

a) Distinguons plusieurs cas suivant le rang du sous-groupe fermé $G \cap \mathbb{R}^2$.

Si ce rang est deux $G \cap \mathbb{R}^2$ est uniforme dans G_2^* et donc dans G.

Si ce rang est un, les applications linéaires associées aux éléments de G laissent fixe une droite et leur ensemble a donc au plus deux éléments. Donc $G/_{G\cap\mathbb{R}^2}$ est fini.

Si ce rang est zéro et si G est contenu dans le groupe des déplacements il est commutatif et formé de rotations. Comme chacune de ces rotations a un point fixe unique, ce point est commun à toutes les rotations de G. Alors G est formé de rotations autour d'un point et est donc compact. Si G n'est pas contenu dans le groupe des déplacements, son intersection avec celui-ci est compacte et d'indice deux dans G. Donc G est compact.

b) Supposons d'abord $q = 0$ et notons que, dans ce cas, G est produit semi-direct de $\mathbb{R}^p$ et d'un groupe compact C opérant par isométries sur $\mathbb{R}^p$. Soit C_o le sous-groupe de C formé des éléments opérant trivialement sur $\mathbb{R}^p$. L'application de G dans G_n^* qui à $g = \tau c$. $(\tau \in \mathbb{R}^p,\ c \in C)$ associe l'application affine $\tilde{g}$ définie par

$$\tilde{g}(x) = c(x) + \tau \qquad (x \in \mathbb{R}^p)$$

est un homomorphisme de G dans G_n^* dont le noyau est C_o et dont l'image est égale à $\mathbb{R}^n$. C/C_o et est donc fermée.

Montrons que $G/_{C_o}$ ne possède pas de sous-groupe compact distingué propre. Si D était un tel sous-groupe on aurait pour $d \in D$ et $\tau \in \mathbb{R}^p$.

$$d\tau d^{-1}\tau^{-1} \in \mathbb{R}^n \cap D$$

donc $$d\tau d^{-1}\tau^{-1} = Id$$

Alors D opérerait trivialement sur $\mathbb{R}^p$ et serait donc formé de translations ce qui implique $D = \{Id\}$.

Si $q \neq 0$, on construit ci-dessous un groupe $\hat{G}$, extension compacte de $\mathbb{R}^n$, contenant G comme sous-groupe fermé, tel que H soit contenu dans $\mathbb{R}^n$ et que $\hat{G}/_{\mathbb{R}^n}$ soit isomorphe à $G/_H$. L'action de G sur H par automorphismes intérieurs définit une action de G sur $\mathbb{R}^n$ et l'on peut donc former le produit semi-direct $U = \mathbb{R}^n . G$. Désignons par U_1 le sous-groupe fermé distingué de U formé des éléments (τ, τ^{-1}) $(\tau \in H)$ et notons $\hat{G}$ le quotient $U/_{U_1}$. Les images de $\mathbb{R}^n$ et G dans $\hat{G}$ étant égales à celles de $\mathbb{R}^n.H$ et $H.G$ sont fermées ; elles sont de plus isomorphes à $\mathbb{R}^n$ et G respectivement. Donc $\hat{G}$ est égal au produit de deux sous-groupes fermés isomorphes à $\mathbb{R}^n$ et G, que l'on notera encore ainsi, et qui se coupent suivant H. De plus $\mathbb{R}^n$ est distingué dans $\hat{G}$ et $\hat{G}/_{\mathbb{R}^n}$ est isomorphe à $U/_{R^n.H}$ donc aussi à $G/_H$.

On construit alors une application de G dans G_n^* par composition de l'application canonique de G dans $\hat{G}$ et de l'application de $\hat{G}$ dans G_n^* précédemment construite. Le noyau de cette application composée est compact et l'image ne possède plus de sous-groupe compact distingué propre comme le montre le raisonnement fait précédemment dans le cas $q = 0$.

L'assertion b) de la proposition est donc prouvée.

On peut remarquer que l'assertion b) est une sorte de réciproque du théorème classique de Bieberbach [3] tandis que l'assertion a) peut être rapprochée de ce théorème.

La proposition suivante précise la structure des groupes de la classe $\mathcal{R}$.

Proposition 6 :

Pour un groupe localement compact G les deux conditions suivantes sont équivalentes.

a) G appartient à la classe $\mathcal{R}$

b) G possède un sous-groupe compact maximum distingué et le quotient par celui-ci est isomorphe à un sous-groupe fermé du groupe des isométries de $\mathbb{R}^2$.

Démonstration :

Pour montrer que a) entraîne b) on peut supposer, avec les notations du début $K = \{0\}$ mais alors le résultat découle immédiatement de la partie b) de la proposition 5 .

Pour montrer que b) entraîne a) on peut supposer G sans sous-groupe compact distingué, donc isomorphe à un sous-groupe fermé du groupe G_2^*. Mais alors d'après la partie a) de la proposition 5 , G possède un sous-groupe distingué uniforme qui est un sous-groupe fermé de $\mathbb{R}^2$.

Le lemme suivant sera utile dans l'étude des propriétés de stabilité de la classe $\mathcal{R}$.

Lemme 7: Soit G un sous-groupe fermé du groupe des isométries de $\mathbb{R}^2$. Alors G contient un sous-groupe fermé caractéristique et uniforme.

Démonstration :

Distinguons deux cas suivant que le groupe G^2 engendré par les carrés d'éléments de G est contenu ou non dans $\mathbb{R}^2$. Dans les deux cas $G^2 \cap \mathbb{R}^2$ est uniforme dans $G \cap \mathbb{R}^2$ qui est lui-même uniforme dans G d'après la proposition 5. Comme G^2 est caractéristique, l'assertion est claire dans le premier cas. Montrons que dans le deuxième cas, le groupe dérivé de G^2 est uniforme dans $G^2 \cap \mathbb{R}^2$, ce qui entraînera la conclusion voulue comme précédemment. Si g est une rotation non triviale de G^2, l'ensemble des éléments de la forme $gvg^{-1}v^{-1}$ $(v \in G \cap \mathbb{R}^2)$ est l'image de $G^2 \cap \mathbb{R}^2$ par l'automorphisme linéaire $\tilde{g}$-Id où $\tilde{g}$ est la rotation vectorielle associée à g et a donc même rang que $G^2 \cap \mathbb{R}^2$, ce qui, en tenant compte du fait que le groupe dérivé de G^2 est contenu dans $\mathbb{R}^2$, prouve l'assertion annoncée.

Proposition 8 :

Soit G un groupe de la classe $\mathcal{R}$, U un sous-groupe fermé, F un groupe localement compact contenant G comme sous-groupe distingué fermé uniforme.

Alors F et U appartiennent aussi à la classe $\mathcal{R}$. Si U est distingué, le quotient $G/_U$ appartient aussi à $\mathcal{R}$.

<u>Démonstration</u> : Grâce au lemme précédent et à la proposition 5 on peut, avec les notations du début, supposer U et K caractéristiques dans G.

Dans ces conditions H est aussi distingué dans F et $F/_H$ est compact, comme $F/_G$ et $G/_H$. Pour montrer que U appartient à la classe $\mathcal{R}$, on remarque que $U/_{K\cap U}$ est isomorphe à un sous-groupe fermé du groupe des isométries de $\mathbb{R}^n$ si l'on prend pour K le sous-groupe compact maximum distingué de G.

Supposons maintenant U distingué et notons $\bar{K}$ et $\bar{H}$ les images de K et H dans $G/_U = \bar{G}$. Le groupe $\bar{H}$ est distingué dans $\bar{G}$ et le quotient $\bar{H}/_{\bar{K}}$ est abélien à génération compacte comme le groupe $H/_K$ dont l'image canonique dans $\bar{H}/_{\bar{K}}$ est dense. D'autre part $\bar{G}/_{\bar{H}}$ est un quotient de $G/_H$ et est donc compact. Soit alors $\bar{K}_1$ l'image réciproque dans $\bar{H}$ du sous-groupe compact maximum de $\bar{H}/_{\bar{K}}$ qui est caractéristique : $\bar{K}_1$ est distingué dans $\bar{G}$. Enfin $\bar{H}/_{\bar{K}_1}$ est sans torsion et ne peut être de rang supérieur à deux car l'image de $H/_K$ y est dense.

Pour montrer que les groupes de la classe $\mathcal{R}$ sont récurrents, on aura besoin du :

<u>Lemme 9</u>: Tout sous-groupe fermé de G_2^* est contenu comme sous-groupe d'indice fini dans un produit semi-direct d'un sous-groupe fermé de $\mathbb{R}^2$ et d'un groupe compact d'automorphismes.

<u>Démonstration</u> :

Supposons d'abord que G contienne $\mathbb{R}^2$: alors, le quotient $G/_{\mathbb{R}^2}$ étant compact, G est produit semi-direct de $\mathbb{R}^2$ et d'un groupe compact K et l'assertion du lemme est prouvée.

Si G ne coupe pas $\mathbb{R}^2$, on a déjà vu au cours de la démonstration de la proposition 5 qu'il était compact et il n'y a donc rien à démontrer.

Si l'intersection $G \cap \mathbb{R}^2$ est un sous-groupe propre de $\mathbb{R}^2$, le quotient $G/_{G\cap\mathbb{R}^2}$ est isomorphe à un groupe d'isométries vectorielles laissant invariant un sous-groupe fermé propre de $\mathbb{R}^2$ et est donc fini. Distinguons maintenant deux cas suivant que G est contenu dans le groupe des déplacements on non :

Dans le premier cas, le quotient $G/_{G \cap \mathbb{R}^2}$ est isomorphe à un sous-groupe fini de $\mathbb{T}$ et est donc cyclique d'ordre n ; Si ρ est un élément de G dont la classe modulo $G \cap \mathbb{R}^2$ engendre ce groupe cyclique, on sait que ρ^n appartient à $\mathbb{R}^2$ et d'autre part est une rotation de même centre que ρ et ceci permet de conclure que $\rho^n = \mathrm{Id}$. Il est clair que G est le produit semi-direct de $G \cap \mathbb{R}^2$ et du sous-groupe fini engendré par ρ.

Dans le deuxième cas, on peut toujours supposer que G contient une symétrie par rapport à une droite. Si γ est un antidéplacement de G, on a $\gamma = \tau \circ \sigma = \sigma \circ \tau$ avec τ translation et σ symétrie par rapport à une droite et l'on obtient $\tau^2 = \gamma^2$. Ceci prouve que σ appartient au produit $G.H'$ où H' est le sous-groupe fermé de $\mathbb{R}^2$ image de $G \cap \mathbb{R}^2$ par l'homothétie de rapport 1/2 ; il est clair que G est d'indice deux dans $G.H'$. Supposant maintenant σ dans G, on va construire un sous-groupe fini de rotations invariant par σ. L'intersection de G avec le groupe des déplacements est produit semi-direct de $G \cap \mathbb{R}^2$ et d'un groupe fini engendré par ρ ; étudions les τ de $\mathbb{R}^2$ tels que $\sigma(\tau\rho)\sigma^{-1} = \rho^{-1}\tau^{-1}$. Cette équation équivaut à l'équation linéaire dans $\mathbb{R}^2$

$$\tilde{\sigma}(\tau) \quad + (\sigma\rho)^2 + \tilde{\rho}^{-1}(\tau) = 0$$

où l'on a adopté la notation additive et posé $\sigma\tau\sigma^{-1} = \tilde{\sigma}(\tau)$, $\rho^{-1}\tau\rho = \tilde{\rho}^{-1}(\tau)$ afin de mettre en évidence des applications linéaires. Notons que $\tilde{\sigma}[(\rho\sigma)^2] + \tilde{\rho}^{-1}[(\rho\sigma)^2] = (\sigma\rho)^2 + (\sigma\rho)^2$ et que l'élément $\tau_1 = (\rho\sigma)^2$ appartient à $G \cap \mathbb{R}^2$; on en déduit que $\tau = -\frac{\tau_1}{2}$ est une solution de l'équation $\sigma(\tau) + \rho^{-1}(\tau) = -(\sigma\rho)^2$, solution qui appartient au sous-groupe H' image de $G \cap \mathbb{R}^2$ par l'homothétie de rapport 1/2. Alors, dans le groupe $G' = GH'$ on peut trouver une rotation ρ' telle que $\sigma\rho'\sigma^{-1} = \rho'^{-1}$ et dont la classe modulo $G' \cap \mathbb{R}^2$ engendre, avec celle de σ, le groupe quotient $G'/_{G' \cap \mathbb{R}^2}$. On en conclut que G' est produit semi-direct de $G' \cap \mathbb{R}^2$ et du groupe fini engendré par σ et ρ'.

<u>Proposition 10</u> :

Tout groupe de la classe $\mathcal{R}$ est récurrent.

<u>Démonstration</u> :

Il est immédiat que les produits semi-directs d'un sous-groupe fermé H de $\mathbb{R}^2$ et d'un groupe compact K sont récurrents : si λ est la mesure de Haar de K et γ une probabilité à support compact sur H qui est récurrente et K-invariante, la probabilité $\lambda*\gamma$ est récurrente comme γ. La considération de la marche aléatoire induite sur un sous-groupe d'indice fini montre que ce dernier est aussi récurrent. Le cas général découle de la partie b de la proposition 5 .

C-LE CAS DES SOUS-GROUPES DES GROUPES DE LIE CONNEXES

Ce cas est celui des groupes localement compacts admettant un homomorphisme injectif continu dans un groupe de Lie connexe. On obtient ici des résultats partiels sur les groupes récurrents de cette classe et des résultats complets sur les groupes H-récurrents contenant donc les résultats du paragraphe A sur les groupes de Lie connexes.

Commençons par le cas particulier des groupes discrets :

Théorème 11 : Soit G un groupe de type fini admettant une représentation linéaire fidèle. Alors G est récurrent si et seulement s'il possède un sous-groupe d'indice fini isomorphe à $\{0\}$, $\mathbb{Z}$ ou $\mathbb{Z}^2$.

Ce théorème découlera d'une proposition et d'un lemme.

Proposition 12:

Soit G un groupe de Lie connexe, μ une probabilité récurrente dont le support engendre un sous-groupe uniforme dans G. Alors G est de type R et si G est résoluble non nilpotent, le quotient $G/_{G'}$ est compact.

Démonstration :

Montrons que G est moyennable : si G admet un quotient $\bar{G}$ semi-simple, la probabilité $\bar{\mu}$ possèdera, par rapport à $\bar{G}$, les mêmes propriétés que μ. Si P désigne le sous-groupe fermé engendré par le support de $\bar{\mu}$, on sait d'après I que P est moyennable et unimodulaire ; cette dernière propriété entraîne, puisque $\bar{G}$ est unimodulaire, que $\bar{G}/_P$ possède une mesure $\bar{G}$-invariante et donc, puisque P est moyennable, que $\bar{G}$ l'est aussi [2] ; donc $\bar{G}$ est compact et G est moyennable.

Montrons que tous les quotients de G sont unimodulaires : si $\bar{G}$ est un tel quotient et si P est le sous-groupe fermé engendré par le support de l'image $\bar{\mu}$ de μ dans $\bar{G}$, la moyennabilité de $\bar{G}$ entraîne l'existence d'une mesure invariante sur $\bar{G}/_P$ et comme P est unimodulaire , il en est de même de $\bar{G}$. Il résulte de cette propriété que G est de type R [27] .

Pour montrer la dernière assertion, on peut supposer, en passant au quotient par le dérivé G'' de G', puis par le sous-groupe compact maximum de $G'/_{G''}$, que G' est un espace vectoriel réel. On peut aussi supposer, par un nouveau passage au quotient, que $G' = \mathbb{R}^2$ et que G opère sur lui par rotations puisque G est résoluble de type R mais non nilpotent. D'après le théorème IV, 11, le rang du sous-groupe engendré par le support de μ est deux au plus et, celui de G lui étant égal, vaut aussi deux au plus. Comme $G' = \mathbb{R}^2$, ceci signifie que $G/_{G'}$ est compact.

<u>Lemme 12</u> :

Soit G un groupe résoluble de type fini contenu dans le groupe linéaire à n variables et supposons son groupe dérivé relativement compact. Alors G possède un sous-groupe d'indice fini dont le groupe dérivé est abélien de type fini.

<u>Démonstration</u> :

On peut d'abord d'après [46], supposer que G' est nilpotent et on va alors montrer que G possède un sous-groupe d'indice fini dont le groupe dérivé est contenu dans la composante neutre T de $\bar{G}'$. Le groupe $G/_{G \cap T}$ possède comme sous-groupe fini $\bar{G}'/_T$ et le quotient par celui-ci est abélien. Il en résulte que $G/_{G \cap T}$ possède un sous-groupe abélien d'indice fini, ce qui entraîne la conclusion annoncée.

Supposons donc maintenant $G' \subset T$ et soient $a_1,\dots,a_r$ un système de générateurs de G, $A_1,\dots,A_r$ les automorphismes correspondants de T. Le groupe dérivé de G est alors engendré par les commutateurs des a_i et leurs images par les monomes en les A_j. Or si k est la dimension du tore T, le théorème de Hamilton-Cayley entraîne que les puissances $k^{\text{ièmes}}$ des A_j sont combinaisons à coefficients entiers des puissances d'exposant inférieur à k. Comme les A_j commutent, chaque monome en les A_j est combinaison à coefficients entiers des monomes de degré inférieur à k en chacun des A_j. Le groupe dérivé de G est alors engendré par les commutateurs des a_i et leurs images par les monomes précédents.

On peut maintenant démontrer le théorème 11 : comme G est moyennable, il possède un sous-groupe résoluble d'indice fini [SC] tel que son groupe dérivé soit nilpotent [46] et l'on peut donc supposer G' nilpotent. Montrons alors que G possède un sous-groupe d'indice fini dont le groupe dérivé est relativement compact.

Considérons le sous-groupe compact maximum K du groupe nilpotent $\bar{G}'$ et le groupe $G\bar{G}'$ qui peut être considéré comme un groupe de Lie dont la composante neutre est celle de $\bar{G}'$ considérée comme sous-groupe fermé d'un groupe linéaire. Alors $G\bar{G}'/_K$ possède un sous-groupe nilpotent $\bar{G}'/_K$ sans torsion et à génération compacte tel que le quotient par celui-ci soit abélien de type fini. Il possède donc un sous-groupe d'indice fini qui peut être considéré comme sous-groupe fermé uniforme d'un groupe de Lie résoluble S connexe et simplement connexe [SG]. Si S n'était pas nilpotent, le quotient par son dérivé étant non compact, G ne pourrait être récurrent d'après la proposition 8. On en déduit que $G\bar{G}'/_K$ possède un sous-groupe nilpotent N d'indice fini. Comme N est encore récurrent, son groupe dérivé, contenu dans $\bar{G}'/_K$ est compact et donc nul. Alors l'image réciproque de N dans G est d'indice fini et son groupe dérivé est contenu dans K. On peut alors supposer, d'après le lemme appliqué à cette image réciproque, que le groupe dérivé de G est abélien de type fini. Mais alors un sous-groupe d'indice fini du quotient de G par le sous-groupe fini maximum de G' peut être considéré comme sous groupe discret uniforme d'un groupe résoluble connexe et simplement connexe [SC] . On conclut alors comme plus haut que G possède un sous-groupe abélien d'indice fini isomorphe à $\{0\}$, $\mathbb{Z}$, $\mathbb{Z}^2$.

Le théorème suivant donne un résultat partiel sur les groupes de Lie récurrents et donne en particulier une réponse affirmative à la conjecture de Kesten généralisée moyennant une hypothèse.

Théorème 13 : Soit G un groupe de Lie qui possède un homomorphisme injectif et continu dans un groupe de Lie connexe. Alors si G est récurrent, il est à croissance polynomiale. De plus si G est engendré par un compact, le quotient par sa composante neutre possède un sous-groupe d'indice fini de rang deux au plus.

On aura besoin, pour établir la deuxième assertion, du lemme suivant :

<u>Lemme 14</u> Si un groupe de Lie G de composante neutre G_o possède un homomorphisme injectif et continu dans un groupe de Lie connexe, le groupe $G/_{G_o}$ possède un sous-groupe d'indice fini dont l'image par le composé de deux homomorphismes à noyaux centraux est contenue dans un groupe linéaire réel.

<u>Démonstration</u> : Supposons d'abord que G est contenu dans $G\ell\ (n,\mathbb{R})$ et considérons son adhérence algébrique $\bar{G}$ qui possède un nombre fini de composantes connexes [56]. Comme l'algèbre de Lie de G_o est invariante par les automorphismes adjoints correspondant aux éléments de G, elle l'est aussi par ceux correspondant aux éléments de $\bar{G}$. Donc en remplaçant G par son intersection avec la composante neutre P de $\bar{G}$, qui est d'indice fini dans G, on obtient $G/_{G_o}$ comme sous-groupe du groupe de Lie connexe $P/_{G_o}$ et de plus, le quotient de $G/_{G_o}$ par son centre possède une représentation linéaire fidèle par l'action adjointe dans l'algèbre de Lie de $P/_{G_o}$.

Si G est contenu dans un groupe de Lie connexe L, son image par la représentation adjointe dans l'algèbre de Lie de L est un groupe linéaire H dont la composante neutre H_o est l'image de G_o. Comme le noyau de cette représentation est central, il en est de même du noyau de l'homomorphisme associé de $G/_{G_o}$ sur $H/_{H_o}$ et la conclusion voulue en résulte.

Montrons maintenant la deuxième assertion du théorème 13 : $G/_{G_o}$ possède d'après le lemme un sous-groupe d'indice fini qui, par un produit de deux homomorphismes à noyaux centraux a pour image un groupe linéaire récurrent et de type fini comme $G/_{G_o}$; d'après le théorème 11 ce groupe linéaire possède comme sous-groupe d'indice fini un groupe abélien. Ceci signifie que $G/_{G_o}$ possède un sous-groupe nilpotent d'indice fini et d'après le théorème III, 6 il est de rang deux au plus et finalement $G/_{G_o}$ contient un sous-groupe abélien d'indice fini et de rang deux au plus.

Pour montrer que G est à croissance polynômiale, il suffit de voir que les sous-groupes à génération compacte de G sont à croissance polynômiale de degré borné, donc d'examiner l'action de G sur sa composante neutre [27]. On va construire une suite de sous-groupes distingués fermés connexes de G :

$$\{e\} = V_o \subset V_1 \subset \ldots \subset V_r \subset V_{r+1} \ldots \subset V_s \subset V_{s+1} = G_o$$

telle que V_r soit le nilradical de G_o, V_s son radical, V_1 et $V_{r+1}/_{V_r}$

les sous-groupes compacts maximums de V_r et V_1/V_r recpectivement, les groupes V_{i+1}/V_i $(i \neq 0, r, s)$ soient des espaces vectoriels réels et que, de plus, l'action de G sur eux, par automorphismes intérieurs, conserve un produit scalaire. Ceci suffit à établir la conclusion voulue car, G_o étant moyennable, V_{s+1}/V_s est compact et donc d'après [27], G est à croissance polynômiale de degré au plus égal à $2 + C(s+1)$ où C est le degré de croissance de G_o.

Pour construire la suite voulue on s'appuie sur la propriété suivante de G : si V et W sont deux sous-groupes distingués fermés de G tels que V contienne W et que $V/_W$ soit un espace vectoriel réel, les automorphismes de cet espace vectoriel associés aux éléments de G sont unimodulaires. Cette propriété découle du fait que les groupes $G/_V$ et $G/_W$ étant récurrents sont unimodulaires et donc les automorphismes des sous-groupes ouverts $G_o/_V$ et $G_o/_W$ associés aux éléments de G conservent les mesures de Haar, donc sont unimodulaires ; les automorphismes correspondants de $V/_W$ le sont alors également. Cette propriété entraîne, grâce à un lemme de H. Furstenberg [20] que, G étant moyennable, si $V/_W$ ne possède pas de sous-espace propre invariant par un sous-groupe d'indice fini de G, que G laisse invariant un produit scalaire sur $V/_W$.

On définit alors V_1, V_r, V_{r+1}, V_s, comme il est demandé et les autres V_i de façon que, pour $1 \leqslant i < r$, les V_i forment une suite de sous-groupes connexes plus fine que la suite centrale descendante de V_r/V_1 et que, de plus, les espaces vectoriels V_{i+1}/V_i ne possèdent pas de sous-espace propre invariant par un sous-groupe d'indice fini de G et enfin, pour $r+1 \leqslant j < s$ les V_j vérifient la même condition étant entendu que, ici V_s/V_{r+1} est abélien. Cette suite vérifie alors la condition voulue d'après la propriété remarquée plus haut et qui résulte du lemme de Furstenberg.

Donnons enfin la caractérisation des groupes $\mathcal{H}$-récurrents qui sont des sous-groupes de Lie.

<u>Théorème 15</u> : Soit G un groupe de Lie à génération compacte qui admet un homomorphisme injectif et continu dans un groupe de Lie connexe. Alors G est $\mathcal{H}$-récurrent si et seulement s'il appartient à la classe $\mathcal{R}$.

Démonstration :

D'abord, d'après le théorème 13, $G/_{G_o}$ possède un sous-groupe d'indice fini qui est abélien de rang deux au plus.

D'autre part la marche aléatoire induite par une marche aléatoire récurrente au sens de Harris est évidemment récurrente dans le même sens, il en résulte d'après le théorème 1, que le quotient de G_o par son sous-groupe compact maximum distingué K est égal à $\{0\}$, $\mathbb{R}$, $\mathbb{R}^2$ ou $\mathcal{G}_2$. Dans le premier cas le résultat est immédiat et dans les deuxième et troisième cas, puisque le quotient de G_o par K est abélien sans torsion, de même que $G/_{G_o}$ le procédé de plongement [86] utilisé au cours de la démonstration du théorème 11 permet de conclure, d'après la proposition 8 que $G/_K$ possède un sous-groupe nilpotent d'indice fini H-récurrent donc, d'après le chapitre III, que G appartient bien à la classe $\mathcal{R}$. Dans le dernier cas on se ramène à $K = \{0\}$ et on considère l'application qui à un élément g de G associe l'automorphisme $\hat{g}$ de $\mathcal{G}_2$ défini par l'action adjointe. Comme $\mathcal{G}_2$ est d'indice deux dans le groupe de ces automorphismes le noyau P de l'application $g \to \hat{g}$ coupe $\mathcal{G}_2$ suivant l'identité et est tel que $P\mathcal{G}_2$ soit d'indice deux au plus dans G. Mais, P étant central dans $P\mathcal{G}_2$, $P\mathcal{G}_2$ est le produit direct de P et $\mathcal{G}_2$ et ceci implique d'après le théorème IV,11 que $P = \{0\}$, donc que G appartient bien à la classe $\mathcal{R}$.

*
* *

Afin de répondre en partie à la conjecture de Kesten généralisée, montrons que, à l'intérieur de la classe considérée, les groupes à croissance polynômiale de degré deux au plus, ne sont autres que les groupes de la classe $\mathcal{R}$. D'après la structure des groupes de la classe $\mathcal{R}$ et le fait que le groupe des isométries de $\mathbb{R}^2$ a un degré de croissance égal à deux, il est clair que les groupes de la classe $\mathcal{R}$ sont à croissance polynômiale de degré deux au plus. Pour montrer l'assertion précédente remarquons que, d'après le lemme I,5 de [27], si un groupe G à croissance polynômiale de degré d au plus possède un sous-groupe distingué fermé H, les groupes H et $G/_H$ sont à croissance polynômiale de degrés r et s au plus et l'on a : $r+s \leq d$.

Notons aussi que d'après le lemme III,3 de [27] l'automorphisme de H associé à un élément quelconque de G est unimodulaire. Soit maintenant G un groupe à croissance polynômiale de degré 2 au plus et appartenant à la classe considérée dans ce paragraphe, H la composante connexe de l'élément neutre. On peut toujours supposer le sous-groupe compact maximum distingué de H réduit à l'identité et l'on a alors les possibilités $H = \{0\}$, $H = \mathbb{R}$, $H = \mathbb{R}^2$, $H = G_2$ car H est de type R et de croissance deux au plus. D'autre part $G/_H$ est moyennable et donc, d'après [80] et le lemme 14, possède un sous-groupe résoluble d'indice fini. Ce dernier étant à croissance polynômiale de degré deux au plus contient un sous-groupe nilpotent d'indice fini [88], qui est donc isomorphe à $\{0\}$, $\mathbb{Z}$ ou $\mathbb{Z}^2$. On peut donc supposer $G/_H$ égal à $\{0\}$, $\mathbb{Z}$ ou $\mathbb{Z}^2$. D'après la nature de H et $G/_H$ et la relation entre leurs degrés de croissance, le seul cas à envisager est celui où $H = \mathbb{R}$, $G/_H = \mathbb{Z}$.

Comme l'action de G sur H par automorphismes intérieurs est unimodulaire, on peut supposer H central dans G ; mais ceci entraîne $G = \mathbb{R} \times \mathbb{Z}$ et ceci achève la démonstration.

Chapitre VI - MARCHES ALEATOIRES GENERALISEES

Les techniques mises en oeuvre jusqu'ici permettent d'étudier des objets plus généraux que les marches aléatoires. C'est ce que nous allons maintenant illustrer. En A, nous nous intéressons aux "marches aléatoires" sur le dual des groupes compacts. Cette situation généralise celle des marches aléatoires classiques sur $\mathbb{Z}^d$ (dual du tore T^d). En B, nous montrons qu'on peut associer à des polynômes orthogonaux sur $[-1,+1]$ une famille de chaînes de Markov, qui possède des propriétés analogues à celles des marches aléatoires. En C, nous étudions des chaînes de Markov sur les espaces homogènes des groupes nilpotents discrets.

A - MARCHES ALEATOIRES SUR LE DUAL DE SU(2)

Soit $\hat{G}$ un groupe abélien localement compact à base dénombrable, et soit G son groupe dual. Au chap. I , nous avons vu comment l'étude des m.a sur $\hat{G}$ se ramenait, grâce à la transformée de Fourier, à l'étude des fonctions définies positives sur G. Imaginons maintenant qu'on veuille faire la même théorie, mais cette fois dans le cas non abélien. Deux possibilités nous sont offertes :

1) Prendre pour $\hat{G}$ un groupe non abélien, et étudier les marches aléatoires sur $\hat{G}$; c'est ce que nous avons fait aux chapitres II ,...,V .

2) Prendre pour G un groupe non abélien, et étudier les "marches aléatoires" sur un "objet dual" $\hat{G}$ de G. C'est ce que nous allons faire maintenant.

Pour des raisons de commodité mathématique, nous supposerons ici que G est compact, et même jusqu'à l'§ 7, que $G = SU(2)$. A l'alinéa 9, nous montrerons comment la situation décrite ici s'étend à certains espaces homogènes.

§ 1.- Dualité entre $\mathbb{N}$ et SU(2)

$G = SU(2)$ est le groupe des matrices $g = \begin{pmatrix} a & b \\ -\bar{b} & \bar{a} \end{pmatrix}$, où a et b sont des nombres complexes tels que $|a|^2 + |b|^2 = 1$. C'est un groupe de Lie compact

Pour tout $x \in \mathbb{N}$, soit $\mathcal{H}_x$ l'espace vectoriel sur $\mathbb{C}$ des polynômes de degré $\leqslant x$. Si $g = \begin{pmatrix} a & b \\ -\bar{b} & \bar{a} \end{pmatrix} \in G$, et si

$p \in \mathcal{H}_x$, posons :

$$[\pi_x(g)p]\ (z) = (bz+\bar{a})^x p\left(\frac{az-\bar{b}}{bz+\bar{a}}\right). \qquad (z \in \mathbb{C})$$

Ainsi est définie une représentation continue irréductible, de dimension $(x+1)$, de G dans $\mathcal{H}_x$. On sait d'ailleurs que, quand x parcourt $\mathbb{N}$, les π_x fournissent, à équivalence près, la liste complète des représentations unitaires irréductibles de G. Ainsi $\mathbb{N}$ s'identifie-t-il au "dual" du groupe G. [Cf. [83], chapitre 3].

Le caractère de π_x est donné par la formule :

$$(1) \qquad \chi_x(g) = \frac{1}{x+1}\,\mathrm{Tr}(\pi_x(g)) = \frac{\sin[(x+1)\theta]}{(x+1)\sin\theta},$$

où $e^{\pm i\theta}$ sont les valeurs propres de la matrice $g \in G$. C'est évidemment une fonction centrale sur G, i.e. on a $\chi_x(g_1g_2) = \chi_x(g_2g_1)$ quels que soient $g_1 \in G$, $g_2 \in G$. D'une manière générale les fonctions centrales sur G ne dépendent que du paramètre θ, et leur intégrale de Haar (normalisée) sur G est donnée par la formule

$$(2) \qquad \int_{SU(2)} \varphi(g)dg = \frac{2}{\pi}\int_0^\pi \varphi\left(\begin{pmatrix} e^{i\theta} & 0 \\ 0 & e^{-i\theta}\end{pmatrix}\right)\sin^2\theta d\theta$$

où $e^{\pm i\theta}$ sont les valeurs propres de g. Convenons désormais d'écrire simplement $\varphi(\theta)$ pour $\varphi\left(\begin{pmatrix} e^{i\theta} & 0 \\ 0 & e^{-i\theta}\end{pmatrix}\right)$. Par exemple, nous écrivons $\chi_x(\theta) = \dfrac{\sin[(x+1)\theta]}{(x+1)\sin\theta}$

Il résulte de la théorie des groupes compacts que, vis-à-vis de la mesure $d\lambda(\theta) = \frac{2}{\pi}\sin^2\theta d\theta$, les caractères vérifient les <u>relations d'orthogonalité</u>

$$(3) \qquad \int_0^\pi \chi_x(\theta)\chi_y(\theta)d\lambda(\theta) = \begin{cases} 0 & \text{si } x \neq y \\ (x+1)^{-2} & \text{si } x = y \end{cases} \qquad (x \in \mathbb{N},\ y \in \mathbb{N})$$

Enfin, rappelons les formules de Clebsch-Gordan pour le groupe SU(2) (cf. [83], chapitre 3). Si $x \leqslant y$ sont dans $\mathbb{N}$, le produit tensoriel des représentations π_x et π_y se décompose en la somme directe d'un nombre fini de représentations irréductibles, comme suit :

$$\pi_x \otimes \pi_y = \pi_y \otimes \pi_x = \pi_{y-x} \oplus \pi_{y-x+2} \oplus \ldots \oplus \pi_{y+x-2} \oplus \pi_{y+x}$$

Cette formule implique les formules de multiplication des caractères :

$$(4) \quad \chi_x \chi_y = \frac{|x-y|+1}{(x+1)(y+1)} \chi_{|x-y|} + \frac{|x-y|+3}{(x+1)(y+1)} \chi_{|x-y|+2} + \ldots + \frac{x+y+1}{(x+1)(y+1)} \chi_{x+y} ,$$

où $x \in \mathbb{N}$ et $y \in \mathbb{N}$, et où les indices entiers vont de $|x-y|$ à $x+y$ en sautant de deux à deux.

Ceci nous conduit à poser les définitions suivantes.

Soit $\mathcal{P}(\mathbb{N})$ l'ensemble des mesures de probabilité $\mu = \sum_{x \in \mathbb{N}} a_x \delta_x$ sur $\mathbb{N}$, où δ_x désigne la mesure de Dirac au point x, où les coefficients a_x sont supposés $\geqslant 0$, et où $\sum_{x \geqslant 0} a_x = 1$. Définissons une convolution généralisée χ en posant

$$(5) \quad \delta_x \times \delta_y = \frac{|x-y|+1}{(x+1)(y+1)} \delta_{|x-y|} + \frac{|x-y|+3}{(x+1)(y+1)} \delta_{|x-y|+2} + \ldots + \frac{x+y+1}{(x+1)(y+1)} \delta_{x+y} ,$$

puis, plus généralement, si μ et ν sont dans $\mathcal{P}(\mathbb{N})$,

$$\mu X \nu = \left(\sum_{x \geqslant 0} a_x \delta_x \right) X \left(\sum_{y \geqslant 0} b_y \delta_y \right) = \sum_{x,y \geqslant 0} a_x b_y \delta_x \, X \, \delta_y .$$

Puisque la somme des coefficients du second membre de (4) est égale à un, on voit que $\mu X \nu = \nu X \mu$ est dans $\mathcal{P}(\mathbb{N})$. De plus le produit ordinaire des caractères est évidemment associatif ; l'analogie des formules (4) et (5) montre aussitôt que $(\delta_x \, X \, \delta_y) X \, \delta_z = \delta_x \, X (\delta_y \, X \, \delta_z)$, ce qui implique que la loi X est associative dans $\mathcal{P}(\mathbb{N})$. On posera $\mu^n = \mu X \mu \, X \ldots X \mu$ n fois.

La transformée de Fourier (généralisée) de $\mu = \sum_{x \geqslant 0} a_x \delta_x \in \mathcal{P}(\mathbb{N})$ sera par définition la fonction $\hat{\mu}$ définie sur le segment $[0,\pi]$ par :

$$(6) \qquad \hat{\mu}(\theta) = \sum_{x \geqslant 0} a_x \chi_x(\theta) = \sum_{x \geqslant 0} \frac{a_x \sin[(x+1)\theta]}{(x+1)\sin\theta} .$$

En particulier $\hat{\delta}_x = \chi_x$. Comparant (4) et (5), on voit que $(\delta_x X \delta_y)^\wedge = \hat{\delta}_x \hat{\delta}_y$; donc, par linéarité, $(\mu X \nu)^\wedge = \hat{\mu} \, \hat{\nu}$: la transformation de Fourier transforme le produit de convolution généralisé des mesures de probabilité en le produit ordinaire des fonctions. En particulier $(\mu^n)^\wedge = (\hat{\mu})^n$.

Enfin, notons, pour la suite, que les coefficients a_x de la mesure $\mu = \sum_{x \geqslant 0} a_x \delta_x$ s'obtiennent à partir de la fonction $\hat{\mu}$ par la formule

$$(7)\quad a_x = (x+1)^2 \int_0^\pi \hat{\mu}(\theta)\chi_x(\theta)d\lambda(\theta) = \frac{2(x+1)}{\pi}\int_0^\pi \hat{\mu}(\theta)\sin[(x+1)\theta]\sin\theta d\theta.$$

En effet,

$$\int_0^\pi \hat{\mu}(\theta)\chi_x(\theta)d\lambda(\theta) = \int_0^\pi \left[\sum_{y\geq 0} a_y\chi_y(\theta)\right]\chi_x(\theta)d\lambda(\theta) = \sum_{y\geq 0} a_y \int_0^\pi \chi_y(\theta)\chi_x(\theta)d\lambda(\theta)$$

$$= (x+1)^{-2}a_x ,$$

vu les relations (3) d'orthogonalité des caractères.

§ 2.- Marche aléatoire (généralisée) associée à une mesure de probabilité sur $\mathbb{N}$

Soit $\mu \in \mathcal{P}(\mathbb{N})$. Pour tout $x \in \mathbb{N}$ et toute partie A de $\mathbb{N}$, considérons le noyau de transition de $\mathbb{N}$ vers $\mathbb{N}$:

$$P(x,A) = \delta_x \times \mu(A),$$

où $\times$ est la convolution généralisée définie au § 1. Soit :

$$(\Omega = \mathbb{N}^{\mathbb{N}},\ X_n\ \ (n \geq 0),\ P_x\ \ (x \in \mathbb{N}))$$

la chaîne de Markov canonique associée au noyau P (cf chap I pour une définition précise de cet objet). Par abus de langage, nous appellerons cette chaîne la marche aléatoire de loi μ sur $\mathbb{N}$. Par définition, la distribution de X_{n+1}, sachant que $X_n = x$ est égale à $\delta_x \times \mu$

En langage intuitif, ceci signifie que si, à un certain instant, la marche nous a conduit au point $x \in \mathbb{N}$, la probabilité $P(x,y)$ d'être en $y \in \mathbb{N}$ à l'instant suivant est égale au coefficient sur δ_y de la mesure $\delta_x \times \mu$.

Exemple : Soit $\mu = \delta_1$. Alors, d'après les formules (5), si $x \geq 1$, $y \geq 0$, $P(x,y) = \frac{x}{2x+2}$ si $y = x-1$; $= \frac{x+2}{2x+2}$ si $y = x+1$; $= 0$ sinon.

De plus $P(0,y) = 1$ si $y = 1$; $= 0$ si $y \neq 1$. On a une sorte de marche de Bernoulli "à probabilité variable", avec freinage quand on s'approche de l'origine et barrière réfléchissante en ce point. Il y a un décentrage vers la droite, mais qui s'atténue pour s'équilibrer quand $x \to +\infty$.

Revenons au cas général d'une marche de loi μ. En remplaçant $*$ par $\times$, nous pouvons adopter les mêmes définitions que pour une marche classique (cf. chap. I) pour $P_n(x,y)$, $U(x,y)$, la récurrence, la transience de la marche de loi μ. De façon précise :

Définition 1 : Soit $\mu = \sum_{x\geq 0} a_x \delta_x \in \mathcal{P}(\mathbb{N})$. Soient $x \in \mathbb{N}$, $y \in \mathbb{N}$.

1) Soit n un entier ≥ 0. On note $P_n(x,y)$ la probabilité pour la marche de loi μ, partant de x au temps 0, d'être en y au temps n. C'est le coefficient sur δ_y de la mesure $\delta_x \times \mu^n$, dont la transformée de Fourier est $(\hat{\mu})^n \chi_x$. Donc, d'après (7), on a la formule :

$$(8)\quad P_n(x,y) = \frac{2}{\pi}\,\frac{y+1}{x+1} \int_0^{\pi} [\hat{\mu}(\theta)]^n \sin[(x+1)\theta] \sin[(y+1)\theta]\, d\theta .$$

2) On appelle noyau potentiel de la marche la fonction (éventuellement égale à $+\infty$) :

$$(9)\qquad U(x,y) = \sum_{n\geq 0} P_n(x,y).$$

C'est l'espérance mathématique du nombre de visites en y, partant de x.

3) On dira que la marche de loi μ est transitoire si, quels que soient $x \in \mathbb{N}$, $y \in \mathbb{N}$, partant de x, presque sûrement la marche ne passe qu'un nombre fini de fois au point y. Il revient au même de dire que, quels que soient $x \in \mathbb{N}$, $y \in \mathbb{N}$, on a $U(x,y) < +\infty$.

Si, pour μ, tous les coefficients a_x d'indice impair étaient nuls, il est clair, d'après les formules (5), que la marche ne parcourerait que l'un ou l'autre des deux ensembles $2\mathbb{N}$ ou $2\mathbb{N}+1$. Il est donc naturel dans la suite de se limiter aux mesures de probabilité, que nous appellerons adaptées qui satisfont aux propriétés (équivalentes) qui suivent :

Proposition 2 : Soient $\mu = \sum_{x\geq 0} a_x \delta_x \in \mathcal{P}(\mathbb{N})$. Les trois propriétés suivantes sont équivalentes :

i) la réunion, pour n entier ≥ 1, des supports des μ^n, est $\mathbb{N}$ tout entier ;

ii) si $\theta \in [0,\pi]$ et si $\hat{\mu}(\theta) = 1$, alors $\theta = 0$;

iii) l'un au moins des a_x, avec x impair, est non nul.

Démonstration : Remarquons que $\frac{\sin(x+1)\theta}{(x+1)\sin\theta} < 1$ sauf pour $x \in \mathbb{N}$ et $\theta = 0$, ainsi que pour $x \in 2\,\mathbb{N}$ et $\theta = \pi$. Puisque $a_x \geq 0$ et $\sum_{x\geq 0} a_x = 1$, la fonction $\hat{\mu}(\theta) = \sum_{x\geq 0} a_x \frac{\sin(x+1)\theta}{(x+1)\sin\theta}$ ne peut, de toute façon être égale à 1 qu'aux points $\theta = 0$ et $\theta = \pi$. Au point π, $\hat{\mu}(\theta)$ ne peut être égal à 1 (et alors il l'est que si tous les a_x, avec x impair, sont nuls, ce qui prouve l'équivalence de ii) et iii).

iii) ⇒ i) : Supposons que, pour un entier $n \geq 0$, on ait $a_{2n+1} > 0$. D'après la formule (5) de la convolution, les points $0, 2, 4, \ldots 4n+2$ sont dans le support de μ^2, puis tous les nombres pairs entre 0 et $8n+4$ sont dans le support de μ^4, etc... Ainsi $2\,\mathbb{N} \subset \bigcup_{p=1}^{\infty} \text{supp}(\mu^{2p})$. Mais puisque $2n \in \text{supp}(\mu^2)$ et $2n+1 \in \text{supp}(\mu)$, d'après la formule de la convolution, $1 = 2n+1-2n$ est dans le support de μ^3. Puisque $2p \in \text{supp}(\mu^{2p})$, on voit alors que $2p-1$ est dans le support de μ^{2p+3}, pour tout entier $p \geq 1$.

non iii) ⇒ non i) : Si $\mu = \delta_0$, on a $\bigcup_{n=1}^{\infty} \text{supp}(\mu^n) = \{0\} \neq \mathbb{N}$.

Si μ n'a de masse aux points impairs, mais s'il existe quand même un entier pair $2n > 0$ tel que $a_{2n} > 0$, alors on voit aisément que $\bigcup_{n=1}^{\infty} \text{supp}(\mu^n)$ $2\,\mathbb{N}$. En effet, en répétant la formule de la convolution, on ne peut obtenir dans les supports successifs que des nombres pairs, et on les obtient tous.

La précision suivante sera techniquement utile :

Proposition 3 : Soit $\mu = \sum_{x\geq 0} a_x \delta_x \in \mathcal{P}(\mathbb{N})$. Les deux propriétés suivantes sont équivalentes :

i) si $\theta \in [0,\pi]$ et si $|\hat{\mu}(\theta)| = 1$, alors $\theta = 0$;

ii) l'un au moins des a_x, avec x impair, et l'un au moins des a_y, avec y pair, sont non nuls.

Définition : On dira alors que μ est aperiodique

La proposition 3 est implicitement prouvée au début de la démonstration de la proposition 2.

§ 3 - Transience de toutes les marches adaptées sur $\mathbb{N} = |SU(2)|^{\wedge}$

Théorème 4 : Soit $\mu = \sum_{x\geq 0} a_x\delta_x$ une mesure de probabilité sur $\mathbb{N}$. On suppose qu'il existe au moins un entier x_0 impair tel que $a_{x_0} \neq 0$. Soient x et y donnés dans $\mathbb{N}$. Alors la marche aléatoire associée à μ, partant de x, presque sûrement ne passe qu'un nombre fini de fois au point y.

Autrement dit la marche est transitoire. Pour le démontrer, il suffit de prouver la finitude du noyau potentiel $U(x,y) = \sum_{n\geq 0} P_n(x,y)$, où les $P_n(x,y)$ sont donnés par la formule (8). Or la convergence de cette série résulte des quatre lemmes suivants.

Lemme 5 : Pour tout x entier ≥ 1, et pour $0 \leq \theta \leq \frac{\pi}{2}$, on a :

$$|\chi_x(\theta)| \leq 1 - \frac{2}{\pi(x+1)}\,\theta^2. \tag{10}$$

On le voit par récurrence sur x. Si $x = 1$, on a $\chi_x(\theta) = \frac{\sin 2\theta}{2\sin\theta} = \cos\theta$, et l'inégalité $\cos\theta \leq 1 - \frac{\theta^2}{\pi}$ est classique pour $0 \leq \theta \leq \frac{\pi}{2}$. Supposons (10) vraie pour $x-1$. Alors

$$|\chi_x(\theta)| = \left|\frac{\sin[(x+1)\theta]}{(x+1)\sin\theta}\right| \leq \left|\frac{\sin(x\theta)\cos\theta}{(x+1)\sin\theta}\right| + \left|\frac{\cos(x\theta)}{x+1}\right| \leq \left|\frac{\sin(x\theta)}{x\,\sin\theta}\right| \frac{x}{x+1} + \frac{1}{x+1} =$$

$$= |\chi_{x-1}(\theta)|\,\frac{x}{x+1} + \frac{1}{x+1} \leq \left(1 - \frac{2}{\pi x}\,\theta^2\right)\frac{x}{x+1} + \frac{1}{x+1} = 1 - \frac{2}{\pi(x+1)}\,\theta^2.$$

Lemme 6 : Posons $C_\mu = \frac{2}{\pi}\sum_{x\geq 1}\frac{a_x}{x+1}$. Alors, pour $0 \leq \theta \leq \frac{\pi}{2}$, on a :

$$|\hat{\mu}(\theta)| \leq 1 - C_\mu\theta^2. \tag{11}$$

En effet, d'après le lemme 5,

$$|\hat{\mu}(\theta)| = \left|\sum_{x\geq 0} a_x\chi_x(\theta)\right| \leq a_0 + \sum_{x\geq 1} a_x|\chi_x(\theta)| \leq a_0 + \sum_{x\geq 1}\left(1 - \frac{2\theta^2}{\pi(x+1)}\right) a_x$$

$$= a_0 + \sum_{x\geq 1} a_x - \left(\frac{2}{\pi}\sum_{x\geq 1}\frac{a_x}{x+1}\right)\theta^2 = 1 - C_\mu\theta^2.$$

<u>Lemme 7</u> : <u>L'intégrale</u> $\displaystyle\int_0^{\pi} \frac{d\lambda(\theta)}{1-\hat{\mu}(\theta)}$ <u>converge.</u>

L'hypothèse d'adaptation sur μ implique (proposition 2) que $1-\hat{\mu}(\theta)$ ne s'annule que pour $\theta = 0$. On est ramené à étudier la convergence de l'intégrale entre 0 et $\frac{\pi}{2}$. Mais, dans cet intervalle, d'après le lemme 6,

$$\int_0^{\frac{\pi}{2}} \frac{d\lambda(\theta)}{1-\hat{\mu}(0)} = \frac{2}{\pi}\int_0^{\frac{\pi}{2}} \frac{\sin^2\theta}{1-\hat{\mu}(\theta)}\, d\theta \leqslant \frac{2}{\pi} \int_0^{\frac{\pi}{2}} \frac{\sin^2\theta}{C_\mu \theta^2}\, d\theta < +\infty.$$

<u>Lemme 8</u> : <u>On a la formule</u> :

$$(12)\quad U(x,y) = \sum_{n\geqslant 0} P_n(x,y) = (y+1)^2 \int_0^{\pi} \frac{\chi_x(\theta)\chi_y(\theta)}{1-\hat{\mu}(\theta)}\, d\lambda(\theta),$$

<u>où l'intégrale converge absolument, d'après le lemme 7 et le fait que</u> $|\chi_x|$ <u>et</u> $|\chi_y|$ <u>sont</u> $\leqslant 1$.

En effet, d'après (8) :

$$U(x,y) = (y+1)^2 \sum_{n\geqslant 0} \int_0^{\pi} [\hat{\mu}(\theta)]^n \chi_x(\theta)\chi_y(\theta)\, d\lambda(\theta).$$

Or la série $\sum_{n\geqslant 0} [\hat{\mu}(\theta)]^n$ converge simplement sur $]0,\pi]$ vers $\dfrac{1}{1-\hat{\mu}(\theta)}$, d'après l'adaptation de μ. De plus, ses sommes d'ordre n valent $\dfrac{1-[\hat{\mu}(\theta)]^{n+1}}{1-\hat{\mu}(\theta)}$, donc (sauf au point $\theta = 0$) sont dominées sur $[0,\pi]$ par la fonction $\dfrac{2}{1-\hat{\mu}(\theta)}$, laquelle est intégrable sur $[0,\pi]$ pour la mesure $\chi_x(\theta)\chi_y(\theta)d\lambda(\theta)$, d'après le lemme 7. Il suffit donc d'appliquer le théorème de Lebesgue pour obtenir la formule (12), et prouver ainsi la finitude de $U(x,y)$, ce qui achève la démonstration du théorème 4.

<u>Remarque 9</u> : A l'alinéa 8 nous démontrerons plus généralement le théorème 4, quand $SU(2)$ est remplacé par un groupe de Lie compact connexe quelconque de dimension $\geqslant 3$.

§ 4 - Comportement asymptotique de $P_n(x,y)$, quand. $n \to \infty$.

Dans ce paragraphe et les suivants (§ 5 et 6), nous allons étudier le comportement asymptotique des marches sur $\mathbb{N} = [SU(2)]^{\wedge}$. A la limite, nous trouverons un comportement identique à celui du module d'une marche aléatoire classique sur $\mathbb{Z}^3$. Il n'est donc pas étonnant que, parmi les démonstrations qui vont suivre, beaucoup s'inspirent étroitement des raisonnements utilisés dans le cas de $\mathbb{Z}^3$, tels qu'on peut les trouver par exemple dans le livre de F. Spitzer [77].

Cependant l'explication profonde de cette analogie asymptotique reste à trouver ; pour l'instant nous nous contenterons de signaler à titre heuristique deux similitudes un peu vagues de l'une et l'autre situation :

a) comme pour les marches classiques, le "dual", ici $SU(2)$ au lieu de $\mathbb{T}^3$, est de dimension 3 ;

b) dans l'exemple déjà cité, pour $\mu = \delta_1$, de la marche de Bernoulli "à probabilité variable", on a :

$$\delta_x \times \mu = \left(\frac{1}{2} - \frac{1}{2x+2}\right) \delta_{x-1} + \left(\frac{1}{2} + \frac{1}{2x+2}\right) \delta_{x+1} ,$$

si bien que la marche associée "ressemble" au processus de diffusion sur $\mathbb{R}_+$ de générateur différentiel $\frac{1}{2} \frac{\partial 2}{\partial x^2} + \frac{1}{2x+2} \frac{\partial}{\partial x} \cdot$, c'est-à-dire au processus de Bessel de dimension 3.

Dans ce paragraphe, nous commençons par estimer, à x et y fixés, quand $n \to +\infty$, la probabilité $P_n(x,y)$, partant de x à l'instant 0, d'être en y à l'instant n. Sous certaines hypothèses naturelles sur μ, nous trouvons que $P_n(x,y)$ est de l'ordre de $n^{-3/2}$. Pour plus de clarté, nous effectuons les calculs pour $y = 0$; le résultat pour y quelconque s'obtient par des modifications immédiates.

Théorème 10 : Soit $\mu = \sum_{r \geq 0} a_r \delta_r$ une probabilité sur $\mathbb{N}$. On suppose :

1) que μ est apériodique (cf. la proposition 3 du § 2), i.e. qu'il existe au moins un r impair et au moins un r' pair tels que $a_r \neq 0$ et $a_{r'} \neq 0$;

2) que μ admet un moment d'ordre deux, i.e. que $\sum_{r \geq 0} a_r r^2 < +\infty$.

Posons :

$$C = \frac{1}{6} \sum_{r\geqslant 0} a_r(r^2+2r)$$

Alors :

(13) $$\lim_{n\to\infty} \sup_{x\in\mathbb{N}} \left| \{2\sqrt{\pi}\, n^{3/2} P_n(x,0) - \frac{2n}{(x+1)\sqrt{C}} e^{-\frac{(x+1)^2+1}{4Cn}} \operatorname{sh} \frac{x+1}{2Cn} \} \right| = 0.$$

En particulier, pour tout entier $x \geqslant 0$ fixé :

(14) $$\lim_{n\to\infty} n^{3/2} P_n(x,0) = (2\sqrt{\pi})^{-1} C^{-3/2}.$$

Démonstration :

Lemme 11 : Sous l'hypothèse 2) du théorème 2, on a :

$$1 - \hat{\mu}(\theta) \sim C\theta^2 \qquad (\theta \to 0).$$

En effet :

$$\hat{\mu}(\theta) = \frac{1}{\sin\theta} \sum_{r\geqslant 0} \frac{a_r}{r+1} \sin[(r+1)\theta] = \frac{\varphi(\theta)}{\sin\theta} .$$

De l'hypothèse d'existence du moment d'ordre deux résulte, par dérivation terme à terme, que

$$\varphi(\theta) = \sum_{r\geqslant 0} \frac{a_r}{r+1} \sin[(r+1)\theta]$$

est de classe C^3 sur $[0,\pi]$ et que :

$$\varphi'''(0) = - \sum_{r\geqslant 0} a_r(r+1)^2.$$

Donc :

$$\varphi(\theta) = \theta - \sum_{r\geqslant 0} a_r(r+1)^2 \frac{\theta^3}{6} + o(\theta^3)$$

et

$$\hat{\mu}(\theta) = \frac{\varphi(\theta)}{\sin\theta} = 1 - C\theta^2 + o(\theta^2).$$

Lemme 12 : Soit C et x des réels positifs. On a :

$$\int_0^\infty e^{-C\alpha^2} \sin \frac{(x+1)\alpha}{\sqrt{n}} \sin \frac{\alpha}{\sqrt{n}} \, d\alpha = \frac{1}{2}\sqrt{\frac{\pi}{C}}\, e^{-\frac{(x+1)^2+1}{4Cn}} \operatorname{sh} \frac{x+1}{2Cn} .$$

En effet, le premier membre vaut :

$$\frac{1}{2}\int_0^\infty e^{-C\alpha^2} \cos \frac{x\alpha}{\sqrt{n}} \, d\alpha - \frac{1}{2}\int_0^\infty e^{-C\alpha^2} \cos \frac{(x+1)^\alpha}{\sqrt{n}} \, d\alpha$$

et le lemme se déduit alors aussitôt de la formule classique :

$$\int_0^\infty e^{-\alpha^2} \cos 2y\alpha \, d\alpha = \frac{\sqrt{\pi}}{2} e^{-y^2} .$$

Venons-en à la preuve du théorème 10. D'après la formule (12), on a :

$$2\sqrt{\pi}\, n^{3/2} P_n(x,0) = \frac{4n^{3/2}}{\sqrt{\pi}} \int_0^\pi \hat{\mu}^n(\theta) \frac{\sin[(x+1)\theta]}{(x+1)} \sin\theta d\theta$$

$$= \frac{4n}{(x+1)\sqrt{\pi}} \int_0^{\pi\sqrt{n}} \hat{\mu}^n\left(\frac{\alpha}{\sqrt{n}}\right) \sin \frac{(x+1)\alpha}{\sqrt{n}} \, . \, \sin \frac{\alpha}{\sqrt{n}} \, d\alpha.$$

Le lemme 11 prouvant que : $\lim_{n\to\infty} \hat{\mu}^n\left(\frac{\alpha}{\sqrt{n}}\right) = e^{-C\alpha^2}$, nous sommes amenés à écrire :

$$2\sqrt{\pi}\, n^{3/2} P_n(x,0) = \frac{4n}{(x+1)\sqrt{\pi}} \int_0^\infty e^{-C\alpha^2} \sin \frac{(x+1)\alpha}{\sqrt{n}} \sin \frac{\alpha}{\sqrt{n}} \, d\alpha +$$

$$+ I_1(n,A) + I_2(n,A) + I_3(n,A,r) + I_4(n,A,r),$$

où $A > 0$ et $0 < r < \pi$ seront fixés ultérieurement, et où on a posé :

$$I_1(n,A) = \frac{4n}{(x+1)\sqrt{\pi}} \int_0^A \{\hat{\mu}^n\left(\frac{\alpha}{\sqrt{n}}\right) - e^{-C\alpha^2}\} \sin \frac{(x+1)\alpha}{\sqrt{n}} \, . \, \sin \frac{\alpha}{\sqrt{n}} \, d\alpha \; ;$$

$$I_2(n,A) = - \frac{4n}{(x+1)\sqrt{\pi}} \int_0^A e^{-C\alpha^2} \sin \frac{(x+1)\alpha}{\sqrt{n}} \sin \frac{\alpha}{\sqrt{n}} \, d\alpha \; ;$$

$$I_3(n,A,r) = \frac{4n}{(x+1)\sqrt{\pi}} \int_A^{r\sqrt{n}} \hat{\mu}^n\left(\frac{\alpha}{\sqrt{n}}\right) \sin \frac{(x+1)\alpha}{\sqrt{n}} \sin \frac{\alpha}{\sqrt{n}} \, d\alpha \; ;$$

$$I_4(n,A,r) = \frac{4n}{(x+1)\sqrt{\pi}} \int_{r\sqrt{n}}^{\pi\sqrt{n}} \hat{\mu}^n\left(\frac{\alpha}{\sqrt{n}}\right) \sin\frac{(x+1)\alpha}{\sqrt{n}} \sin\frac{\alpha}{\sqrt{n}}\, d\alpha.$$

Compte tenu du lemme 12, il est clair que le théorème 10 sera prouvé si nous montrons que, pour A et r bien choisis, I_1, I_2, I_3 et I_4 convergent vers 0 quand $n \to \infty$, uniformément en x.

<u>Estimation de</u> I_1 :

D'après le lemme 11 la fonction $g_n(\alpha) = \hat{\mu}^n\left(\frac{\alpha}{\sqrt{n}}\right) - e^{-C\alpha^2}$ converge vers 0, uniformément sur tout compact, quand $n \to \infty$. D'où, utilisant la majoration $|\sin y| \leqslant y$, pour $y \geqslant 0$.

$$|I_1(n,A)| \leqslant \sup_{0 \leqslant \alpha \leqslant A} |g_n(\alpha)| \; \frac{4A^2}{\sqrt{\pi}},$$

et donc $\quad |I_1(n,A)| \xrightarrow[n\to\infty]{} 0$ uniformément en x.

<u>Estimation de</u> I_4 : Puisque μ est apériodique, il existe un $\delta(r) > 0$ tel que :

$$|\hat{\mu}(\theta)| \leqslant 1-\delta \,, \text{ pour } \theta \in [r,\pi].$$

Donc :

$$|I_4(n,A,r)| \leqslant \frac{4n^{3/2}}{(x+1)\sqrt{\pi}} \int_r^{\pi} [\hat{\mu}(\theta)]^n \sin[(x+1)\theta] \sin\theta\, d\theta \leqslant \frac{4\sqrt{\pi}\, n^{3/2}}{(x+1)} (1-\delta)^n$$

tend vers zéro uniformément en x, quand $n \to +\infty$.

<u>Estimation de</u> I_3 : D'après le lemme 11, il est possible de choisir $r > 0$ assez petit pour que :

$$|\hat{\mu}(\theta)| \leqslant 1 - \frac{C}{2}\theta^2, \quad \text{si } 0 \leqslant \theta \leqslant r.$$

Exigeons de plus : $r < \frac{2}{C}$. Enfin, soit $\varepsilon > 0$, et A assez grand pour que

$$\frac{4}{\sqrt{\pi}} \int_A^{\infty} \alpha^2 e^{-C\alpha^2} d\alpha \leqslant \varepsilon.$$

Remarquons que, si $\alpha \leqslant r\sqrt{n}$, on a $\left|\hat{\mu}^n\left(\frac{\alpha}{\sqrt{n}}\right)\right| \leqslant (1 - \frac{C}{2}\frac{\alpha^2}{n})^n \leqslant e^{-\frac{C}{2}\alpha^2}$.

Donc :

$$|I_3(n,A,r)| \leqslant \frac{4n}{(x+1)\sqrt{\pi}} \int_A^{r\sqrt{n}} \alpha^2 \left|\hat{\mu}^n\left(\frac{\alpha}{\sqrt{n}}\right)\right| \left|\sin \frac{(x+1)\alpha}{\sqrt{n}}\right| \left|\sin\left(\frac{\alpha}{\sqrt{n}}\right)\right| d\alpha$$

$$\leqslant \frac{4}{\sqrt{\pi}} \int_A^{\infty} \alpha^2 e^{-\frac{C}{2}\alpha^2} d\alpha \leqslant \varepsilon, \text{ uniformément en } x.$$

Estimation de I_2 : De même qu'au point précédent,

$$|I_2(n,A)| \leqslant \frac{4}{\sqrt{\pi}} \int_A^{\infty} \alpha^2 e^{-\frac{C}{2}\alpha^2} d\alpha \leqslant \varepsilon, \text{ uniformément en } x, \text{ ce qui}$$

achève la preuve du théorème 10.

Remarque 13 : Nous avons estimé ici les probabilités $P_n(x,0)$ pour que la "marche" partant de x à l'instant 0 soit en 0 à l'instant n. Nous pourrions, faisant un calcul analogue, estimer $P_n(x,y)$.

On a alors :

$$(15) \quad \lim_{n\to\infty} \sup_{x\in\mathbb{N}} \left| 2\sqrt{\pi}\, n^{3/2} P_n(x,y) - \frac{2n(y+1)}{\sqrt{C}(x+1)} e^{-\frac{1}{4Cn}\{(x+1)^2+(y+1)^2\}} \operatorname{sh} \frac{(x+1)(y+1)}{2Cn} \right| = 0$$

et en particulier, pour tous x et y fixés dans $\mathbb{N}$,

$$(16) \quad \lim_{n\to\infty} n^{3/2} P_n(x,y) = (2\sqrt{\pi})^{-1}\, C^{-3/2} (1+y)^2$$

Le théorème 10 pourrait s'appeler "théorème central limite local" pour la marche de loi μ. En dépit de son utilité dans de nombreuses applications probabilistes, il n'est pas assez puissant pour les grandes valeurs de x. Aussi allons-nous en donner une variante plus commode et plus fine, pour x grand, en nous inspirant d'une idée de [77] dans le cas classique. Cette variante nous sera nécessaire pour estimer, au § 6, le comportement asymptotique du noyau potentiel $U(x,y)$.

Théorème 14 : Les hypothèses et les notations étant les mêmes qu'au théorème 1 on a :

$$(17) \quad \lim_{n\to\infty} \sup_{x\in\mathbb{N}} \left\{ \frac{(1+x)^2}{n} \left[2\sqrt{\pi}\, n^{3/2} P_n(x,0) - \frac{2n}{(x+1)\sqrt{C}} e^{-\frac{(x+1)^2+1}{4Cn}} \operatorname{sh} \frac{x+1}{2Cn} \right] \right\} = 0,$$

avec $C = \frac{1}{6} \sum_{r=0}^{\infty} a_r(r^2+2r)$.

Démonstration : De la formule (8), on déduit :

$$\Gamma_n = 2\sqrt{\pi}\, n^{3/2} P_n(x,0) = \frac{2\sqrt{\pi}\, n^{3/2}}{\pi(x+1)} \int_0^{\pi} \hat{\mu}^n(\theta)\left[\cos x\theta - \cos[(x+2)\theta]\right] d\theta$$

soit, après intégration par parties :

$$\Gamma_n = \frac{2n^{3/2}}{\sqrt{\pi}(x+1)} \int_0^{\pi} n\, \hat{\mu}^{n-1}(\theta)\hat{\mu}'(\theta)\{\frac{1}{x}\sin(x\theta) - \frac{1}{x+2}\sin[(x+2)\theta]\}d\theta$$

et, en faisant le changement de variables $\theta = \frac{\alpha}{\sqrt{n}}$

$$\Gamma_n = \frac{2n^{3/2}}{\sqrt{\pi}(x+1)} \int_0^{\pi\sqrt{n}} n^{1/2}\hat{\mu}^{n-1}\left(\frac{\alpha}{\sqrt{n}}\right)\hat{\mu}'\left(\frac{\alpha}{\sqrt{n}}\right)\{\frac{1}{x}\sin\frac{x\alpha}{\sqrt{n}} - \frac{1}{x+2}\sin\frac{(x+2)\alpha}{\sqrt{n}}\}d\alpha.$$

Le fait que : $n^{1/2}\hat{\mu}^{n-1}\left(\frac{\alpha}{\sqrt{n}}\right)\hat{\mu}'\left(\frac{\alpha}{\sqrt{n}}\right) \underset{n\to\infty}{\longrightarrow} -2C\alpha e^{-C\alpha^2}$ nous conduit à écrire :

$$\frac{(1+x)^2}{n}\Gamma_n = \frac{2(1+x)}{\sqrt{\pi}}\, n^{1/2}\int_0^{\infty} -2C\alpha e^{-C\alpha^2}\{\frac{1}{x}\sin\frac{x\alpha}{\sqrt{n}} - \frac{1}{x+1}\sin\frac{(x+2)\alpha}{\sqrt{n}}\}d\alpha$$

$$+ I_1'(n,A) + I_2'(n,A) + I_3'(n,r,A) + I_4'(n,r),$$

où $A > 0$, $0 < r < \pi$ seront choisis ultérieurement et où l'on a posé :

$$I_1'(n,A) = \frac{2(1+x)n^{1/2}}{\sqrt{\pi}} \int_0^{A} \{n^{1/2}\hat{\mu}\left(\frac{\alpha}{\sqrt{n}}\right)^{n-1}\hat{\mu}'\left(\frac{\alpha}{\sqrt{n}}\right) + 2C\alpha e^{-C\alpha^2}\}\,\Delta(x,\frac{\alpha}{\sqrt{n}})d\alpha,$$

avec
$$\Delta(x,\frac{\alpha}{\sqrt{n}}) = \frac{1}{x}\sin\frac{x\alpha}{\sqrt{n}} - \frac{1}{x+2}\sin\frac{(x+2)\alpha}{\sqrt{n}} \;;$$

$$I_2'(n,A) = -\frac{2(1+x)n^{1/2}}{\sqrt{\pi}} \int_A^{\infty} -2C\alpha e^{-C\alpha^2}\,\Delta(x,\frac{\alpha}{\sqrt{n}})d\alpha \;;$$

$$I_3'(n,r,A) = \frac{2(1+x)n^{1/2}}{\sqrt{\pi}} \int_A^{r\sqrt{n}} n^{1/2}\hat{\mu}^{n-1}\left(\frac{\alpha}{\sqrt{n}}\right)\hat{\mu}'\left(\frac{\alpha}{\sqrt{n}}\right)\Delta(x,\frac{\alpha}{\sqrt{n}})d\alpha \;;$$

$$I_4'(n,r) = \frac{2(1+x)n^{1/2}}{\sqrt{\pi}} \int_{r\sqrt{n}}^{\pi\sqrt{n}} n^{1/2}\hat{\mu}^{n-1}\left(\frac{\alpha}{\sqrt{n}}\right)\hat{\mu}'\left(\frac{\alpha}{\sqrt{n}}\right)\Delta(x,\frac{\alpha}{\sqrt{n}})d\alpha.$$

Tout d'abord, le terme général :

$$I_n = \frac{2(1+x)}{\sqrt{\pi}} n^{1/2} \int_0^\infty -2C\alpha e^{-C\alpha^2} \Delta(x, \frac{\alpha}{\sqrt{n}})d\alpha$$

est égal à ce que l'on désire, c'est-à-dire à :

$$\frac{2(1+x)}{\sqrt{C}} e^{-\frac{(x+1)^2+1}{4Cn}} \operatorname{sh} \frac{x+1}{2Cn} ,$$

d'après le lemme 12.

Il reste à voir que les 4 autres termes I'_1, I'_2, I'_3 et I'_4 tendent vers 0 uniformément en x quand $n \to \infty$.

Nous utiliserons pour cela la formule élémentaire :

$$(18)\ \Delta(x, \frac{\alpha}{\sqrt{n}}) = \{ \frac{1}{x} \sin \frac{x\alpha}{\sqrt{n}} - \frac{1}{x+2} \sin \frac{(x+2)\alpha}{\sqrt{n}} \} = \frac{2}{x(x+2)} \sin \frac{(x+1)\alpha}{\sqrt{n}} \cos \frac{\alpha}{\sqrt{n}}$$

$$- \frac{2x+2}{x(x+2)} \sin \frac{\alpha}{\sqrt{n}} \cos \frac{(x+1)\alpha}{\sqrt{n}} .$$

<u>Estimation de</u> I'_1 : Soit :

$$f_n(\alpha) = n^{1/2}\hat{\mu}\left(\frac{\alpha}{\sqrt{n}}\right)^{n-1} \hat{\mu}'\left(\frac{\alpha}{\sqrt{n}}\right) + 2C\alpha e^{-C\alpha^2} .$$

D'après le lemme 11, la fonction $f_n(\alpha)$ converge vers 0, uniformément sur tout compact, quand $n \to \infty$. Or :

$$I'_1(n,A) = \frac{2(1+x)}{\sqrt{\pi}} n^{1/2} \int_0^A f_n(\alpha)\left\{\frac{2}{x(x+2)} \sin \frac{(x+1)\alpha}{\sqrt{n}} \cos \frac{\alpha}{\sqrt{n}} - \right.$$

$$\left. - \frac{2x+2}{x(x+2)} \sin \frac{\alpha}{\sqrt{n}} \cos \frac{(x+1)\alpha}{\sqrt{n}}\right\} d\alpha.$$

Utilisant la majoration $|\sin y| \leqslant y$ pour $y \geqslant 0$, on voit que

$$|I'_1(n,A)| \leqslant \frac{8A^2}{\sqrt{\pi}} \sup_{0\leqslant\alpha\leqslant A} |f_n(\alpha)| \{ \frac{(1+x)^2}{x(x+2)} \}$$

tend vers 0, uniformément en x, quand $n \to \infty$.

Estimation de I'_4 : Puisque μ est adaptée , il existe $\delta(r) > 0$ tel que $|\hat{\mu}(\theta)| \leqslant 1-\delta$ pour $\theta \in [r,\pi]$. Donc :

$$I'_4(n,r) = \frac{2(1+x)n^{3/2}}{\sqrt{\pi}} \int_r^{\pi} \hat{\mu}^{n-1}(\theta)\hat{\mu}'(\theta)\Delta(x,\theta)d\theta \quad \text{et}$$

$$|I'_4(n,r)| \leqslant 4\sqrt{\pi}\, n^{3/2} k(1-\delta)^{n-1} \left(\frac{1+x}{x}\right),$$

où $\quad k = \sup_{0\leqslant\theta\leqslant\pi} |\hat{\mu}'(\theta)|$, car $\sup_{\alpha}|\Delta(x,\alpha)| \leqslant \frac{2}{x}$. Donc :

$$|I'_4(n,r)| \xrightarrow[n\to\infty]{} 0 \quad \text{pour tout } r > 0, \text{ uniformément en } x.$$

Estimation de I'_3 :

D'après le lemme 11, il est possible de choisir $r > 0$ tel que :

$$|\hat{\mu}(\theta)| \leqslant 1 - \frac{C}{2}\,\theta^2, \quad \text{si } 0 \leqslant \theta \leqslant r.$$

et tel que :

$$|\hat{\mu}'(\theta)| \leqslant C\theta, \quad \text{si } 0 \leqslant \theta \leqslant r.$$

Exigeons encore que : $r < \frac{2}{C}$. Soit $\varepsilon > 0$ et A assez grand pour que

$$\frac{16C}{\sqrt{\pi}} \int_A^{\infty} \alpha^2 e^{-\frac{C}{2}\alpha^2} d\alpha < \varepsilon.$$

Si $\alpha \leqslant r\sqrt{n}$, on a :

$$\left|\hat{\mu}^{n-1}\left(\frac{\alpha}{\sqrt{n}}\right)\right| \leqslant e^{-\frac{C}{2}\alpha^2} \quad \text{et} \quad \left|\hat{\mu}'\left(\frac{\alpha}{\sqrt{n}}\right)\right| \leqslant \frac{C\alpha}{\sqrt{n}}.$$

Donc :

$$I'_3(n,r,A) \leqslant \frac{8}{\sqrt{\pi}} \left\{ \int_A^{\infty} C\alpha^2 e^{-\frac{C}{2}\alpha^2} d\alpha \right\} \left(\frac{(x+1)^2}{x(x+2)} \right),$$

grâce à la majoration suivante qui découle de (22) :

$$n^{1/2}(x+1)\left|\,\Delta\left(x, \frac{\alpha}{\sqrt{n}}\right)\right| \leqslant \frac{4(x+1)^2}{x(x+2)}\,\alpha.$$

Par suite :

$$|I'_3(n,r,A)| \leqslant \varepsilon, \text{ uniformément en } x.$$

Estimation de I'_2 : De même que pour I'_3 :

$$|I'_2(n,A)| \leqslant \frac{16C}{\sqrt{\pi}} \frac{(x+1)^2}{x(x+2)} \int_A^\infty \alpha^2 e^{-C\alpha^2} d\alpha \leqslant \varepsilon,$$

ce qui achève la preuve du théorème 14.

Remarque 15 : Comme pour le théorème 10, on peut voir que, plus généralement,

$$(19) \quad \lim_{n\to\infty} \sup_{x \in \mathbb{N}} \Big|\Big\{ \frac{(1+x)^2}{n} 2\sqrt{\pi} n^{3/2} P_n(x,y) - \frac{2n(y+1)}{\sqrt{C}(x+1)} e^{-\frac{1}{4Cn}\{(x+1)^2+(y+1)^2\}}$$

$$\operatorname{sh} \frac{(x+1)(y+1)}{2Cn}\Big\}\Big| = 0 \text{ , pour tout } y \in \mathbb{N} \text{ fixé.}$$

§ 5 - Comportement asymptotique du noyau potentiel $U(x,y)$

Rappelons que $U(x,y) = \sum_{n\geqslant 0} P_n(x,y)$, dont une expression intégrale est donnée par la formule (16), au § 4, lemme 8, est, partant de $x \in \mathbb{N}$, l'espérance mathématique du nombre de visites au point $y \in \mathbb{N}$, au cours de la marche. Sous l'hypothèse d'existence du moment d'ordre deux, nous allons chercher des estimations asymptotiques, quand x, ou y, ou $|x-y|$, tend vers ∞. Pour plus de clarté, nous commençons par supposer $y = 0$.

Théorème 15 : Soit $\mu = \sum_{r\geqslant 0} a_r \delta_r$ une probabilité sur $\mathbb{N}$. On suppose que :

1) μ est adaptée (cf. la proposition 2 du § 3), i.e. qu'il existe au moins un r impair tel que $a_r \neq 0$.

2) μ admet un moment d'ordre deux, i.e. que $\sum_{r\geqslant 0} a_r r^2 < +\infty$.

Posons :

$$C = \frac{1}{6} \sum_{r\geqslant 0} a_r (r^2+2r).$$

Alors :

$$(20) \qquad \lim_{x\to\infty} x\, U(x,0) = \frac{1}{C}.$$

Démonstration :

Lemme 16 : Pour tout $\beta > 0$, $\displaystyle\lim_{x\to\infty} \sum_{n=1}^{\infty} \frac{x}{n^{3/2}} e^{-\frac{x^2}{2\beta n}} = (2\pi\beta)^{1/2}$.

En effet, posant $\Delta = \frac{1}{x^2}$, on a :

$$\sum_{n=1}^{\infty} \frac{x}{n^{3/2}} e^{-\frac{x^2}{2\beta n}} = \sum_{n=1}^{\infty} \frac{1}{n^{3/2}\Delta^{3/2}} e^{-\frac{1}{2\beta n\Delta}} \Delta \underset{\Delta\to 0}{\longrightarrow} \int_0^{\infty} \frac{1}{t^{3/2}} e^{-\frac{1}{2\beta t}} dt = (2\pi\beta)^{1/2}$$

d'après la définition de l'intégrale de Riemann.

1) Nous allons déjà prouver le théorème 15 lorsque μ est apériodique. En fait, nous allons prouver l'assertion équivalente : $\lim_{x\to\infty} (x+1)\,U(x,0) = \frac{1}{C}$.

D'après les théorèmes 10 et 14, nous avons :

$$(21)\quad (x+1)P_n(x,0) = \frac{1}{2\sqrt{\pi C}} \frac{1}{n^{1/2}} \left\{ e^{-\frac{x^2}{4Cn}} - e^{-\frac{(x+2)^2}{4Cn}} \right\} + \frac{x+1}{n^{3/2}} E_1(n,x) \ ;$$

$$(22)\quad (x+1)P_n(x,0) = \frac{1}{2\sqrt{\pi C}} \frac{1}{n^{1/2}} \left\{ e^{-\frac{x^2}{4Cn}} - e^{-\frac{(x+2)^2}{4Cn}} \right\} + \frac{1}{(x+1)n^{1/2}} E_2(n,x),$$

où $\lim_{n\to\infty} \sup_{x\in\mathbb{N}} |E_1(n,x)| = \lim_{n\to\infty} \sup_{x\in\mathbb{N}} |E_2(n,x)| = 0.$

D'où :

$$(x+1)\,U(x,0) = \frac{1}{2\sqrt{\pi C}} \sum_{n=1}^{\infty} \frac{1}{n^{1/2}} \left\{ e^{-\frac{x^2}{4Cn}} - e^{-\frac{(x+2)^2}{4Cn}} \right\} + \Delta(x),$$

où $\Delta(x) = \sum_{n=1}^{\infty} \frac{(x+1)}{n^{3/2}} E_1(n,x) = \sum_{n=1}^{\infty} \frac{1}{(1+x)n^{1/2}} E_2(n,x).$

a) Commençons par nous préoccuper du terme principal de $(x+1)\,U(x,0)$ et par prouver qu'il tend vers la limite indiquée. D'après la formule de Rolle

$$e^{-\frac{x^2}{4Cn}} - e^{-\frac{(x+2)^2}{4Cn}} = \frac{x+2\theta_n}{Cn^{3/2}} e^{-\frac{(x+2\theta_n)^2}{4Cn}} \qquad (0 \leq \theta_n \leq 1)$$

Donc :

$$S(x) = \frac{1}{2\sqrt{\pi C}} \sum_{n=1}^{\infty} \frac{1}{n^{1/2}} \left\{ e^{-\frac{x^2}{4Cn}} - e^{-\frac{(x+2)^2}{4Cn}} \right\} = \frac{1}{2\sqrt{\pi C}} \sum_{n=1}^{\infty} \frac{x+2\theta_n}{Cn^{3/2}} e^{-\frac{(x+2\theta_n)^2}{4Cn}}$$

On en déduit :

$$\frac{1}{2\sqrt{\pi C}} \sum_{n=1}^{\infty} \frac{x}{Cn^{3/2}} e^{-\frac{(x+2)^2}{4Cn}} \leqslant S(x) \leqslant \frac{1}{2\sqrt{\pi C}} \sum_{n=1}^{\infty} \frac{x+2}{Cn^{3/2}} e^{-\frac{x^2}{4Cn}}$$

Or, d'après le théorème de Lebesgue : $\lim\limits_{x\to\infty} \sum\limits_{n=1}^{\infty} \frac{1}{n^{3/2}} e^{-\frac{x^2}{4Cn}} = 0$. D'après le lemme 16, on a donc :

$$\lim_{x\to\infty} S(x) = \frac{1}{C\ 2\sqrt{\pi C}} \cdot 2\sqrt{\pi C} = \frac{1}{C} .$$

b) Il reste à voir que $\Delta(x) \longrightarrow 0$ quand $x \to \infty$. Pour cela, écrivons :

$$|\Delta(x)| \leqslant \frac{1}{(x+1)} \sum_{n=1}^{x^2} \frac{1}{n^{1/2}} |E_2(n,x)| + (x+1) \sum_{n=x^2+1}^{\infty} \frac{1}{n^{3/2}} |E_1(n,x)|$$

$$\leqslant \Delta_2(x) + \Delta_1(x).$$

• Remarquons déjà, d'après le lemme de Riemann Lebesgue, que $(x+1)P_n(x,0) = \frac{2}{\pi} \int_0^{\pi} \hat{\mu}^n(\theta)\sin(x+1)\theta\sin\theta d\theta \underset{x\to\infty}{\longrightarrow} 0$, et donc, pour tout M :

$$\frac{1}{x+1} \sum_{n=1}^{M} \frac{1}{n^{1/2}} |E_2(n,x)| \underset{x\to\infty}{\longrightarrow} 0$$

Soit $\varepsilon > 0$ et M assez grand pour que $\sup\limits_x |E_2(n,x)| \leqslant \varepsilon$ si $n > M$. Ecrivons :

$$\Delta_2(x) = \frac{1}{x+1} \sum_{n=1}^{M} \frac{1}{n^{1/2}} |E_2(n,x)| + \frac{1}{x+1} \sum_{n=M+1}^{x^2} \frac{1}{n^{1/2}} |E_2(n,x)| .$$

Le second terme de cette expression est majoré par :

$$\frac{1}{x+1} \sum_{n=M+1}^{x^2} \frac{1}{n^{1/2}} |E_2(n,x)| \leqslant \frac{\varepsilon}{x+1} \sum_{n=M+1}^{x^2} \frac{1}{n^{1/2}} \leqslant k_1\varepsilon,$$ où k_1

est une constante indépendante de ε et x. D'où $\Delta_2(x) \underset{x\to\infty}{\longrightarrow} 0$.

• D'autre part :

$$\Delta_1(x) = (x+1) \sum_{n=x^2+1}^{\infty} \frac{1}{n^{3/2}} |E_1(n,x)| \leqslant k_2 \sup_{n>x^2} |E_1(n,x)|$$

(où k_2 ne dépend pas de x) et tend donc vers 0 quand x tend vers l'infini

Ceci achève la preuve du théorème 15 lorsque μ est apériodique

2) Supposons maintenant μ adaptée mais non apériodique, et soit $\mu' = (1-\alpha)\delta_0 + \alpha\mu$ $(0 < \alpha < 1)$. Il est clair que μ' est apériodique et que, si P' désigne la matrice de transition associée à μ', on a :

$P' = (1-\alpha)I + \alpha P$, où I est la matrice identité. Donc, avec des notation évidentes:

$U' = \frac{1}{\alpha} U$. Le théorème 4 en découle alors sans peine, en appliquant le point 1) à U' et en faisant tendre α vers 1.

Remarque 17 :

1) On peut voir sans peine, que, sous les mêmes hypothèses que le théorème 15, pour tout y fixé

$$\lim_{x\to\infty} xU(x,y) = \frac{(1+y)^2}{C} . \tag{23}$$

2) On déduit de la remarque précédente et de la formule (12), que

$$\lim_{x\to\infty} \frac{1}{x} U(y,x) = \frac{1}{C} \tag{24}$$

pour tout y fixé dans $\mathbb{N}$.

Corollaire 18 : Sous les mêmes hypothèses qu'au théorème 15, on a :

$$\lim_{x\to\infty} \frac{1}{x} U(x,x) = \frac{1}{C} . \tag{25}$$

Ce corollaire signifie intuitivement que "au fur et à mesure que x augmente, la marche est de moins en moins transitoire.

Démonstration : Nous allons déjà établir que, pour $x+y$ pair et $x \geqslant y+2$ on a :

$$U(y,x) = \frac{x+1}{y+1} \{G(\frac{x+y}{2}, \frac{x+y}{2}) - G(\frac{x-y-2}{2}, \frac{x-y-2}{2})\} \tag{26}$$

En effet,

$$U(y,x) = \frac{(x+1)}{\pi(y+1)} \int_0^\pi \frac{1}{1-\hat{\mu}(\theta)} \{\cos[(x-y)\theta] - \cos[(x+y+2)\theta]\}d\theta$$

$$= \frac{2(x+1)}{\pi(y+1)} \int_0^\pi \frac{1}{1-\hat{\mu}(\theta)} \{\sin^2 \frac{x+y+2}{2}\theta - \sin^2 \frac{x-y}{2}\theta\}d\theta$$

$$= \frac{x+1}{y+1} \{U(\frac{x+y}{2}, \frac{x+y}{2}) - U(\frac{x-y-2}{2}, \frac{x-y-2}{2})\}$$

De (26), nous déduisons que :

$$U(0,2x) = (2x+1) \{U(x,x) - U(x-1,x-1)\},$$

et donc, d'après (24),

$$\lim_{x\to\infty} \{U(x,x) - U(x-1,x-1)\} = \frac{1}{C},$$

ce qui achève la preuve du corollaire 18.

<u>Corollaire 19</u> : <u>Sous les hypothèses du théorème 15,</u>

(31) $$U(x,y) \underset{|x-y|\to\infty}{\sim} \frac{y+1}{C(x+1)} \inf(x+1, y+1).$$

En effet, si $|x-y| \to \infty$ avec $y \geqslant x$, alors d'après la formule (26)

$$U(x,y) = \frac{y+1}{x+1} \{U(\frac{x+y}{2}, \frac{x+y}{2}) - U(\frac{y-x-2}{2}, \frac{y-x-2}{2})\}$$

et donc :

$$U(x,y) \underset{\substack{|x-y|\to\infty \\ y \geqslant x}}{\sim} \frac{y+1}{x+1} (\frac{x+y}{2C} - \frac{y-x-2}{2C})$$

d'après le corollaire 18. Soit :

$$U(x,y) \underset{\substack{|x-y|\to\infty \\ y\geqslant x}}{\sim} \frac{y+1}{C},$$ ce qui est le corollaire 19

dans le cas où $y \geqslant x$. Le cas où $|x-y| \to \infty$ avec $x \leqslant y$ se traite de la même façon, compte tenu de la relation

$$\frac{U(x,y)}{(y+1)^2} = \frac{U(y,x)}{(x+1)^2}$$ qui découle de la formule (8)

Remarque 20 :

1) Soit $f : \mathbb{N} \longrightarrow \mathbb{R}_+$ une fonction positive. Disons que f est harmonique pour la marche de loi μ si $E_x(f(X_1)) = f(x)$ pour tout $x \in \mathbb{N}$ (ou encore si $f(X_n)$ est une martingale pour la marche de loi μ). Alors les estimations précédentes du noyau potentiel permettent, grâce à la théorie de la frontière de Martin, de voir que les fonctions harmoniques positives sont constantes.

2) Soit γ la mesure positive sur $\mathbb{N}$ définie par $\gamma = \sum_{x=0}^{\infty} (x+1)^2 \delta_x$. Alors γ est une mesure invariante pour toutes les marches de loi μ, en ce sens que $\gamma \times \mu = \mu \times \gamma = \gamma$. Bien sûr, il suffit de prouver cette relation pour $\mu = \delta_y$. Le coefficient a_z de ${}_M\gamma \times \delta_y$ sur δ_z est égal au coefficient a_z de $\gamma_M \times \delta_y$ sur δ_z, où $\gamma_M = \sum_{x=0} (x+1)^2 \delta_x$ (avec M assez grand).

Ainsi, d'après (7),

$$a_z = (z+1)^2 \int_0^{\pi} \hat{\gamma}_M(\theta)\chi_y(\theta)\chi_z(\theta)d\lambda(\theta)$$

$$= (z+1)^2 \int_0^{\pi} \sum_{x=0}^{M} (x+1)^2 \chi_x(\theta)\chi_y(\theta)\chi_z(\theta)d\lambda(\theta)$$

$$= (z+1)^2 \int_0^{\pi} \sum_{x=0}^{M} (x+1)^2 \chi_x(\theta) \sum_k \alpha_{yz}^k \chi_k(\theta)d\lambda(\theta)$$

d'après (4). Les formules d'orthogonalité (3) donnent alors :

$$a_z = (z+1)^2 \sum_{x=0}^{M} \alpha_{yz}^x = (z+1)^2,$$ ce qui prouve que

$$\gamma \times \delta_y = \delta_y \times \gamma = \gamma$$ pour tout $y \in \mathbb{N}$, et donc

$$\gamma \times \mu = \mu \times \gamma = \gamma$$ pour toute $\mu \in \mathcal{P}(\mathbb{N})$.

Remarque 21 : Supposons μ adaptée, et avec un moment d'ordre trois (plus précisément que d'ordre deux). Au prix de ce léger renforcement d'hypothèse, on peut démontrer très simplement (c'est-à-dire sans utiliser les estimations fines des théorème 10 et 14) l'estimation :

(24) $$\lim_{x\to\infty} xU(x,0) = \frac{1}{C}.$$

En effet, dans ce cas, en dérivant quatre fois terme à terme

$$\varphi(\theta) = \hat{\mu}(\theta)\sin\theta = \sum_{r\geq 0} \frac{a_r}{r+1} \sin[(r+1)\theta],$$

on obtient que :

$$1-\hat{\mu}(\theta) = C\theta^2 + O(\theta^3) \qquad (\theta \longrightarrow 0)$$

Mais $\quad 2C(1-\cos\theta) = C\theta^2 + O(\theta^3), \qquad (\theta \longrightarrow 0)$

donc $\quad [1-\hat{\mu}(\theta)]^{-1} = [2C(1-\cos\theta)]^{-1} + h(\theta),$

où $h(\theta) = O(\frac{1}{\theta})$, quand $\theta \longrightarrow 0$.

Par suite

$$(1+x)U(x,0) = \frac{2}{\pi}\int_0^{\pi} \frac{\sin[(x+1)\theta]\sin\theta}{1-\hat{\mu}(\theta)}\,d\theta = \frac{1}{\pi C}\int_0^{\pi} \frac{\sin[(x+1)\theta]\sin\theta}{1-\cos\theta}\,d\theta +$$

$$+ \frac{2}{\pi}\int_0^{\pi} \sin\theta h(\theta)\sin[(x+1)\theta]\,dC.$$

Comme $\theta \longrightarrow h(\theta)\sin\theta$ est dans L^1, cette dernière intégrale tend vers 0 quand $x \to \infty$, d'après le lemme de Riemann-Lebesgue. D'autre part l'intégrale

$$J = \int_0^{\pi} \frac{\sin[(x+1)\theta]\sin\theta}{1-\cos\theta}\,d\theta = \frac{1}{2}\int_0^{2\pi} \frac{\sin[(x+1)\theta]\sin\theta}{1-\cos\theta}\,d\theta$$

$$= -\frac{i}{4}\int_{|z|=1} \frac{(z^{2x+2}-1)(z^2-1)}{z^{x+2}(z^2+1-2z)}\,dz = -\frac{i}{4}\int_{|z|=1} \frac{(z+1)(z^{2x+1}+z^{2x}+\ldots+z+1)}{z^{x+2}}\,dz$$

vaut $(-\frac{i}{4})2i\pi\times 2$, dès que $x \geq 2$, d'après le théorème des résidus ; donc $J = \pi$, et par suite $\lim_{x\to\infty} (1+x)U(x,0) = \frac{1}{\pi C}\pi = \frac{1}{C}$.

Application 1 : Estimation de la probabilité de non-retour au point x.

Soit $x \in \mathbb{N}$. Par définition la capacité du point x, notée $Cap\{x\}$, est, partant de x à l'instant 0, la probabilité pour que la marche ne repasse jamais plus au point x. La proposition qui va suivre indique, que, de ce point de vue également, la marche est de moins en moins transiente quand x augment

Proposition 22 : Sous les hypothèses du théorème 15, on a :

(28) $\quad \mathrm{Cap}\{x\} \sim \frac{C}{x}$

quand $x \to \infty$.

Démonstration : Si $\psi : \mathbb{N} \longrightarrow \mathbb{R}_+$, définissons $G\psi(x) = \sum_{y \in \mathbb{N}} G(x,y)\psi(y)$.

Nous utiliserons la formule classique (cf. [77], Proposition 25.15)

(29) $$\mathrm{Cap}(\{x\}) = \sup_{\{\psi \mid G\psi(x) \leq 1\}} \psi(x).$$

Pour $\varepsilon > 0$, soit $\psi_{\varepsilon,x}$ la fonction, définie sur $\mathbb{N}$, valant $\frac{C-\varepsilon}{x}$ au point x, et 0 ailleurs. Alors :

$$U\psi_{\varepsilon,x}(x) = \frac{C-\varepsilon}{x} U(x,x)$$

tend vers $1 - \frac{\varepsilon}{C}$ quand $x \to +\infty$, d'après le corollaire 1 du théorème 4. Donc, pour x assez grand :

$$U\psi_{\varepsilon,x}(x) \leq 1,$$

ce qui implique, d'après la formule (29),

$$\mathrm{Cap}\{x\} \geq \psi_{\varepsilon,x}(x) = \frac{C-\varepsilon}{x},$$

et donc :

$$\lim_{x \to \infty} x \,\mathrm{Cap}\{x\} \geq C.$$

D'autre part, si ψ_x est une fonction telle que $U\psi_x(x) \leq 1$, alors, pour tout $\varepsilon > 0$, on a $\psi_x(x) \leq \frac{C+\varepsilon}{x}$ pour x assez grand. D'où $\overline{\lim}_{x \to \infty} x \,\mathrm{Cap}(\{x\}) \leq C$

Application 2 : Caractérisation des parties récurrentes de N.

Désormais, si E est un évènement, la notation $P_y\{E\}$ désigne la probabilité de E, étant supposé que la marche parte de y à l'instant 0.

Soit $\mu \in \mathcal{P}(\mathbb{N})$. Soit A une partie de $\mathbb{N}$. Pour la marche de loi μ sur $\mathbb{N}$, nous noterons T_A le temps de retour dans A, c'est-à-dire

$$T_A = \inf\{n > 0 \,;\, X_n \in A\}.$$

Si $A = \{x\}$ est réduite au seul point x, nous noterons T_x, au lieu de $T_{\{x\}}$, le temps de retour au point x.

Lemme 23 : Faisons les hypothèses du théorème 15. Alors, pour tout $y \in \mathbb{N}$, on a

$$\lim_{x\to\infty} P_y\{T_x < \infty\} = 1.$$

D'après la propriété de Markov forte, on a $P_y\{T_x < \infty\} = \frac{U(y,x)}{U(x,x)}$, ce qui tend bien vers 1 d'après (24) et (25).

Définition 24 : Soit A une partie de $\mathbb{N}$. On dit que, pour la marche de loi μ, la partie A est récurrente si, pour tout y fixé dans $\mathbb{N}$, on a

$$P_y\{ \overline{\lim_{n\to\infty}} (X_n \in A)\} = 1.$$

Il revient au même de dire, quel que soit $y \in \mathbb{N}$, la marche, partant de y, visitera presque sûrement une infinité de fois la partie A.

Théorème 25 : Soit μ une mesure de probabilité sur $\mathbb{N}$. On suppose que μ est adaptée et admet un moment d'ordre deux. Soit A une partie de $\mathbb{N}$. Pour que A soit récurrente, il faut et il suffit qu'elle soit infinie.

Démonstration : La condition est évidemment nécessaire, car la marche est transitoire (Théorème 4).

Soit $A = \{a_1, a_2, \dots, a_n, \dots\}$ une partie infinie de $\mathbb{N}$, où $a_i < a_{i+1}$ pour tout i. Pour tout n fixé, on a évidemment

$$P_y\{T_A < \infty\} \geqslant P_y\{T_{a_n} < \infty\},$$

donc on a, d'après le lemme 8,

$$P_y\{T_A < \infty\} = 1. \tag{30}$$

Définissons alors la suite des temps d'arrêt T_n par :

$$T_1 = T_A,\ T_n = T_{n-1} + T_A \circ \theta_{T_{n-1}}$$

où $\theta_{T_{n-1}}$ est l'opérateur de translation par T_{n-1}. D'après la propriété de Markov forte et (30), on a, pour tout n et tout y fixés,

$$P_y\{T_n < \infty\} = 1 \ ;$$

d'où
$$P_y\{\overline{\lim_{n\to\infty}} (X_n \in A)\} = P_y\{\bigcap_n (T_n < \infty)\}$$

$$= \lim_{n\to\infty}\downarrow P_y(T_n < \infty) = 1,$$

ce qui achève la démonstration du théorème 25.

§ 6 - Etude du temps de séjour dans les intervalles

Si r est un entier positif, notons S_r le segment des $x \in \mathbb{N}$ tels que $x \leqslant r$, et Q_r le temps de séjour de la marche de loi μ dans S_r, i.e.

$$Q_r = \sum_{n=0}^{\infty} 1_{S_r}(X_n),$$

où 1_{S_r} est la fonction indicatrice de S_r. Nous allons prouver un théorème analogue à (26.4) de [77], qui indique que nos processus se comportent asymptotiquement comme le module d'une marche aléatoire isotrope sur $\mathbb{Z}^3$

Théorème 26 : Soit $\mu = \sum_{x\geqslant 0} a_x \delta_x \in \mathcal{P}(\mathbb{N})$. On suppose que μ est adaptée et a un moment d'ordre deux. On pose $C = \frac{1}{6} \sum_{x\geqslant 0} a_x(x^2+2x)$.

Alors, pour tout réel $x \geqslant 0$, on a :

$$\lim_{r\to\infty} P_0\{Q_r > \frac{r^2 x}{2C}\} = F(x),$$

où $$F(x) = \frac{4}{\pi} \sum_{k=0} \frac{(-1)^k}{2k+1} e^{-\frac{\pi^2}{8}(2k+1)^2 x}.$$

Démonstration : Procédons en plusieurs étapes.

1) Soit $H(x) = 1 - F(x)$ $(x \geqslant 0)$. Alors $H(x)$ est la fonction de répartition d'une v.a. positive. Un calcul simple permet de trouver les moments de cette v.a. :

$$\int_0^\infty x^p dH(x) = p!\,\frac{\pi}{2}\left(\frac{8}{\pi^2}\right)^{p+1}\sum_{k=0}^{\infty}\frac{(-1)^k}{(2k+1)^{2p+1}} \qquad (p \geqslant 0)$$

(cf. (23.5) de [17]). La notation $E_o\{\cdot\}$ signifiant l'espérance mathématique de $\{\cdot\}$, partant de 0, il suffit de prouver que, pour tout entier $p \geqslant 1$,

$$\lim_{r\to\infty} E_o\left\{\left(\frac{2C}{r^2}\,Q_r\right)^p\right\} = p!\,\frac{\pi}{2}\left(\frac{8}{\pi^2}\right)^{p+1}\sum_{k=0}^{\infty}\frac{(-1)^k}{(2k+1)^{2p+1}}\,. \tag{31}$$

2) Faisons déjà le calcul pour $p = 1$. Quand $r\to\infty$, d'après (28),

$$E_o(Q_r) = \sum_{x\leqslant r} U(0,x) \sim \sum_{x\leqslant r}\frac{x}{C} \sim \frac{r^2}{C}\int_0^1 x\,dx = \frac{r^2}{2C}\,,$$

donc $\lim\limits_{r\to\infty} E_o\left(\frac{2C}{r^2}\,Q_r\right) = 1$, ce qui est (31) pour $p = 1$.

3) Le cas $p = 2$. On a

$$\begin{aligned} E_o(Q_r^2) &= E_o\left\{\sum_{n=0}^{\infty} 1_{S_r}(X_n)\right\}^2 \\ &= 2E_o\left\{\sum_{n=0}^{\infty} 1_{S_r}(X_n)\sum_{m=n}^{\infty} 1_{S_r}(X_m)\right\} - E_o(Q_r) \\ &= -E_o(Q_r) + 2\sum_{x\leqslant r}\sum_{y\leqslant r} U(0,x)U(x,y), \end{aligned}$$

d'après la propriété de Markov.

Or, d'après le corollaire 19 du théorème 15, on a

$$U(x,y) \underset{|x-y|\to\infty}{\sim} \frac{y+1}{C(x+1)}\,\inf(x+1,y+1),$$

d'où

$$E_o(Q_r^2) \underset{r\to\infty}{\sim} 2\sum_{x\leqslant r}\sum_{y\leqslant r}\frac{x+1}{C}\cdot\frac{y+1}{C(x+1)}\,\inf(x+1,y+1),$$

car le terme négligé, $-E_o(Q_r)$, est en r^2, tandis que le second terme comme il va apparaître, est en r^4. Donc

$$E_o(Q_r^2) \underset{r\to\infty}{\sim} \frac{2r^4}{C^2}\int_{\Gamma^2}(x\wedge y)y\,dx\,dy = \frac{5r^4}{12C^2}\,,$$

où $\Gamma^2 = [0,1] \times [0,1]$, ce qui prouve (31) pour $p = 2$. (Notation : $x \wedge y = \inf(x,y)$.)

4) Par itération du calcul précédent, nous obtenons, pour tout $p \geqslant 0$:

$$E_o(Q_r^p) \underset{r\to\infty}{\sim} \frac{r^{2p}}{C^p}\, p! \int_{\Gamma_p} (x_1 \wedge x_2)(x_2 \wedge x_3)\dots(x_{p-1} \wedge x_p)x_p dx_1 dx_2 \dots dx_p$$

où $\Gamma^p = [0,1]\times\dots\times[0,1]$ p fois d'où

$$\lim_{r\to\infty} E_o\left\{\left(\frac{2C}{r^2} Q_r\right)^p\right\} = 2^p p! \int_{\Gamma_p} (x_1 \wedge x_2)\dots(x_{p-1} \wedge x_p)x_p dx_1 dx_2 \dots dx_p$$

Il ne nous reste plus qu'à calculer cette dernière intégrale :

$$I_p = \int_{\Gamma^p} (x_1 \wedge x_2)\dots(x_{p-1} \wedge x_p)x_p \, dx_1 \dots dx_p .$$

Pour cela, introduisons l'opérateur K compact, symétrique, défini positif sur l'ensemble des fonctions φ réelles continues sur $[0,1]$ par :

$$K\varphi(x) = \int_0^1 \varphi(y).\inf(x,y)dy$$

Soit encore ψ_p la suite de fonctions de $[0,1]$ définies par :

$$\psi_1 \equiv 1, \quad \psi_p(x) = K\psi_{p-1}(x) = K^{p-1}1(x)$$

Il est clair que :

$$I_p = \int_0^1 \psi_p(x).x \, dx.$$

Or les fonctions propres et les valeurs propres de K se calculent aisément (cf. (26.4) de [17]). On trouve, comme fonction propre normalisée : $\phi_n(x) = \sqrt{2} \sin\{ \frac{\pi}{2} (2n+1)r\}$, associée à la valeur propre $\lambda_n = \frac{4}{\pi^2} (2n+1)^{-2}$.

Donc, d'après le théorème de Mercer :

$$\psi_p(x) = \sum_{n=0}^{\infty} \int_0^1 \lambda_n^{p-1} \phi_n(x)\phi_n(y)dy,$$

et

$$I_p = \int_0^1 \psi_p(x)x \, dx = \sum_{n=0}^{\infty} \lambda_n^{p-1} \int_0^1 \phi_n(x)x \, dx \int_0^1 \phi_n(y)dy.$$

Le calcul explicite de :

$$\int_0^1 \phi_n(x)x\,dx = \frac{(-1)^n 4\sqrt{2}}{\pi^2(2n+1)^2} \quad \text{et de} \quad \int_0^1 \phi_n(r)dr = \frac{2\sqrt{2}}{\pi(2n+1)}$$

et la valeur de $\lambda_n = \frac{4}{\pi^2}(2n+1)^{-2}$ permettent alors sans peine de calculer I_p

D'où :

$$\lim_{r\to\infty} E_0\left\{\left(\frac{2C}{r^2}Q_r\right)^p\right\} = 2^p p!\,I_p = p!\,\frac{\pi}{2}\left(\frac{8}{\pi^2}\right)^{p+1} \sum_{k=0}^{\infty} \frac{(-1)^k}{(2k+1)^{2p+1}}$$

ce qui achève la démonstration du théorème 26.

§ 7 - Un théorème central limite

Théorème 27 : Soit μ une mesure de probabilité sur $\mathbb{N}$. On suppose que μ est apériodique et a un moment d'ordre deux. Soit X_n la marche associée à μ. Alors $Y_n = \frac{X_n}{\sqrt{2Cn}}$ converge en loi, quand $n \to \infty$, vers la mesure qui admet comme densité sur $\mathbb{R}_+$ la fonction $\sqrt{\frac{2}{\pi}}\, x^2 \exp\left(-\frac{x^2}{2}\right)$.

Démonstration : D'après la formule (8),

$$P_0\{X_n = x\} = \frac{2(x+1)}{\pi} \int_0^\pi \hat{\mu}(\theta)^n \sin(x+1)\theta \sin\theta\, d\theta.$$

Pour $a \leqslant b$ réels positifs, on a :

$$P_0\{a \leqslant Y_n \leqslant b\} = \sum_{x=[a\sqrt{2Cn}]}^{x=[b\sqrt{2Cn}]} \frac{2(x+1)}{\pi} \int_0^\pi \hat{\mu}(\theta)^n \sin(x+1)\theta \sin\theta\, d\theta,$$

où $[z]$ désigne la partie entière de z.

Faisant les changements de variables : $y = \frac{x+1}{\sqrt{n}}$ et $\theta = \frac{\alpha}{\sqrt{n}}$, on a :

$$P_0\{a \leqslant Y_n \leqslant b\} = \sum_{\substack{y=\sqrt{2C}a \\ y\sqrt{n}\ y \text{ entier}}}^{y=\sqrt{2C}b} \frac{2y}{\pi} \int_0^{\sqrt{n}\pi} \hat{\mu}\left(\frac{\alpha}{\sqrt{n}}\right)^n \sin y\alpha \sin\frac{\alpha}{\sqrt{n}}\, d\alpha.$$

Or :

$$\sum_{\substack{y=\sqrt{2C}a \\ y\,:\,\sqrt{n}\,y \text{ entier}}}^{\sqrt{2C}b} y \sin y\alpha \frac{1}{\sqrt{n}} \xrightarrow[n\to\infty]{} \int_{\sqrt{2C}a}^{\sqrt{2C}b} y \sin y\alpha\, dy$$

et

$$\hat{\mu}\left(\frac{\alpha}{\sqrt{n}}\right)^n \underset{n\to\infty}{\longrightarrow} e^{-C\alpha^2} .$$

Donc :

$$\lim_{n\to\infty} P_o\{a \leqslant Y_n \leqslant b\} = \frac{2}{\pi}\int_0^\infty d\alpha \int_{\sqrt{2C}\,a}^{\sqrt{2C}\,b} \alpha y \sin \alpha y \, e^{-C\alpha^2} dy$$

Intégrant d'abord en α, et remarquant que :

$$\int_0^\infty e^{-C\alpha^2} \alpha \sin \alpha y \, d\alpha = \frac{y\sqrt{\pi}}{4C^{3/2}} e^{-\frac{y^2}{4C}}$$

on voit que :

$$\lim_{n\to\infty} P_o\{a \leqslant Y_n \leqslant b\} = \frac{2}{\pi}\int_{\sqrt{2C}\,a}^{\sqrt{2C}\,b} \frac{y^2\sqrt{\pi}}{4C^{3/2}} e^{-\frac{y^2}{4C}} dy.$$

Faisant alors le changement de variable $x = \frac{y}{\sqrt{2C}}$, on a :

$$\lim_{n\to\infty} P_o\{a \leqslant Y_n \leqslant b\} = \sqrt{\frac{2}{\pi}} \int_a^b x^2 e^{-\frac{x^2}{2}} dx,$$

ce qui prouve le théorème 27.

Remarque : Nous avons fait le calcul précédent pour la probabilité P_o, mais un calcul tout à fait analogue prouve que la loi est la même pour P_y, pour tout y de $\mathbb{N}$.

D'autre part, la densité limite $\sqrt{\frac{2}{\pi}}\, x^2 e^{-\frac{x^2}{2}}$ est celle du module d'une v.a. gaussienne réduite de dimension 3, ce qui montre, une fois de plus, "que nos marches aléatoires se comportent asymptotiquement comme le module d'une marche aléatoire classique isotrope sur $\mathbb{Z}^3$".

§ 8 - Transience des marches sur le dual d'un groupe de Lie compact de dimension $\geqslant 3$.

Soit G un groupe compact, et soit $\hat{G}$ le dual de G, c'est-à-dire l'ensemble des (classes de) représentations unitaires irréductibles (donc de dimension finie) de G. Si $x \in \hat{G}$, notons π_x une représentation de la classe x ; soit d_x sa dimension ; et soit $\chi_x(g) = \frac{1}{d_x} \operatorname{Tr}\pi_x(g)$ le caractère normalisé de π_x.

Soient $x \in \hat{G}$ et $y \in \hat{G}$. Alors la représentation $\pi_x \otimes \pi_y$ est somme directe d'un nombre fini de représentations π_z, où $z \in \hat{G}$. En termes de caractères normalisés, ceci se traduit par des formules de multiplication (à la Clebsch-Gordan) :

(32) $$\chi_x \chi_y = \sum_{z \in \hat{G}} \alpha_{xy}^z \chi_z,$$

où, pour tous $x \in \hat{G}$, $y \in \hat{G}$ fixés, les α_{xy}^z sont $\geqslant 0$, nuls sauf un nombre fini d'entre eux, et où $\sum_z \alpha_{xy}^z = 1$.

Soit $\mathcal{P}(\hat{G})$ l'ensemble des mesures (discrètes) de probabilités sur $\hat{G}$, i.e. des $\mu = \sum_{x \in \hat{G}} a_x \delta_x$, où δ_x est la mesure de Dirac au point x, où les a_x sont $\geqslant 0$ et tels que $\sum_x a_x = 1$. Dans $\mathcal{P}(\hat{G})$ on définit une convolution en posant

(33) $$\delta_x \times \delta_y = \sum_{z \in \hat{G}} \alpha_{xy}^z \delta_y ,$$

où les α_{xy}^z sont ceux de (32), puis, plus généralement,

(34) $\mu \times \nu = (\Sigma\, a_x \delta_x) \times (\Sigma\, b_y \delta_y) = \Sigma\, a_x b_y \delta_x \times \delta_y$. Comme le produit tensoriel des représentations, d'où elle provient, cette convolution est associative et commutative. On pose $\mu^n = \mu \times \ldots \times \mu$ n fois.

Supposons désormais que G est un groupe de Lie compact connexe. Nous allons appliquer la théorie de Cartan-Weyl (cf. par exemple [85], chap. 4). Soit $\mathbb{T}^d$ un tore maximal de G, où d est la dimension d'un tel tore. Les éléments de $\mathbb{T}^d$ seront notés $e^{i\theta} = (e^{i\theta_1}, e^{i\theta_2}, \ldots, e^{i\theta_d})$, où $\theta = (\theta_1, \ldots, \theta_d)$ et où $0 \leqslant \theta_1 < 2\pi, \ldots, 0 \leqslant \theta_d < 2\pi$. On posera $|\theta|^2 = \sum_{i=1}^d \theta_i^2$.

Soit Δ le système de racines de G relativement au tore $\mathbb{T}^d$. Soit P une chambre de Weyl de $\mathbb{T}^d$, et soit Δ_p^+ l'ensemble des racines positives relativement à P. Une fonction centrale sur G (par exemple un caractère) est entièrement déterminée par ses valeurs sur $\mathbb{T}^d$, car tout élément de G est conjugué d'un élément de $\mathbb{T}^d$. D'autre part, pour une telle fonction centrale φ, l'intégrale de Haar sur G est donnée par la formule (cf. [85], § (4.8)) :

(35) $$\int_G \varphi(g)dg = c\int \varphi(e^{i\theta})(\prod_{\alpha\in\Delta_p^+}\sin^2[\alpha(\theta)])d\theta, \qquad (*)$$

où c est une constante de normalisation.

Si $\mu = \sum_{x\in\hat{G}} a_x\delta_x \in \mathcal{P}(\hat{G})$, appelons "transformée de Fourier" de μ la fonction $\theta = (\theta_1,\ldots,\theta_d) \to \hat{\mu}(\theta) = \sum_{x\in\hat{G}} a_x\chi_x(e^{i\theta})$. Il est clair que $(\mu \times \nu)^\wedge = \hat{\mu}\hat{\nu}$. D'autre part, vu les relations d'orthogonalité des caractères, on a :

(36) $$a_x = c\, d_x^2 \int \hat{\mu}(\theta)\overline{\chi_x(e^{i\theta})}(\prod_{\alpha\in\Delta_p^+}\sin^2[\alpha(\theta)])d\theta.$$

Soit $\mu \in \mathcal{P}(\hat{G})$. Pour tout $x \in \hat{G}$ et toute partie A de $\hat{G}$, posons $P(x,A) = \delta_x \times \mu(A)$. C'est un noyau de transition markovien de $\hat{G}$ vers $\hat{G}$. Soit alors $(\Omega = \hat{G}^{\mathbb{N}}, X_n(n \geq 0), P_x(x \in \hat{G}))$ la chaîne de Markov canonique associée au noyau P. On l'appellera la marche aléatoire de loi μ sur $\hat{G}$. Pour x et y fixés dans $\hat{G}$, la probabilité $P_n(x,y)$, partant de x au temps 0, d'être en y au temps n n'est autre que le coefficient sur δ_y de la mesure $\delta_x \times \mu$; donc on a, d'après (36),

(37) $$P_n(x,y) = c\, d_y^2 \int [\hat{\mu}(\theta)]^n \chi_x(e^{i\theta})\overline{\chi_y(e^{i\theta})}(\prod_{\alpha\in\Delta_p^+}\sin^2[\alpha(\theta)])d\theta$$

l'intégrale étant calculée dans le cube

$$Q = \{\theta = (\theta_1,\ldots,\theta_d) \ ; \ 0 \leq \theta_1 < 2\pi,\ldots,0 \leq \theta_d < 2\pi\}.$$

$U(x,y) = \sum_{n\geq 0} P_n(x,y)$ est l'espérance mathématique du nombre de visites au point y, partant de x. On dira que la marche est <u>transitoire</u>, si, quels que soient $x \in \hat{G}$, $y \in \hat{G}$, on a $U(x,y) < +\infty$.

<u>Théorème 28</u> : <u>Soit</u> G <u>un groupe de Lie compact connexe de dimension</u> ≥ 3. <u>Soit</u> μ <u>une mesure de probabilité sur</u> $\hat{G}$. <u>On suppose (condition d'adaptation) que</u> : $\theta \in Q$ <u>et</u> $\hat{\mu}(\theta) = 1$ <u>impliquent</u> $\theta = (0,0,\ldots,0)$.

(*) En fait, cette formule n'est valable que lorsque G est simplement connexe. Mais comme nous nous intéresserons seulement au comportement local de $\hat{\mu}(\theta)$, on se ramène immédiatement à cette situation.

Alors la marche de loi μ sur $\hat{G}$ est transitoire.

Démonstration : La fonction $\sum_{x \in G} a_x \chi_x$ est une fonction de type positif normalisée sur G, donc aussi, par restriction, sur le sous-groupe $\mathbb{T}^d$. Ainsi $e^{i\theta} \to \hat{\mu}(\theta)$ est une fonction de type positif normalisée sur $\mathbb{T}^d$, et ne vaut 1 qu'à l'origine (hypothèse d'adaptation). Alors nous savons (cf. chap. I) qu'il existe une constante $\lambda > 0$ telle que :

(38) $$\text{pour tout} \quad \theta \in Q, \quad |1-\hat{\mu}(\theta)| \geqslant \lambda|\theta|^2.$$

Le théorème 28 est connu (cf. Chap. I) quand G est abélien, car alors $G = \mathbb{T}^d$, $d \geqslant 3$, et la marche de loi $\hat{\mu}$ est une marche classique a sur $\mathbb{Z}^d$. Supposons donc désormais que G n'est pas abélien, ce qui implique que sa dimension est $\geqslant 3$. Alors l'ensemble Δ_p^+ n'est pas vide ; puisque les $\alpha \in \Delta_p^+$ sont des formes linéaires, on a évidemment

(39) $$\prod_{\alpha \in \Delta_p^+} \sin^2[\alpha(\theta)] = O(\theta^2). \qquad (\theta \to 0)$$

La série $\sum_{n \geqslant 0} [\hat{\mu}(\theta)]^n$ converge simplement dans $Q - (0,0,\ldots,0)$ vers la fonction $[1-\hat{\mu}(\theta)]^{-1}$ et, ce faisant, ses sommes d'ordre N sont dominées par
$$|1-[\hat{\mu}(\theta)]^{N+1}|\,|[1-\hat{\mu}(\theta)]^{-1} \leqslant 2|(1-\hat{\mu}(\theta))^{-1}| \leqslant \frac{1}{\lambda}\frac{1}{|\theta|^2},$$
sauf à l'origine, d'après (38). Or, d'après (39), la fonction $\theta \longmapsto \frac{1}{|\theta|^2}$ est intégrable pour la mesure $\chi_x(e^{i\theta})\chi_y(e^{i\theta})(\prod_{\alpha \in \Delta_p^+} \sin^2[\alpha(\theta)])d\theta$. En appliquant le théorème de Lebesgue, à partir de (37) on obtient donc que :

$$U(x,y) = \sum_{n \geqslant 0} P_n(x,y) = c\, d_y^2 \int_Q \frac{1}{1-\hat{\mu}(\theta)} \chi_x(e^{i\theta})\overline{\chi_y(e^{i\theta})}(\prod_{\alpha \in \Delta_p^+} \sin^2[\alpha(\theta)])d\theta,$$

intégrale absolument convergente, ce qui prouve la finitude de $U(x,y)$.

Remarque 29 : La théorie faite ici se généralise au cas de certains groupes non compacts. La situation, bien que techniquement plus difficile, doit permettre l'étude de chaînes de Markov intéressantes.

§ 9 - Marches aléatoires associées à des fonctions sphériques

Nous venons de voir comment les propriétés élémentaires du produit tensoriel des représentations des groupes compacts permettaient la construction de chaînes de Markov ayant des propriétés analogues à celles des marches aléatoires. Nous allons ici généraliser cette situation à certains espaces homogènes.

Pour tout ce qui suit, on pourra se reporter à Helgasson ([33], chap. X). Soit G un groupe de Lie connexe, K un sous-groupe compact. Une fonction continue $f : G \to \mathbb{C}$ est dite sphérique (relativement à K) si $\int_K f(xky)dk = f(x).f(y)$, pour tout x,y de G (où dk est la mesure de Haar de K). Les fonctions sphériques sont en fait définies sur l'espace homogène G/K, et invariantes par K. Une représentation π de G dans un espace de Hilbert H est dite de classe 1 si elle est unitaire, irréductible, et s'il existe un élément $a \in H$ tel que $\pi(k)a = a$ pour tout k de K. En fait, la propriété essentielle des fonctions sphériques qui va nous être utile est la suivante (Helgasson, [33], p. 414) ; si le couple (G,K) est une paire Riemannienne symétrique, il existe une bijection entre :

- l'ensemble φ des fonctions sphériques définies positives.
- l'ensemble π des représentations de classe 1 de G. La correspondance entre π et φ étant donnée par : $\varphi(g) = \langle a, \pi(g)a\rangle_H$ $(g \in G)$.

Supposons de plus G compact. Alors l'ensemble $\mathcal{S}$ des fonctions φ_n $(n \in \mathbb{N})$ normalisées (ie : $\varphi_n(e) = 1$) est dénombrable et :

Remarque 30 : Le produit $\varphi_n.\varphi_m$ de deux éléments de $\mathcal{S}$ s'écrit :

(40) $\varphi_n.\varphi_m = \sum_p \gamma^p_{m,n}\,\varphi_p$, où $\varphi_p \in \mathcal{S}$, $\gamma^p_{m,n} \geq 0$ et $\sum_p \gamma^p_{m,n} = 1$

Démonstration : Soit (π_n, H_n, a_n) (resp. (π_m, H_m, a_m)) la représentation de classe 1 associée à φ_n (resp. φ_m). Soit la représentation $(\pi_n \otimes \pi_m, H_n \otimes H_m)$. D'après le théorème de complète réductivité de Weyl (G étant compact), cette représentation se décompose en somme directe de représentation irréductible, soit :

$$\pi_n \otimes \pi_m = \bigoplus_{i \in I} \pi_i \quad (I \text{ fini}) \text{ et :}$$

$H_n \otimes H_m = \bigoplus_{i \in I} H_i$. Ecrivons :

$a_n \otimes a_m = \sum_{i \in I} \gamma_i v_i \quad (v_i \in H_i)$, où a_n, a_m sont de norme 1,

ainsi que $a_n \otimes a_m$ et chacun des v_i. D'autre part, la formule

$\pi_n(g) = \langle a_n, \pi_n(g) a_n \rangle_{H_n}$ (et l'analogue pour m) implique que :

$$\varphi_n(g).\varphi_m(g) = \langle e_n \otimes e_m, \pi_n \otimes \pi_m(g)(e_n \otimes e_m) \rangle_{H_n \otimes H_m}.$$

Par ailleurs, chaque v_i est invariant par $\pi_n \otimes \pi_m(k)$ $(k \in K)$ et donc, la restriction $\pi_n \otimes \pi_m|_{V_i}$ de $\pi_n \otimes \pi_m$ à V_i est de classe 1, d'où :

$\varphi_i(g) = \langle \pi_n \otimes \pi_m(g) v_i, v_i \rangle_{H_i}$ est une fonction sphérique de $\mathcal{G}$.

Ainsi :

$$\begin{aligned}\varphi_n(g).\varphi_m(g) &= \langle \pi_n \otimes \pi_m(g)(e_n \otimes e_m), e_n \otimes e_m \rangle_{H_n \otimes H_m} \\ &= \langle \sum_{i \in I} \gamma_i \, \pi_n \otimes \pi_m(g) v_i, \sum_{i \in I} \gamma_i v_i \rangle_{H_n \otimes H_m} \\ &= \sum_{i \in I} |\gamma_i|^2 \varphi_i,\end{aligned}$$ ce qui prouve cette remarque.

*

* *

Cela étant, tout comme à l'§ 8, on peut définir une convolution sur $\mathbb{N}$ par :

$\delta_n \times \delta_m = \sum_p \gamma^p_{m,n} \delta_p$, où les $\gamma^p_{m,n}$ sont ceux de la remarque

29. Cette convolution est associative, commutative, et l'ensemble $\mathcal{P}(\mathbb{N})$ est stable par cette convolution. Comme précédemment on peut associer à cette convolution une famille de chaînes de Markov et une "transformation de Fourier" par les formules :

$$\hat{\delta}_n = \varphi_n, \quad \widehat{\sum_{n \geq 0} \lambda_n \delta_n} = \sum_{n \geq 0} \lambda_n \varphi_n \quad (\lambda \in \ell^1(\mathbb{N}))$$

Il est clair que :

$$\widehat{\lambda * \mu} = \hat{\lambda}.\hat{\mu} \qquad (\lambda,\mu \in \mathcal{P}(\mathbb{N})).$$

Dans ces conditions, on a :

Théorème 31 : Soit (G,K) comme précédemment, et μ une probabilité sur $\mathbb{N}$. On suppose (condition d'adaptation) que :

$$g \in G \text{ et } \hat{\mu}(g) = 1 \text{ impliquant } g \in K.$$

Alors, si la dimension de l'espace homogène G/K est supérieur ou égale à 3, la chaîne de Markov sur $\mathbb{N}$ associée à μ est transitoire.

*
* *

La démonstration de ce théorème repose sur les propriétés des fonctions définies positives sur un groupe de Lie. Elle est semblable à celle du théotème 28, et est omise.

Exemple 32 :

$G = SO(3)$, $K = SO(2)$, $G/K \approx S^2$. Soit O le pôle nord de S^2. Alors, les fonctions sphériques sont données par la formule :

$\varphi_n(p) = P_n(\cos(d(O,p)))$, où $d(O,p)$ désigne la distance du point p de S^2 au pôle nord, et où P_n est le $n^{\text{ième}}$ polynôme de Legendre, soit :

$$P_n(x) = \frac{(-1)^n}{2^n\, n!} \frac{d^n}{dx^n} (1-x^2)^n$$

Les formules (40) s'écrivant ici, pour $n = 1$ (cf B, (10) et (12)) pour une formule générale) :

$$P_1.P_m = \frac{m}{2m+1} P_{m-1} + \frac{m+1}{2m+1} P_m$$

La matrice de transition P de la chaîne de Markov associée dans cette situation à la mesure $\mu = S_1$ est donc donnée par :

$$P(0,1) = 1, \quad P(n,n-1) = \frac{n}{2n+1}, \quad P(n,n+1) = \frac{n+1}{2n+1} \qquad (n \geqslant 1)$$

Nous verrons (corollaire 39) que cette chaîne est récurrente ; l'étude en sera faite en détail à l'§ B (cas $\alpha = 0$).

B - CHAINES DE MARKOV ASSOCIEES AUX POLYNOMES ULTRASPHERIQUES

Revenons aux formules (1), (3) et (4) de l'alinéa A.1 :

$$\chi_n(\theta) = \frac{\sin(n+1)\theta}{(n+1)\sin\theta}, \quad \frac{2}{\pi}\int_0^\pi \chi_n(\theta)\chi_m(\theta)\sin^2\theta d\theta = \begin{cases} 0 & \text{si } n \neq m \\ (n+1)^2 & \text{si } n = m. \end{cases}$$

$$\chi_n \cdot \chi_m = \sum_r h_{n,m,r}\chi_r \quad \text{où} \quad h_{n,m,r} \geqslant 0 \quad \text{et} \quad \sum_r h_{n,m,r} = 1.$$

et faisons le changement de variables $\cos\theta = x$. On obtient ainsi des polynômes $Q_n(x) = \chi_n(\theta)$ définis sur $[-1,+1]$ tels que :

1) $$\int_{-1}^1 Q_n(x).Q_m(x)\sqrt{1-x^2}\, dx = \begin{cases} 0 & \text{si } n \neq m \\ \frac{\pi}{2}(n+1)^2 & \text{si } n = m \end{cases}$$

2) $$Q_n \cdot Q_m = \sum_r h_{n,m,r} Q_r \quad \text{avec} \quad h_{n,m,r} \geqslant 0 \quad \text{et} \quad \sum_r h_{n,m,r} = 1.$$

Si on observe les méthodes du paragraphe précédent, on s'aperçoit tout de suite que ce sont les relations 1 et 2 précédentes qui font fonctionner la théorie. Or, les polynômes ultrasphériques possèdent ces propriétés 1 et 2. Aussi va-t-on pouvoir construire des chaînes de Markov associées aux polynômes ultrasphériques, et les étudier de façon détaillée, grâce aux propriétés remarquables de ces polynômes.

I - Les polynômes ultrasphériques

Soit, pour tout $\alpha > -1$ la mesure sur $[-1,1]$ définie par $d\mu_\alpha(x) = (1-x^2)^\alpha dx$ et les polynômes :

$$Q_n^\alpha(x) = \frac{(-1)^n}{2^n(\alpha+1)\dots(\alpha+n)}(1-x^2)^{-\alpha}\frac{d^n}{dx^n}(1-x^2)^{n+\alpha}$$

Les propriétés suivantes sont classiques :

$$Q_0^\alpha(x) \equiv 1, \quad Q_1^\alpha(x) \equiv x \qquad (3)$$

$$Q_n^\alpha(-x) = (-1)^n Q_n^\alpha(x) \qquad (4)$$

$$Q_n^\alpha(1) = 1 \qquad (5)$$

$$\int_{-1}^1 Q_m Q_n d\mu^\alpha = \begin{cases} 0 & \text{si } n \neq m \\ (\omega_n^\alpha)^{-1} & \text{si } m = n \end{cases} \qquad (6)$$

$$\omega_n^\alpha = \frac{(2n+2\alpha+1)\Gamma(n+2\alpha+1)}{2^{2\alpha+1}\Gamma(\alpha+1)^2\Gamma(n+1)} \tag{7}$$

On a les formules de multiplication suivantes :

$$Q_1^\alpha . Q_n^\alpha = \frac{n}{2n+2\alpha+1} Q_{n-1}^\alpha + \frac{n+2\alpha+1}{2n+2\alpha+1} Q_{n+1}^\alpha \quad (n \geqslant 1) \tag{8}$$

et plus généralement :

$$Q_m^\alpha . Q_n^\alpha = \sum_r h_{n,m,r}^\alpha \, Q_r^\alpha \tag{9}$$

où, en vertu de (4) et (6) on ne peut avoir $h_{n,m,r}^\alpha \neq 0$ que si $|n-m| \leqslant r \leqslant n+m$ et $n+m+r \equiv 0 \pmod 2$, de sorte que (9) peut encore s'écrire :

$$Q_m^\alpha . Q_n^\alpha = \sum_{s=0}^{m} C_{m,n,s}^\alpha \, Q_{n-m+2s}^\alpha \tag{10}$$

En évaluant les deux membres de (9) au point 1, on obtient :

$$\sum_r h_{n,m,r}^\alpha = 1 \tag{11}$$

Lorsque $\alpha > -1/2$, les $C_{m,n,s}^\alpha$ sont strictement positifs pour $0 \leqslant s \leqslant m \leqslant n$ et en posant $\lambda = \alpha + 1/2$, on a :

$$C_{m,n,s}^\alpha = \frac{\Gamma(2\lambda)}{\Gamma(\lambda)^2} \, \frac{m!\, n!}{s!(m-s)!(n-m+s)!} \, \frac{\lambda+n-m+2s}{\lambda+n+s} \, \frac{\Gamma(2\lambda+n+s)\Gamma(\lambda+s)\Gamma(\lambda+n-m+s)\Gamma(\lambda+m-s)}{\Gamma(\lambda+n+s)\Gamma(2\lambda+n)\Gamma(2\lambda+m)} \tag{12}$$

Notons encore que :

$$Q_n^{-1/2}(\cos\theta) = \cos n\theta, \text{ de sorte que } Q_m^{-1/2}.Q_n^{-1/2} = \frac{1}{2} Q_{|m-n|}^{-1/2} + \frac{1}{2} Q_{m+n}^{-1/2} \tag{13}$$

Enfin, on a la propriété suivante :

$$|Q_n^\alpha(x)| < 1 \quad \text{si} \quad \alpha > -1/2 \quad |x| < 1 \quad \text{et} \quad n \geqslant 1. \tag{14}$$

II - Chaînes de Markov associées aux Q_n^α

Si $\alpha \geqslant -1/2$, à toute $f \in \ell^1(\mathbb{N})$, l'ensemble des séries absolument convergentes, on peut associer une fonction f_α, continue sur $[-1,+1]$, en posant :

$$f_\alpha(x) = \sum_{n\geq 0} f(n)Q_n^\alpha(x) \qquad -1 \leqslant x \leqslant 1 \tag{15}$$

cette série étant normalement convergente d'après (14), (5) et (13) (on pourra comparer cette formule avec (6), A.1). Soit $\mathcal{A} = \{f_\alpha \,;\, f \in \ell^1(\mathbb{N})\}$; c'est une sous-algèbre de $\mathcal{C}\{[-1,1]\}$, car si f et g appartiennent à $\ell^1(\mathbb{N})$ on a, au sens de la convergence dans $\mathcal{C}\{[-1,1]\}$:

$$f_\alpha \cdot g_\alpha = \sum_{n,m} f(n)g(m)Q_n^\alpha . Q_m^\alpha = \sum_r Q_r^\alpha \sum_{n,m} h_{n,m,r}^\alpha f(n)g(m)$$

la dernière égalité étant justifiée par le fait qu'en vertu de (11) et de la positivité des $h_{n,m,r}^\alpha$:

$$\sum_r \left| \sum_{n,m} h_{n,m,r}^\alpha f(n)g(m) \right| \leqslant \sum_{n,m} |f(n)||g(m)| \sum_r h_{n,m,r}^\alpha$$

$$= \sum_n |f(n)| . \sum_m |g(m)| < +\infty$$

<u>Proposition 33</u> : Soit f une application de $\mathbb{N}$ dans $\mathbb{R}$ telle que $f \geqslant 0$, $\sum_{n\geq 0} f(n) = 1$. Si, pour tout $\alpha \geqslant -1/2$, on pose :

$$f_\alpha . Q_n^\alpha = \sum_{m\geq 0} p_\alpha(n,m)Q_m^\alpha \tag{16}$$

alors, p_α est une matrice markovienne sur $\mathbb{N}$. Pour tout entier $N \geqslant 0$, la puissance $N^{\underline{\text{ième}}}$ de p_α, p_α^N est donnée par la formule :

$$p_\alpha^N(n,m) = \omega_m^\alpha \int_{-1}^{1} f_\alpha^N \, Q_n^\alpha \, Q_m^\alpha \, d\mu_\alpha \tag{17}$$

(on pourra rapprocher cette proposition de la formule (8) de A.2).

<u>Démonstration</u> : Le calcul fait précédemment montre que :

$$p_\alpha(n,m) = \sum_r h_{r,n,m}^\alpha f(r) \tag{18}$$

et par suite $p_\alpha \geqslant 0$, puisque $h_{r,n,m}^\alpha \geqslant 0$. Par ailleurs, comme $f_\alpha(1) = 1$ d'après (5) on déduit de (16) :

$\sum_m p_\alpha(n,m) = 1$, ce qui prouve que la matrice p_α est markovienne

Nous allons maintenant montrer que :

$$f_\alpha^N . Q_n^\alpha = \sum_m p_\alpha^N(n,m) Q_m^\alpha \qquad (19)$$

ce qui prouvera (17) en vertu de (6). La formule (19) est évidente si $N = 1$. En supposant le résultat établi jusqu'à l'ordre N, il vient :

$$f_\alpha^{N+1} Q_n^\alpha = \sum_r p_\alpha^N(n,r) \sum_m p_\alpha(r,m) Q_m^\alpha$$

$$= \sum_m Q_m^\alpha \sum_r p_\alpha^N(n,r) p_\alpha(r,m) = \sum_m p_\alpha^{N+1}(n,m) Q_m^\alpha .$$

*

* *

Notons que si $f(1) = 1$ et $f(n) = 0$ si $n \neq 1$, la matrice markovienne p_α $(\alpha \geqslant -1/2)$ est donnée par :

$$p_\alpha(0,1) = 1$$

$$p_\alpha(n,n-1) = \frac{n}{2n+2\alpha+1} \qquad (n \geqslant 1) \qquad (20)$$

$$p_\alpha(n,n+1) = \frac{n+2\alpha+1}{2n+2\alpha+1}$$

Ces formules sont à rapprocher de celles de l'exemple de A, § 2 et § 9.

*

* *

Nous pouvons maintenant associer à p_α une chaîne de Markov canonique. Ainsi, pour tout $\alpha \geqslant -1/2$ disposons-nous d'une famille de chaînes de Markov sur $\mathbb{N}$ indexées par $f \in \mathcal{P}(\mathbb{N})$. Remarquons que le cas $\alpha = 1/2$ correspond aux marches aléatoires sur le dual de SU(2), tandis que le cas $\alpha = 0$ est celui décrit à l'§ A.9 (exemple 32).

*

* *

La proposition suivante est l'analogue de la proposition 2.

Proposition 34 : La chaîne de Markov associée à p_α est irréductible (ie, pour tout n,m, il existe N tel que $p_\alpha^N(n,m) > 0$ si et seulement si f charge un point impair. Cette condition est encore équivalente au fait que f_α n'est pas paire.

La démonstration est laissée en exercice. A partir d'ici, nous ne considèrerons plus que des chaînes irréductibles.

Soit U_α le noyau potentiel associé à p_α : $U_\alpha(n,m) = \sum_{N\geq 0} p_\alpha^N(n,m)$.

Proposition 35 : On a :

$$U_\alpha(n,m) = \omega_m^\alpha \int_{-1}^{1} \frac{Q_n^\alpha Q_m^\alpha}{1-f_\alpha} d\mu_\alpha \tag{21}$$

les deux nombres étant éventuellement égaux à $+\infty$.

Démonstration : Notons tout d'abord que

$$|f_\alpha(x)| < 1 \quad \text{si} \quad \alpha \neq -1/2 \quad \text{et} \quad -1 < x < 1 \tag{22}$$

d'après (14). Supposons déjà que $\alpha > -1/2$. Fixons n et m et choisissons $0 < x_o < 1$, $q < 1$ tels que :

$$f_\alpha(x) > 0 \quad \text{et} \quad Q_n^\alpha(x) Q_m^\alpha(x) > 0 \quad \text{si} \quad x_o \leqslant x \leqslant 1$$

$$-1 \leqslant f_\alpha(x) \leqslant q \qquad\qquad \text{si} \quad -1 \leqslant x \leqslant x_o$$

Comme $\int_{-1}^{1} |Q_n^\alpha(x) Q_m^\alpha(x)| d\mu^\alpha(x) < +\infty$ et que la série $\sum_N f_\alpha^N$ converge uniformément sur $[-1,x_o]$, on a :

$$\sum_{N\geq 0} \int_{-1}^{x_o} f_\alpha^N Q_n^\alpha . Q_m^\alpha d\mu_\alpha = \int_{-1}^{x_o} \frac{Q_n^\alpha . Q_m^\alpha}{1-f_\alpha} d\mu_\alpha$$

On a aussi :

$$\sum_{N\geq 0} \int_{x_o}^{1} f_\alpha^N Q_n^\alpha Q_m^\alpha d\mu_\alpha = \int_{x_o}^{1} \frac{Q_n^\alpha Q_m^\alpha}{1-f_\alpha} d\mu_\alpha$$

toutes les fonctions étant positives sur $[x_o,1]$. Ceci démontre (21) dans le cas $\alpha > -1/2$. Le cas $\alpha = -1/2$ est omis.

Corollaire 36 : Si $\alpha > 0$, la chaîne est transitoire.

Démonstration : Rappelons que la chaîne est transitoire si $U_\alpha(n,m) < +\infty$ pour tout n et tout m. Soit $r > 1$ tel que $f(r) > 0$. Il existe une constate $\gamma > 0$ telle que $Q_r^\alpha(x) \leqslant 1-\gamma(1-x)$ au voisinage de 1. En effet, on a [79] p 62)

$$\frac{d}{dx} Q_n^\alpha(x) = \frac{n(n+2\alpha+1)}{2(\alpha+1)} Q_{n-1}^{\alpha+1}(x) \quad (n \geqslant 1) \tag{23}$$

et par suite si $n \geqslant 1$ la dérivée de Q_n^α est strictement positive au point 1 Au voisinage de 1, on a donc :

$$f_\alpha(x) \leqslant f(r)(1-\gamma(1-x)) + \sum_{n \neq r} f(n) = 1-\gamma_1(1-x) \quad (\gamma_1 > 0)$$

Ceci assure la convergence des intégrales donnant $U_\alpha(n,m)$ puisque $d\mu_\alpha(x) = (1-x^2)^\alpha dx$ $(\alpha > 0)$.

*

* *

Lemme 37 : Si f possède un moment d'ordre 2 (ie : $\sum_{n \geqslant 0} n^2 f(n) < +\infty$), on a :

$$f_\alpha(\cos\theta) = 1-C\theta^2+O(\theta^2) \quad \text{lorsque } \theta \to 0 \tag{24}$$

où

$$C = \frac{1}{4(\alpha+1)} \sum_{n \geqslant 1} n(n+2\alpha+1)f(n) \tag{25}$$

Démonstration : En vertu de (23) :

$$f'_\alpha(x) = \frac{1}{2(\alpha+1)} \sum_{n \geqslant 1} n(n+2\alpha+1)Q_{n-1}^{\alpha+1}(x) \quad (-1 \leqslant x \leqslant 1)$$

la série étant normalement convergente puisque $\alpha+1 > 0$ et par suite $|Q_{n-1}^{\alpha+1}(x)| \leqslant 1$. En particulier $f'_\alpha(1) = 2C$, d'où le résultat.

Corollaire 38 : Si f possède un moment d'ordre 2, la chaîne est transitoire si et seulement si $\alpha > 0$.

Démonstration : Au voisinage de $\theta = 0$, on a : $\frac{Q_n^\alpha(\cos\theta)Q_m^\alpha(\cos\theta)}{1-f_\alpha(\cos\theta)} \sin^{2\alpha+1}\theta \sim \frac{1}{C}\theta^{2\alpha-1}$, donc $U_\alpha(n,m) = +\infty$ si $\alpha \leqslant 0$.

Corollaire 39 : La chaîne de Markov sur $\mathbb{N}$ définie par : $p(0,1) = 1$,

$p(n,n-1) = \frac{1}{2}(1-\frac{\lambda}{n+\lambda})$, $p(n,n+1) = \frac{1}{2}(1+\frac{\lambda}{n+\lambda})$ $(n \geqslant 1 \; ; \; \lambda > -\frac{1}{2})$ est récurrente si et seulement si $-1/2 < \lambda \leqslant 1/2$.

Démonstration : Il suffit de réécrire les formules (20) en posant $\lambda = \alpha+1/2$ et d'utiliser le corollaire 38 (le résultat de ce corollaire est bien connu ; cf par exemple (G-F) ; nous l'avons indiqué comme première application simple de la théorie exposée).

Corollaire 40 : Soit sur $\mathbb{N}$ la chaîne de Markov dont la matrice de transition P est donnée par les formules suivantes : si $n \geqslant 1$, $P(n,n-1) = a_n$, $P(n,n+1) = b_n$, $P(n,n) = c_n$ (avec $a_n+b_n+c_n = 1$, $b_n > 0$, $a_n > 0$) et $P(0,1) = b_0$, $P(0,0) = c_0$ ($b_0 > 0$, $c_0+b_0 = 1$). Alors :

1) Si $\underline{\lim}_{n\to\infty}\; n\,\dfrac{b_n-a_n}{b_n+a_n} > 1/2$ la chaîne est transitoire.

2) Si $\overline{\lim}_{n\to\infty}\; n\,\dfrac{b_n-a_n}{b_n+a_n} < 1/2$ la chaîne est récurrente.

Démonstration : Le cas où $c_n \equiv 0$ résulte du corollaire 39 et du lemme suivant.

Lemme 41 : (de comparaison). Supposons $c_n \equiv 0$, si bien que a_n et b_n s'écrivent : $a_n = \frac{1}{2} - \varphi(n)$, $b_n = \frac{1}{2} + \varphi(n)$ ($-\frac{1}{2} < \varphi(n) < \frac{1}{2}$ si $n \geqslant 1$, $\varphi(0) = 1/2$). Désignons par $(\Omega, \mathcal{A}, X_n, P_x^\varphi\ ;\ x \in \mathbb{N})$ la chaîne de Markov canonique associée à ces coefficients (en abrégé, la φ-chaîne). Soit $\psi : \mathbb{N} \longrightarrow]-1/2,1/2]$ telle que $\psi(n) \geqslant \varphi(n)$ pour tout $n \geqslant k$. Alors, si la φ-chaîne est transitoire, il en est de même pour la ψ-chaîne.

Démonstration du lemme 41 : Soit $T_0 = \inf\{n \geqslant 0\ ;\ X_n = 0\}$ le temps d'entrée dans $\{0\}$ et $h(n) = E_n^\varphi\{T_0 < +\infty\}$. Puisque la φ-chaîne est transitoire, $h(n)$ est strictement plus petite que 1 pour tout $n \geqslant 1$, et h est strictement décroissante. D'autre part, h satisfait à la relation :

$$h(n) = (\frac{1}{2} - \varphi(n)h(n-1) + (\frac{1}{2} + \varphi(n))h(n+1) \quad \text{si} \quad n \geqslant 1 \qquad (26)$$

(h est φ-harmonique en dehors de 0). Puisque $\psi(n) \geqslant \varphi(n)$ si $n \geqslant k$, on déduit de (26) :

$$h(n) \geq (\tfrac{1}{2} - \psi(n))h(n-1) + (\tfrac{1}{2} + \psi(n))h(n+1) \quad \text{si} \quad n \geq k \qquad (27)$$

(h est ψ-surharmonique en dehors de $\{0,1,\dots k\}$) si bien que $g(n) = 1-h(n)$ est ψ-sousharmonique en dehors de $\{0,1,\dots k\}$. Soit $T_k = \inf\{n \geq 0 ; X_n \in \{0,1,\dots k\}\}$. D'après (27), $g(X_{p \wedge T_k})$ est une ψ sous martingale, et donc pour $n > k$ et tout $p \geq 0$:

$$E_n^{\psi} g(X_{p \wedge T_k}) \geq g(n)$$

Désignant par $\xi = \sup\{g(0), g(1), \dots g(k)\}$ et remarquant que g est majorée par 1, on a :

$$g(n) \leq \xi\{P_n^{\psi}\, T_k \leq p\} + P_n^{\psi}\{T_k > p\}$$

Faisant alors tendre p vers l'infini, on en déduit :

$$g(n) \leq \xi P_n^{\psi}\{T_k < \infty\} + 1 - P_n^{\psi}\{T_k < \infty\}, \text{ soit :}$$

$$P_n^{\psi}\{T_k < \infty\} \leq \frac{1-g(n)}{1-\xi}$$

Mais g étant strictement croissante si $n > k$, on a $g(n) > \xi$ et donc

$P_n^{\psi}\{T_k < \infty\} < 1$ si $n > k$, et la ψ-chaîne est donc transitoire

*

* *

Le lemme 41 et le corollaire 39 permettent donc de prouver, dans le cas où $c_n \equiv 0$

si $\underline{\lim}_{n \to \infty} n(b_n - a_n) > 1/2$ la chaîne est transitoire

si $\overline{\lim}_{n \to \infty} n(b_n - a_n) < 1/2$ la chaîne est récurrente.

On passe ensuite facilement du cas $c_n \equiv 0$ au cas $c_n \not\equiv 0$ par changement de temps. La démonstration est laissée au lecteur.

*

* *

III - Un théorème central limite

Théorème 42 : On suppose que $C = \frac{1}{4(\alpha+1)} \sum_{n\geqslant 0} n(n+2\alpha+1)f(n) < +\infty$. Pour toute chaîne de Markov $(X_n)_{n\geqslant 0}$ sur $\mathbb{N}$ de matrice de transition p_α, la variable aléatoire $Y_n = \frac{X_n}{\sqrt{2Cn}}$ tend en loi lorsque $n \to \infty$ vers une mesure sur $\mathbb{R}^+$ admettant la densité $\frac{x^{2\alpha+1}}{2^\alpha \Gamma(\alpha+1)} e^{-x^2/2}$.

Démonstration : Notons déjà qu'on retrouve bien le résultat du théorème A.7 ($\alpha = 1/2$). Soit $g \in \mathcal{P}(\mathbb{N})$ la loi initiale de la chaîne X_n. Si l'on pose :

$$Z_n = \frac{X_n}{\sqrt{n}}$$

$$I_N(m) = \sum_{a\leqslant \frac{n}{\sqrt{N}} \leqslant b} P_m\{X_N = n\} \tag{27}$$

on a, si $0 \leqslant a \leqslant b$:

$$P_g(a \leqslant Z_N \leqslant b) = \sum_{m\geqslant 0} g(m) I_N(m) \tag{28}$$

Si nous prouvons que pour tout $m \geqslant 0$, la limite quand $N \to \infty$ de $I_N(m)$ existe et est égale à un nombre $\phi(a,b)$ indépendant de m, on aura aussi pour toute probabilité g sur $\mathbb{N}$, $\lim_{N\to\infty} P_g\{a \leqslant Z_N \leqslant b\} = \phi(a,b)$, puisque $|I_N(m)| \leqslant 1$. Ceci étant, on a : $P_m(X_N = n) = p_\alpha^N(m,n)$, donc d'après la relation (17) dans laquelle on a effectué le changement de variable $x = \cos\theta$, $0\leqslant\theta\leqslant\pi$

$$I_N(m) = \sum_{a \leqslant \frac{n}{\sqrt{N}} \leqslant b} \omega_n^\alpha \int_0^\pi f_\alpha(\cos\theta)^N Q_m^\alpha(\cos\theta) Q_n^\alpha(\cos\theta) \sin^{2\alpha+1}\theta d\theta$$

Dans un premier temps supposons $\alpha > 1/2$, de sorte que $f_\alpha(\cos\theta) = 1-C\theta^2 + O(\theta^2)$ lorsque $\theta \to 0$ et qu'il existe des constantes $A > 0$ et $0 < q < 1$ telles que

$$f_\alpha(\cos\theta) \leqslant e^{-A\theta^2} \quad \text{si } 0 \leqslant \theta \leqslant \pi/2, \quad |f_\alpha(\cos\theta)| \leqslant q \quad \text{si } \pi/2 \leqslant \theta \leqslant \pi$$

Introduisons les fonctions :

$$h_n^\alpha(\theta) = \sin^{\alpha+1/2}\theta .\ Q_n^\alpha(\cos\theta) \quad \text{de sorte que :} \tag{29}$$

$$I_N(m) = \sum_{a \leqslant \frac{n}{\sqrt{N}} \leqslant b} \omega_n^\alpha \int_0^\pi f_\alpha(\cos\theta)^N Q_m^\alpha(\cos\theta) h_n^\alpha(\theta) \sin^{\alpha+1/2}\theta d\theta$$

D'après (79) th. 8.21.12), on a, pour $0 < \theta \leqslant \pi/2$

$$h_n^\alpha(\theta) = 2^\alpha \Gamma(\alpha+1) \frac{J_\alpha((n+\alpha+1/2)\theta)}{(n+\alpha+1/2)^\alpha} \theta^{1/2} + \mathcal{O}\left(\frac{\theta}{n^{\alpha+3/2}}\right) \qquad (30)$$

où J_α est la fonction de Bessel d'indice α. Comme pour $0 < x < \infty$, on a $J_\alpha(x) = \mathcal{O}(x^{-1/2})$ lorsque $\alpha \geqslant -1/2$, on a, pour $0 \leqslant \theta \leqslant \pi/2$:

$$h_n^\alpha(\theta) = \mathcal{O}(n^{-\alpha-1/2}) \qquad (31)$$

Compte tenu des relations : $|h_n^\alpha(\pi-\theta)| = |h_n^\alpha(\theta)|$ et $\omega_n^\alpha = \mathcal{O}(n^{2\alpha+1})$, on a :

$$\sum_{a \leqslant \frac{n}{\sqrt{N}} \leqslant b} \omega_n^\alpha \int_{\pi/2}^\pi f_\alpha(\cos\theta)^N Q_m^\alpha(\cos\theta) h_n^\alpha(\theta) \sin^{\alpha+1/2}\theta d\theta =$$

$$q^N \sum_{a \leqslant \frac{n}{\sqrt{N}} \leqslant b} \mathcal{O}(n^{\alpha+1/2}) = \mathcal{O}(N^{\frac{\alpha}{2}+\frac{3}{4}} q^N) \qquad (32)$$

Etudions maintenant :

$$I'_N = \sum_{a \leqslant \frac{n}{\sqrt{N}} \leqslant b} \omega_n^\alpha \int_0^{\pi/2} f_\alpha(\cos\theta)^N Q_m^\alpha(\cos\theta) h_n^\alpha(\theta) \sin^{\alpha+1/2}\theta d\theta \qquad (33)$$

$$= \int_0^{\pi/2\sqrt{N}} f_\alpha(\cos\frac{\theta}{\sqrt{N}})^N Q_m^\alpha(\cos\frac{\theta}{\sqrt{N}}) \left(\frac{\sin\theta/\sqrt{N}}{\theta/\sqrt{N}}\right)^{\alpha+1/2} H_N(\theta) d\theta \quad \text{où :}$$

$$H_N(\theta) = \frac{\theta^{\alpha+1/2}}{N^{\frac{\alpha}{2}+\frac{3}{4}}} \sum_{a \leqslant \frac{n}{\sqrt{N}} \leqslant b} \omega_n^\alpha h_n^\alpha\left(\frac{\theta}{\sqrt{N}}\right) \qquad (34)$$

On a évidemment, lorsque $0 \leqslant \theta \leqslant \frac{\pi\sqrt{N}}{2}$:

$$\lim_{N\to\infty} f_\alpha(\cos\frac{\theta}{\sqrt{N}})^N Q_m^\alpha(\cos\frac{\theta}{\sqrt{N}}) \left(\frac{\sin\theta/\sqrt{N}}{\theta/\sqrt{N}}\right)^{\alpha+1/2} = e^{-C\theta^2}$$

$$f_\alpha(\cos\frac{\theta}{\sqrt{N}})^N Q_m^\alpha(\cos\frac{\theta}{\sqrt{N}}) \left(\frac{\sin\theta/\sqrt{N}}{\theta/\sqrt{N}}\right)^{\alpha+1/2} = \mathcal{O}(e^{-A\theta^2}) \qquad (35)$$

D'autre part, toujours si $0 \leqslant \theta \leqslant \frac{\pi\sqrt{N}}{2}$, on a :

$$H_N(\theta) = \frac{\theta^{\alpha+1/2}}{N^{\frac{\alpha}{2}+\frac{3}{4}}} \sum_{a \leqslant \frac{n}{\sqrt{N}} \leqslant b} O(n^{\alpha+1/2}) = O(\theta^{\alpha+1/2}) \qquad (36)$$

Laissant maintenant θ fixe, nous allons étudier $\lim_{N\to\infty} H_N(\theta)$. On déduit de (7) :

$$\omega_n^\alpha = \frac{(n+\alpha+\frac{1}{2})^{2\alpha+1}}{2^{2\alpha}\Gamma(\alpha+1)^2} + O(n^{2\alpha}) \qquad (37)$$

D'où :

$$2^\alpha\Gamma(\alpha+1)H_N(\theta) = \frac{\theta^{\alpha+1/2}}{N^{\frac{\alpha}{2}+\frac{3}{4}}} \sum_{a \leqslant \frac{n}{\sqrt{N}} \leqslant b} \frac{(n+\alpha+\frac{1}{2})^{2\alpha+1}}{2^\alpha\Gamma(\alpha+1)} h_n^\alpha(\theta) + R_N$$

avec :

$$R_N = \frac{1}{N^{\frac{\alpha}{2}+\frac{3}{4}}} \sum_{a \leqslant \frac{n}{\sqrt{N}} \leqslant b} O(n^{\alpha-1/2}) = O\left(\frac{1}{\sqrt{N}}\right)$$

En utilisant maintenant (30), il vient :

$$2^\alpha\Gamma(\alpha+1)H_N(\theta) = \frac{1}{\sqrt{N}} \sum_{a \leqslant \frac{n}{\sqrt{N}} \leqslant b} \left(\frac{(n+\alpha+\frac{1}{2})\theta}{\sqrt{N}}\right)^{\alpha+1} J_\alpha\left(\frac{(n+\alpha+\frac{1}{2})\theta}{\sqrt{N}}\right) + R_N + R'_N$$

avec

$$R'_N = \frac{1}{N^{\alpha/2+3/4}} \sum_{a \leqslant \frac{n}{\sqrt{N}} \leqslant b} O(n^{\alpha-1/2}) = O\left(\frac{1}{\sqrt{N}}\right)$$

Par ailleurs, il est clair (du moins si $a > 0$) que :

$$\lim_{N\to\infty} \frac{1}{\sqrt{N}} \sum_{a \leqslant \frac{n}{\sqrt{N}} \leqslant b} \left(\frac{(n+\alpha+1/2)\theta}{\sqrt{N}}\right)^{\alpha+1} J_\alpha\left(\frac{(n+\alpha+1/2)\theta}{\sqrt{N}}\right) \qquad (38)$$

$$= \theta^{-1} \int_{a\theta}^{b\theta} x^{\alpha+1} J_\alpha(x)\,dx$$

En tenant compte de (35), (36) et (38) et du théorème de convergence dominée, on obtient :

$$\lim_{N\to\infty} I_N(m) = \frac{1}{2^\alpha\Gamma(\alpha+1)} \int_0^\infty \theta^{\alpha+1} e^{-C\theta^2} \int_a^b x^{\alpha+1} J_\alpha(\theta x)\,dx \qquad (39)$$

En utilisant la formule (cf : [45] , p 35) :

$$\int_0^\infty \theta^{\mu-1} e^{-p^2\theta^2} J_\alpha(a\theta)d\theta = \frac{a^\alpha \Gamma(\frac{\alpha+\mu}{2})}{2^{\alpha+1} p^{\alpha+\mu} \Gamma(\alpha+1)} \; {}_1F_1(\frac{\alpha+\mu}{2}, \alpha+1, -\frac{a^2}{4p^2})$$

valable si $\alpha+\mu > 0$, et en notant que ${}_1F_1(\beta,\beta,x) = e^x$, il vient :

$$\lim_{N\to\infty} I_N(m) = \frac{1}{2^{2\alpha+1}\Gamma(\alpha+1)C^{\alpha+1}} \int_a^b x^{2\alpha+1} e^{-\frac{x^2}{4C}} dx.$$

Et finalement :

$$\lim_{N\to\infty} P_g\{a \leqslant Y_N \leqslant b\} = \frac{1}{2^\alpha \Gamma(\alpha+1)} \int_a^b x^{2\alpha+1} e^{-\frac{x^2}{2}} dx.$$

IV - Evaluations asymptotiques de $U_\alpha(n,m)$ lorsque $\alpha > 0$

Théorème 43 : Si $\alpha > 0$ et si f possède un moment d'ordre 2 on a pour tout entier $m \geqslant 0$

$$\lim_{n\to\infty} \frac{1}{n} U_\alpha(m,n) = \frac{1}{2\alpha C} \tag{40}$$

où

$$C = \frac{1}{4(\alpha+1)} \sum_{n\geqslant 1} n(n+2\alpha+1)f(n) \tag{41}$$

Démonstration : Il nous sera commode de poser

$$\hat{F}(n) = \omega_n^\alpha \int_{-1}^1 F\, Q_n^\alpha d\mu_\alpha \tag{42}$$

pour toute fonction F continue sur $[-1,1]$. Avec cette notation l'algèbre $\mathcal{A}_\alpha$ introduite au § 2 est constituée des fonctions F continues sur $[-1,1]$ telles que

$$\|F\|_\alpha = \sum_{n\geqslant 0} |\hat{F}(n)| < \infty \tag{43}$$

Le premier membre de (43) définit une norme sur $\mathcal{A}_\alpha$, qui devient ainsi une algèbre de Banach commutative unitaire (rappelons que le produit est le produit ordinaire des fonctions). Si $F \in \mathcal{A}_\alpha$ on a

$$F(x) = \sum_{n\geqslant 0} \hat{F}(n) Q_n^\alpha(x) \tag{44}$$

uniformément sur $[-1,1]$. Il est classique que le spectre de $\mathcal{A}_\alpha$ s'identifie à $[-1,1]$, chaque élément x de cet intervalle définissant le caractère $F \to F(x)$. Il en résulte que si $F \in \mathcal{A}_\alpha$ et $F(x) > 0$ pour tout x de $[-1,1]$ alors $1/F \in \mathcal{A}_\alpha$ (théorème de Wiener).

Ceci étant, nous avons déjà observé au § 3 que si f possède un moment d'ordre 2, f_α est continûment dérivable sur $[-1,1]$ et $f'_\alpha(1) = 2C$.

Posons

$$g_\alpha(x) = \frac{1-f_\alpha(x)}{1-x} \tag{45}$$

si $-1 \leqslant x < 1$ et $g_\alpha(1) = 2C$. Cette fonction est continue sur $[-1,1]$ et

$$\widehat{g_\alpha}(n) = \omega_n^\alpha \int_{-1}^{1} \frac{1-f_\alpha(x)}{1-x} Q_n^\alpha(x)d\mu_\alpha(x) \tag{46}$$

$$= \sum_{p\geqslant 1} f(p)\omega_n^\alpha \int_{-1}^{1} \frac{1-Q_p^\alpha(x)}{1-x} Q_n^\alpha(x)d\mu_\alpha(x)$$

Comme $(1-x)^{-1}(1-Q_p^\alpha(x))$ est un polynôme de degré $p-1$ en x on a :

$$\frac{1-Q_p^\alpha(x)}{1-x} = \sum_{\nu\geqslant 0} \gamma_{p,\nu}^\alpha Q_\nu^\alpha(x) \tag{47}$$

où les $\gamma_{p,\nu}^\alpha$ sont des nombres réels, nuls dès que $\nu \geqslant p$. Il en résulte que

$$\widehat{g_\alpha}(n) = \sum_{p\geqslant 1} f(p)\gamma_{p,n}^\alpha \tag{48}$$

Il est facile de vérifier que tous les $\gamma_{p,n}^\alpha$ sont positifs ; en effet on déduit aisément de la formule (4.5.2) de [79].

$$\sum_{\nu=0}^{s} \omega_\nu^\alpha Q_\nu^\alpha(x) = \omega_s^\alpha \frac{s+2\alpha+1}{2s+2\alpha+1} \frac{Q_s^\alpha(x)-Q_{s+1}^\alpha(x)}{1-x} \tag{49}$$

ce qui donne en sommant (49) de $s = 0$ à $s = p-1$

$$\gamma_{p,\nu}^\alpha = \omega_\nu^\alpha \sum_{s=\nu}^{p-1} \frac{1}{\omega_s^\alpha} \frac{2s+2\alpha+1}{s+2\alpha+1} \quad ; \ 0 \leqslant \nu \leqslant p. \tag{50}$$

Par suite $\widehat{g_\alpha}(n) \geqslant 0$ et d'après (48)

$$\sum_{n\geqslant 0} \widehat{g_\alpha}(n) = \sum_{p\geqslant 1} f(p) \sum_{n\geqslant 0} \gamma^\alpha_{p,n} \qquad (51)$$

Or, en faisant $x = 1$ dans (47) il vient

$$\sum_{n\geqslant 0} \gamma^\alpha_{p,n} = (Q^\alpha_p)'(1) = \frac{p(p+2\alpha+1)}{2(\alpha+1)} \qquad (52)$$

de sorte que (51) s'écrit

$$\sum_{n\geqslant 0} \widehat{g_\alpha}(n) = \frac{1}{2(\alpha+1)} \sum_{p\geqslant 1} p(p+2\alpha+1)f(p) = 2C < \infty \qquad (53)$$

Ainsi $g_\alpha \in \mathcal{A}_\alpha$. Comme par ailleurs $g_\alpha(x) > 0$ pour tout x de $[-1,1]$, on a donc $H_\alpha = 1/g_\alpha \in \mathcal{A}_\alpha$ (D'après le théorème de Wiener). Soit alors m un entier positif et posons

$$I_n = \int_{-1}^{1} \frac{Q^\alpha_m \, Q^\alpha_n}{1-f_\alpha} \, d\mu_\alpha$$

$$K_\alpha = H_\alpha Q^\alpha_m$$

On a alors compte-tenu de (49)

$$I_n - I_{n+1} = \frac{1}{\omega^\alpha_n} \, \frac{2n+2\alpha+1}{n+2\alpha+1} \sum_{\nu=0}^{n} \widehat{K_\alpha}(\nu) \qquad (54)$$

D'après ce qui précède $K_\alpha \in \mathcal{A}_\alpha$. De (44) et (54) il résulte alors que l'on a lorsque $n \to \infty$

$$I_n - I_{n+1} \sim \frac{1}{\omega^\alpha_n} \, \frac{2n+2\alpha+1}{n+2\alpha+1} K_\alpha(1) \sim \frac{2^{2K}\Gamma(\alpha+1)^2}{C} \, \frac{1}{n^{2\alpha+1}} \qquad (55)$$

Notons maintenant que $\lim_{n\to\infty} I_n = 0$. Ceci résulte d'une propriété analogue à celle de Riemann-Lebesgue pour les séries trigonométriques ; si pour $F \in L^1(d\mu_\alpha)$ on pose $u_n(F) = \int_{-1}^{1} F \, Q^\alpha_n d\mu_\alpha$ on a $|u_n(F)| \leqslant \|F\|_{L^1(d\mu_\alpha)}$ et lorsque F est continue sur $[-1,1]$, $\sum_n \omega^\alpha_n |u_n(F)|^2 = \int_{-1}^{1} |F|^2 d\mu_\alpha < +\infty$ donc $u_n(F) \to 0$; on a donc $u_n(F) \to 0$ pour tout $F \in L^1(d\mu_\alpha)$ et en particulier $I_n = u_n(Q^\alpha_m(1-f_\alpha)^{-1}) \to 0$.

On déduit alors de (55) que

$$I_n = \sum_{\nu=n}^{\infty} (I_\nu - I_{\nu+1}) \sim \frac{2^{2\alpha}\Gamma(\alpha+1)^2}{2\alpha C} \, \frac{1}{n^{2\alpha}} \qquad (56)$$

et par suite

$$\lim_{n\to\infty} \frac{1}{n} U_\alpha(m,n) = \lim_{n\to\infty} \frac{\omega_n^\alpha I_n}{n} = \frac{1}{2\alpha C} \qquad (57)$$

Corollaire 44 : Les hypothèses et les notations étant celles du théorème 43, on a pour tout entier $n \geqslant 0$

$$\lim_{m\to\infty} m^{2\alpha} U_\alpha(m,n) = \frac{1}{4\alpha C} \frac{(2n+2\alpha+1)\Gamma(n+2\alpha+1)}{\Gamma(n+1)} \qquad (58)$$

Démonstration : Résulte des relations

$$U_\alpha(m,n) = \frac{\omega_n^\alpha}{\omega_m^\alpha} U_\alpha(n,m) \qquad (59)$$

$$\lim_{m\to\infty} m^{2\alpha+1} \frac{\omega_n^\alpha}{\omega_m^\alpha} = \frac{1}{2} \frac{(2n+2\alpha+1)\Gamma(n+2\alpha+1)}{\Gamma(n+1)} \qquad (60)$$

et de la formule (40).

Théorème 45 : Si $\alpha > 0$ et si f possède un moment d'ordre 2, on a :

$$\lim_{n\to\infty} \frac{1}{n} U_\alpha(n,n) = \frac{1}{2\alpha C} \quad \text{où } C \text{ est donné par (41)} \qquad (61)$$

Démonstration : On a

$$U_\alpha(n,n) = \omega_n^\alpha \int_{-1}^{1} \frac{(Q_n^\alpha)^2}{1-f_\alpha} d\mu_\alpha \qquad (62)$$

Il existe alors $a > 0$ tel que $1-f_\alpha(x) \geqslant a$ si $-1 \leqslant x \leqslant 0$ et par suite

$$I_n^- = \omega_n^\alpha \int_{-1}^{0} \frac{(Q_n^\alpha)^2}{1-f_\alpha} d\mu_\alpha \leqslant \frac{1}{a} \qquad (63)$$

En posant comme au § 3, $h_n^\alpha(\theta) = \sin^{\alpha+1/2}\theta . Q_n^\alpha(\cos\theta)$, on a

$$I_n^+ = \omega_n^\alpha \int_0^1 \frac{(Q_n^\alpha)^2}{1-f_\alpha} d\mu_\alpha = \omega_n^\alpha \int_0^{\pi/2} \frac{h_n^\alpha(\theta)^2}{1-f_\alpha(\cos\theta)} d\theta \qquad (64)$$

On peut préciser les évaluations asymptotiques de h_n^α données au § 3 comme suit

$$h_n^\alpha(\theta) = 2^\alpha \Gamma(\alpha+1)\theta^{1/2} \frac{J_\alpha(N\theta)}{N^\alpha} + R_n(\theta) \; ; \; N = n+\alpha+\frac{1}{2} \tag{65}$$

avec

$$R_n(\theta) = \begin{cases} \mathcal{O}\left(\dfrac{\theta}{N^{\alpha+3/2}}\right) & \text{si } \dfrac{1}{N} \leqslant \theta \leqslant \dfrac{\pi}{2} \\ \mathcal{O}(\theta^{\alpha+5/2}) & \text{si } 0 < \theta \leqslant \dfrac{1}{N} \end{cases}$$

Ecrivons alors (6 4) de la manière suivante

$$N^{-1} I_n^+ = \frac{\omega_n^\alpha}{N^{2\alpha+1}} \int_0^{\pi N/2} \frac{(\theta/N)^2}{1-f_\alpha(\cos\theta/N)} \left[N^{\alpha+\frac{1}{2}} h_n^\alpha(\tfrac{\theta}{N})\right]^2 \frac{d\theta}{\theta^2} \tag{66}$$

On a :

$$\lim_{n\to\infty} \frac{\omega_n^\alpha}{N^{2\alpha+1}} = \frac{1}{2^{2\alpha}\Gamma(\alpha+1)^2} \tag{67}$$

et

$$N^{\alpha+1/2} h_n^\alpha(\tfrac{\theta}{N}) = 2^\alpha\Gamma(\alpha+1)\theta^{1/2} J_\alpha(\theta) + \begin{cases} \mathcal{O}(\frac{\theta}{N^2}) & \text{si } 1 \leqslant \theta \leqslant N\pi/2 \\ \mathcal{O}\left(\dfrac{\theta^{\alpha+5/2}}{N^2}\right) & \text{si } 0 \leqslant \theta \leqslant 1 \end{cases}$$

En particulier, puisque $J_\alpha(\theta) = \mathcal{O}(\theta^\alpha)$ si $0 < \theta \leqslant 1$ et $J_\alpha(\theta) = \mathcal{O}(\theta^{-1/2})$ si $\theta \geqslant 1$.

$$\lim_{n\to\infty} N^{\alpha+1/2} h_n^\alpha(\tfrac{\theta}{N}) = 2^\alpha\Gamma(\alpha+1)\theta^{1/2} J_\alpha(\theta) \tag{68}$$

$$N^{\alpha+1/2} h_n^\alpha(\tfrac{\theta}{N}) = \begin{cases} \mathcal{O}(1) & \text{si } 1 \leqslant \theta \leqslant N\pi/2 \\ \mathcal{O}(\theta^{\alpha+1/2}) & \text{si } 0 \leqslant \theta \leqslant 1 \end{cases} \tag{69}$$

Comme par ailleurs

$$\lim_{n\to\infty} \frac{(\theta/N)^2}{1-f_\alpha(\cos\theta/N)} = \frac{1}{C} \tag{70}$$

et

$$\frac{(\theta/N)^2}{1-f_\alpha(\cos\theta/N)} = \mathcal{O}(1) \quad \text{si } 0 \leqslant \theta \leqslant N\pi/2 \tag{71}$$

on en conclut que la fonction qui figure sous le signe somme dans (66) est $O(\theta^{-2})$ si $\theta \geq 1$ et $O(\theta^{2\alpha-1})$ si $0 < \theta \leq 1$. En tenant compte de (63), (67), (68) et (70) on en déduit que

$$\lim_{n\to\infty} \frac{1}{n} G_\alpha(n,n) = \frac{1}{C} \int_0^\infty J_\alpha(\theta)^2 \frac{d\theta}{\theta} \tag{72}$$

Il ne reste plus qu'à consulter le livre [45] page 36 pour s'apercevoir que l'intégrale qui apparaît au second membre de (72) vaut $1/2\alpha$, ce qui démontre le théorème 45.

On notera que $1/U_\alpha(n,n)$ est la probabilité pour qu'une chaîne partant de n ne repasse jamais par ce point ; le théorème 45 montre que cette probabilité tend vers 0 comme $\frac{1}{n}$ quand $n \to \infty$. En d'autres termes, la chaîne devient de moins en moins transitoire lorsque n augmente. Exactement comme au A remarque 20 et théorème 26, on déduit des théorèmes 43 et 45 et du corollaire 44 :

<u>Théorème 46</u> : Si $\alpha > 0$ et si f possède un moment d'ordre 2 :

1) Pour qu'une partie A de $\mathbb{N}$ soit récurrente, il faut et il suffit qu'elle soit infinie.

2) Les fonctions harmoniques (ie telles que $p_\alpha h = h$) positives sont constantes.

*

* *

V - <u>Etude des cas récurrents</u>

Ici $-1/2 \leq \alpha \leq 0$. La probabilité $f \in \mathcal{P}(\mathbb{N})$ est telle que la chaîne associée soit irréductible (cf. proposition 34). Dans le cas où f possède un moment d'ordre 2, le noyau potentiel U_α est identiquement infini. Suivant une idée utilisée par F. Spitzer [77] nous allons nous intéresser à un nouveau noyau A_α qui, en un certain sens, va remplacer le noyau potentiel. Notons que :

$$\frac{\omega_n^\alpha}{\omega_0^\alpha} p_\alpha^N(0,0) - p_\alpha^N(m,n) = \omega_n^\alpha \int_{-1}^1 f_\alpha^N(1-Q_m^\alpha Q_n^\alpha)d\mu_\alpha$$

Comme $1-Q_m^\alpha(x)Q_n^\alpha(x) \geq 0$ si $x \in [-1,1]$, on en déduit que :

$$A_\alpha(m,n) = \sum_{N\geq 0} \{ \frac{\omega_n^\alpha}{\omega_o^\alpha} p_\alpha^N(0,0) - p_\alpha^N(m,n)\} = \omega_n^\alpha \int_{-1}^{1} \frac{1-Q_m^\alpha Q_n^\alpha}{1-f_\alpha} d\mu_\alpha \qquad (73)$$

Nous avons déjà observé au § 2 (lemme 37) que

$\{1-f_\alpha(x)\}^{-1} = O(1/1-x)$ quand $x \to 1$, sous l'hypothèse de l'existence d'un moment d'ordre 2 pour f. Ainsi, sous cette hypothèse :

$$0 \leqslant A\ (m,n) < +\infty$$

Précisons maintenant le comportement asymptotique de ce nouveau noyau.

Théorème 47 : Si f possède un moment d'ordre 2 et si

$C_\alpha = \frac{1}{4(\alpha+1)} \sum_{n\geqslant 1} n(n+2\alpha+1)f(n)$, on a pour tout m :

$$\lim_{n\to\infty} n^{-1} A_\alpha(m,n) = \lim_{n\to\infty} n^{-1} A_\alpha(n,m) = \frac{1}{2|\alpha|C_\alpha} \qquad (74)$$

si $-1/2 \leqslant \alpha < 0$ et :

$$\lim_{n\to\infty} \frac{A_o(m,n)}{n \operatorname{Log} n} = \lim_{n\to\infty} \frac{A_o(n,n)}{n \operatorname{Log} n} = \frac{1}{C_o}, \text{ si } \alpha = 0.$$

Démonstration :

1) Posons :

$$H_\alpha(x) = \frac{1-x}{1-f_\alpha(x)} \text{ si } -1 \leqslant x < 1 \text{ et } H_\alpha(1) = \frac{1}{2C_\alpha}$$

de sorte que H_α est continue. Nous avons prouvé au § 4 que $H_\alpha \in \mathcal{a}_\alpha$. Rappelons que :

$$\frac{1-Q_n^\alpha(x)}{1-x} = \sum_{s=0}^{n-1} \gamma_{n,s}^\alpha Q_s^\alpha(x) \text{ où}$$

$$\gamma_{n,s}^\alpha = \omega_s^\alpha \sum_{\nu=s}^{n-1} \frac{1}{\omega_\nu^\alpha} \frac{2\nu+2\alpha+1}{\nu+2\alpha+1} .$$

Considérons d'abord les intégrales :

$$I_n = \int_{-1}^{1} \frac{1-Q_n^\alpha}{1-f_\alpha} d\mu_\alpha = \int_{-1}^{1} H_\alpha(x) \frac{1-Q_n^\alpha(x)}{1-x} d\mu_\alpha(x)$$

$$= \sum_{s=0}^{n-1} \gamma_{n,s}^{\alpha} \int_{-1}^{1} H_\alpha(x) Q_s^\alpha(x) d\mu_\alpha(x)$$

$$= \sum_{s=0}^{n-1} \gamma_{n,s}^{\alpha} (\omega_s^\alpha)^{-1} \hat{H}_\alpha(s)$$

$$= \sum_{s=0}^{n-1} \hat{H}_\alpha(s) \sum_{\nu=s}^{n-1} \frac{1}{\omega_\nu^\alpha} \frac{2\nu+2\alpha+1}{\nu+2\alpha+1}$$

$$= \sum_{\nu=0}^{n-1} \frac{1}{\omega_\nu^\alpha} \frac{2\nu+2\alpha+1}{\nu+2\alpha+1} \sum_{s=0}^{\nu} \hat{H}_\alpha(s)$$

Or, $H_\alpha \in \mathcal{A}_\alpha$ et donc : $\lim_{\nu\to\infty} \sum_{s=0}^{\nu} \hat{H}_\alpha(s) = H_\alpha(1) = \frac{1}{2C_\alpha}$. On a aussi, lorsque $\nu \to \infty$:

$$\frac{1}{\omega_\nu^\alpha} \frac{2\nu+2\alpha+1}{\nu+2\alpha+1} \underset{\nu\to\infty}{\sim} 2^{2\alpha+1}\Gamma(\alpha+1)^2 \frac{1}{\nu^{2\alpha+1}}.$$ Et donc :

$$I_n \underset{n\to\infty}{\sim} \frac{2^{2\alpha}\Gamma(\alpha+1)^2}{C_\alpha} \sum_{\nu=0}^{n-1} \frac{1}{\nu^{2\alpha+1}} \underset{n\to\infty}{\sim} \frac{2^{2\alpha-1}\Gamma(\alpha+1)^2}{|\alpha| C_\alpha n^{2\alpha}}$$

quand $\alpha < 0$ et

$$I_n \sim \frac{1}{C_o} \sum_{\nu=0}^{n-1} \frac{1}{\nu} \underset{n\to\infty}{\sim} \frac{1}{C_o} \operatorname{Log} n \quad \text{si } \alpha = 0$$

Ceci étant, si $n \geqslant m$:

$$\int_{-1}^{1} \frac{1-Q_m^\alpha Q_n^\alpha}{1-f_\alpha} d\mu_\alpha = \sum_{s=0}^{m} C_{m,n,n-m+2s}^{\alpha} I_{n-m+2s}$$

d'où, m étant fixé et n tendant vers l'infini :

$$\int_{-1}^{1} \frac{1-Q_m^\alpha Q_n^\alpha}{1-f_\alpha} d\mu_\alpha \underset{n\to\infty}{\sim} \begin{cases} \dfrac{2^{\alpha-1}\Gamma(\alpha+1)^2}{|\alpha| C_\alpha n^{2\alpha}} & \text{si } -1/2 \leqslant \alpha < 0 \\ \dfrac{1}{C_o} \operatorname{Log} n & \text{si } \alpha = 0 \end{cases}$$

Comme $\omega_n^\alpha \underset{n\to\infty}{\sim} 2^{-2\alpha}\Gamma(\alpha+1)^{-2} n^{2\alpha+1}$, on en déduit la première partie du théorème.

2) Passons maintenant à l'évaluation asymptotique de $A_\alpha(n,n)$. On a :

$$A_\alpha(n,n) = L_n^- + L_n^+ \quad \text{avec :}$$

$$L_n^- = \omega_n^\alpha \int_{-1}^{0} \frac{1-(Q_n^\alpha)^2}{1-f_\alpha} d\mu_\alpha$$

$$L_n^+ = \omega_n^\alpha \int_0^1 \frac{1-(Q_n^\alpha)^2}{1-f_\alpha} d\mu_\alpha$$

Notons déjà que :

$$L_n^- = \mathcal{O}(1)\omega_n^\alpha \int_{-1}^0 (1-(Q_n^\alpha)^2)d\mu_\alpha = \mathcal{O}(n^{2\alpha+1}) \tag{75}$$

Par ailleurs, en posant :

$$h_n^\alpha(\theta) = \sin^{\alpha+1/2}\theta .\ Q_n^\alpha(\cos\theta)$$

$$\varphi(\theta) = \frac{\theta^2}{1-f_\alpha(\cos\theta)},$$

il vient, en posant $N = n + \alpha + 1/2$:

$$L_n^+ = \omega_n^\alpha \int_0^{\pi/2} \varphi(\theta)(\sin^{2\alpha+1}\theta - h_n^\alpha(\theta)^2)\frac{d\theta}{\theta^2} \tag{76}$$

$$= \frac{\omega_n^\alpha}{N^{2\alpha}} \int_0^{N\pi/2} \varphi(\theta/N)\left\{\theta^{2\alpha+1}\left(\frac{\sin\theta/N}{\theta/N}\right)^{2\alpha+1} - N^{2\alpha+1}h_n^\alpha(\theta/N)^2\right\}\frac{d\theta}{\theta^2}$$

Compte-tenu de ce que $J_\alpha(\theta) = \mathcal{O}(\theta^\alpha)$ si $0 \leqslant \theta \leqslant 1$ et $J_\alpha(\theta) = \mathcal{O}(\theta^{-1/2})$ si $\theta \geqslant 1$, on déduit de (30) que :

$$N^{2\alpha+1}h_N^\alpha(\theta/N)^2 = 2^{2\alpha}(\alpha+1)^2\theta J_\alpha(\theta)^2 + \begin{cases} \mathcal{O}(N^{-2}\theta^{2\alpha+3} & \text{si } 0<\theta\leqslant 1 \\ \mathcal{O}(N^{-2}\theta) & \text{si } 1\leqslant\theta\leqslant N\pi/2 \end{cases}$$

En notant maintenant que :

$$1 - \left(\frac{\sin\theta/N}{\theta/N}\right)^{2\alpha+1} = \mathcal{O}(N^{-2}\theta^2)$$

on en déduit que l'intégrale qui figure au dernier membre de (76) peut s'écrire :

$$\int_0^{N\pi/2} \varphi(\theta/N)(\theta^{2\alpha}-2^{2\alpha}\Gamma(\alpha+1)^2J_\alpha(\theta)^2)\frac{d\theta}{\theta} + \mathcal{O}(n^{2\alpha}) \tag{77}$$

Si l'on pose :

$$L_N = \int_0^{N\pi/2} \varphi(\theta/N)\left\{\left(\frac{\theta^\alpha}{2^\alpha\Gamma(\alpha+1)}\right)^2 J_\alpha(\theta)^2\right\}\frac{d\theta}{\theta} \tag{78}$$

Et donc, compte-tenu de 75, 76 et 77 et de ce que $N^{-2\alpha}\omega_n^\alpha = 2^{2\alpha}\Gamma(\alpha+1)^2 n + \mathcal{O}(1)$:

$$A_\alpha(n,n) = nL_N + \mathcal{O}(L_N) + \mathcal{O}(n^{2\alpha+1})$$

Rappelant que :

$$J_\alpha(\theta) = \frac{\theta^\alpha}{2^\alpha\Gamma(\alpha+1)}(1+\mathcal{O}(\theta^2)) \qquad (0 \leqslant \theta \leqslant 1)$$

on a ainsi :

$$\frac{1}{\theta}\left\{\left(\frac{\theta^\alpha}{2^\alpha\Gamma(\alpha+1)}\right)^2 - J_\alpha(\theta)^2\right\} = \begin{cases}\mathcal{O}(\theta^{2\alpha+1}) & \text{si } 0 < \theta \leqslant 1\\ \mathcal{O}(\theta^{2\alpha-1}) + \mathcal{O}(\theta^{-2}) & \text{si } \theta \geqslant 1\end{cases} \qquad (80)$$

• Examinons tout d'abord le cas où $\alpha = 0$:

On a alors, d'après (78) et (80) :

$$L_N = \int_0^1 \varphi(\theta/N)(1-J_0(\theta)^2)\frac{d\theta}{\theta} + \int_{1/N}^{\pi/2}\varphi(\theta)\frac{d\theta}{\theta} - \int_1^{N\pi/2}\varphi(\theta/N)J_0(\theta)^2\frac{d\theta}{\theta}$$

En utilisant (80) et le théorème de Lebesgue, il est clair que les premières et troisièmes intégrales du second membre tendent vers des limites finies. Comme par ailleurs, $\theta^{-1}\varphi(\theta) \sim \frac{1}{C_\alpha\theta}$ quand $\theta \to 0$, la deuxième intégrale est équivalente à C_α^{-1} Log n, d'où :

$$L_N \sim \frac{1}{C_0}\text{Log } n, \text{ et}$$

en tenant compte de (79) :

$$A_0(n,n) \sim \frac{n}{C_0}\text{Log } n$$

•Passons maintenant au cas où $-1/2 \leqslant \alpha < 0$.

La fonction de θ qui figure au premier membre de (80) est alors intégrable sur $[0,\infty[$ et le théorème de Lebesgue montre que

$$\lim_{N\to\infty} L_N = L_\infty = \frac{1}{C_\alpha}\int_0^\infty\left\{\left(\frac{\theta^\alpha}{2^\alpha\Gamma(\alpha+1)}\right)^2 - (J_\alpha(\theta))^2\right\}\frac{d\theta}{\theta}$$

de sorte que, d'après (79) :

$$A_\alpha(n,n) \underset{n\to\infty}{\sim} nL_\infty$$

Il reste à calculer L_∞. Rappelons que :

$$\int_0^\infty J_\alpha(\theta)^2 \frac{d\theta}{\theta} = \frac{1}{2\alpha} \quad \text{si} \quad \alpha > 0$$

et écrivons que, pour $-1 < \operatorname{Re} \alpha < 0$:

$$\int_0^\infty \left\{ J_\alpha(\theta)^2 - \left(\frac{\theta^\alpha}{2^\alpha \Gamma(\alpha+1)}\right)^2 \right\} \frac{d\theta}{\theta} =$$

$$\int_0^1 \left\{ J_\alpha(\theta)^2 - \left(\frac{\theta^\alpha}{2^\alpha \Gamma(\alpha+1)}\right)^2 \right\} \frac{d\theta}{\theta} + \int_1^\infty J_\alpha(\theta)^2 \frac{d\theta}{\theta} + \frac{1}{\alpha 2^{2\alpha+1} \Gamma(\alpha+1)^2}$$

Le deuxième membre est une fonction méromorphe de α dans le demi-plan $\operatorname{Re} \alpha > -1$ ayant un seul pôle $\alpha = 0$. Cette fonction peut aussi bien s'écrire lorsque $\operatorname{Re} \alpha > 0$:

$$\int_0^1 \left\{ J_\alpha(\theta)^2 - \left(\frac{\theta^\alpha}{2^\alpha \Gamma(\alpha+1)^2}\right)^2 \right\} \frac{d\theta}{\theta} + \int_1^\infty J_\alpha(\theta)^2 \frac{d\theta}{\theta} + \int_0^1 \left(\frac{\theta^\alpha}{2^\alpha \Gamma(\alpha+1)}\right)^2 \frac{d\theta}{\theta}$$

$$= \int_0^\infty J_\alpha(\theta)^2 \frac{d\theta}{\theta} = \frac{1}{2\alpha}$$

On en conclut que $L_\infty = -1/2\alpha C_\alpha$, ce qui achève la démonstration du théorème 47.

*
* *

Nous nous proposons d'étudier maintenant l'équation de Poisson $P_\alpha \psi - \psi = \varphi$ (où φ est une fonction donnée et où ψ est inconnue). Dans le cas transitoire, on sait bien que la solution de cette équation est donnée par $\psi = -U\varphi$ (quand ceci a un sens). Nous allons maintenant montrer que cette fois la solution de l'équation de Poisson est donnée par le noyau A_α, qui remplace ainsi, en quelque sorte, le noyau potentiel. Remarquons déjà que, d'après le théorème 47, sous l'hypothèse d'existence de moments d'ordre 2 pour f, la fonction $A_\alpha \varphi$ est bien définie dès que :

$$\sum_{n \geq 1} n|\varphi(n)| < +\infty \qquad \text{dans le cas} \quad -1/2 \leqslant \alpha < 0$$

$$\sum_{n \geq 1} n \operatorname{Log} n |\varphi(n)| < +\infty \qquad \text{dans le cas} \quad \alpha = 0$$

Remarquons aussi que ces hypothèses impliquent la convergence de la série $\sum_n \omega_n^\alpha |\varphi(n)|$ $(-1/2 \leqslant \alpha \leqslant 0)$.

Théorème 48 : On suppose $-1/2 \leqslant \alpha \leqslant 0$ et que f possède un moment d'ordre 2.

1) On a alors pour $m,n \geqslant 0$:

$$\sum_{\nu \geqslant 0} p_\alpha(m,\nu) A_\alpha(\nu,n) = A_\alpha(m,n) + S(m,n) \qquad (81)$$

où $S(m,n) = 1$ si $m = n$ et 0 sinon.

2) Pour toute fonction $\varphi : \mathbb{N} \to \mathbb{R}$ telle que $\sum_{n \geqslant 1} n|\varphi(n)| < +\infty$ si $\alpha < 0$ et telle que $\sum_n n \operatorname{Log} n |\varphi(n)| < +\infty$ si $\alpha = 0$, la fonction $\psi = A_\alpha \varphi$ est définie sur $\mathbb{N}$ et est solution de l'équation :

$$p_\alpha \psi - \psi = \varphi \qquad (82)$$

et l'on a :

$$\lim_{n \to \infty} \frac{\psi(n)}{n^{2|\alpha|}} = \frac{2^{2\alpha-1}\Gamma(\alpha+1)^2}{C_\alpha |\alpha|} \sum_{p \geqslant 0} \omega_p^\alpha \varphi(p) \quad \text{si } \alpha < 0$$

$$\lim_{n \to \infty} \frac{\psi(n)}{\operatorname{Log} n} = \frac{1}{C_o} \sum_{p \geqslant 0} (p+\tfrac{1}{2})\varphi(p) \quad \text{si } \alpha = 0$$

3) Si φ satisfait de plus à la condition :

$$\sum_{p \geqslant 0} \omega_p^\alpha \varphi(p) = 0$$

alors

$$\lim_{n \to \infty} \psi(n) = 0 \quad \text{pour } -1/2 \leqslant \alpha \leqslant 0$$

4) Soit E_α l'espace de Banach formé des fonctions $h : \mathbb{N} \to \mathbb{R}$ telles que

$$\|h\|_{E_\alpha} = \sup_{m \geqslant 1} \frac{|h(m)|}{m^{2|\alpha|}} \quad \text{si } \alpha < 0$$

et

$$\|h\|_{E_o} = \sup_{m \geqslant 2} \frac{|h(m)|}{\operatorname{Log} m} \quad \text{si } \alpha = 0$$

Alors, la fonction $\psi = A_\alpha \varphi$ est la seule solution de (82) (à une constante près) qui appartienne à l'espace E_α $(-1/2 \leqslant \alpha \leqslant 0)$.

Démonstration :

1) Pour tout entier $k \geqslant 0$, soit :

$$A_\alpha^k(m,n) = \sum_{N=0}^{k} \left\{ \frac{\omega_n^\alpha}{\omega_o^\alpha} p_\alpha^N(0,0) - p_\alpha^N(m,n) \right\}$$

Il est clair, d'après le début de cet alinéa, que :

$$A_\alpha^k(m,n) = \omega_n^\alpha \int_{-1}^{1} \frac{1-f_\alpha^{k+1}}{1-f_\alpha} (1-Q_m^\alpha Q_n^\alpha) d\mu_\alpha$$

et par suite, puisque $|f_\alpha| \leqslant 1$ et $1-Q_m^\alpha Q_n^\alpha \geqslant 0$

$$|A_\alpha^k(m,n)| \leqslant 2\, A_\alpha(m,n) \tag{83}$$

D'après le théorème 47, on a lorsque $m \to \infty$

$$A_\alpha(m,n) = \frac{\omega_n^\alpha}{\omega_m^\alpha} A_\alpha(n,m) \underset{m\to\infty}{\sim} \frac{2^{2\alpha-1}\Gamma(\alpha+1)^2 \omega_n^\alpha}{C_\alpha |\alpha|} m^{2|\alpha|} \tag{84}$$

si $-1/2 \leqslant \alpha < 0$, alors que, si $\alpha = 0$:

$$A_o(m,n) \underset{m\to\infty}{\sim} \frac{2n+1}{C_o} \text{Log } m \text{ (dans ce cas, } \omega_n^o = n+1/2) \tag{85}$$

En vertu de la proposition 56,4 du paragraphe 6 suivant, on a :

$$\sum_{n\geqslant 0} n^2 p_\alpha(m,n) < +\infty \tag{86}$$

et donc d'après (84), (85) et (86) :

$$\sum_{\nu\geqslant 0} p_\alpha(m,\nu) A_\alpha(\nu,n) < +\infty \tag{87}$$

Comme $\lim_{k\to\infty} A_\alpha^k(m,n) = A_\alpha(m,n)$, on déduit de (83) que :

$$\sum_{\nu\geqslant 0} p_\alpha(m,\nu) A_\alpha(\nu,n) = \lim_{k\to\infty} \sum_{\nu\geqslant 0} p_\alpha(m,\nu) A_\alpha^k(\nu,n) \tag{88}$$

Par ailleurs, on a :

$$\sum_{\nu\geqslant 0} p_\alpha(m,\nu) A_\alpha^k(\nu,n) = \sum_{\nu\geqslant 0} p_\alpha(m,\nu) \sum_{N=0}^{k} \left\{ \frac{\omega_n^\alpha}{\omega_o^\alpha} p_\alpha^N(0,0) - p_\alpha^N(\nu,n) \right\}$$

$$= \sum_{N=0}^{k} \frac{\omega_n^\alpha}{\omega_o^\alpha} p_\alpha^N(0,0) - \sum_{N=0}^{k} p_\alpha^{N+1}(m,n)$$

soit :

$$\sum_{\nu\geqslant 0} p_\alpha(m,\nu)A_\alpha^k(\nu,n) = A_\alpha^k(m,n)+S(n,m)-p_\alpha^{k+1}(m,n) \tag{89}$$

Comme :

$$p_\alpha^{k+1}(m,n) \leqslant \omega_n^\alpha \int_{-1}^{1} |f_\alpha|^{k+1} d\mu_\alpha$$

et que $|f_\alpha(x)| < 1$ si $-1 \leqslant x < 1$, il est clair que

$$\lim_{k\to\infty} p_\alpha^{k+1}(m,n) = 0.$$

La formule (81) résulte alors immédiatement de (88) et (89).

2) Soit maintenant $F(x) = \sum_{n\geqslant 0} \omega_n^\alpha \varphi(n) Q_n^\alpha(x) \quad (-1 \leqslant x \leqslant 1)$

On a, d'après l'hypothèse faite sur φ et le théorème 47 :

$$\sum_m \int_{-1}^{1} \left| \omega_m^\alpha \varphi(m) \frac{1-Q_n^\alpha Q_m^\alpha}{1-f_\alpha} \right| d\mu_\alpha = \sum_{m\geqslant 0} A_\alpha(n,m)|\varphi(m)| < +\infty$$

D'où, pour tout $n \geqslant 0$:

$$\frac{F(1)-Q_n^\alpha F}{1-f_\alpha} \in L^1(d\mu_\alpha) \tag{90}$$

et

$$\psi(n) = A_\alpha\varphi(n) = \int_{-1}^{1} \frac{F(1)-Q_n^\alpha F}{1-f_\alpha} d\mu_\alpha \tag{91}$$

Posant $L = \dfrac{F(1)-F}{1-f_\alpha}$

et faisant $n = 0$ dans (90), on voit que $L \in L^1(d\mu_\alpha)$ et la relation (91) peut s'écrire :

$$\psi(n) = \frac{F(1)}{\omega_o^\alpha} A_\alpha(n,0) + \int_{-1}^{1} L\, Q_n^\alpha\, d\mu_\alpha \tag{92}$$

Or, d'après le lemme de Riemann-Lebesgue (adapté ici pour les Q_n^α) :

$$\lim_{n\to\infty} \int_{-1}^{1} L\, Q_n^\alpha\, d\mu_\alpha = 0$$

ce qui, compte-tenu du théorème 47, prouve toutes les formules donnant le comportement asymptotique de ψ dans le théorème 48.

3) Notons alors que :

$$\sum_{m,\nu} p_\alpha(n,\nu)A_\alpha(\nu,m)|\varphi(m)| = \sum_\nu p_\alpha(n,\nu)A_\alpha|\varphi|(\nu) < +\infty$$

d'après (86) et le comportement asymptotique de ψ que nous venons d'établir. D'où, d'après (81) :

$$\begin{aligned} p_\alpha\psi(n) &= \sum_{m,\nu} p_\alpha(n,\nu)A_\alpha(\nu,m)\varphi(m) \\ &= \sum_\nu p_\alpha(n,\nu)\varphi(\nu) + \varphi(n) \\ &= \psi(n) + \varphi(n) \end{aligned}$$

ce qui prouve (82).

4) Il reste à prouver l'unicité de la solution de l'équation de Poisson (82). Pour cela, nous allons montrer que les seuls éléments de E_α qui sont harmoniques, ie qui satisfait à :

$$p_\alpha\psi = \psi \tag{93}$$

sont les constantes. Procédons en plusieurs étapes :

a) Soit $\mathcal{a}_\alpha^2$ l'algèbre des fonctions φ définies sur $[-1,+1]$ telles que

$$\sum_{n\geq 0} |\hat{\varphi}(n)|(1+n^2) < +\infty \tag{94}$$

où $\quad \varphi = \sum \hat{\varphi}(n)Q_n^\alpha, \quad \hat{\varphi}(n) = \langle\varphi, Q_n^\alpha\rangle.\omega_n^\alpha$

$\mathcal{a}_\alpha^2$ est une algèbre de Banach (pour la multiplication usuelle des fonctions) dont le spectre est $[-1,1]$. Il est clair que, puisque f possède un moment d'ordre 2, que $f_\alpha = \sum f(n)Q_n^\alpha$ appartient à $\mathcal{a}_\alpha^2$.

b) Soit L l'opérateur : $L = (1-x^2)^{-\alpha} \frac{d}{dx} (1-x^2)^{\alpha+1} \frac{d}{dx}$

On vérifie facilement que :

$$L\, Q_n^\alpha = \lambda_n . Q_n^\alpha, \text{ avec } \lambda_n = -n(n+2\alpha+1) \tag{95}$$

Soit $\mathcal{C}_k$ l'espace des fonctions de classe $\mathcal{C}_k$ sur $[-1,1]$. La relation évidente :

$$\langle L\varphi,\psi\rangle_{\mu_\alpha} = \langle\varphi,L\psi\rangle_{\mu_\alpha} \quad (\varphi,\psi \in \mathscr{C}_2) \tag{96}$$

jointe à (95) permet de prouver aisément que :

$$\mathscr{C}_k \subset \mathcal{A}^2_\alpha \quad \text{pour } k \text{ assez grand}$$

c) Prouvons que, pour toute $\varphi \in \mathcal{A}^2_\alpha$:

$$\sum_n \psi(n)\widehat{(1-f_\alpha).\varphi}(n) = 0 \tag{97}$$

On a en effet :

$$f_\alpha.\varphi = \sum_\nu f_\alpha \hat{\varphi}(\nu)Q^\alpha_\nu$$

$$= \sum_{\nu,m} \hat{\varphi}(\nu)p_\alpha(\nu,m)Q^\alpha_m \quad \text{(d'après (16))}$$

D'où :

$$\sum_n \psi(n)\widehat{f_\alpha.\varphi}(n) = \sum_{n,\nu} \psi(n)\hat{\varphi}(\nu)p_\alpha(\nu,m)$$

$$= \sum_\nu \psi(\nu)\hat{\varphi}(\nu) \quad \text{d'après (93)}$$

ce qui prouve (97). (Notons que toutes les intégrales écrites ici sont absolument convergentes puisque :

$$\sum_n p_\alpha(\nu,m)|\psi(n)| = O(\nu^2),$$ f ayant un moment d'ordre et $\psi \in E_\alpha$; cf prop. 56,4).

d) Soit maintenant $\varphi \in \mathscr{C}_\infty$ à support dans $[-1,1-\varepsilon]$ (avec $\varepsilon > 0$) D'après b il existe $h \in \mathcal{A}^2_\alpha$ telle que :

$h \geqslant 0$, $h(1) > 0$, h de classe $\mathscr{C}_\infty$, supp $h \subset]1-\varepsilon,1]$. La fonction $(1-f_\alpha)+h \in \mathcal{A}^2_\alpha$ ne s'annule donc pas sur $[-1,1]$, et d'après le théorème de Wiener, $(1-f_\alpha+h)^{-1} \in \mathcal{A}^2_\alpha$. Ainsi :

$$\varphi = \frac{\varphi}{1-f_\alpha+h}.(1-f_\alpha+h) = \frac{\varphi}{1-f_\alpha+h}(1-f_\alpha)$$

où $\dfrac{\varphi}{1-f_\alpha+h} \in \mathcal{A}^2_\alpha$. D'après le point c, on a donc :

$$\sum_m \psi(m)\hat{\varphi}(m) = 0 \tag{98}$$

e) Soit $\gamma : \mathcal{A}^2_\alpha \to \mathbb{C}$ définie par :

$$\gamma(\varphi) = \sum_n \psi(m)\hat{\varphi}(m)$$

La restriction de γ à $\mathcal{C}_\infty$ est une distribution, et la relation (98) prouve que $\mathrm{Supp}(\gamma) = 1$. Ainsi, γ est une combinaison linéaire de la masse de Dirac δ_1 et de ses dérivées. La relation

$$\gamma(Q^\alpha_m) = \psi(m)$$

jointe au fait que $\psi \in E_\alpha$ et à (23) prouve alors que :

$$\gamma = c.\delta_1, \text{ d'où}$$

$\gamma(m) = c\delta_1(Q^\alpha_m) = c$, ce qui achève la démonstration du théorème 48.

V - L'opérateur Λ^α

L'inconvénient pratique de la théorie exposée précédemment est le suivant: étant donnée une chaîne de Markov sur $\mathbb{N}$, comment savoir si cette chaîne est l'une de celle que nous venons d'étudier. Autrement dit, pour une matrice markovienne P sur $\mathbb{N}$, comment peut-on reconnaître si elle est de la forme P_α, pour un α et une $f \in \mathcal{P}(\mathbb{N})$. C'est cette question que nous allons résoudre maintenant (théorème 54).

La formule :

$$x\, Q^\alpha_n(x) = \frac{n}{2n+2\alpha+1}\, Q^\alpha_{n-1}(x) + \frac{n+2\alpha+1}{2n+2\alpha+1}\, Q^\alpha_{n+1}(x) \qquad (99)$$

suggère d'introduire l'opérateur Λ^α qui à toute fonction $\varphi : \mathbb{N} \to \mathbb{R}$ associe la fonction $\Lambda^\alpha\varphi : \mathbb{N} \to \mathbb{R}$ définie par :

$$\Lambda^\alpha\varphi(n) = \frac{n}{2n+2\alpha+1}\, \varphi(n-1) + \frac{n+2\alpha+1}{2n+2\alpha+1}\, Q(n+1) \qquad (100)$$

où pour $n = 1$ il faut lire $\Lambda^\alpha\varphi(0) = \varphi(1)$, y compris lorsque $2\alpha+1 = 0$. En fait, l'opérateur Λ^α n'est rien d'autre que le noyau de transition de la chaîne de Markov associée à α et à $f \in \mathcal{P}(\mathbb{N})$, où $f(i) = \delta_{1,i}$ (δ, symbole de Kronecker).

Si $\|\varphi\|_{p,\alpha} = (\sum_{n\geq 0} \omega_n^\alpha|\varphi(n)|^p)^{1/p}$ $(p > 0)$

$$\|\varphi\|_\infty = \|\varphi\|_{\infty,\alpha} = \sup_{n\geq 0}|\varphi(n)|$$

et si, pour $1 \leqslant p \leqslant \infty$, $\ell^p(\alpha)$ est l'espace de Banach des fonctions φ telle que $\|\varphi\|_{p,\alpha} < \infty$, on a les résultats suivants :

Proposition 49 :

1) $\|\Lambda^\alpha\varphi\|_{p,\alpha} \leqslant \|\varphi\|_{p,\alpha}$ $\quad 1 \leqslant p \leqslant \infty$

2) Si $\varphi \in \ell^p(\alpha)$, $\psi \in \ell^q(\alpha)$, avec $\frac{1}{p} + \frac{1}{q} = 1$, on a :

$$\sum_{n\geq 0} \omega_n^\alpha\Lambda^\alpha\varphi(n)\psi(n) = \sum_{n\geq 0} \omega_n^\alpha\varphi(n)\Lambda^\alpha\psi(n)$$

En particulier, Λ^α est un opérateur auto-adjoint borné sur $\ell^2(\alpha)$ de norme plus petite que 1 (et même égale à 1).

Démonstration : Soit $\mathcal{K}$ l'espace des fonctions $\varphi : \mathbb{N} \to \mathbb{R}$ à support fini et posons pour $-1 \leqslant x \leqslant 1$ et $\varphi \in \mathcal{K}$:

$$\hat{\varphi}(x) = \sum_{n\geq 0} \omega_n^\alpha\varphi(n)Q_n^\alpha(x)$$

D'après (99) et la relation :

$$\varphi(n) = \int_{-1}^{1} \hat{\varphi}(x)Q_n^\alpha(x)d\mu_\alpha(x),$$ il est clair que :

$$\Lambda^\alpha\varphi(n) = \int_{-1}^{1} x\hat{\varphi}(x)Q_n^\alpha(x)d\mu_\alpha(x),$$ soit en d'autres termes :

$$x\hat{\varphi}(x) = \sum_{n\geq 0} \omega_n^\alpha\Lambda^\alpha\varphi(n)Q_n^\alpha(x) \qquad (101)$$

Par ailleurs, si $\psi \in \mathcal{K}$ on a :

$$\sum_{n\geq 0} \omega_n^\alpha\varphi(n)\psi(n) = \int_{-1}^{1} \hat{\varphi}(x)\hat{\psi}(x)d\mu_\alpha(x) \qquad (102)$$

De (101) et (102), il résulte que 2) est vérifié lorsque φ et $\psi \in \mathcal{K}$. Il est par ailleurs évident que $\|\Lambda^\alpha\psi\|_\infty \leqslant \|\psi\|_\infty$ et par suite, si $\varphi \in \mathcal{K}$:

$$\|\Lambda^\alpha \varphi\|_{1,\alpha} = \sup_{\psi \in \mathcal{K}, \|\psi\|_\infty \leq 1} \Big| \sum_{n\geq 0} \omega_n^\alpha \Lambda^\alpha \varphi(n)\psi(n)\Big|$$

$$= \sup_{\psi \in \mathcal{K}, \|\psi\|_\infty \leq 1} \Big| \sum_{n\geq 0} \omega_n^\alpha \varphi(n)\Lambda^\alpha \psi(n)\Big| \leq \|\varphi\|_{1,\alpha}$$

Par continuité, on en déduit que $\|\Lambda^\alpha\varphi\|_{1,\alpha} \leq \|\varphi\|_{1,\alpha}$ pour $\varphi \in \ell^1(\alpha)$. Si $1 < p < \infty$, il résulte de la convexité de l'application $x \to x^p$ $(x \geq 0)$ que

$$|\Lambda^\alpha\varphi|^p < \Lambda^\alpha(|\varphi|^p) \quad \text{d'où :}$$

$$\|\Lambda^\alpha\varphi\|_{p,\alpha}^p = \|\, |\Lambda^\alpha\varphi|^p\|_{1,\alpha} \leq \|\, |\varphi|^p\|_{1,\alpha} = \|\varphi\|_{p,\alpha}^p$$

ce qui prouve le point 1 de la proposition. Enfin, le point 2 se déduit aisément du cas où φ et ψ appartiennent à $\mathcal{K}$ qui a été démontré plus haut.

Remarque 50 : L'opérateur autoadjoint borné Λ^α sur $\ell^2(\alpha)$ est de norme plus petite que 1. Par l'application $\varphi \to \hat{\varphi}$ qui réalise un isomorphisme de $\ell^2(\alpha)$ sur $L^2(d\mu_\alpha)$, Λ^α est transformé en l'opérateur de "multiplication par x" ; c'est donc que son spectre est $[-1,+1]$, qu'il n'a pas de valeurs propres, qu'il est de multiplicité 1 et que $\|\Lambda^\alpha\| = 1$. On peut voir aisément que la restriction de Λ^α à tout $\ell^p(\alpha)$, $1 \leq p \leq \infty$, est aussi de norme exactement égale à 1.

Remarque 51 : Nous aurons à utiliser les propriétés suivantes dont les vérifications sont immédiates. Pour tout polynôme P,

$$\varphi(n) = O(n^\beta(\mathrm{Log}\ n)^\gamma) \Longrightarrow P(\Lambda^\alpha)\varphi(n) = O(n^\beta(\mathrm{Log}\ n)^\gamma)$$

$$\sum n^\beta(\mathrm{Log}\ n)^\gamma|\varphi(n)| < \infty \Longrightarrow \sum_{n\geq 0} n^\beta(\mathrm{Log}\ n)^\gamma|P(\Lambda^\alpha)\varphi(n)| < \infty.$$

*
* *

Proposition 52 : Pour toute $\varphi : \mathbb{N} \to \mathbb{R}$, on a : $\varphi(n) = (Q_n^\alpha(\Lambda^\alpha)\varphi)(0)$ (103)

Démonstration : Supposons tout d'abord que $\psi \in \mathcal{K}$. De (101), il résulte que

$$Q_m^\alpha(x)\hat{\varphi}(x) = \sum_{n\geq 0} \omega_n^\alpha[Q_m^\alpha(\Lambda^\alpha)\psi](n)Q_n^\alpha(x)$$

soit :

$$[Q_m^\alpha(\Lambda^\alpha)\varphi](n) = \int_{-1}^{1} \hat{\varphi}(x)Q_m^\alpha(x)Q_n^\alpha(x)d\mu_\alpha(x)$$

Il suffit de faire $n = 0$ dans la précédente égalité pour obtenir (103) dans ce cas. Dans le cas général, on remarque que la valeur de $Q_n^\alpha(\Lambda^\alpha)\varphi$ en 0 ne dépend que des valeurs prises par φ sur l'intervalle $[0,n]$.

*
* *

Si F est une application de $\mathbb{N} \times \mathbb{N}$ dans $\mathbb{R}$ nous poserons pour tout entier $m \geqslant 0$, $F_m = F(m,\cdot)$ et pour $i = 1,2$ nous désignerons par $\Lambda_i^\alpha F$ le résultat de l'opération Λ^α effectuée sur F considérée comme fonction de ième variable. Cela étant :

<u>Proposition 53</u> : Soit $\varphi : \mathbb{N} \to \mathbb{R}$. Le système :

$$\begin{cases} \Lambda_1^\alpha F = \Lambda_2^\alpha F \\ F_o = \varphi \end{cases} \tag{104}$$

(où $F : \mathbb{N} \times \mathbb{N} \to \mathbb{R}$) a une solution unique donnée par la formule :

$$F_m = [Q_m^\alpha(\Lambda^\alpha)]\varphi \tag{105}$$

De plus, on a pour tout couple $(m,n) \in \mathbb{N} \times \mathbb{N}$:

$$F(m,n) = F(n,m)$$

<u>Démonstration</u> : Supposons déjà que F soit une solution de (104). La formule (105) étant évidemment vérifiée pour $m = 0$ (d'après la proposition 52), on peut procéder par récurrence. Comme :

$$\frac{m+2\alpha+1}{2m+2\alpha+1} Q_{m+1}^\alpha(\Lambda^\alpha) + \frac{m}{2m+2\alpha+1} Q_{m-1}^\alpha(\Lambda^\alpha) = \Lambda^\alpha . Q_m^\alpha(\Lambda^\alpha),$$

on a, en supposant (105) établie jusqu'à l'ordre m :

$$\frac{m+2\alpha+1}{2m+2\alpha+1}\, Q^{\alpha}_{m+1}(\Lambda^{\alpha})\varphi + \frac{m}{2m+2\alpha+1}\, F_{m-1} = \Lambda^{\alpha} F_m$$

$$= \frac{m}{2m+2\alpha+1}\, F_{m-1} + \frac{m+2\alpha+1}{2m+2\alpha+1}\, F_{m+1}$$

d'où le résultat, la dernière égalité traduisant la relation $\Lambda^{\alpha}_1 F = \Lambda^{\alpha}_2 F$ Réciproquement, si F est donnée par (105), on a $F_o = \varphi$ et $\Lambda_1 F = \Lambda_2 F$ résulte des égalités ci-dessus lues dans un autre sens. Enfin, en vertu de la proposition 52, $F(n,0) = [Q^{\alpha}_n(\Lambda^{\alpha})\varphi](0) = \varphi(n)$. La fonction $(m,n) \to F(n,m)$ vérifie donc le système (104). Elle est donc égale à F, d'où : $F(n,m) = F(m,n)$ pour tout $(m,n) \in \mathbb{N} \times \mathbb{N}$.

*

* *

On déduit de ce qui précède la caractérisation annoncée des matrices p_{α}.

Théorème 54 : Pour que la matrice markovienne p sur $\mathbb{N} \times \mathbb{N}$ soit associée à la probabilité f sur $\mathbb{N}$ et aux polynômes Q^{α}_n, il faut et il suffit que la fonction $\pi(m,n) = \dfrac{p(m,n)}{\omega^{\alpha}_n}$ soit solution du système :

$$\begin{cases} \Lambda^{\alpha}_1 \pi = \Lambda^{\alpha}_2 \pi \\ \pi_o = \dfrac{f}{\omega^{\alpha}} \end{cases} \qquad (106)$$

Démonstration : Si p est associée à f et aux polynômes Q^{α}_n, et si $\pi(m,n) = \dfrac{p(m,n)}{\omega^{\alpha}_n}$, on a :

$$\sum_{n \geq 0} \omega^{\alpha}_n \pi(m,n) Q^{\alpha}_n(x) = Q^{\alpha}_m(x) f_{\alpha}(x) \quad (107) \text{(d'après (19))}.$$

En effectuant sur m la transformation Λ^{α}, il vient grâce à (99) et (101) qui se généralise évidemment pour $\varphi \in \ell^1(\alpha)$:

$$\sum_{n \geq 0} \omega^{\alpha}_n \Lambda^{\alpha}_1 \pi(m,n) Q^{\alpha}_n(x) = x\, Q^{\alpha}_m(x).f_{\alpha}(x)$$

$$= \sum \omega^{\alpha}_n\, \Lambda^{\alpha}_2(m,n) Q^{\alpha}_n(x)$$

ce qui prouve que $\Lambda^{\alpha}_1 \pi = \Lambda^{\alpha}_2 \pi$. Par ailleurs, en faisant $m = 0$ dans (107) on obtient : $\pi_o = \frac{f}{\omega^\alpha}$

Passons à la réciproque. Grâce à (99), à la proposition 51, 2) et à la proposition 53, on a, posant $\varphi = \frac{f}{\omega^\alpha}$:

$$\begin{aligned} f_\alpha(x)Q_m^\alpha(x) &= \sum_{n\geq 0} \omega_n^\alpha \varphi(n)Q_m^\alpha(x)Q_n^\alpha(x) \\ &= \sum_{n\geq 0} \omega_n^\alpha \pi_o(n)(Q_m^\alpha(\Lambda^\alpha)Q_n^\alpha(x)) \\ &= \sum_{n\geq 0} \omega_n^\alpha (Q_m^\alpha(\Lambda^\alpha)\pi_o)(n)Q_n^\alpha(x) \\ &= \sum_{n\geq 0} \omega_n^\alpha \pi(m,n)Q_n^\alpha(x) \end{aligned}$$

ce qui achève la démonstration du théorème.

x

x x

Remarque 55 : On pourra comparer la proposition 53 au résultat suivant valable pour les marches aléatoires classiques (par exemple sur $\mathbb{Z}$) :

Soit T l'opérateur de translation défini sur les fonctions $\varphi : \mathbb{Z} \to \mathbb{R}$ par $T\varphi(n) = \varphi(n+1)$. Alors une chaîne de Markov de matrice de transition P est une m.a sur $\mathbb{Z}$ si et seulement si P commute à T, soit :

$$PT\varphi = TP\varphi \quad \text{pour toute } \varphi. \quad \text{(cf chap I)}$$

* *

Signalons pour terminer quelques propriétés simples des p_α qu'on peut déduire de ce qui précède. Tout d'abord, du théorème 54 et de la proposition on déduit que, pour tout n et m :

$$\omega_n^\alpha p_\alpha(n,m) = \omega_m^\alpha p_\alpha(m,n) \tag{108}$$

Désignant toujours par f une probabilité sur $\mathbb{N}$ et par p_α la matrice markovienne associée à f, on a les résultats suivants :

Proposition 56 :

1) $\omega^\alpha \Lambda^\alpha(\frac{f}{\omega^\alpha})$ est une probabilité sur $\mathbb{N}$

2) $p_\alpha(m,\cdot) = \omega^\alpha Q_m^\alpha(\Lambda^\alpha)(\frac{f}{\omega^\alpha})$

3) $p_\alpha\varphi(m) = \sum_{n\geq 0} f(n)(Q_n^\alpha(\Lambda^\alpha)\varphi)(n)$ si $\varphi \in \ell^\infty$

4) Si $\sum_{n\geq 0} n^\gamma(\text{Log } n)^\beta f(n) < \infty$ $(\gamma \geq 0,\ \beta \geq 0)$, alors, pour tout $m \geq 0$:

$\sum_{n\geq 0} n^\gamma(\text{Log } n)^\beta p_\alpha(m,n) < \infty$

La démonstration est laissée en exercice.

Enfin, signalons le résultat suivant :

Proposition 57 : $\omega^\alpha p_\alpha = \omega^\alpha$, ie la mesure ω^α est invariante pour toute matrice p_α. En particulier, si $\alpha \leq 0$ et si f a des moments d'ordre 2, la chaîne associée p_α est récurrente nulle, car la masse totale de ω^α est infinie (cf (64)) ; cela signifie que l'espérance du temps de retour en tout point est infinie.

Démonstration :

$$\sum_{m\geq 0} \omega_m^\alpha p_\alpha(m,n) = \omega_n^\alpha \sum_{m\geq 0} p_\alpha(n,m) = \omega_n^\alpha \quad \text{(d'après (108))}.$$

C - MARCHES ALEATOIRES SUR UN ESPACE HOMOGENE NILPOTENT DISCRET

I - Soit G un groupe topologique localement compact, et H un sous groupe fermé de G. Notons M l'espace homogène G/H. M est l'ensemble $g.H$ des classes à gauche, et G opère à gauche de façon transitive sur M. Soit μ une mesure de probabilité sur G, $(\Omega,\mathcal{A},P)$ un espace de probabilité sur lequel est défini une suite $X_1, X_2, \ldots X_n, \ldots$ de v.a indépendantes à valeurs dans G de même loi μ.

Soit $x \in M$ et $Z_n^x = X_n.X_{n-1}\ldots X_1.x$; Z_n^x est une chaîne de Markov à valeurs dans M que nous appellerons la marche aléatoire gauche de loi μ sur M.

Soit P le noyau de transition de cette chaîne. Il est donné par :

$$P(x,A) = \mu\{g \ ;\ g.x \in A\} \quad (x \in M,\ A \text{ borélien de } M) \qquad (1)$$

et bien sûr $P^n(x,A) = \mu^n\{g \ ;\ g.x \in A\}$ pour tout $n \in \mathbb{N}$

Notons $U(x,A) = \sum_{n\geq 0} p^n(x,A)$ le noyau potentiel de cette marche.

*
* *

A partir de maintenant, G désignera un groupe nilpotent à génération finie (discret). Soit $G = G_o \supset G_1 \ldots \supset G_r = (e)$ sa série centrale descendante. L'entier r ainsi défini est la classe de G. Si la classe de G vaut 1, G est abélien. Si nous voulons faire dans ce cadre une théorie analogue à celle des marches aléatoires classiques, il nous faut déjà prouver :

Théorème 58 : Supposons μ adaptée. Alors, de deux choses l'une :

1) ou tout état de M est transitoire

2) ou tout état de M est récurrent. Dans ce cas, pour tout x et y de M, $U(x,y) = +\infty$.

Démonstration :

1) Soit, pour tout x et $y \in M$, $T^x_y = \inf\{n \geq 1 ; Z^x_n = y\}$ le temps de retour en y. On sait que x est récurrent si et seulement si l'une des conditions équivalentes :

$$P\{T^x_x < \infty\} = 1 \quad \text{ou} \quad U(x,x) = +\infty \qquad (2) \quad \text{est réalisée.}$$

Notons aussi que, si x est récurrent et si $P\{T^x_y < \infty\} > 0$, alors y est récurrent (3).

2) Soit $x \in M$. De (1) on déduit que $P^n(x,x) = \mu^{n*}(H_x)$ (4) où $H_x = \{g | g.x = x\}$ est le stabilisateur de x. Soit alors $M' = {}_{Hx}\backslash^{G}$ l'espace homogène à droite, et $\pi' : G \to M'$ l'application canonique associée. Soit $x' = \pi'(e)$. Soit encore $Z'^{x'}_n = x'.X_1 \ldots X_n$ la m.a droite de loi μ sur M'. H_x étant le sous groupe d'isotropie de x', il est clair, d'après (4) et (2) que x' est récurrent (pour la marche droite) si et seulement si x est récurrent pour la marche gauche.

3) Supposons x (et donc x') récurrent. Soit $Y'^g_n = g.X_1 \ldots X_n$ la m.a droite de loi μ sur G, et soit $h : G \to [0,1]$ définie par :

$$h(g) = P\{\overline{\lim_{n\to\infty}} (Y'^g_n \in H_x)\}.$$

x' étant récurrent, il est clair que $h(e) = 1$. Soit T_μ le semi-groupe de G engendré par le support de μ. De la relation $h(e) = 1$ et de la propriété de Markov forte on déduit que $h(g) = 1$ pour $g \in T_\mu$, puis que $h(g)>0$ pour $g \in T_\mu . T_\mu^{-1}$. Admettant un instant le résultat du lemme 59, on a donc $h(g) > 0$ pour tout g de G. Mais la m.a Y'^g_n étant droite, (et invariante par les translations gauches), cela entraîne que :

$$h(g) = P\{\overline{\lim_{n\to\infty}} (Y'^e_n \in g^{-1}.H_x)\} > 0 \quad \text{pour tout } g \in G, \text{ et donc}$$

T_μ intersecte chaque classe à gauche selon H_x en au moins un point. Ainsi, puisque $M \tilde{\sim} G/H_x$, on a donc

$$P\{T^x_y < \infty\} > 0 \quad \text{pour tout } y \text{ de } M \tag{5}$$

ce qui prouve d'après (3) que tout $y \in M$ est récurrent. Enfin, dans l'alternative 2, le fait que $U(x,y) = +\infty$ pour tout x et y de M découle immédiatement de (5). Il reste donc à prouver :

<u>Lemme 59</u> : Soit G un groupe nilpotent, S un semi-groupe dans G. Alors $S.S^{-1}$ est un sous-groupe de G ([2] , p 97).

Soit G un groupe, Z un sous-groupe distingué de G, π l'homomorphisme naturel de G sur G/Z. Soit S un semi groupe de G. Supposons que

$$Z \cap S.S^{-1} = Z \cap S^{-1}S \tag{6}$$

et
$$\pi(S).\pi(S)^{-1} = \pi(S)^{-1}.\pi(S) \tag{7}$$

Montrons qu'alors $SS^{-1} = S.S^{-1}$. Soient $s,t \in S$. D'après (6) il existe $u,v \in S$ et $z \in S$ tels que :

$$st^{-1} = v^{-1}uz \tag{8}$$

Comme Z est distingué, $z' = uzu^{-1}$ et (8) entraîne :

$$z' = vst^{-1}u^{-1} \tag{9}$$

Donc $z' \in Z \cap SS^{-1}$. D'après (6), il existe alors $x,y \in S$ tels que $z' = x^{-1}y$. L'égalité (9) donne $st^{-1} = v^{-1}x^{-1}yu$. On voit que $st^{-1} \in S^{-1}S$,

Supposons G nilpotent et soit Z le centre de G. Il est facile de voir que (6) est vérifié pour tout S. Le résultat ci-dessus permet donc de montrer par récurrence sur la longueur de la série centrale descendante de G que $SS^{-1} = SS^{-1}$. Il est alors évident que SS^{-1} est un sous-groupe de G.

Le théorème 58 nous conduit à donner la définition suivante.

Définition 60 : La marche gauche de loi μ adaptée sur M est dite récurrente si tout les éléments de M sont récurrents. Elle est dite transitoire sinon. Un espace homogène est dit récurrent s'il porte une marche récurrente. Il est dit transitoire dans le cas contraire.

II - Une classe d'espaces homogènes récurrents

Fixons quelques notations. Soit $x \in M$ et $H_x = \{g \,;\, g.x = x\}$ le stabilisateur de x. Soit $G_1 = (G,G)$ le sous-groupe dérivé de G. Le sous-groupe $H_x.G_1$ est distingué dans G. Les stabilisateurs H_x et H_y de deux points de M étant conjugués, $H_x.G_1$ ne dépend pas de x. Notons H_1 ce sous groupe distingué. D'autre part, si H_x est d'indice fini dans H_1, il en est de même de tous les H_y.

Théorème 60 : Si le groupe abélien G/H_1 est récurrent et si H_x est d'indice fini dans H_1, M est récurrent. Dans ce cas, la m.a de loi μ sur M est récurrente si et seulement si la m.a image de loi $\bar{\mu}$ est récurrente ($\bar{\mu}$ est l'image de μ par l'application canonique $\pi_1 : G \to G/H_1$).

Démonstration :

Lemme 61 : Soit H un sous groupe distingué du groupe nilpotent discret G, et μ une probabilité adaptée sur G dont l'image $\bar{\mu}$ dans G/H est récurrente. Alors, la m.a induite par μ sur H est adaptée.

Démonstration : Soit T_μ le semi-groupe engendré par le support de μ. D'après le lemme 59, $T_\mu.T_\mu^{-1} = G$. Soit π l'application canonique : $G \to G/H$. La récurrence de $\bar{\mu}$ prouve que $\pi(T_\mu) = G/H$. Soit $h \in H$; il existe g et $g' \in T_\mu$ tels que $g'.g^{-1} = h$, et $k \in T_\mu$ tel que $\pi(k)^{-1} = \pi(g) = \pi(g')$. Il est clair que $g.k$ et $g'.k$ appartiennent à $T_\mu \cap H$, tandis que $(g'.k).(gk)^{-1} = h$. Ainsi : $(T_\mu \cap H).(T_\mu \cap H)^{-1} = H$, et le lemme 61 est établi.

Démonstration du théorème 60 : Supposons la m.a de loi $\bar{\mu}$ sur G/H_1 récurrente et prouvons que la m.a de loi μ sur M est récurrente. Soit $x \in M$.

Le tout est donc de prouver que la m.a $Y_n = X_n.X_{n-1}\dots X_1$ visite presque sûrement une infinité de fois H_x (d'après (2)). Soit $\tilde{Y}_n^g$ la marche induite par Y_n^g sur H_1. Puisque la marche de loi $\bar{\mu}$ sur G/H_1 est récurrente, il est clair que $\tilde{Y}_n^g$ est bien définie pour tout n, et de plus adaptée d'après le lemme 61. Soit d'autre part $\pi_x : \tilde{H}_1 \to H_1/H_x$ l'application canonique. Puisque H_1/H_x est fini et la m.a $\tilde{Y}_n^g$ adaptée, tous les états de la m.a

$$\tilde{Z}_n^y = \tilde{Y}_n^e.y \quad (y \in H_1/H_x) \quad \text{sur } H_1/H_x \text{ sont récurrents (th . 58)}$$

Ainsi la m.a $\tilde{Y}_n^g$ visite H_x presque sûrement une infinité de fois, et il en est donc de même de Y_n^g.

Le réciproque étant évidente, cela achève la démonstration du théorème 60

III - Caractérisation des espaces homogènes discrets nilpotents récurrents

Nous venons de décrire une classe d'espaces homogènes récurrents. Le but de ce qui suit est de prouver que dans la classe d'espaces homogènes étudiée ici, il n'y en a pas d'autres qui soient récurrents.

Définition 62 : Soit G nilpotent à génération finie, et $G = G_o \supset G_1 \dots G_r = (e)$ sa série centrale descendante. Rappelons que rg(G) (le rang de G) désigne l'entier positif ou nul : $rg(G) = rg(G/G_1)+rg(G_1/G_2)+\dots+rg(G_{r-1}/G_r)$.

Si H est distingué dans G, alors $rg(G) = rg(G/H) + rg(H)$.

Si M est un G espace homogène, M est isomorphe à G/H_x, où H_x est la stabilisateur d'un point x de M. Nous définissons le rang de M (rg(M)) comme égal à : $rg\, M = rg\, G - rg\, H_x$. Comme deux stabilisateurs sont conjugués, cette définition ne dépend pas de x.

Enfin, si M est un G espace homogène, et C un sous groupe distingué de G, M/G désigne l'espace homogène de G/C, quotient de M par la relatio d'équivalence :

$$(x \sim y) \Longleftrightarrow (y = c.x \text{ pour un } c \in C).$$

Théorème 62 : Si $rg(M) \geqslant 3$, M est transitoire.

Lemme 63 : Soit G comme précédemment, C un sous-groupe central de G et M un espace homogène à gauche de G. Soit $G' = G/C \times C$. G' est nilpotent. Soit $\gamma : M \to M/C$ la surjection canonique et $\tilde{\gamma} : M/C \to M$ une section de γ

Pour tout $\tilde{x} \in M/C$, notons $x_o = \tilde{\gamma}(\tilde{x})$. Alors la formule :

$$(\bar{g},c).x = cc'(gx)_o \quad (10) \quad (\text{où } \bar{g} \in G/C,\ c \in C,\ x \in M \text{ avec } x=c'x_o$$

définit sur M une structure de G' espace homogène à gauche. Le stabilisateur H'_x de x dans G' est égal à $C.H_x/C \times (H_x \cap C)$. Les rangs de M en temps que G espace et G' espace sont égaux.

<u>Démonstration</u> : Il faut déjà voir que la formule (10) a un sens. Elle ne dépend pas de l'élément g choisi dans $\bar{g}$. En effet, si $g' = g.c_1$, alors :

$$cc'(gc_1x)_o = cc'(gx)_o$$

Elle ne dépend pas non plus du choix de $c' \in C$ tel que $x = c'.x_o$, car il existe $g' \in \bar{g}$ tel que $g'.x_o = (gx)_o$, et donc :

$$cc'(gx)_o = cc'g'x_o = cg'c'x_o = cg'x$$

Enfin, le fait que G' opère par (10) sur M', et de façon transitive, est évident, ainsi que le fait que $H'_x = C.H_x/C \times (H_x \cap C)$

Notant M_G (resp. $M_{G'}$) l'espace homogène M muni de sa G-structure resp. G'-structure), on a alors :

$$\text{rg } M_{G'} = \text{rg } G' - \text{rg}(C.H_x/_C \times (H_x \cap C)). \text{ Or :}$$

$$C.H_{x/C} \approx H_{x/H_x \cap C}, \text{ et donc : } \text{rg } C.H_{x/C} = \text{rg}H_x - \text{rg}(H_x \cap C).$$

D'où :

$$\text{rg}(M_{G'}) = \text{rg}G' - (\text{rg}H_x - \text{rg}(H_x \cap C) + \text{rg}(H_x \cap C)) = \text{rg}G - \text{rg}H_x = \text{rg}(M_G).$$

*

* *

Les notations sont ici les mêmes qu'au lemme précédent.

<u>Lemme 64</u> : Soit μ une mesure de probabilité sur G telle que $\mu^2 << \mu$. Il existe une mesure de probabilité adaptée μ' sur G' telle que, si on désigne par P (resp. P') le noyau de transition de la m.a de loi μ (resp. μ') sur M_G (resp. $M_{G'}$), alors pour toute partie finie K de M, il existe une partie finie K' de M satisfaisant à :

$$P^n(x,K) \leqslant P'^n(x_o,K') \quad \text{pour tout} \quad n \qquad (11)$$

Démonstration :

1) Choisissons dans chaque classe $\bar{g}$ de G modulo C un élément g_o, et désintégrons la mesure μ selon la formule :

$$\mu = \int_{G/C} \bar{\mu}(d\bar{g})p_{\bar{g}}$$ où $\bar{\mu}$ est l'image de μ par l'application canonique de $G \to G/C$, et où $p_{\bar{g}}$ est une probabilité portée par la classe $\bar{g}$ modulo C. Soit $\lambda_{\bar{g}} = p_{\bar{g}} * \delta_{g_o^{-1}}$. Cette fois, $\lambda_{\bar{g}}$ est portée par C.

Soit : $\tilde{\lambda}_{\bar{g}} = \frac{1}{2}\{\delta_e + \check{\lambda}_{\bar{g}} * \lambda_{\bar{g}}\}$, où $\check{\lambda}_{\bar{g}}$ est l'image de $\lambda_{\bar{g}}$ par l'application $y \to -y$. $\tilde{\lambda}_{\bar{g}}$ est portée par C et soit :

$$q_{\bar{g}} = \delta_{\bar{g}} * \tilde{\lambda}_{\bar{g}}$$ (où ici $\delta_{\bar{g}}$ est la mesure de Dirac au point $(\bar{g},e)$ de G').

et $$\mu' = \int_{G/C} \bar{\mu}(d\bar{g})q_{\bar{q}}$$. μ', comme $q_{\bar{q}}$, est portée par G'.

2) Cela étant, soit C_{x_o} le stabilisateur de x_o dans C. L'ensemble $C.x_o$ est un C espace isomorphe au groupe abélien C/C_{x_o}. Soit $\tau : C \to C/C_{x_o}$ l'application canonique. Si $x \in M$, x s'écrit $c'.x_o$ avec $c' \in C$. Notons $\sigma(x)$ l'élément $\tau(c')$ de C/C_{x_o}. Rappelons que γ est l'application canonique : $M \to M/C$. Soit K une partie finie de M. Il existe $\bar{K}$, partie finie de M/C et une famille finie φ_{x_o} (où x_o est tel que $\gamma(x_o) \in \bar{K}$) de fonctions à support fini définies sur C/C_{x_o}, et il existe une partie finie K' de M tels que :

$$1_K(x) \leqslant f(x) = 1_{\bar{K}}(\gamma(x)).\varphi_{x_o} * \check{\varphi}_{x_o}(\sigma(x) \leqslant 1_{K'}(x) \quad \text{pour tout} \quad x \in M$$

3) Il reste à voir que les objets définis précédemment ont bien les propriétés requises. Pour cela, il suffit de voir que :

$$P^n f(x) \leqslant P'^n f(x) \qquad (12)$$

Or

$$P^n f(x) = \int_{G^n} f(g_n \ldots g_1.x)d\mu(g_n).d\mu(g_1) =$$

$$= \int_{(G/C)^n} \bar{\mu}(d\bar{g}_n)\ldots\bar{\mu}(d\bar{g}_1)\int_{G^n} f(h_n..h_1x)p_{\bar{g}_n}(dh_n)..p_{\bar{g}_1}(dh_1)$$

$$= \int_{(G/C)^n} 1_{\bar{K}}(\bar{g}_n..\bar{g}_1\gamma(x)\bar{\mu}(d\bar{g}_n)..\bar{\mu}(d\bar{g}_1)\int_{G^n}\check{\varphi}(g_n..g_1x)_o * \varphi(g_n..g_1x)_o(\sigma(h_n..h_1x))$$

$$p_{\bar{g}_n}(dh_n)\ldots p_{\bar{g}_1}(dh_1)$$

$$= \int_{(G/C)^n} 1_{\bar{K}}(\bar{g}_n..\bar{g}_1.\gamma(x))\bar{\mu}(d\bar{g}_n)..\bar{\mu}(d\bar{g}_1)\int_{C^n}\check{\varphi}(g_n..g_1x)_o * \varphi(g_n..g_1x)_o$$

$$(\sigma(h_n..h_1(g_n)_o..(g_1)_o.x)d\lambda_{\bar{g}_n}(h_n)..d\lambda_{\bar{g}_1}(h_1)$$

$$= \int_{(G/C)^n} - \int_{C^n}\check{\varphi}(g_n..g_1x)_o * \varphi(g_n..g_1x)_o \;(\tau(h_n)..\tau(h_1)\sigma((g_n)_o..(g_1)_ox))$$

$$d\lambda_{\bar{g}_n}(h_n)\ldots d\lambda_{\bar{g}_1}(h_1)$$

$$\leq \int_{(G/C)^n} 1_{\bar{K}}(\bar{g}_n..\bar{g}_1.\gamma(x))\bar{\mu}(d\bar{g}_n)..\bar{\mu}(d\bar{g}_1)\int_{C^n}\check{\varphi}(g_n..g_1x)_o * \varphi(g_n..g_1x)_o$$

$$(\tau(h_n)..\tau(h_1)\sigma((g_n)_o..(g_1)_ox_o))d\tilde{\lambda}_{\bar{g}_n}(h_n)..d\tilde{\lambda}_{\bar{g}_1}(h_1)$$

d'après le lemme

Refaisant alors le même calcul en sens inverse, on obtient :

$$P^n f(x) \leq P'^n f(x_o).$$

L'assertion relative à l'adaptation de μ' a déjà été prouvée (cf chap III)

<u>Démonstration du théorème 62</u> :

Soit M un G-espace de rang ≥ 3. Nous raisonnons par récurrence sur la classe r du groupe G. Si G est de classe 1, il est abélien. Ainsi, $G/_{Hx} \approx M$ est un groupe abélien de rang ≥ 3, et est donc transitoire d'après le chapitre I

Supposons la propriété établie à l'ordre r, et soit μ une probabilité adaptée sur G de classe $(r+1)$. D'après le chap. I , on peut supposer que $\mu^2 << \mu$. Avec les notations du lemme 63, soit $C = G_r$. C est central.

Mais le groupe $G' = G/_C \times G$ est de classe r, et le G' espace $M_{G'}$ est de rang égal à celui de M, supérieur à 3. Ainsi, d'après l'hypothèse de récurrence, $M_{G'}$ est transitoire. Mais le lemme 64 prouve alors que la m.a gauche de loi μ sur M est transitoire, et cela achève la démonstration du théorème 62.

*

* *

Malheureusement, contrairement à ce qui se passe pour les marches aléatoires sur les groupes nilpotents, le théorème 62 n'épuise pas toutes les situations. C'est ce que nous allons constater sur l'exemple suivant ; cet exemple a en outre l'avantage qu'il permettra de traiter toutes les situations.

Soit $\mathbb{Z}^3$ muni de la multiplication :

$$(a,b,c)(a',b',c') = (a+a',b+b',c+c'+\alpha a'b) \quad (\alpha \in \mathbb{Z}^*)$$

$\mathbb{Z}^3$ muni de cette loi est un groupe nilpotent, de classe 2, que nous notons $N_3(\alpha)$ (pour tout $\alpha \in \mathbb{Z}^*$, ces groupes $N_3(\alpha)$ sont isomorphes). Cela étant, on munit $\mathbb{Z}^2$ d'une structure de $N_3(\alpha)$ espace homogène à gauche par la formule :

$$(a,b,c).(x,y) = (x+a,y+c+\alpha bx)$$

Il n'est pas difficile de voir que cet espace homogène est de rang 2, et que pour tout $x \in \mathbb{Z}^2$, H_x est d'indice infini dans H_1. On a :

<u>Théorème 65</u> : $\mathbb{Z}^2$ muni de sa structure de $N_3(\alpha)$ espace homogène est un espace homogène transitoire.

La démonstration sera faite plus loin (§ IV)

*

* *

Nous allons maintenant voir comment la situation générale permet d'être réglée grâce aux théorèmes 62 et 65. Nous aurons besoin des résultats tecniques suivants.

Proposition 66 : Soit M un espace homogène de G, F un sous groupe distingué de G. Notons $\bar{M} = M/F$; Alors :

1) $\bar{M}$ est un espace homogène de $\bar{G} = G/F$, et le stabilisateur de $\bar{x}$ est $Hx.F/_F$.

2) Si $\bar{M}$ est transitoire, M est transitoire et la réciproque est vraie si H_x est d'indice fini dans $H_x.F$. Sous cette dernière hypothèse, M et $\bar{M}$ ont même rang.

Démonstration : La première assertion est évidente. Prouvons la seconde. Soit $\pi : G \to G/_F$ l'application canonique et $\tilde{\pi}$ celle de $M \to M/_F$. Il est clair que pour tout $g \in G$ et $x \in M$, on a :

$$\tilde{\pi}(g.x) = \pi(g)\tilde{\pi}(x) \qquad (13)$$

Soit μ une probabilité adaptée sur G et $\bar{\mu}$ son image par π. Soit P (resp. $\bar{P}$) la matrice de transition de la m.a gauche sur M (resp. $\bar{M}$) associée à μ (resp. $\bar{\mu}$). Si $\bar{x} \in \bar{M}$, notons $\bar{H}_{\bar{x}} = H_x.F/_F$ son stabilisateur. On a, d'après (13) $H_x \subset \pi^{-1}(\bar{H}_{\bar{x}})$. Soit R_x un ensemble de représentants des classes à droite de H_x dans $\pi^{-1}(\bar{H}_{\bar{x}})$. On a alors :

$$\bar{P}^n(\tilde{\pi}(x),\tilde{\pi}(x)) = \bar{\mu}^n(\bar{H}_{\bar{x}}) = \mu^n(\pi^{-1}(\bar{H}_{\bar{x}})) = \sum_{g \in R_x} \mu^n(H_x.g)$$

$$= \sum_{g \in R_x} P^n(g^{-1}x,x)$$

Sommant alors sur n et utilisant le principe du maximum, on obtient :

$$\sum_{n \geq 0} P^n(x,x) \leq \sum_{n \geq 0} \bar{P}^n(\tilde{\pi}(x),\tilde{\pi}(x)) \leq |R_x| \sum_{n \geq 0} P^n(x,x)$$

où $|R_x|$ est le cardinal de R_x. Ceci prouve la première assertion du point 2. L'assertion relative au rang de M et $\bar{M}$ résulte des égalités :

$$\text{rg } \bar{G} = \text{rg } G - \text{rg } F$$

$\text{rg } \bar{H}_{\bar{x}} = \text{rg } H_x.F/_F = \text{rg } H_x.F - \text{rg } F = \text{rg } H_x - \text{rg } F$, car H_x étant d'indice fini dans H_xF, $\text{rg } H_x = \text{rg } H_x.F$ (cf prop. 67,1 ci-dessous). D'où :

$$\text{rg } \bar{M} = \text{rg } \bar{G} - \text{rg } \bar{H}_{\bar{x}} = (\text{rg } G-\text{rg } F)-(\text{rg } H_x-\text{rg } F) = \text{rg } G-\text{rg } F$$

*
* *

Proposition 66' : Soit ϕ un homomorphisme surjectif du groupe G sur G', H et H' deux sous-groupes de G et G' respectivement tels que $H \subset \phi^{-1}(N')$ Si H est d'indice fini dans $\phi^{-1}(H')$, les espaces homogènes G/H et G'/H' sont récurrents ou transitoires en même temps.

La démonstration de cette proposition est analogue à la précédente, et est omise.

*
* *

Soit $K = \{g \in G \,;\, g^n = e$ pour un $n \geqslant 1\}$ l'ensemble des éléments de torsion de G. Cet ensemble est un sous-groupe distingué fini de G, et $G/_K$ est sans torsion. Appliquant la proposition 66 avec $F = K$ (H_x étant bien sûr d'indice fini dans $H_x.K$), on en déduit qu'on peut toujours supposer G sans torsion. C'est ce que nous ferons dans tout ce quui suit. (Cependant, cette propriété d'être sans torsion n'est pas invariante par passage au quotient. Aussi ceci ne nous sera-t-il que d'une médiocre utilité !).

*
* *

Les résultats suivants, énoncés sans démonstration, se trouvent dans (47).

Si G est sans torsion, il existe un groupe de Lie nilpotent, connexe et simplement connexe, de dimension finie, $\tilde{G}$, unique à isomorphisme près, tel que :

• $\tilde{G}/_G$ est compact

• pour tout sous groupe F de G, il existe un unique sous groupe fermé $\tilde{F}$ de $\tilde{G}$ contenant F, connexe et simplement connexe et tel que $\tilde{F}/_F$ soit compact. De plus, $\mathrm{rg}\, F = \dim \tilde{F}$

Proposition 67 : Soit G comme précédemment, et H un sous groupe de G.

1) $\mathrm{rg}\, G = \mathrm{rg}\, H$ si et seulement si H est d'indice fini dans G

2) Si $\mathrm{rg}\, G - \mathrm{rg}\, H \geqslant 1$, alors $\mathrm{rg}\, G - \mathrm{rg}\, H.G_1 \geqslant 1$

3) Si $\mathrm{rg}\, G - \mathrm{rg}\, H = 1$, alors H est d'indice fini dans $H.G_1$

4) il existe un sous groupe H' de G tel que :

i) $H \subset H'$ et $\mathrm{rg}\, H = \mathrm{rg}\, H'$

ii) si H' est d'indice fini dans un sous groupe K de G, alors $H' = K$ (en particulier, si H' est distingué dans un sous groupe K' de G, $K'/_{H'}$ est sans torsion).

Démonstration : Dans tout ce qui suit, on suppose G sans torsion. Le cas où G n'est pas sans torsion s'y ramène aussitôt, en quotientant par le sous groupe distingué des éléments de torsion.

1) Supposons $\mathrm{rg}\, G = \mathrm{rg}\, H$. Alors $\tilde{H} = \tilde{G}$, et $\tilde{G}/_H$ et $\tilde{G}/_G$ sont compacts Soit $\pi : \tilde{G}/_H \to \tilde{G}/_G$ l'application canonique. L'ensemble des éléments dont l'image par π est dans la classe à gauche C est fermé, et donc compact. Mais il est isomorphe à $G/_H$, et discret. Ainsi, $G/_H$ est fini. Réciproquement si $G/_H$ est fini, l'argument précédent prouve que $\tilde{G}/_H$ est compact, et donc que $\tilde{G} = \tilde{H}$, soit $\mathrm{rg}\, G = \mathrm{rg}\, H$.

2) Si $\mathrm{rg}\, G - \mathrm{rg}\, H \geqslant 1$, alors $\dim \tilde{G} - \dim \tilde{H} \geqslant 1$. $\tilde{G}$ étant nilpotent, et $\tilde{H}$ un sous-groupe strict de $\tilde{G}$, il en est de même de $\tilde{H}.\tilde{G}_1$. Ainsi :

$$\mathrm{rg}\, G - \mathrm{rg}\, HG_1 = \dim \tilde{G} - \dim \widetilde{HG_1} \geqslant \dim \tilde{G} - \dim \tilde{H}.\tilde{G}_1 \geqslant 1.$$

3)Le point précédent implique que

$\mathrm{rg}\, G - \mathrm{rg}\, HG_1 = 1$, et donc $\mathrm{rg}\, HG_1 = \mathrm{rg}\, H$; ainsi H est d'indice fini dans $H.G_1$, d'après le point 1.

4) On pose $H' = \tilde{H} \cap G$. Puisque $\tilde{H}/_H$ est compact, il en est de même de $\tilde{H}/_{H'}$, et donc $\tilde{H'} = \tilde{H}$, ce qui prouve que $\mathrm{rg}\, H = \mathrm{rg}\, H'$.

Remarquons ensuite que l'assertion :

ii') Si $g \in G$ est tel que $g^n \in H'$, alors $g \in H'$, implique (ii)

Prouvons (ii'). Soit g tel que dans (ii') et $g_n(t)$ le sous-groupe à un paramètre de $\tilde{H}$ tel que $g_n(1) = g^n$. On a :

$$\{g_n(\tfrac{1}{n})\}^n = g^n \text{ , donc } g_n(\tfrac{1}{n}) = g, \text{ et } g \in G \cap \tilde{H} = H'.$$

*

* *

Venons-en à la classification des espaces homogènes récurrents.

Si $\operatorname{rg} M = 0$, M est fini, d'après le point 1 de la prop. 67, et donc récurrent.

Si $\operatorname{rg} M = 1$, $M \overset{\sim}{\sim} G/_{H_x}$. D'après le point 3 de la prop. 67, $G/_{H_1}$ est un groupe abélien de rang 1, donc récurrent, et H_x est d'indice fini dans H_1. D'après le théorème 60, M est donc récurrent.

Si $\operatorname{rg}(M) \geqslant 3$, M est transitoire d'après le théorème 62.

Si $\operatorname{rg}(M) = 2$, $M \overset{\sim}{\sim} G/_{H_x}$. Le groupe $G/_{H_1}$ est abélien et de rang au plus égal à 2, et donc récurrent. De deux choses l'une :

1) ou H_x est d'indice fini dans H_1, et alors M est récurrent (théorème 60).

2) ou H_x n'est pas d'indice fini dans H_1. C'est cette situation que nous allons étudier maintenant.

<u>Proposition 68</u> : Si M satisfait à l'hypothèse (H)

(H) $\qquad \operatorname{rg} M = 2$ et H_x n'est pas d'indice fini dans H_1

alors M est transitoire.

Comme corollaire de la proposition 68, on a donc :

<u>Théorème 69</u> : Pour que $M = G/_{H_x}$ soit récurrent, il faut et il suffit que $\operatorname{rg} M \leqslant 2$ et que H_x soit d'indice fini dans H_1.

<u>Démonstration de la proposition 68</u>

<u>Lemme 70</u> : Si M satisfait à (H) il existe un $\bar{G}$ espace homogène $\bar{M}$ satisfaisant à :

i) M et $\bar{M}$ sont récurrents ou transitoires en même temps.

ii) il existe $\bar{U}$ abélien distingué dans $\bar{G}$, $\bar{U} \supset \bar{H}_x$ tel que $\bar{G}/_{\bar{U}}$ et $\bar{U}/_{\bar{H}_x}$ soient abéliens de rang 1 sans torsion. Dans ces conditions, $\bar{G}$ est bien sûr de classe au plus égale à 2.

iii) $\bar{H}_x \cap \bar{G}_1 = e$ et $\bar{G}_1$ est sans torsion (où $\bar{G}_1$ est le sous groupe dérivé de $\bar{G}$).

<u>Démonstration du lemme 70</u> :

1) Soit M satisfaisant à (H), $x_0 \in M$, H_{x_0} son stabilisateur et H'_{x_0}

comme à la proposition 67,4. H_{x_0} étant d'indice fini dans H'_{x_0} (car $\operatorname{rg} H_{x_0} = \operatorname{rg} H'_{x_0}$), il résulte de la proposition 66' que $M = G/H_{x_0}$ et $M' = G/_{H'_{x_0}}$ ont même rang et sont récurrents ou transitoires en même temps. Par ailleurs, $H_{x_0}.G_1$ est d'indice fini dans $H'_{x_0}.G_1$ et par suite H'_{x_0} n'est pas d'indice fini dans $H'_{x_0}.G_1$ (car H_{x_0} n'est pas d'indice fini dans H_1). Ainsi, quitte à remplacer M par M' on peut supposer que H_{x_0}, et donc tous les H_x, possèdent la propriété ii) de la proposition 67,4. C'est ce que nous ferons dans tout ce qui suit.

2) La relation $\operatorname{rg} G - \operatorname{rg} H_x = 2$ et la propos. 67 impliquent $\operatorname{rg} G - \operatorname{rg} H_1 \geqslant 1$. Par hypothèse ($H_x$ n'étant pas d'indice fini dans H_1) :

$\operatorname{rg} H_1 - \operatorname{rg} H_x \geqslant 1$. Comme d'autre part, $\operatorname{rg} H_1 = \operatorname{rg} H'_1$ (cf. prop. 67.4 pour la définition de H'_1), on a :

$$\operatorname{rg} G - \operatorname{rg} H'_1 = \operatorname{rg} H'_1 - \operatorname{rg} H_x = 1.$$

Puisque H'_1 contient G_1, il est distingué et $G/_{H'_1}$ est abélien de rang 1 sans torsion (prop. 67.4). De l'égalité $\operatorname{rg} H'_1 = \operatorname{rg} H_x = 1$, il résulte (prop. 67.3) que H_x est d'indice fini dans $H_x(H'_1)_1$ (où $F = (H'_1)_1$ est le groupe dérivé de H'_1) et donc (prop. 67.4) que $H_x = H_x.F$, et donc que H_x contient le groupe dérivé F de H'_1. Ainsi H_x est distingué dans H'_1, et $H'_1/_{H_x}$ est abélien de rang 1 sans torsion.

3) Passons au quotient par F, et soit $\bar{G} = G/_F$, $\bar{M} = M/_F$. Le G espace M et le $\bar{G}$ espace $\bar{M}$ sont récurrents ou transitoires en même temps, et de même rang, grâce à la prop. 66, car H_x est d'indice fini dans $H_x.F$ (et même mieux, $H_x = H_x.F$). Le stabilisateur de $\bar{x} \in \bar{M}$, est $\bar{H}_{\bar{x}} = H_x/_F$ (prop. 66 et on vérifie sans peine que le sous groupe $\bar{U} = H'_1/_F$ de $\bar{G}$ a les propriétés ii) du lemme 5 puisque $H'_1/_F \big/ H_x/_F \approx H'_1/_{H_x}$ et $G/_F \big/ H'_1/_F \approx G/_{H'_1}$.

4) Remarquons que $\bar{G}_1$, le sous groupe dérivé de $\bar{G}$ est égal à :

$\bar{G}_1 = G_1.F/_F$ et que $\bar{H}_1 = \bar{H}_{\bar{x}}.\bar{G}_1 = H_x.G_1.F/_F = G_1H_xF/_F = G_1H_x/_F$

Ainsi, $\bar{H}_{\bar{x}} = H_x/_F$ n'est pas d'indice fini dans $\bar{H}_1$. Cela implique que le groupe $\bar{G}$ n'est pas abélien. Mais d'autre part, la propriété ii) implique qu'il est nilpotent d'ordre au plus égal à 2. Ainsi $\bar{G}$ est d'ordre exactement égal à 2.

5) D'après ce qui précède, nous pouvons supposer G d'ordre 2 et satisfaisant à la propriété ii). Soit $I = H_x \cap G_1$. I est un sous groupe central de G, et ne dépend pas donc de x.

Soit U abélien tel que :

$$U \supset H_x,\ G/_U \text{ et } U/_{H_x} \text{ sont abéliens de rang 1 sans torsion.}$$

Il est clair que $H_x \supset I$. Par ailleurs, posons :

$$\bar{G} = G/_I\ ,\ \bar{M} = M/_I\ ,\ \bar{U} = U/_I$$

Le G espace M et le $\bar{G}$-espace $\bar{M}$ sont récurrents ou transitoires en même temps d'après la proposition 66 (car H_x est d'indice fini dans $H_x.I$, puisque on a même $H_x = H_x.I$). Il est clair que $\bar{U}$ possède les propriétés ii) et que $\bar{G}_1 \cap \bar{H}_{\bar{x}} = (e)$. Il reste à prouver que $\bar{G}_1$ est sans torsion. Soit $\bar{K}$ le sous-groupe des éléments de torsion de $\bar{U}$; comme $\bar{U}/_{\bar{H}_{\bar{x}}}$ est sans torsion, $\bar{K} \subset \bar{H}_{\bar{x}}$ et donc, puisque $\bar{H}_{\bar{x}} \cap \bar{G}_1 = (e)$, $\bar{K} \cap \bar{G}_1 = (e)$. Ceci achève la preuve du lemme 70.

Lemme 71 : Soit G nilpotent de classe 2 et $M \approx G/_{H_x}$ un G espace homogène tel que :

ii) il existe U abélien distingué, $U \supset H_x$, $G/_U$ et $U/_{H_x}$ sont abéliens de rang 1, sans torsion.

iii) $H_x \cap G_1 = (e)$, et G_1 est sans torsion.

Alors, il existe un $\alpha \in \mathbb{Z}^*$ et un homomorphisme surjectif de G sur $N_3(\alpha)$ tel que :

$$\phi^{-1}\{(a,b,c)\ ;\ a=c=0\} = H_{x_0}.$$

Démonstration du lemme 71 :

1) Remarquons déjà que G_1 est un groupe abélien sans torsion de rang 1. En effet, d'après la proposition 67,3, U est d'indice fini dans UG_1, et donc : $\text{rg}\, U = \text{rg}\, UG_1$. Mais, d'après iii), $\text{rg}\, H_x.G_1 = \text{rg}\, H_x + \text{rg}\, G_1$. D'où $\text{rg}\, U.G_1 = \text{rg}\, U \geqslant \text{rg}\, H_x.G_1 = \text{rg}\, H_x + \text{rg}\, G_1$. Mais, d'après ii),

$$\text{rg}\, U = \text{rg}\, H_x + 1. \text{ Ainsi, } \text{rg}\, G_1 = 1.$$

2) Soit alors $\bar{g}_0$, h_0 et k_0 des générateurs des groupes abéliens de rang 1 sans torsion $G/_U$, G_1 et $U/_{H_x}$ respectivement.

Soit $\psi : G \to \mathbb{Z}^3$ définie par :

$\psi(g) = (a,b,c)$, où (a,b,c) sont définis de façon unique par :

$$\bar{g}_o^{a} = \bar{g}\ ,\ h_o^b = gg_o g^{-1} g_o^{-1} = (g,g_o),\ k_o^c = \ell(g_o^{-a}g) \quad \text{où}$$

$\ell : U \to U/_{H_X}$ est l'homomorphisme canonique et où g_o est un élement de G dont l'image dans $G/_U$ est $\bar{g}_o$. (Rappelons que (g,g') désigne le commutateur $gg'g^{-1}g'^{-1}$ de g et g'). Calculons $\psi(gg') = (a'',b'',c'')$ en fonction de $\psi(g) = (a,b,c)$ et $\psi(g') = (a',b',c')$. Il est clair que $a'' = a+a'$. Comme G est nilpotent de classe 2, on a :

$$(g.g',g_o) = (g,g_o).(g',g_o) \qquad (14)$$

En effet :

$$(gg',g_o) = gg'g_o g'^{-1} g^{-1} g_o^{-1} = gg_o g_o^{-1} g' g_o g'^{-1} g_o^{-1} = gg_o (g_o^{-1},g') g^{-1} g_o^{-1}$$

$$= gg_o g^{-1} g(g_o^{-1},g')g^{-1}(g_o^{-1},g')^{-1}(g_o^{-1},g')g_o^{-1}$$

$$= gg_o g^{-1}(g,(g_o^{-1},g'))(g_o^{-1},g')g_o^{-1} = gg_o g^{-1}(g_o^{-1},g')g_o^{-1}$$

car le groupe G est d'ordre 2

$$= gg_o g^{-1} g_o^{-1} g' g_o g'^{-1} g_o^{-1} = (g,g_o).(g',g_o)$$

La relation (14) prouve alors que $b'' = b+b'$. D'autre part :

$$g_o^{-(a+a')} gg' = g_o^{-a'}(g_o^{-a}.g)g' = (g_o^{-a'},g_o^{-a}g).(g_o^{-a}.g)(g_o^{-a'}.g')$$

$$= (g,g_o)^{a'}(g_o^{-a}g)(g_o^{-a'}g') \qquad (15)$$

En effet :

$$(g_o^{-a},g_o^{-a}.g) = g_o^{-1},g_o^{-a}g)^{a'} \quad \text{d'après (14)}$$

$$= (g_o^{-a}g(g^{-1}g_o^{a},g_o^{-1})g^{-1}g_o^{a})^{a'}$$

$$= (g_o^{-a}g(g^{-1},g_o^{-1})g^{-1}g_o^{a})^{a'} \quad \text{d'après (14)}$$

$$= (g_o^{-a}(g_o^{-1},g)g_o^{a}(g_o^{-1},g)^{-1}(g_o^{-1},g))^{a'}$$

$= (g_o^{-1},g)^{a'}$ car G est de classe 2

$= (g,g_o)^{a'}$ d'après (14)

Posant alors $\ell(h_o) = k_o^{\alpha'}$ ($\alpha' \in \mathbb{Z}^*$), on a, d'après (15)

$$\ell(g_o^{-(a+a')}gg') = \ell(h_o)^{a'b}k_o^c k_o^{c'} = k_o^{c+c'+\alpha'ab}, \text{ et donc}$$

$$c'' = c+c'+\alpha'a'b,$$

ce qui prouve que ψ est un homomorphisme de G dans $N_3(\alpha')$.

3) Il est facile de voir que $\psi(G)$ n'est pas abélien, et donc que $\psi(G)$ est isomorphe, par ψ', à un $N_3(\alpha)$ pour $\alpha \in \mathbb{Z}^*$, de telle façon que :

$$\psi'\{(a,b,c) \in \psi(G) \; ; \; a=c=0\} = \{(a,b,c) \in N_3(\alpha) \; ; \; a=c=0\}$$

Soit $\phi = \psi' o \psi$; c'est un homomorphisme surjectif de G sur $N_3(\alpha)$ tel que

$$\phi^{-1}\{(a,b,c) \; ; \; a=c=0\} = Hx$$

Comme le prouve une vérification immédiate. Ceci achève la preuve du lemme 71.

*
* *

Démonstration de la proposition 68 :

Si M satisfait à l'hypothèse (H), on peut se ramener, grâce au lemme 70, au cas où M satisfait aux hypothèses du lemme 71. Cela étant, grâce à la proposition 66' et à la conclusion du lemme 71, il nous suffit de voir que le $N_3(\alpha)$ espace homogène $\mathbb{Z}^2$ décrit précédemment est transitoire. Mais ceci est justement le résultat du théorème 65. Ainsi, la proposition 69 et le théorème 68 seront complètement prouvés quand sera achevée la :

IV - Démonstration du théorème 65

Rappelons que la multiplication dans $N_3(\alpha)$ ($\simeq \mathbb{Z}^3$) est donnée par :

$$(a,b,c)(a',b',c') = (a+a',b+b',c+c' + \alpha a'b) \quad (16)$$

et que $N_3(\alpha)$ opère sur $\mathbb{Z}^2$ par la formule :

$$(a,b,c)(x,y) = (a+x, y+c+\alpha bx) \qquad (17)$$

Soit $A = \{a,0,0 \ ; \ a \in \mathbb{Z}\}$, $B = \{0,b,0 \ ; \ b \in \mathbb{Z}\}$, $C = \{0,0,c \ ; \ c \in \mathbb{Z}\}$.

C est le centre de $N_3(\alpha)$ et B le stabilisateur de (0,0). Notons $\xi : N_3(\alpha) \to N_3(\alpha)$ l'application définie par : $\xi(a,b,c) = (-a,b,c)$ et $\eta : N_3(\alpha) \to N_3(\alpha)$ définie par : $\eta(a,b,c) = (a,-b,c)$. Nous allons déjà prouver le théorème 65 dans un cas particulier.

Proposition 72 : Soit μ adaptée sur $N_3(\alpha)$, à support fini, portée par $\mathbb{Z}^2 \times (0)$ et invariante par ξ et η. Alors la m.a gauche de loi μ sur $\mathbb{Z}^2$ est transitoire.

Démonstration : D'après le chap. III , il suffit pour tout compact K de trouver une fonction $f : \mathbb{Z}^2 \to \mathbb{R}$ telle que :

$$0 \leq f \leq 1, \ \lim_{z\to\infty} f(z) = 1, \quad \sup_{z\in K} f(z) = d < 1$$

$$Pf(z) \geq f(z) \quad \text{pour} \quad z \notin K \qquad (18)$$

où P est le noyau de transition de la m.a de loi μ sur $\mathbb{Z}^2$.

La proposition 72 sera alors un corollaire du lemme suivant.

Lemme 73 : Soit μ comme dans la proposition 72. Soit $f : \mathbb{Z}^2 \to \mathbb{R}$ définie par $f(x,y) = 1-|(x,y)|^{-\rho}$, où $|(x,y)| = x^4+\delta y^2$ $(\delta > 0, \rho > 0)$. Il existe $\delta, \rho > 0$ et une partie finie K contenant (0,0) tels que $f^+ = f \vee 0$ satisfasse à (18) relativement à K et P.

Démonstration : (cf chap. III)

1) Quelques calculs simples prouvant que :

$$f''_{x^2}(x,y) = 4\rho|(x,y)|^{-(\rho+2)}\{-(4\rho+1)x^6+3\delta x^2y^2\}$$

$$f''_{y^2}(x,y) = 2\rho\delta|(x,y)|^{-(\rho+2)}\{x^4-\delta(2\rho+1)y^2\} \qquad (19)$$

$$f^{(4)}_{x^4}(x,y) = 24\rho|(x,y)|^{-(\rho+1)}+x^2 O\{|(x,y)|^{-(\rho+1)}\}$$

$$f^{(4)}_{x^3y}(x,y) = x\,O\{|(x,y)|^{-(\rho+1)}\} \ ; \ f^{(4)}_{x^2y^2} = O\{|(x,y)|^{-(\rho+1)}\}$$

$$f^{(4)}_{xy^3}(x,y) = x\,O\{|(x,y)|^{-(\rho+2)}\} \ ; \ f^{(4)}_{y^4}(x,y) = O\{|(x,y)|^{-(\rho+2)}\}$$

2) Ecrivons le développement de Taylor à l'ordre 4 suivant :

$$f\{(a,b,0).(x,y)\} = f(x+a,y+\alpha bx) = f(x,y)+af'_x(x,y)+\alpha bx\ f'_y(x,y)$$

$$+ \frac{1}{2}\{a^2f''_{x^2}(x,y)+2\alpha abxf''_{xy}(x,y)+\alpha^2b^2x^2f''_{y^2}(x,y)\} \qquad (20)$$

$$+ \frac{1}{3!}\{a^3f'''_{x^3}(x,y)+3\alpha a^2bx\ f'''_{x^2y}(x,y)+3\alpha^2ab^2x^2f'''_{xy^2}(x,y)+\alpha^3b^3x^3f'''_{y^3}(x,y)\}$$

$$+ \frac{1}{4}\,24\rho\ a^4|(x,y)|^{-(\rho+1)} + \frac{1}{4!}\ R(a,b,x,y)$$

où un calcul simple (mais fastidieux !) permet de voir que $R(a,b,x,y) = (1+x^2)O\{|(x,y)|^{-(\rho+1)}\}$ uniformément en (a,b) sur tout compact.

3) Soit $X = (X_1,X_2,0)$ une v.a à valeurs dans $N_3(\alpha)$ de loi μ.

Substituant $(X_1,X_2,0)$ à $(a,b,0)$ dans (20), et prenant l'espérance des deux membres, on obtient, compte tenu de :

$$E(X_1) = E(X_2) = E(X_1X_2) = E(X_1^2X_2) = E(X_1X_2^2) = E(X_1^3) = E(X_2^3) = 0$$

(car μ est invariante par ξ et η) :

$$E(f\{(X_1,X_2,0).(x,y)\}) = E(f(x+X_1,y+\alpha xX_2)\} = Pf(x,y) =$$

$$f(x,y) + \frac{1}{2}\{E(X_1^2)f''_{x^2}(x,y) + \alpha^2E(X_2^2)x^2f''_{y^2}(x,y)\} \qquad (21)$$

$$+ \rho E(X_1^4)|(x,y)|^{-(\rho+1)} + (1+x^2)O\{|(x,y)|^{-(\rho+1)}\}$$

4) Dans (21), le calcul explicite des termes d'ordre 2 donne :

$$\Delta_2 = \frac{1}{2}\{E(X_1^2)f''_{x^2} + \alpha^2E(X_2^2)x^2f''_{y^2}\}$$

$$= \rho x^2|(x,y)|^{-(\rho+2)}\{E(X_1^2)(-(8\rho+2)x^4+6\delta y^2)+\delta\alpha^2E(X_2^2)(x^4-\delta(2\rho+1)y^2)\} \qquad (22)$$

On voit alors facilement puisque $E(X_1^2) > 0$ et $E(X_2^2) > 0$, μ étant adaptée, qu'on peut trouver $\delta, \rho > 0$ tels que :

$$\Delta_2 \geqslant d\, x^2 |(x,y)|^{-(\rho+1)} \quad (d > 0) \qquad (23)$$

5) On déduit alors de (21) et (23) que :

$$Pf(x,y) \geqslant f(x,y) + d\, x^2 |(x,y)|^{-(\rho+1)} + \rho E(X_1^4) |(x,y)|^{-(\rho+1)} \qquad (24)$$

$$+ (1+x^2) \mathbf{O}\{|x,y|^{-(\rho+1)}\}$$

Et donc, il existe une constante $D > 0$ telle que :

$$Pf(x,y) \geqslant f(x,y) + D(1+x^2)\{|(x,y)|^{-(\rho+1)} + \mathbf{O}\{|(x,y)|^{-(\rho+1)}\}\}$$

ce qui prouve que :

$Pf(x,y) \geqslant f(x,y)$ pour $(x,y) \notin K$, pour un compact K assez grand, et cela achève la démonstration du lemme 73 et de la proposition 72.

Exemple 74 :

Si μ est la mesure qui charge avec la masse $\frac{1}{4}$ chacun des points $(1,0,0)$, $(-1,0,0)$, $(0,1,0)$ et $(0,-1,0)$, la chaîne de Markov associée sur $\mathbb{Z}^2$ a une matrice de transition P égale à :

$$P((x,y),(x+1,y)) = \frac{1}{4}, \quad P((x,y),(x-1,y)) = \frac{1}{4}$$

$$P((x,y),(x,y+\alpha x)) = \frac{1}{4}, \quad P((x,y),(x,y-\alpha x)) = \frac{1}{4}$$

(et où P vaut 0 dans toutes les autres situations).

*
* *

Il nous reste à traiter le cas où la mesure μ est quelconque.

Remarquons déjà que grâce au chap. I on peut supposer que le support de μ est un semi-groupe. D'autre part, on peut supposer que :

$$(\text{Supp } \mu) \cap B \text{ n'est ni vide ni réduit à un point} \qquad (25)$$

En effet, si (25) n'était pas réalisé, on aurait :

• si $(\mathrm{Supp}\,\mu) \cap B = \emptyset$, $\sum_{n\geq 1} \mu^{*n}(B) = 0$, et donc la marche de loi μ sur $\mathbb{Z}^2$ serait transitoire (rappelons que B est le stabilisateur de $(0,0)$).

• si $(\mathrm{Supp}\,\mu) \cap B = (0,b_o,0)$, $\sum_{n\geq 1} \mu^{*n}(B) = \sum_{n\geq 1} \mu^{*n}\{(0,b_o,0)\} < +\infty$

d'après le chap. III, , et la marche de loi μ sur $\mathbb{Z}^2$ serait transitoire. Ainsi, dans tout ce qui suit, on suppose que le support de μ est un semi groupe et que (25) est réalisé.

*

* *

Lemme 75 : Soit μ une mesure de $N_3(\alpha)$ non supportée par un sous-groupe abélien et satisfaisant à (25). Soit $f : N_3(\alpha) \to \mathbb{R}$ définie par : $f(a,b,c) = \varphi * \check{\varphi}(a).\psi * \check{\psi}(b).\theta * \check{\theta}(c)$ (où φ,ψ,θ sont trois fonctions ≥ 0 de $\mathbb{Z}$ dans $\mathbb{R}$). Alors, il existe une probabilité $\bar{\mu}$ sur $N_3(\alpha)$ invariante par ξ et η, de support inclus dans $\mathbb{Z}^2 \times (0)$, telle que le support de μ' engendre un sous-groupe non abélien de $N_3(\alpha)$ et telle que :

$$\mu^n(f) \leq \bar{\mu}^n(f) \quad \text{pour tout } n \tag{26}$$

Démonstration :

1) Soit $k > 0$, et μ_{AC} la projection de μ sur A.C. Ecrivons la désintégration

$$\mu = \int_{A.C} p_{A.C}(da,dc)p_{a,c}$$

, où $p_{a,c}$ est une probabilité sur $\mathbb{Z}$ (identifié à $\{a\} \times \mathbb{Z} \times \{c\}$). Décomposons, comme au chapitre II lemme 10 :

$$p_{a,c} = s_{a,c}\, q_{a,c} + (1-s_{a,c})r_{a,c}$$

où $q_{a,c}$ (resp. $r_{a,c}$) est la restriction de $p_{a,c}$ a $[-k,+k]$ (resp. au complémentaire de $[-k,+k]$) et où $s_{a,c}$ est un réel compris entre 0 et 1. Définissons :

$$\tilde{p}_{a,c} = \frac{s_{a,c}}{2}\, q_{a,c} * \check{q}_{a,c} + \left(\frac{1-s_{a,c}}{2}\right).\delta_o$$

et soit $\tilde{\mu}$ la mesure sur $N_3(\alpha)$ définie par :

$$\tilde{\mu} = \int_{A.C} p_{A.C}(da,dc)\tilde{p}_{a,c}$$ (où $\tilde{p}_{a,c}$ est identifiée à une

mesure sur $\{a\} \times \mathbb{Z} \times \{c\}$. Enfin, soit μ' la projection de $\tilde{\mu}$ sur $\{(a,b,0)\ ;\ a,b \in \mathbb{Z}\}$. Il est clair que μ' est invariante par η et que son support est inclus dans $\mathbb{Z} \times [-2k,2k] \times \{0\}$. Prouvons que μ' satisfait à (26). Si on écrit le produit :

$$(a_n,b_n,c_n)\ldots(a_1,b_1,c_1) = (u_n,v_n,w_n) \text{ avec :}$$

$$u_n = a_1+\ldots+a_n,\ v_n = b_1+\ldots+b_n \quad \text{et} \quad w_n = c_1+\ldots+c_n+\alpha b_2a_1+\ldots+\alpha b_n(a_1+\ldots+a_n)$$

on a :

$$\mu^n(f) = \int_{N_3(\alpha)^n} f(u_n,v_n,w_n) \bigotimes_{i=1}^{n} \mu(da_i,db_i,dc_i)$$

$$= \int_{(A.C)^n} \bigotimes_{i=1}^{n} p_{A.C}(da_i,dc_i)\varphi*\check{\varphi}(u_n)\int_{\mathbb{Z}^n}\psi\times\check{\psi}(v_n).\theta\times\check{\theta}(w_n) \bigotimes_{i=1}^{n} p_{a_i,c_i}(db_i)$$

Désignant par α_i l'homomorphisme de $\mathbb{Z}$ dans $\mathbb{Z}^2$ défini par :

$$\alpha_o(b) = (b,0), \alpha_i(b) = (b,\alpha b(a_1+\ldots+a_i) \quad (i \geq 1)$$

et par $\phi(b,c) = \psi*\check{\psi}(b).\theta*\check{\theta}(c)$ (remarquons que $\phi = (\psi.\theta)*(\check{\psi}.\check{\theta})$), on a alors

$$\int_{\mathbb{Z}^n} \psi*\check{\psi}(v_n).\theta*\check{\theta}(w_n) \bigotimes_{i=1}^{n} p_{a_i,c_i}(db_i) =$$

$$\int\phi((0,c_1)+\ldots+(0,c_n)+\alpha_o(b_1)+\ldots+\alpha_{n-1}(b_n)) \bigotimes_{i=1}^{n} p_{a_i,c_i}(db_i)$$

$$= \int\psi.\theta*\check{\psi}.\check{\theta}((0,c_1)+\ldots+(0,c_n)+\alpha_o(b_1)+\ldots+\alpha_{n-1}(b_n)) \bigotimes_{i=1}^{n} p_{a_i,c_i}(db_i)$$

$$\leq \int\phi((0,c_1)+\ldots+(0,c_n)+\alpha_o(b_1)+\ldots+\alpha_n(b_n)) \bigotimes_{i=1}^{n} \tilde{p}_{a_i,c_i}(db_i)$$

d'après le lemme 10 du chapitre II . D'où :

$$\mu^n(f) \leq \int_{N_3(\alpha)^n} \bigotimes_{i=1}^{n} \tilde{\mu}(da_i,db_i,dc_i)\varphi*\check{\varphi}(a_1+\ldots+a_n)\psi*\check{\psi}(b_1+\ldots+b_n).$$

$$\theta*\check{\theta}(\alpha b_2a_1+\ldots=\alpha b_n(a_1+\ldots+a_{n-1})$$

On en déduit immédiatement :

$\mu^n(f) \leq \mu'^n(f)$, puisque le second membre de la précédente inégalité est égal à $\mu'^n(f)$.

2) Prouvons qu'on peut choisir k de telle sorte que μ' n'est pas portée par un sous groupe abélien de $N_3(\alpha)$ et possède la propriété (25) D'après (25) $p_{AC}(0,0) > 0$ et $p_{0,0}$ n'est pas supportée par un seul point. Il est donc possible de choisir k tel que $\tilde{p}_{0,0}$ charge 0 et un autre point. Ainsi μ' charge $(0,0,0)$ et un autre point de B. Par ailleurs, comme μ n'est pas portée par un sous groupe abélien de $N_3(\alpha)$, il existe (a_o,c_o), $(a_o \neq 0)$ tel que $p_{A.C}(a_o,c_o) > 0$. Mais comme $\tilde{p}_{a,c}(0) > 0$, $p_{A.C}$ presque partout, on en déduit que $\tilde{p}_{a_o,c_o}(0) > 0$ et $\mu'(a_o,0,0) > 0$. En conclusion, μ' charge au moins $(0,0,0)$ et un autre point de A et de B, et n'est donc pas supportée par un sous-groupe abélien de $N_3(\alpha)$ et possède la propriété (25).

3) L'application qui à (a,b,c) fait correspondre (b,a,c) est un isomorphisme du groupe $(N_3(\alpha),\cdot)$ (où $\cdot$ désigne le produit usuel défini en (16)) dans le groupe $(N_3(\alpha),\Delta)$, où Δ est défini par :

$$(a,b,c)\Delta(a',b',c') = (a',b',c').(a,b,c).$$

Puisque μ^n à la même valeur dans les deux structures ($\cdot$ et Δ), les conclusions des points 1 et 2 restent valables quand on échange les rôles de a et b. Ainsi, il existe une mesure μ' satisfaisant à :

- μ' a son support dans $[-2k,2k] \times \mathbb{Z} \times \{0\}$ et son support n'est pas inclus dans un sous groupe abélien de $N_3(\alpha)$
- $\mu^n(f) \leqslant \mu'^n(f)$
- μ' possède la propriété (25), ie : Supp $\mu' \cap B$ n'est ni vide ni réduit à un point.
- μ' est invariante par ξ.

Cette fois, on réitère la construction du point 1, mais à partir de μ'. On obtient ainsi une mesure $\bar{\mu}$, qui satisfait à :

- $\bar{\mu}$ a son support dans $[-2k,2k] \times [-2k',2k'] \times (0)$
- $\bar{\mu}$ est invariante par ξ et η
- le support de $\bar{\mu}$ n'est pas inclus dans un sous groupe abélien de $N_3(\alpha)$.
- $\mu^n(f) \leqslant \bar{\mu}^n(f)$

Ceci achève la preuve du lemme 75.

*
* *

Nous pouvons maintenant achever la démonstration du théorème 65.

• Appliquons le lemme 75 à la fonction $f = 1_{\{0\}} \otimes 1_{[-2k,2k]} \otimes 1_{\{0\}}$ (remarquons que $1_{[-2k,2k]}$ est une combinaison linéaire de fonctions de la forme $\psi * \check{\psi}$), on a :

$$\mu^n(\{0\}\times[-2k,2k]\times\{0\}) \leqslant \bar{\mu}^n\{\{0\}\times[-2k,2k]\times\{0\}\}$$

et faisant tendre k vers l'infini :

$$\mu^n(B) \leqslant \bar{\mu}^n(B) \qquad (27)$$

• Soit maintenant Γ le sous groupe de $N_3(\alpha)$ engendré par le support de $\bar{\mu}$. Γ est isomorphe à un $N_3(\alpha')$ pour $\alpha' \in \mathbb{Z}^*$. Soit ϕ cet isomorphisme. ϕ est tel que, si $B' = \{(a,b,c) \in N_3(\alpha')\ ;\ a=c=0\}$, alors

$$\phi(B \cap \Gamma) = B'$$

Soit $\hat{\mu}$ l'image de $\bar{\mu}$ par ϕ. Il est clair, d'après (27) que :

$$\mu^n(B) \leqslant \hat{\mu}^n(B') \qquad (28)$$

Or, d'après la proposition 72 et $\hat{\mu}$ étant adaptée dans $N_3(\alpha')$:

$$\sum_{n\geqslant 0} \hat{\mu}^n(B') < +\infty,$$ puisque la m.a de loi $\hat{\mu}$ sur le $N_3(\alpha')$ espace homogène $\mathbb{Z}^2$ est transitoire. Et donc, d'après (28) :

$$\sum_{n\geqslant 0} \mu^n(B) < +\infty$$

ce qui prouve que la m.a gauche sur le $N_3(\alpha)$ espace homogène $\mathbb{Z}^2$ est transitoire, et achève la démonstration du théorème 65.

*

* *

REFERENCES

1. AUSLANDER L. et MOORE C. *Unitary representations of solvable Lie groups*. Mem. Amer. Math. Soc. N°62 (1966).

2. AZENCOTT R. *Espaces de Poisson des Groupes Localement Compacts*. Lecture Notes in Math. 148, Springer, Berlin (1970).

3. BIEBERBACH L. *Über die Bewegungsgruppen der Euklidischen Räume I*. Math. Annalen 70 (1971), 297-336.

4. BLUMENTHAL R.M. et GETOOR R.K. *Markov Processes and Potential Theory*. Academic Press, New York (1968).

5. BOURBAKI N. *Groupes et algèbres de Lie*, chap. I, II, III. Herman Paris (1960).

6. BRUNEL A., CREPEL P., GUIVARC'H Y. et KEANE M. *Marches aléatoires récurrentes sur les groupes localement compacts*. C.R.A.S. 275 (1972).

7. BRUNEL A. et REVUZ D. *Quelques applications probabilistes de la quasi-compacité*. A.I.H.P. 10 (1974), 301-337.

8. ____________________. *Marches de Harris sur les groupes localement compacts, I*. Ann. Sci. Ecole Norm. Sup (4) 7 (1974), 273-310.

9. ____________________. *Sur la théorie du renouvellement pour les groupes non abéliens*. Israël J. of Maths, vol. 20, n°1 (1975)

10. CHUNG K.L. et FUCHS W.H. *On the distribution of values of sums of random variables*. Mem. Am. Math. Soc. 6 (1951).

11. COLLINS H.S. *Convergence of convolutions iterates of measures*. Duke. Math. J. (1962), 259-264.

12. CREPEL P. *Marches aléatoires sur le groupe des déplacements de* R^2 . Springer, Lecture Notes (à paraître)

13. CREPEL P. et RAUGI A. *Théorème central limite sur les groupes nilpotents*. C.R.A.S. (28/7/75).

14. CREPEL P. et ROYNETTE B. *Une loi du logarithme itéré pour le groupe d'Heisenberg*. (à paraître).

15. DUDLEY R.M. *Random walk on abelian groups*. Proc. Am. Math. Soc. 13, (1962), 447-450.

16. EYMARD P. et ROYNETTE B. *Marches aléatoires sur le dual de* $SU(2)$. Séminaire Nancy-Strasbourg, SLN (à paraître).

17. FELLER W. *Boundaries induced by non-negative matrices*. T.A.M.S. 83 (1956), 19-54.

18. ________. *A simple proof for renewal theorems*. Commun. Pure Appl. Math. 14 (1961), 285-293.

19. ________. *An introduction to Probability Theory and its Applications*. Vol. 2, Wiley, New York (1966).

20. H. FURSTENBERG. *A Poisson formula for semi-simple Lie groups*. Ann. Math (2) 77, (1963), 335-386.

21. ________. *Non commuting random products*. T.A.M.S. 108 (1963), 377-428.

22. ________. *Translation-invariant cones of functions on semi-simple Lie groups*. Bull. Am. Math. Soc. 71 (2), (1965), 271-326.

23. GEORGES C. *Les chaînes de Markov associées à des polynômes orthogonaux*. Thèse, Nancy (1975).

24. GIHMAN I. et SKOROHOD A. *Introduction to the theory of random processes*. W.B. Saunders Co, Phila-London-Toronto, (1969).

25. GOROSTIZA L.G. *The central limit theorem for random motions of d. dimensional euclidian space*. Annals of proba., vol. 1, n° 4, (1973).

26. GREENLEAF F. *Invariant means on topological groups and their applications*. Van Nostrand Math. Studies n°16, (1969).

27. GUIVARC'H Y. *Croissance polynomiale et périodes des fonctions harmoniques*. Bull. Soc. Math. France 101 (1973) 333-379

28. GUIVARC'H Y. et KEANE M. *Transience des marches aléatoires sur les groupes nilpotents*. Astérisque 4, Soc. Math. de France, Paris (1973).

29. ________. *Un théorème de renouvellement pour les groupes nilpotents*. Astérisque 4, Soc. Math. de France, Paris (1973).

30. HALL M. *The theory of groups*. Mac Millan Co, New York, (1959).

31. HARRIS T.E. *Recurrent Markov processes, II*. A.M.S. 26, (1955), 152-153 (abstract).

32. HARRIS T.E. *The existence of stationary measures for certain Markov processes.* Proc. 3rd Berkeley Symp. on Mathematical Statistics and Probability, vol. 2, University of California Press, Berkeley, Calif., (1956), 113-124.

33. HELGASON S. *Differential Geometry and Symmetric Spaces.* Academic Press, NY-London, (1962).

34. HENNION H. *Marches aléatoires sur les espaces homogènes des groupes nilpotents discrets.* Z.W. (à paraître).

35. HOCHSCHILD G. *The structure of Lie Groups.* Holden-Day Inc. San Francisco-London-Amsterdam, (1965).

36. IONESCU-TULCEA C. *Mesures dans les espaces produits.* Atti Accad. Naz. Lincei. Rend. 7, (1949), 208-211.

37. KAWADA Y. et ITO K. *On the prob. distribution on a compact group, I.* Proc. Phys. Math. Soc. Japan 22, (1940), 977-999.

38. KESTEN H. *Symmetric random walks on groups.* T.A.M.S. 92, (1959), 336-354.

39. ________. *Full Banach mean values on countable groups.* Math. Scand. 7 (1959), 146-156.

40. ________. *Ratio theorems for random walks, II.* J. Anal. Math. 11, (1963), 323-379.

41. ________. *The Martin boundary of recurrent random walks on countable groups.* Proc. 5th Berkeley Symp. on Mathematical Statistics and Probability, vol. 11, Univ. of California Press, Berkeley, Calif., (1967), 51-75.

42. KESTEN H. et SPITZER F. *Ratio theorems for random walks, I.* J. Anal. Math. 11, (1963), 285-322.

43. ______________________. *Random walk on countably infinite Abelian groups.* Acta. Math. 114, (1965), 237-265.

44. LOYNS R.M. *Products of independent random elements in a topological group.* Z.W. 1, (1963), 446-455.

45. MAGNUS W. et OBERHETTINGER F. *Formulas and Theorems for the Special Functions of Mathematical Physics.* Chelsea Publ. Co, NY, (1949).

46. MALCEV A. *On certain classes of infinite solvable groups*. Amer. Math. Soc. Transl. (2), 2 (1956), 1-21.

47. ________. *On a class of homogeneous spaces*. Amer. Math. Soc. Transl. N°39 (1951).

48. MEYER P.A. *Théorie ergodique et potentiels*. A.I.F.15(1), (1965), 89-102.

49. ________. *Probability and Potentials*. Blaisdell, Waltham, Mass. (1966).

50. ________. *Caractérisation des noyaux potentiels des semi-groupes discrets*. A.I.F. 16(2), (1966), 225-240.

51. ________. *Les résolvantes fortement Fellériennes d'après Mokobodzky*. Sém. de Probabilités II, Lecture Notes in Math. 51, Springer, Berlin (1968).

52. ________. *Representation intégrale des fonctions excessives, résultats de Mokobodzky*. Sém. de Probabilités V, Lecture Notes in Math. 191, Springer, Berlin (1971).

53. ________. *Deux petits résultats de la théorie du potentiel*. Sém. de Probabilités, V, Lecture Notes in Math. 191, Springer, Berlin (1971).

54. ________. *Travaux de H. Rost en théorie du balayage*. Sém. de Probabilités V, Lecture Notes in Math. 191, Springer, Berlin, (1971).

55. ________. *Solutions de l'équation de Poisson dans le cas récurrent*. Sém. de Probabilités V, Lecture Notes in Math. 191, Springer, Berlin (1971).

56. MOSTOW D. *Factor Spaces of solvable groups*. Ann. of Math.(2),60, (1954), 1-27.

57. NEVEU J. *Potentiels markoviens discrets*. Ann. Univ. Clermont 24, (1964), 37-89.

58. _______. *Mathematical Foundations of the Calculus of Probability*. Holden Day, San Francisco, Calif., (1965).

59. _______. *Relations entre la théorie des martingales et la théorie ergodique*. A.I.F. 15, (1965), 31-42.

60. NEVEU J. *Existence of bounded invariant measures in ergodic theory*. Symp. 5th Berkeley Symp. on Mathematical Statistics and Probability, Univ. of California Press, Berkeley, Calif. (1966).

61. _______. *Potentiel markovien récurrent des chaînes de Harris*. A.I.F. 22(2), (1972), 85-130.

62. _______. *Sur l'irréductibilité des chaînes de Markov*. A.I.H.P. 8(3), (1972), 249-254.

63. _______. *Généralisation d'un théorème limite-quotient*. Trans. 6th Prague Conf. on Information Theory, Statistical Decision Functions, Random Processes, Czech. Acad. Sci, Prague (1973).

64. _______. *Cours de Probabilités*. Ecole Polytechnique, Paris (1972)

65. PARRY W. *Ergodic Properties of affine transformations and flows on nilmanifolds*. Amer. J. Math. 91 (1969), 755-771

66. PARTHASARATHY K. *Probability measures on metric spaces*. Acad. Press. NY-London, (1967).

67. POLYA G. *Über eine Aufgabe der Wahrscheinlichkeitsrechnung betreffend die Irrfahrt in Strassennetz*. Math. Ann. 89, (1921), 149-160.

68. PORT S.C. et STONE C.J. *Potential theory of random walks on abelian groups*. Acta Math. 122 (1969), 19-114.

69. REVUZ D. *Markov chains*. North Holland Publ. Co, Amsterdam-Oxford, (1975).

70. ROYNETTE B. *Marches aléatoires sur le groupe des déplacements de* R^d. Z.W. 31, (1974), 25-34.

71. _______. *Théorème central-limite pour le groupe de déplacements de* R^d. A.I.H.P., vol. X, n°4, (1974), 391-398.

72. ROYNETTE B. et SUEUR M. *Marches aléatoires sur un groupe nilpotent*. Z.W. 30, (1974), 129-138.

73. _______. *Marches aléatoires sur les groupes d'Heisenberg*. Séminaire Nancy-Strasbourg, SLN (à paraître).

74. SAZONOV V.V. et TUTUBALIN V.N. *Probability distributions on topological groups*. Theory of Probability and its applications, vol. X, n°1, (1966), 145.

75. SCHWARTZ L. *Théorie des Distributions*. Hermann, Paris, (1966).

76. SERRE J-P. *Algèbres de Lie semi-simples complexe*. WA Benjamin Inc., New York.Amsterdam (1966)

77. SPITZER F. *Principles of Random Walk*. Van Nostrand Co, Princeton, (1964)

78. STRONBERG K. *Probability on a compact group*. Trans. Am. Math. Soc. 94, 2 (1960), 259-264.

79. SZEGO G. *Orthogonal polynomials*. Am. Math. Society Colloquium Publications (1939)

80. TITS J. *Free subgroups in linear groups*. Journal of Algebra 20, (1972), 250-270.

81. TUTUBALIN V.N. *The central limit theorem for random motions of a euclidian space*. Selected Transl. in Math. Statist. and Probability, vol. 12, (1973), 47-57.

82. URBANIK K. *On the limiting probability distribution on a compact topological group*. Fund. Math. 3 (1957), 253.

83. VILENKIN N. *Fonctions spéciales et théorie de la représentation des groupes*. Dunod, Paris (1969).

84. VON NEUMANN J. *Zur allgemeinen Theorie des Masses*. Fund. Math 13, (1929), 73-116.

85. WALLACH N. *Harmonic Analysis on Homogeneous Spaces*. Marul Dekker, Inc. New-York (1973)

86. WANG H.C. *Discrete subgroups of solvable Lie groups*. Ann. of Math. séries 2, t. 64 (1956), 1-19

87. WEIL A. *L'intégration dans les groupes topologiques et ses applications*. Hermann, Paris (1940)

88. WOLF J-A. *Growth of finitely generated solvable groups and curvature of riemannian manifolds*. J. Diff. Geom. t. 2, (1968) 421-446

89. YOSIDA K. *Functional Analysis*. Springer-Verlag, Berlin (1965).

APPENDICE

CHAPITRE I.-

La construction d'une chaîne de Markov associée à un noyau de transition telle que nous la présentons ici est classique. Elle est dûe à Ionescu-Tulcea [36] et notre rédaction est proche de celle de J. Neveu ([58 , chapitre V]). La dichotomie entre groupes transitoires et récurrents se trouve dans Loyns [44]. L'exemple des marches aléatoires symétriques sur $\mathbb{Z}$, $\mathbb{Z}^2$, $\mathbb{Z}^3$ de l' remonte à G. Polya [67]. Le rapport entre récurrence et unimodularité fut établi par A. Brunel et al. [6] . Le fait que les groupes récurrents soient moyennables a été prouvé par H. Kesten dans le cas discret [41] puis par Azencott dans le cas général [2] . Pour ce qui est des marches aléatoires sur les groupes abéliens (discrets) le livre de base est celui de F. Spitzer [77] . Le critère de récurrence utilisant la transformée de Fourier provient de K.L. Chung et W.H. Fuchs [10]. Le théorème de classification des groupes abéliens en groupes récurrents et transitoires provient de Kesten-Spitzer [43] et Port-Stone [69]. Les résultats sur la croissance des groupes utilisés ici sont dus à Y. Guivarc'h [27] .

CHAPITRE II.-

Les résultats des § A et D sont dus à P. Crepel et notre rédaction est presque la même que la sienne dans [12]. Les résultats de B sont classiques (cf. par exemple [11],[37],[78]). Notre rédaction suit de près celle de V.V. Sazonov et V.N. Tutubalin [74]. Le théorème 12, dans le cas d = 2, 3, est dû à V.N. Tutubalin [81]. Une démonstration dans le cas général a été faite par L.G. Gorostiza [25]. C'est la démonstration de [71] qui nous a ici inspiré. Le lemme 26 est dû à H. Hennion [34] et le théorème 21 à B. Roynette [70]. Le théorème 25 et les propositions qui le suivent sont nouveaux.

CHAPITRE III.-

Le théorème de transience des groupes nilpotents est dû à Y. Guivarc'h et M. Keane [28]; la propriété de renouvellement contenue dans la deuxième partie de ce théorème est nouvelle dans ce cadre général Les résultats de D I et II sont dus à B. Roynette et M. Sueur ; ceux de D III sont nouveaux.

CHAPITRE IV.-

Les raisonnements de ce chapitre développent la technique de majoration introduite en [28] .

CHAPITRE V.-

Les résultats de ce chapitre sont nouveaux. Des propriétés de renouvellement pourraient également être énoncées dans ce cadre grâce aux résultats de A. Brunel et D. Revuz [9] . Cependant, dans ce domaine, la situation générale ne semble pas encore complètement éclaircie. Des résultats partiels ont été obtenus par L. Elie [Etude du renouvellement pour certains groupes résolubles, CRAS t. 280, mai 75, série A 1149-1152] et Y. Derriennic et Y. Guivarc'h [Un théorème de renouvellement pour les groupes non moyennables, CRAS t. 277, oct. 73, série A 613-615]

CHAPITRE VI.-

Les résultats de A sont dûs à P. Eymard et al [16] , ceux de B à C. George [23] et ceux de C à H. Hennion [34].

Vol. 460: O. Loos, Jordan Pairs. XVI, 218 pages. 1975.

Vol. 461: Computational Mechanics. Proceedings 1974. Edited by J. T. Oden. VII, 328 pages. 1975.

'ol. 462: P. Gérardin, Construction de Séries Discrètes p-adiques. ;ur les séries discrètes non ramifiées des groupes réductifs ployés p-adiques«. III, 180 pages. 1975.

l. 463: H.-H. Kuo, Gaussian Measures in Banach Spaces. VI, '4 pages. 1975.

ol. 464: C. Rockland, Hypoellipticity and Eigenvalue Asymptotics. I, 171 pages. 1975.

Vol. 465: Séminaire de Probabilités IX. Proceedings 1973/74. Edité par P. A. Meyer. IV, 589 pages. 1975.

Vol. 466: Non-Commutative Harmonic Analysis. Proceedings 1974. Edited by J. Carmona, J. Dixmier and M. Vergne. VI, 231 pages. 1975.

Vol. 467: M. R. Essén, The Cos $\pi\lambda$ Theorem. With a paper by Christer Borell. VII, 112 pages. 1975.

Vol. 468: Dynamical Systems – Warwick 1974. Proceedings 1973/74. Edited by A. Manning. X, 405 pages. 1975.

Vol. 469: E. Binz, Continuous Convergence on C(X). IX, 140 pages. 1975.

Vol. 470: R. Bowen, Equilibrium States and the Ergodic Theory of Anosov Diffeomorphisms. III, 108 pages. 1975.

Vol. 471: R. S. Hamilton, Harmonic Maps of Manifolds with Boundary. III, 168 pages. 1975.

Vol. 472: Probability-Winter School. Proceedings 1975. Edited by Z. Ciesielski, K. Urbanik, and W. A. Woyczyński. VI, 283 pages. 1975.

Vol. 473: D. Burghelea, R. Lashof, and M. Rothenberg, Groups of Automorphisms of Manifolds. (with an appendix by E. Pedersen) VII, 156 pages. 1975.

Vol. 474: Séminaire Pierre Lelong (Analyse) Année 1973/74. Edité par P. Lelong. VI, 182 pages. 1975.

Vol. 475: Répartition Modulo 1. Actes du Colloque de Marseille-Luminy, 4 au 7 Juin 1974. Edité par G. Rauzy. V, 258 pages. 1975. 1975.

Vol. 476: Modular Functions of One Variable IV. Proceedings 1972. Edited by B. J. Birch and W. Kuyk. V, 151 pages. 1975.

Vol. 477: Optimization and Optimal Control. Proceedings 1974. Edited by R. Bulirsch, W. Oettli, and J. Stoer. VII, 294 pages. 1975.

Vol. 478: G. Schober, Univalent Functions – Selected Topics. V, 200 pages. 1975.

Vol. 479: S. D. Fisher and J. W. Jerome, Minimum Norm Extremals in Function Spaces. With Applications to Classical and Modern Analysis. VIII, 209 pages. 1975.

Vol. 480: X. M. Fernique, J. P. Conze et J. Gani, Ecole d'Eté de Probabilités de Saint-Flour IV-1974. Edité par P.-L. Hennequin. XI, 293 pages. 1975.

Vol. 481: M. de Guzmán, Differentiation of Integrals in R^n. XII, 226 pages. 1975.

Vol. 482: Fonctions de Plusieurs Variables Complexes II. Séminaire François Norguet 1974–1975. IX, 367 pages. 1975.

Vol. 483: R. D. M. Accola, Riemann Surfaces, Theta Functions, and Abelian Automorphisms Groups. III, 105 pages. 1975.

Vol. 484: Differential Topology and Geometry. Proceedings 1974. Edited by G. P. Joubert, R. P. Moussu, and R. H. Roussarie. IX, 287 pages. 1975.

Vol. 485: J. Diestel, Geometry of Banach Spaces – Selected Topics. XI, 282 pages. 1975.

Vol. 486: S. Stratila and D. Voiculescu, Representations of AF-Algebras and of the Group U (∞). IX, 169 pages. 1975.

Vol. 487: H. M. Reimann und T. Rychener, Funktionen beschränkter mittlerer Oszillation. VI, 141 Seiten. 1975.

Vol. 488: Representations of Algebras, Ottawa 1974. Proceedings 1974. Edited by V. Dlab and P. Gabriel. XII, 378 pages. 1975.

Vol. 489: J. Bair and R. Fourneau, Etude Géométrique des Espaces Vectoriels. Une Introduction. VII, 185 pages. 1975.

Vol. 490: The Geometry of Metric and Linear Spaces. Proceedings 1974. Edited by L. M. Kelly. X, 244 pages. 1975.

Vol. 491: K. A. Broughan, Invariants for Real-Generated Uniform Topological and Algebraic Categories. X, 197 pages. 1975.

Vol. 492: Infinitary Logic: In Memoriam Carol Karp. Edited by D. W. Kueker. VI, 206 pages. 1975.

Vol. 493: F. W. Kamber and P. Tondeur, Foliated Bundles and Characteristic Classes. XIII, 208 pages. 1975.

Vol. 494: A Cornea and G. Licea. Order and Potential Resolvent Families of Kernels. IV, 154 pages. 1975.

Vol. 495: A. Kerber, Representations of Permutation Groups II. V, 175 pages. 1975.

Vol. 496: L. H. Hodgkin and V. P. Snaith, Topics in K-Theory. Two Independent Contributions. III, 294 pages. 1975.

Vol. 497: Analyse Harmonique sur les Groupes de Lie. Proceedings 1973–75. Edité par P. Eÿmard et al. VI, 710 pages. 1975.

Vol. 498: Model Theory and Algebra. A Memorial Tribute to Abraham Robinson. Edited by D. H. Saracino and V. B. Weispfenning. X, 463 pages. 1975.

Vol. 499: Logic Conference, Kiel 1974. Proceedings. Edited by G. H. Müller, A. Oberschelp, and K. Potthoff. V, 651 pages 1975.

Vol. 500: Proof Theory Symposion, Kiel 1974. Proceedings. Edited by J. Diller and G. H. Müller. VIII, 383 pages. 1975.

Vol. 501: Spline Functions, Karlsruhe 1975. Proceedings. Edited by K. Böhmer, G. Meinardus, and W. Schempp. VI, 421 pages. 1976.

Vol. 502: János Galambos, Representations of Real Numbers by Infinite Series. VI, 146 pages. 1976.

Vol. 503: Applications of Methods of Functional Analysis to Problems in Mechanics. Proceedings 1975. Edited by P. Germain and B. Nayroles. XIX, 531 pages. 1976.

Vol. 504: S. Lang and H. F. Trotter, Frobenius Distributions in GL_2-Extensions. III, 274 pages. 1976.

Vol. 505: Advances in Complex Function Theory. Proceedings 1973/74. Edited by W. E. Kirwan and L. Zalcman. VIII, 203 pages. 1976.

Vol. 506: Numerical Analysis, Dundee 1975. Proceedings. Edited by G. A. Watson. X, 201 pages. 1976.

Vol. 507: M. C. Reed, Abstract Non-Linear Wave Equations. VI, 128 pages. 1976.

Vol. 508: E. Seneta, Regularly Varying Functions. V, 112 pages. 1976.

Vol. 509: D. E. Blair, Contact Manifolds in Riemannian Geometry. VI, 146 pages. 1976.

Vol. 510: V. Poènaru, Singularités C^∞ en Présence de Symétrie. V, 174 pages. 1976.

Vol. 511: Séminaire de Probabilités X. Proceedings 1974/75. Edité par P. A. Meyer. VI, 593 pages. 1976.

Vol. 512: Spaces of Analytic Functions, Kristiansand, Norway 1975. Proceedings. Edited by O. B. Bekken, B. K. Øksendal, and A. Stray. VIII, 204 pages. 1976.

Vol. 513: R. B. Warfield, Jr. Nilpotent Groups. VIII, 115 pages. 1976.

Vol. 514: Séminaire Bourbaki vol. 1974/75. Exposés 453 – 470. IV, 276 pages. 1976.

Vol. 515: Bäcklund Transformations. Nashville, Tennessee 1974. Proceedings. Edited by R. M. Miura. VIII, 295 pages. 1976.

Vol. 516: M. L. Silverstein, Boundary Theory for Symmetric Markov Processes. XVI, 314 pages. 1976.

Vol. 517: S. Glasner, Proximal Flows. VIII, 153 pages. 1976.

Vol. 518: Séminaire de Théorie du Potentiel, Proceedings Paris 1972–1974. Edité par F. Hirsch et G. Mokobodzki. VI, 275 pages. 1976.

Vol. 519: J. Schmets, Espaces de Fonctions Continues. XII, 150 pages. 1976.

Vol. 520: R. H. Farrell, Techniques of Multivariate Calculation. X, 337 pages. 1976.

Vol. 521: G. Cherlin, Model Theoretic Algebra – Selected Topics. IV, 234 pages. 1976.

Vol. 522: C. O. Bloom and N. D. Kazarinoff, Short Wave Radiation Problems in Inhomogeneous Media: Asymptotic Solutions. V. 104 pages. 1976.

Vol. 523: S. A. Albeverio and R. J. Høegh-Krohn, Mathematical Theory of Feynman Path Integrals. IV, 139 pages. 1976.

Vol. 524: Séminaire Pierre Lelong (Analyse) Année 1974/75. Edité par P. Lelong. V, 222 pages. 1976.

Vol. 525: Structural Stability, the Theory of Catastrophes, and Applications in the Sciences. Proceedings 1975. Edited by P. Hilton. VI, 408 pages. 1976.

Vol. 526: Probability in Banach Spaces. Proceedings 1975. Edited by A. Beck. VI, 290 pages. 1976.

Vol. 527: M. Denker, Ch. Grillenberger, and K. Sigmund, Ergodic Theory on Compact Spaces. IV, 360 pages. 1976.

Vol. 528: J. E. Humphreys, Ordinary and Modular Representations of Chevalley Groups. III, 127 pages. 1976.

Vol. 529: J. Grandell, Doubly Stochastic Poisson Processes. X, 234 pages. 1976.

Vol. 530: S. S. Gelbart, Weil's Representation and the Spectrum of the Metaplectic Group. VII, 140 pages. 1976.

Vol. 531: Y.-C. Wong, The Topology of Uniform Convergence on Order-Bounded Sets. VI, 163 pages. 1976.

Vol. 532: Théorie Ergodique. Proceedings 1973/1974. Edité par J.-P. Conze and M. S. Keane. VIII, 227 pages. 1976.

Vol. 533: F. R. Cohen, T. J. Lada, and J. P. May, The Homology of Iterated Loop Spaces. IX, 490 pages. 1976.

Vol. 534: C. Preston, Random Fields. V, 200 pages. 1976.

Vol. 535: Singularités d'Applications Differentiables. Plans-sur-Bex. 1975. Edité par O. Burlet et F. Ronga. V, 253 pages. 1976.

Vol. 536: W. M. Schmidt, Equations over Finite Fields. An Elementary Approach. IX, 267 pages. 1976.

Vol. 537: Set Theory and Hierarchy Theory. Bierutowice, Poland 1975. A Memorial Tribute to Andrzej Mostowski. Edited by W. Marek, M. Srebrny and A. Zarach. XIII, 345 pages. 1976.

Vol. 538: G. Fischer, Complex Analytic Geometry. VII, 201 pages. 1976.

Vol. 539: A. Badrikian, J. F. C. Kingman et J. Kuelbs, Ecole d'Eté de Probabilités de Saint Flour V-1975. Edité par P.-L. Hennequin. IX, 314 pages. 1976.

Vol. 540: Categorical Topology, Proceedings 1975. Edited by E. Binz and H. Herrlich. XV, 719 pages. 1976.

Vol. 541: Measure Theory, Oberwolfach 1975. Proceedings. Edited by A. Bellow and D. Kölzow. XIV, 430 pages. 1976.

Vol. 542: D. A. Edwards and H. M. Hastings, Čech and Steenrod Homotopy Theories with Applications to Geometric Topology. VII, 296 pages. 1976.

Vol. 543: Nonlinear Operators and the Calculus of Variations, Bruxelles 1975. Edited by J. P. Gossez, E. J. Lami Dozo, J. Mawhin, and L. Waelbroeck, VII, 237 pages. 1976.

Vol. 544: Robert P. Langlands, On the Functional Equations Satisfied by Eisenstein Series. VII, 337 pages. 1976.

Vol. 545: Noncommutative Ring Theory. Kent State 1975. Edited by J. H. Cozzens and F. L. Sandomierski. V, 212 pages. 1976.

Vol. 546: K. Mahler, Lectures on Transcendental Numbers. Edited and Completed by B. Diviš and W. J. Le Veque. XXI, 254 pages. 1976.

Vol. 547: A. Mukherjea and N. A. Tserpes, Measures on Topological Semigroups: Convolution Products and Random Walks. V, 197 pages. 1976.

Vol. 548: D. A. Hejhal, The Selberg Trace Formula for PSL (2,ℝ). Volume I. VI, 516 pages. 1976.

Vol. 549: Brauer Groups, Evanston 1975. Proceedings. Edited by D. Zelinsky. V, 187 pages. 1976.

Vol. 550: Proceedings of the Third Japan – USSR Symposium on Probability Theory. Edited by G. Maruyama and J. V. Prokhorov. VI, 722 pages. 1976.

Vol. 551: Algebraic K-Theory, Evanston 1976. Proceedings. Edited by M. R. Stein. XI, 409 pages. 1976.

Vol. 552: C. G. Gibson, K. Wirthmüller, A. A. du Plessis and E. J. N. Looijenga. Topological Stability of Smooth Mappings. V, 155 pages. 1976.

Vol. 553: M. Petrich, Categories of Algebraic Systems. Vector and Projective Spaces, Semigroups, Rings and Lattices. VIII, 217 pages. 1976.

Vol. 554: J. D. H. Smith, Mal'cev Varieties. VIII, 158 pages. 1976.

Vol. 555: M. Ishida, The Genus Fields of Algebraic Number Fields. VII, 116 pages. 1976.

Vol. 556: Approximation Theory. Bonn 1976. Proceedings. Edited by R. Schaback and K. Scherer. VII, 466 pages. 1976.

Vol. 557: W. Iberkleid and T. Petrie, Smooth S^1 Manifolds. III, 163 pages. 1976.

Vol. 558: B. Weisfeiler, On Construction and Identification of Graphs. XIV, 237 pages. 1976.

Vol. 559: J.-P. Caubet, Le Mouvement Brownien Relativiste. IX, 212 pages. 1976.

Vol. 560: Combinatorial Mathematics, IV, Proceedings 1975. Edited by L. R. A. Casse and W. D. Wallis. VII, 249 pages. 1976.

Vol. 561: Function Theoretic Methods for Partial Differential Equations. Darmstadt 1976. Proceedings. Edited by V. E. Meister, N. Weck and W. L. Wendland. XVIII, 520 pages. 1976.

Vol. 562: R. W. Goodman, Nilpotent Lie Groups: Structure and Applications to Analysis. X, 210 pages. 1976.

Vol. 563: Séminaire de Théorie du Potentiel. Paris, No. 2. Proceedings 1975–1976. Edited by F. Hirsch and G. Mokobodzki. VI, 292 pages. 1976.

Vol. 564: Ordinary and Partial Differential Equations, Dundee 1976. Proceedings. Edited by W. N. Everitt and B. D. Sleeman. XVIII, 551 pages. 1976.

Vol. 565: Turbulence and Navier Stokes Equations. Proceedings 1975. Edited by R. Temam. IX, 194 pages. 1976.

Vol. 566: Empirical Distributions and Processes. Oberwolfach 1976. Proceedings. Edited by P. Gaenssler and P. Révész. VII, 146 pages. 1976.

Vol. 567: Séminaire Bourbaki vol. 1975/76. Exposés 471–488. IV, 303 pages. 1977.

Vol. 568: R. E. Gaines and J. L. Mawhin, Coincidence Degree, and Nonlinear Differential Equations. V, 262 pages. 1977.

Vol. 569: Cohomologie Etale SGA 4½. Séminaire de Géométrie Algébrique du Bois-Marie. Edité par P. Deligne. V, 312 pages. 1977.

Vol. 570: Differential Geometrical Methods in Mathematical Physics, Bonn 1975. Proceedings. Edited by K. Bleuler and A. Reetz. VIII, 576 pages. 1977.

Vol. 571: Constructive Theory of Functions of Several Variables, Oberwolfach 1976. Proceedings. Edited by W. Schempp and K. Zeller. VI, 290 pages. 1977

Vol. 572: Sparse Matrix Techniques, Copenhagen 1976. Edited by V. A. Barker. V, 184 pages. 1977.

Vol. 573: Group Theory, Canberra 1975. Proceedings. Edited by R. A. Bryce, J. Cossey and M. F. Newman. VII, 146 pages. 1977.

Vol. 574: J. Moldestad, Computations in Higher Types. IV, 203 pages. 1977.

Vol. 575: K-Theory and Operator Algebras, Athens, Georgia 1975. Edited by B. B. Morrel and I. M. Singer. VI, 191 pages. 1977.

Vol. 576: V. S. Varadarajan, Harmonic Analysis on Real Reductive Groups. VI, 521 pages. 1977.

Vol. 577: J. P. May, E_∞ Ring Spaces and E_∞ Ring Spectra. IV, 268 pages. 1977.

Vol. 578: Séminaire Pierre Lelong (Analyse) Année 1975/76. Edité par P. Lelong. VI, 327 pages. 1977.

Vol. 579: Combinatoire et Représentation du Groupe Symétrique, Strasbourg 1976. Proceedings 1976. Edité par D. Foata. IV, 339 pages. 1977.